FUNDAMENTOS DE FINANÇAS EMPRESARIAIS

O GEN | Grupo Editorial Nacional – maior plataforma editorial brasileira no segmento científico, técnico e profissional – publica conteúdos nas áreas de ciências sociais aplicadas, exatas, humanas, jurídicas e da saúde, além de prover serviços direcionados à educação continuada e à preparação para concursos.

As editoras que integram o GEN, das mais respeitadas no mercado editorial, construíram catálogos inigualáveis, com obras decisivas para a formação acadêmica e o aperfeiçoamento de várias gerações de profissionais e estudantes, tendo se tornado sinônimo de qualidade e seriedade.

A missão do GEN e dos núcleos de conteúdo que o compõem é prover a melhor informação científica e distribuí-la de maneira flexível e conveniente, a preços justos, gerando benefícios e servindo a autores, docentes, livreiros, funcionários, colaboradores e acionistas.

Nosso comportamento ético incondicional e nossa responsabilidade social e ambiental são reforçados pela natureza educacional de nossa atividade e dão sustentabilidade ao crescimento contínuo e à rentabilidade do grupo.

ANTONIO **BARBOSA** LEMES JR.
ANA PAULA MUSSI **CHEROBIM**
CLAUDIO MIESSA **RIGO**

FUNDAMENTOS DE FINANÇAS EMPRESARIAIS

Técnicas e práticas essenciais

SEGUNDA EDIÇÃO

- Os autores deste livro e a editora empenharam seus melhores esforços para assegurar que as informações e os procedimentos apresentados no texto estejam em acordo com os padrões aceitos à época da publicação, *e todos os dados foram atualizados pelo autor até a data de fechamento do livro*. Entretanto, tendo em conta a evolução das ciências, as atualizações legislativas, as mudanças regulamentares governamentais e o constante fluxo de novas informações sobre os temas que constam do livro, recomendamos enfaticamente que os leitores consultem sempre outras fontes fidedignas, de modo a se certificarem de que as informações contidas no texto estão corretas e de que não houve alterações nas recomendações ou na legislação regulamentadora.

- Data do fechamento do livro: 10/03/2022

- Os autores e a editora se empenharam para citar adequadamente e dar o devido crédito a todos os detentores de direitos autorais de qualquer material utilizado neste livro, dispondo-se a possíveis acertos posteriores caso, inadvertida e involuntariamente, a identificação de algum deles tenha sido omitida.

- Atendimento ao cliente: (11) 5080-0751 | faleconosco@grupogen.com.br

- Direitos exclusivos para a língua portuguesa
  Copyright © 2022 by
  Editora Atlas Ltda.
  Uma editora integrante do GEN | Grupo Editorial Nacional
  Travessa do Ouvidor, 11
  Rio de Janeiro – RJ – 20040-040
  www.grupogen.com.br

- Reservados todos os direitos. É proibida a duplicação ou reprodução deste volume, no todo ou em parte, em quaisquer formas ou por quaisquer meios (eletrônico, mecânico, gravação, fotocópia, distribuição pela Internet ou outros), sem permissão, por escrito, da Editora Atlas Ltda.

- Capa: Bruno Sales

- Editoração eletrônica: Set-up Time Artes Gráficas

- Ficha catalográfica

CIP-BRASIL. CATALOGAÇÃO NA PUBLICAÇÃO
SINDICATO NACIONAL DOS EDITORES DE LIVROS, RJ

L572j
2. ed.

Lemes Jr., Antonio Barbosa
Fundamentos de finanças empresariais : técnicas e práticas essenciais / Antonio Barbosa Lemes Jr., Ana Paula Mussi Cherobim, Claudio Miessa Rigo. – 2. ed. - Barueri [SP] : Atlas, 2022.

Inclui bibliografia e índice
ISBN 978-85-97-02589-7

1. Administração financeira. 2. Empresas - Finanças. I. Cherobim, Ana Paula Mussi. II. Rigo, Claudio Miessa. III. Título.

21-70626   CDD: 658.15
                           CDU: 658.15

Meri Gleice Rodrigues de Souza - Bibliotecária - CRB-7/6439

SOBRE OS AUTORES

Antonio Barbosa Lemes Junior graduou-se em Administração pela Universidade Federal do Paraná (UFPR). Obteve o título de mestre em Administração pela Universidade Federal de Minas Gerais (UFMG) e de doutor em Finanças e Marketing pela Universidade de São Paulo (USP). Foi professor da UFPR por mais de 30 anos e, atualmente, leciona na Universidade Tecnológica Federal do Paraná (UTFPR). Foi executivo, conselheiro e consultor de grandes e médias empresas por mais de 20 anos. Ex-presidente do Conselho Regional de Administração do Paraná (CRA-PR) e do Instituto Brasileiro de Executivo de Finanças (IBEF-PR). Diretor do Centro de Integração Empresa-Escola (CIEE/PR) e conselheiro da Sociedade Brasileira de Finanças (SBFin).

Ana Paula Mussi Szabo Cherobim graduou-se em Ciências Econômicas e em Administração pela Universidade Federal do Paraná (UFPR). É mestre em Tecnologia pela Universidade Tecnológica Federal do Paraná (UTFPR) e doutora em Administração pela Universidade de São Paulo (USP). Foi diretora do Setor de Ciências Sociais Aplicadas da UFPR e professora há 25 anos na mesma instituição. Coordena a Liga de Investimentos e Finanças da UFPR e faz pesquisas em inovações financeiras. Trabalhou em empresas multinacionais, como AGA S.A. e Shell do Brasil S.A., em empresas familiares e em bancos nacionais, como Lojas Frischman's, EMS Desmonte de Rocha Ltda., Cherobim do Pará Ltda. e Paraná Banco S.A.

Claudio Miessa Rigo é formado em Ciências Econômicas e Ciências Contábeis pela Universidade Federal do Paraná (UFPR), mesma instituição onde concluiu o mestrado em Administração. Foi professor da UFPR por mais de 35 anos e coordenador do curso de Administração. Foi diretor da Telepar S.A. e da Editel S.A., e presidente da Telefônica de Paranaguá S.A. Ocupou a presidência do Conselho Regional de Economistas Profissionais – 6ª Região. Atualmente, é presidente do Instituto Superior de Administração e Tecnologia (ISAT) e membro do Lions Clube, onde foi presidente do Conselho de Governadores.

PREFÁCIO À 2ª EDIÇÃO

Este livro dirige-se a empresários de pequenas e médias empresas, a novos empreendedores e a estudantes dos cursos de graduação de Administração, Contabilidade, Economia e, mais ainda, Engenharia, *Design*, Educação Física e outras áreas que demandam aprendizado dos fundamentos das finanças. Estudantes de cursos de especialização nas áreas de gestão empresarial encontram aqui a base necessária para compreender finanças dentro do contexto organizacional. Mestrandos e doutorandos realizando pesquisas no ambiente empresarial, ou de organizações sem fins lucrativos, podem fundamentar com nosso livro as questões financeiras de suas dissertações, teses e artigos.

Esta segunda edição surge em momento socioeconômico complexo no Brasil e no mundo. O vírus chinês espalhou-se e a recomendação de isolamento social fez definhar diferentes atividades produtivas, entre outros prejuízos aos indivíduos e à sociedade. Além de todo impacto na vida das pessoas, na liberdade do indivíduo e na perda do espaço democrático de decisão; cadeias produtivas foram desestabilizadas e agora estamos vendo diferentes tentativas de reorganização. Sob a ótica das finanças empresariais, momentos de crise exigem gestão eficiente dos recursos, redução de custos, adequação de procedimentos. O tripé das decisões financeiras precisa ser rapidamente adequado: na decisão de financiamento, novas fontes de recursos precisam ser identificadas, analisadas e, se adequadas, incorporadas na estrutura financeira da empresa. Na decisão de investimento, novas oportunidades de negócio devem ser avaliadas e tradicionais destinações de recursos precisam ser revistas. Por fim, na decisão de resultado, provavelmente será necessário postergar distribuição de lucros como forma de preservar a sustentabilidade financeira da empresa, no curto prazo.

As principais alterações no livro ocorreram no primeiro capítulo, com a contextualização de finanças para o ambiente da segunda década do século XXI.

O segundo capítulo e o terceiro apresentam os fundamentos de contabilidade e matemática financeira, os quais não mudam ao longo do tempo. Portanto, fizemos as alterações legais e melhoramos os exercícios.

O quarto capítulo apresenta as finanças de curto prazo. Incluímos os novos sistemas de pagamentos eletrônicos, deixamos mais claras as explicações e aumentamos os exercícios.

Revisamos todo o quinto capítulo, evidenciando a ligação dos orçamentos de caixa e operacionais como instrumentos eficazes de preparação e controle das operações financeiras da empresa. Buscamos simplificar a compreensão elaborando quadros e demonstrativos com o uso de planilhas, facilitando a utilização prática das ferramentas.

No sexto capítulo, atualizamos conceitos e práticas de formação de preços, sua fundamentação e aplicabilidade. Apresentamos exemplos práticos de custeio direto/variável e de absorção, de margem de contribuição e *markup*. Foram mais bem apresentadas as estratégias de preços e sua relevância para a sustentabilidade da empresa.

No sétimo capítulo, reforçamos a compreensão dos métodos do valor presente líquido e da taxa interna de retorno, mostrando simplificadamente a adoção de técnicas que consideram risco na avaliação de projetos.

A apresentação do mercado financeiro, no oitavo capítulo, foi totalmente atualizada. As discussões estão fundamentas em legislação atualizada e em explicações detalhadas de acesso aos *sites* mais importantes para o Sistema Financeiro Nacional.

Da mesma forma, o capítulo nono foi atualizado. Mantivemos as explicações conceituais fundamentais de estrutura financeira e de capital e atualizamos as fontes de financiamento disponíveis. Incluímos as inovações financeiras decorrentes de *fintechs*, *crowdfunding* e maior facilidade de acesso a recursos do exterior.

O capítulo dez também foi atualizado com novos exemplos e aprimoramento das explicações sobre técnicas de análise de negócio.

Enfim, esta segunda edição foi elaborada com o principal objetivo de trazer mais luz às decisões financeiras das pessoas, das empresas e de todas as organizações.

Os Autores
Janeiro de 2022.

AGRADECIMENTOS

Com grande alegria, lançamos a segunda edição de nosso querido livro *Fundamentos de Finanças Empresariais*.

Para continuar atingindo o objetivo de aproximar das Finanças os profissionais e os estudantes das mais diversas áreas, revisamos diversos detalhes e atualizamos o texto em relação ao aparato legal, às inovações financeiras e às práticas de mercado.

A obra continua preocupada em ajudar administradores, contadores, engenheiros, profissionais da saúde e do lazer a cuidar dos aspectos de investimento e financiamento de seus negócios. Em tempos de "abre e fecha" das atividades econômicas, do aumento das atividades virtuais e da alteração no padrão de consumo das famílias, é extremamente importante controlar o fluxo de caixa, avaliar os investimentos e encontrar alternativas boas e baratas de financiamento. Esse livro ajudará você, leitor, a fazer isso.

Como qualquer trabalho sério e produtivo, esta segunda edição contou com o apoio de nossos alunos, colegas professores e profissionais do mercado. Mas, principalmente, teve a colaboração da equipe do GEN – Grupo Editorial Nacional, em especial da Bárbara Fazolari, da Juliane Matsubashi, da Mayara Blaya, da Michelle Cerri e do Thiago Gregolin; gerentes, editores e produtores que não mediram esforços para aprimorar o texto, a visualização e a acessibilidade do material, sempre com muita paciência conosco. Nós não temos palavras para agradecer.

E, ainda em relação aos agradecimentos... nunca é demais deixar registrado: Liu, Rosicler e Rogério, além de tornarem esta segunda edição melhor, ao estarem sempre conosco, vocês fazem a nossa existência melhor.

Cláudio Rigo
Antônio Barbosa
Ana Paula

Material Suplementar

Este livro conta com os seguintes materiais suplementares:

- *Slides* com ilustrações da obra (.pdf) (restrito a docentes cadastrados).
- Gabarito das questões e dos exercícios (.pdf e .xls) (restrito a docentes cadastrados).

O acesso aos materiais suplementares é gratuito. Basta que o leitor se cadastre e faça seu *login* em nosso *site* (www.grupogen.com.br), clicando em GEN-IO, no *menu* superior do lado direito.

O acesso ao material suplementar online fica disponível até seis meses após a edição do livro ser retirada do mercado.

Caso haja alguma mudança no sistema ou dificuldade de acesso, entre em contato conosco (gendigital@grupogen.com.br).

GEN-IO (GEN | Informação Online) é o ambiente virtual de aprendizagem do GEN | Grupo Editorial Nacional

SUMÁRIO

PARTE I — Administração Financeira de Curto Prazo, 1

1. **Conceitos de Administração Financeira. Por que Estudar Finanças?, 3**
   Introdução, 3
   1.1 Importância da administração financeira no mundo dos negócios, 9
   1.2 Conceitos essenciais, 13
   1.3 Integração da administração financeira com as outras áreas da empresa, 15
   1.4 Importância da administração financeira para as profissões, 15
   Questões e exercícios, 17
   Sugestões de consulta, 18

2. **Conceitos Básicos de Contabilidade, 19**
   Introdução, 19
   2.1 Conceitos, 19
   2.2 Princípio da competência e regime de caixa, 21
   2.3 Plano de contas, 22
   2.4 Demonstrações financeiras, 24
   2.5 Depreciação, exaustão e amortização, 38
       2.5.1 Depreciação, 39
       2.5.2 Exaustão, 41
       2.5.3 Amortização, 42
   2.6 Análise de índices, 42
   Questões e exercícios, 54
   Sugestões de consulta, 59
   Apêndice 1, 60
   Apêndice 2, 62

3. Valor do Dinheiro no Tempo, 65

Introdução, 65
3.1   Valor, 65
3.2   Intermediação financeira, 67
3.3   Valor do dinheiro no tempo (VDT) e a matemática financeira, 68
3.4   Capitalização simples, 68
    3.4.1   Como são calculados os juros do cheque especial?, 71
    3.4.2   Taxas de juros na capitalização simples, 74
3.5   Capitalização composta, 74
3.6   Prestações na capitalização composta, 78
    3.6.1   Série de pagamentos uniformes, 79
    3.6.2   Cálculo de valor presente de uma série de pagamentos uniformes, 80
    3.6.3   Cálculo do valor futuro de uma série de pagamentos uniformes, 82
3.7   Taxas de juros e capitalização, 82
3.8   Sistemas de amortização, 86
    3.8.1   Sistema de Amortização Constante (SAC), 87
    3.8.2   Sistema francês de amortização – tabela Price, 88
3.9   Perpetuidades, 90
Questões e exercícios, 91
Sugestões de consulta, 94

4. Capital de Giro, 95

Introdução, 95
4.1   Caixa, 95
    4.1.1   Regime de caixa e princípio da competência, 96
    4.1.2   Como os recebimentos se transformam em disponibilidades?, 96
    4.1.3   Cartões como meio de pagamentos, 97
    4.1.4   O caixa nas empresas industriais e grandes prestadores de serviços, 97
4.2   Contas a receber, 102
    4.2.1   Padrões de crédito: os cinco Cs do crédito, 103
    4.2.2   Sistemas de cobrança, 104
        4.2.2.1   Cartão de débito e de crédito, 105
        4.2.2.2   Outras formas de cobrança, 108
4.3   Contas a pagar, 109
    4.3.1   Gerenciamento de contas a pagar, 109

    4.3.2 Operacionalização de contas a pagar, 109
 4.4 Estoques, 110
    4.4.1 Produção e vendas constantes ao longo do ano: lote econômico de compra (LEC), 111
    4.4.2 Suprimento e/ou vendas sazonais e vendas aleatórias, 114
 4.5 Capital circulante, 118
 4.6 Capital circulante e ciclo operacional, 120
    4.6.1 Variáveis de prazos, 121
    4.6.2 Ciclo operacional (CO) e ciclo de caixa (CC), 123
    4.6.3 Capital circulante (CC) e capital circulante líquido (CCL), 125
 4.7 Fontes de financiamento de curto prazo, 126
    4.7.1 Adiantamentos de recebíveis, 128
    4.7.2 Desconto de duplicatas, 129
    4.7.3 Outras operações de crédito de curto prazo, 130
 4.8 Elaboração e acompanhamento do fluxo de caixa, 131
Questões e exercícios, 136
Sugestões de consulta, 141

5. Planejamento Financeiro, 143
Introdução, 143
 5.1 Planejamento empresarial, 144
 5.2 Orçamento, 145
    5.2.1 Orçamento de vendas, 149
    5.2.2 Orçamento de produção, 150
    5.2.3 Orçamento de materiais diretos, 151
    5.2.4 Orçamento de mão de obra direta, 151
    5.2.5 Orçamento de custos indiretos de fabricação (CIF), 152
    5.2.6 Orçamento de despesas de vendas e administrativas, 152
    5.2.7 Orçamento de despesas financeiras, 153
    5.2.8 Balanço patrimonial projetado, 156
    5.2.9 Orçamento variável, 156
    5.2.10 Orçamento base zero, 157
    5.2.11 Controle orçamentário, 158
    5.2.12 Aspectos importantes do orçamento operacional, 158
 5.3 Orçamento de caixa, 159
    5.3.1 Projeção do orçamento de caixa, 159
 5.4 Alinhamento dos orçamentos ao planejamento estratégico, 163
 5.5 Críticas ao orçamento, 164
Questões e exercícios, 165
Sugestões de consulta, 168

6. Formação de Preços, 171
Introdução, 171
- 6.1 Conceitos de preço, 172
- 6.2 Fundamentos de custos, 174
  - 6.2.1 Gastos, custos, despesas, 174
  - 6.2.2 Métodos de custeio, 176
  - 6.2.3 Questões fundamentais no gerenciamento de custos, 184
- 6.3 Formação de preços, 185
  - 6.3.1 *Markup*, 186
- 6.4 Estabelecendo preços do ponto de vista financeiro, 187
  - 6.4.1 Ponto de equilíbrio (PE), 187
  - 6.4.2 Preço de equilíbrio, 189
- 6.5 Estabelecendo preços do ponto de vista do marketing, 190
  - 6.5.1 Psicologia do consumidor e percepção de preço, 191
  - 6.5.2 Algumas considerações sobre preços, 192
  - 6.5.3 Estratégias de adequação de preços, 193
- 6.6 Passos no processo de estabelecimento do preço, 195

Questões e exercícios, 204
Sugestões de consulta, 207

PARTE II — Administração Financeira de Longo Prazo, 209

7. Orçamento de Capital, 211
Introdução, 211
- 7.1 Importância das decisões de investimento de capital, 212
  - 7.1.1 Práticas de investimento de longo prazo, 214
- 7.2 Processo de investimento de capital, 218
  - 7.2.1 Análise do projeto, 218
  - 7.2.2 Exemplo da bicicleta Future 35, 220
- 7.3 Valor presente líquido e outros métodos de avaliação, 225
- 7.4 Seleção da carteira de projetos, 232
- 7.5 Considerações finais, 234

Questões exercícios, 235
Sugestões de consulta, 240

8. Mercado Financeiro, 241
Introdução, 241
- 8.1 Sistema Financeiro Nacional (SFN), 243
  - 8.1.1 Atribuições dos órgãos reguladores, 244
  - 8.1.2 Instituições operadoras, 246

8.1.3 Outras instituições financeiras, 249
8.1.4 Principais departamentos de um banco múltiplo, 250
8.2 Sistema financeiro internacional, 253
8.3 Mercado financeiro, 255
8.4 Mercado monetário, 258
8.5 Mercado de crédito, 260
8.6 Mercado de capitais, 260
    8.6.1 Renda fixa, 262
    8.6.2 Renda variável, 264
    8.6.3 Fundos de investimento, 273
8.7 Mercado de câmbio, 278
8.8 Mercado futuro, a termo, *swaps* e opções (derivativos), 280
8.9 Outros produtos financeiros, 281
Questões e exercícios, 282
Sugestões de consulta, 285

9. Decisão de Financiamento, 287

Introdução, 287
9.1 Importância de financiamento, 288
9.2 Estimando quanto a empresa precisa para financiar seu crescimento, 292
9.3 Custo de capital e estrutura de capital, 295
    9.3.1 A Lógica do CMPC, 296
    9.3.2 Custo da dívida – k_t, 297
    9.3.3 Custo de capital próprio (ações ordinárias) – k_{ao}, 298
    9.3.4 Custo médio ponderado de capital – k_{mp} (*weighted average cost of capital* – WACC), 301
9.4 Fontes de financiamento de longo prazo, 305
    9.4.1 BNDES, 305
    9.4.2 Financiamentos de renda variável – ações, 308
    9.4.3 Financiamentos de renda fixa – debêntures, 308
9.5 Operações estruturadas de financiamento, 311
    9.5.1 *Private equity*, 311
    9.5.2 *Project finance*, 313
9.6 Práticas de financiamento no Brasil, 315
    9.6.1 Governo indutor do processo de investimento e do modelo de financiamento, 315
Questões e exercícios, 317
Sugestões de consulta, 320

10. Análise de Negócios, 321

Introdução, 321
10.1 Importância do ambiente de negócios, 321
10.2 Principais técnicas de avaliação, 322
    10.2.1 Análise das relações entre custo, volume e lucro, 323
    10.2.2 Sistema DuPont, 329
    10.2.3 EVA (*economic value added* ou valor econômico adicionado), 330
    10.2.4 EBITDA, 333
10.3 Avaliação do negócio, 335
10.4 Benefícios fiscais e riscos empresariais, 335
10.5 Alianças estratégicas, 337
10.6 Observações finais, 337
Questões e exercícios, 338
Sugestões de consulta, 340

Índice alfabético, 341

PARTE I
Administração Financeira de Curto Prazo

CAPÍTULO 1
Conceitos de Administração Financeira.
Por que Estudar Finanças?

CAPÍTULO 2
Conceitos Básicos de Contabilidade

CAPÍTULO 3
Valor do Dinheiro no Tempo

CAPÍTULO 4
Capital de Giro

CAPÍTULO 5
Planejamento Financeiro de Curto Prazo

CAPÍTULO 6
Formação de Preços

1 CONCEITOS DE ADMINISTRAÇÃO FINANCEIRA. POR QUE ESTUDAR FINANÇAS?

INTRODUÇÃO

Administração financeira é a ciência e a arte de cuidar do dinheiro e está relacionada às decisões de investimento, financiamento e à destinação dos resultados. A administração financeira aplica-se a todas as organizações, voltadas ou não para lucros. A tranquilidade financeira das famílias também requer domínio de algumas das ferramentas da administração financeira.

O objetivo normativo da administração financeira é maximizar o valor da empresa, ou seja, maximizar a riqueza dos proprietários. Diz-se normativo porque tem a qualidade ou força de norma. Desse objetivo, devem-se tirar regras ou preceitos para a condução da profissão do administrador financeiro.

Este livro visa apresentar os aspectos essenciais da administração financeira, aplicados ao mundo corporativo; poderá auxiliar nas decisões financeiras pessoais e na gestão financeira de organizações sem fins lucrativos.

A teoria financeira estabelece três conjuntos de decisões: a decisão de investimento, a de financiamento e a de resultados. Isso se traduz em questões fundamentais ao administrador financeiro:

- Onde alocar o dinheiro assegurando rentabilidade, segurança e liquidez? Decisão de Investimento.
- Como obter o dinheiro, por meio de capital próprio ou de terceiros? Decisão de Financiamento.
- O que fazer com os lucros obtidos no negócio, reter para reinvestimentos ou distribuir? Decisão de Resultados.

A Figura 1.1 representa as decisões financeiras e o fluxo de recursos na organização. Os recursos dos sócios e captados de terceiros são alocados no caixa, de onde saem para honrar compromissos operacionais como salários, matérias-primas e outras despesas; mas também saem para pagar novos investimentos. A estrutura produtiva do ativo permanente recebe os insumos, produz e/ou comercializa bens e serviços, faz os procedimentos de análise de crédito e cobrança, recebe o valor e, calculado o resultado, retém parte do lucro e distribui aos sócios o restante. De forma simplificada, esse é o fluxo de dinheiro nas organizações.

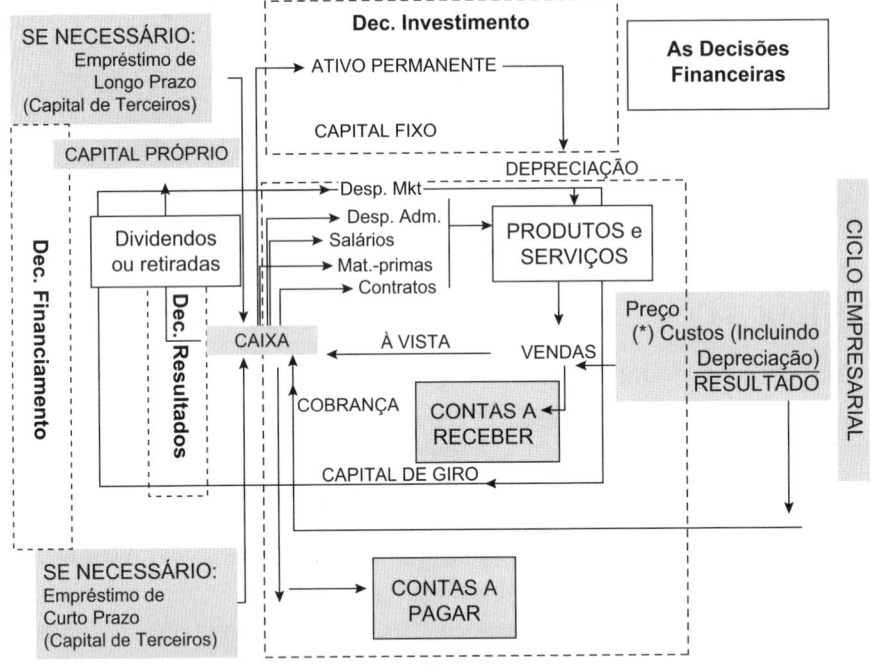

Figura 1.1 Decisões financeiras.

A teoria financeira estabelece princípios de forma científica e procura comprová-los de forma empírica. A realidade das grandes empresas, constituídas na forma de sociedades por ações, ou sociedades anônimas, é normalmente o campo de investigação. As empresas em outras fases do ciclo de vida são mais bem estudadas pelas teorias do empreendedorismo e inovação. Isso é facilmente justificado pela disponibilidade de dados e pela metodologia da pesquisa científica.

As informações das empresas constituídas sob a forma de sociedades por ações, em especial aquelas de capital aberto, estão disponíveis nos relatórios contábeis, acessíveis em bases de dados públicas e privadas. Dessa forma, é possível levantar pressupostos teóricos, estabelecer hipóteses de pesquisa e testar essas hipóteses com as informações sistematizadas nos bancos de dados.

Por outro lado, as empresas constituídas na forma de sociedades simples, conhecidas por empresas de cotas limitadas, as microempresas e o microempreendedor individual raramente disponibilizam informações sistematizadas, por isso, os pesquisadores estudam essas empresas por meio de metodologias qualitativas: estudos de caso e multicaso, pesquisas etnográficas, observação participante, entre outras.

A despeito da orientação metodológica, a pesquisa científica pode contribuir para a administração financeira, porque traz novas reflexões sobre problemas recorrentes ou vislumbra novas oportunidades de negócios.

A teoria e a prática da administração financeira são revestidas de aspectos éticos. Aristóteles se refere ao *ethos* como caráter, forma de ser do indivíduo, em busca de sua felicidade. De forma simples: agir de forma virtuosa. A virtude no mundo dos negócios é entendida como a tomada de decisões em benefício da organização, sem, contudo, prejudicar os outros agentes.

Entre os aspectos éticos está a necessidade de equilibrar os interesses da empresa com os interesses do público com o qual ela se relaciona (*stakeholders*). A continuidade das atividades depende do respeito às normas legais e de sua aceitação pela sociedade.

A administração financeira é uma das funções mais importantes da empresa. Interage com marketing, produção, logística, gestão de pessoas, entre outras. Na verdade, as atividades são integradas e não existem negócios independentes em cada uma das áreas. Por exemplo, a contratação de pessoal necessita de orçamento disponível para pagamento de salários e leis sociais. O lançamento de novos produtos demanda a existência de verbas destinadas ao marketing e a viabilidade financeira do produto.

Normalmente, as atividades financeiras se organizam em duas grandes subáreas: a primeira, gerência financeira, responsabiliza-se pela execução das tarefas financeiras da empresa (pagamento, faturamento, cobrança, concessão e obtenção de crédito e outras). A segunda é a controladoria: estabelece normas, coordena o processo de orçamento e controla procedimentos. Tais denominações originam-se do inglês *treasury* (tesouraria). Essa forma de organização se baseia em um dos princípios fundamentais da administração, que afirma que quem executa não controla e quem controla não executa. Observe as principais atividades da administração financeira no Quadro 1.1.

Quadro 1.1 Atividades financeiras

Gerência financeira	Controladoria
Gestão de caixa	Gestão de preços
Gestão de crédito e contas a receber	Gestão de custos
Gestão financeira de estoques	Gestão contábil
Gestão de risco	
Planejamento e controle financeiro	Gestão tributária
Negociação com bancos	Auditoria interna

Gestão de caixa: planeja, programa e controla as entradas e saídas de dinheiro, gerencia contas-correntes bancárias, recebimentos, pagamentos, superávits e déficits, tomada de empréstimos e financiamentos, aplicações financeiras, elabora e gerencia o fluxo de caixa, entre outras tarefas – assegurando a saúde financeira da empresa.

Tabela 1.1 Casas Brasileiras – fluxo de caixa – (em R$ 1,00)

	Janeiro	Fevereiro	Março	Abril	Maio	Junho
1. SALDO ANTERIOR	2.000	1.100	150	-1.150	2.500	4.100
2. ENTRADAS	48.300	43.200	46.000	47.000	47.000	47.000
2.1 Vendas à vista	12.000	10.000	12.000	13.000	13.000	13.000
2.2 Vendas com cartões	35.000	32.000	33.000	33.000	33.000	33.000
2.3 Outras entradas	1.300	1.200	1.000	1.000	1.000	1.000
3. SAÍDAS	49.200	44.150	47.300	43.350	45.400	45.400
3.1 Compras à vista	5.000	5.000	6.000	7.000	8.000	8.000
3.2 Fornecedores	35.000	30.000	26.000	27.000	28.000	28.000
3.3 Salários e encargos	3.500	3.500	3.600	3.600	3.600	3.600
3.4 Aluguel	3.000	3.000	3.000	3.000	3.000	3.000
3.5 Energia, água, comunicação	700	650	700	750	800	800
3.6 Outras saídas	2.000	2.000	8.000	2.000	2.000	2.000
4. SALDO FINAL	1.100	150	-1.150	2.500	4.100	5.700

No exemplo das Casas Brasileiras mostrado na Tabela 1.1, supondo que a empresa tenha elaborado sua projeção de fluxo de caixa em novembro do ano anterior, é possível que ela negocie de forma antecipada um empréstimo de curto prazo para o mês de março, em condições favoráveis. Ou, ainda, negocie a postergação de saídas, como pagamento aos fornecedores, previsto no mês de março. O planejamento financeiro permite à empresa negociar com antecedência suas necessidades de caixa e programar as aplicações de saldos temporariamente ociosos. Veremos isso no Capítulo 5.

Gestão de crédito e contas a receber: administra as atividades de análise e aprovação de crédito, operações de cobrança e recuperação de ativos. Estabelece padrões e políticas de crédito e cobrança. Avalia e aprova convênios com bancos e administradoras de cartões de crédito e débito, mitigando riscos e auxiliando na criação de novos negócios e aumento daqueles já existentes.

Gestão financeira de estoques: estoques costumam representar montante expressivo de recursos investidos no total de ativos das empresas, em especial na indústria e no comércio. A política de estoques estabelece critérios para assegurar o nível de estoques adequado, reduzindo o risco de falta, sem onerar financeiramente a empresa pelo valor investido, espaço de armazenagem ou possibilidade de perdas. Para isso existem ferramentas, baseadas em métodos numéricos e estatísticas, capazes de definir nível e frequência de compra, ritmo de produção e técnicas de controle. Essas decisões são tomadas entre as áreas financeira, de marketing e produção (ou de compras) conjuntamente, porquanto isso influencia também o planejamento e controle da produção e a comercialização dos produtos. Um exemplo de política adotada nessa atividade é a determinação de metas de dias de estoque da empresa.

Gestão de risco: gerenciamento de risco é o processo conduzido para identificar, na empresa, potenciais eventos capazes de afetá-la, e administrá-los de modo a mantê-los compatíveis com o apetite de risco da empresa, assegurando razoável cumprimento dos seus objetivos. Segundo Bernstein: "Quando investidores compram ações, cirurgiões realizam operações, engenheiros projetam pontes, empresários abrem seus negócios e políticos concorrem a cargos eletivos, o risco é um parceiro inevitável. Contudo, suas ações revelam que o risco não precisa ser hoje tão temido: administrá-lo tornou-se sinônimo de desafio e oportunidade".[1] Há vários tipos de risco e um dos principais é o risco de negócio, que envolve, por exemplo, risco de quebra de máquinas, defeitos nos produtos, aumento de preço das matérias-primas, atraso nas entregas, falhas na assistência técnica, queda nas vendas, entrada de um concorrente, mudança tecnológica.

Planejamento e controle financeiro: planos financeiros fornecem caminhos para atingir os objetivos da empresa. Instrumentos como fluxo de caixa, acompanhamento de contas a receber, contas a pagar, aplicações financeiras e seguros possibilitam estabelecer padrões de desempenho para o gerenciamento financeiro da empresa. Além de envolver as entradas e saídas de caixa da empresa, cabe à administração financeira gerenciar o processo de elaboração e acompanhamento do orçamento operacional da empresa – orçamento das vendas, compras, custos e resultados econômicos. No orçamento operacional, estabelecem-se metas para vendas, custos, despesas, resultados e padrões de desempenhos econômicos.

Negociação com bancos: é a gestão do relacionamento com as instituições financeiras, envolvendo determinação do perfil dos bancos com os quais a empresa trabalhará, formas de reciprocidade, limites de crédito, prestação de serviços e avaliação dos resultados. As novas tecnologias de comunicação facilitam o acesso a serviços financeiros em plataformas eletrônicas e aplicativos, além dos bancos tradicionais. No início do ano 2020, havia mais de 500 *startups* financeiras, conhecidas por *fintechs*,

---

[1] BERNSTEIN, P. L. *Desafio aos deuses*: a fascinante história do risco. São Paulo: Alta Books, 2018. p. VII.

complementando ou ameaçando os serviços financeiros tradicionais. As *fintechs* auxiliam desde o controle do caixa e contas a receber, passando pela redução de tarifas bancárias, até a obtenção mais ágil de empréstimos nas plataformas P2P (veja um exemplo em: https://www.tutudigital.com.br/#como-funciona). Também permitem captação de novos sócios por meio da emissão de papéis, sem necessidade de negociação em bolsa de valores, apenas registro na Comissão de Valores Mobiliários (CVM). Exemplo é a plataforma www.captable.com.br.

Na subárea de Controladoria, temos:

Gestão de preços: os preços são estabelecidos em função de dois fatores: quanto o mercado está disposto a pagar e quais os gastos internos para se gerar um produto ou serviço. Cabe à administração financeira auxiliar a área de marketing no estabelecimento do preço de venda e na decisão de lançar, manter ou retirar o produto ofertado pela empresa. Em certas ocasiões, produtos e serviços altamente demandados pelo mercado não oferecem retorno adequado; em outras, produtos e serviços pouco demandados podem oferecer altas margens de lucro. Cabe ao administrador financeiro controlar esses resultados para influenciar a composição da linha de produtos e serviços da empresa.

Gestão de custos: em conjunto com a contabilidade e as diversas áreas da empresa, efetua apuração e gerenciamento de custos e despesas. Envolve estabelecimento de sistemas de custeamento de produtos e linhas de produtos, políticas de adoção de custos e despesas fixas e variáveis, rateios para departamentos e unidades de negócios. O Capítulo 6 dedica-se à formação de preços, abordando custos com mais profundidade.

Gestão contábil: os registros contábeis são de responsabilidade do contador. Em grandes empresas, esse profissional faz parte da equipe própria da empresa; em pequenas e médias, esse serviço é prestado por assessoria e empresas de contabilidade terceirizadas. Cabe ao administrador financeiro, no entanto, assegurar a qualidade dos registros, sob as óticas fiscal e gerencial. A contabilidade é a linguagem do negócio e fornece, dentre outros instrumentos, balancetes, balanços, planilhas de custos, controles de financiamentos e controles patrimoniais. O Capítulo 2 apresenta noções essenciais de contabilidade.

Gestão tributária: a carga tributária brasileira é uma das maiores do mundo e requer atenção da área financeira da empresa. A economia de tributos, respeitando os aspectos legais, faz parte da administração tributária. O uso correto dos regulamentos tributários e dos benefícios fiscais para reduzir a carga tributária é chamado de elisão fiscal. A apuração incorreta de tributos, com o consequente não recolhimento do valor, é chamada de evasão fiscal e pode constituir crime. Pelo grau de complexidade do sistema tributário nacional, pela carga tributária e pelas mudanças frequentes de legislação, muitas vezes é recomendável a contratação de consultorias especializadas nessa tarefa.

Auditoria interna: cabe à auditoria interna assegurar o cumprimento das normas e diretrizes estabelecidas para o funcionamento da empresa. Muitas empresas, por seu porte, atribuem essa responsabilidade diretamente a seu presidente. Em outros casos, a auditoria interna é alocada à área financeira. Quando isso ocorre, cabe-lhe, por meio de funcionários especializados, assegurar que os procedimentos realizados internamente estejam em conformidade com as normas e políticas da empresa, além de atender à legislação do país.

1.1 Importância da administração financeira no mundo dos negócios

Para melhor entender a importância da administração financeira no mundo dos negócios, é importante ter conhecimento de várias disciplinas, sendo adequado logo destacar a Economia. Segundo Stiglitz e Walsh,[2] a economia estuda como pessoas, empresas, governo e outras organizações fazem escolhas, e de que maneira essas escolhas determinam a forma como a sociedade utiliza seus recursos.

O ambiente econômico é o mundo dos negócios, onde ocorre a produção e a comercialização dos fatores de produção e dos bens e serviços produzidos. O ambiente financeiro faz parte do econômico, porque intermedeia as trocas de recursos, expressos em valores monetários, fluxo de caixa, crédito e diferentes papéis representando dívidas e investimentos. Abrange aspectos fundamentais para a vida empresarial, tais como inflação, taxa de juros, produto interno bruto, câmbio, contas nacionais, investimentos estrangeiros diretos, entre outros. O governo interfere no ambiente econômico por meio de leis e normas, políticas públicas e todo o aparelho de Estado. Nesse sentido, o Sistema Financeiro Nacional (SFN) é estabelecido em lei e dividido em três conjuntos de instituições: órgãos normativos, supervisores e executores. Entre os primeiros está o Conselho Monetário Nacional (CMN), em que é estabelecida a política monetária e de crédito. O Banco Central do Brasil (BCB) está no segundo conjunto: órgão supervisor, tem como funções controlar a estabilidade monetária, por meio da execução da política monetária, e assegurar o bom funcionamento do mercado financeiro local. Para tanto, monitora e divulga sistematicamente projeções sobre os principais indicadores da economia nacional.

---

[2] STIGLITZ, Joseph E.; WALSH, Carl E. *Introdução à macroeconomia*. 3. ed. Rio de Janeiro: Campus, 2003.

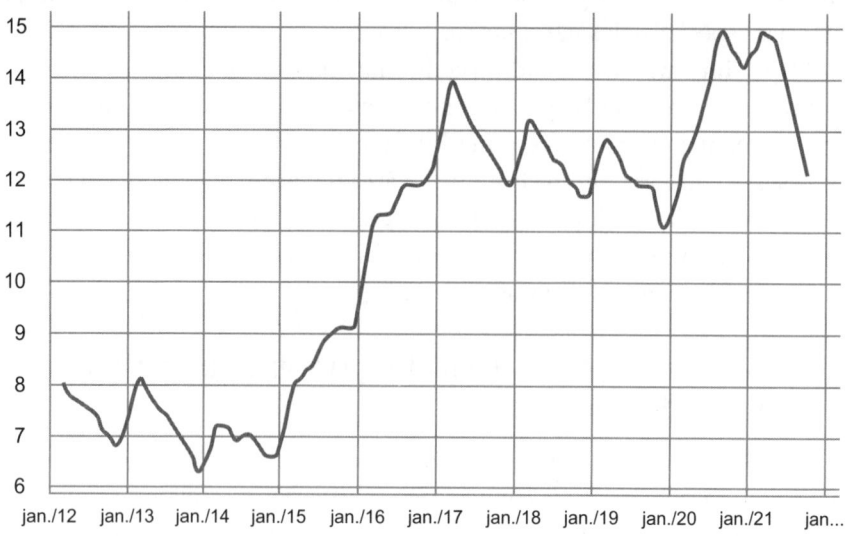

Fonte: https://www.bcb.gov.br/estatisticas/grafico/graficoestatistica/taxadesocupacao. Acesso em: 19 jan. 2022.

Figura 1.2 Taxa de desocupação – desemprego.

Indicadores como os apresentados nas Figuras 1.2 e 1.3 servem de base para tomada de decisões por grande parte das empresas que não têm condições de desenvolver suas próprias pesquisas. Os profissionais de finanças estudam e acompanham esses indicadores para tomar suas decisões na empresa.

Os aspectos econômicos e financeiros são essenciais para o administrador financeiro. Ele deve identificar os fatores econômicos relacionados aos fatores de produção e prestação de serviços em âmbito empresarial e no contexto dos negócios, acompanhando simultaneamente os fatores financeiros, relacionados às fontes de recursos de capital (custo e disponibilidade), às taxas de juros, ao fluxo de caixa e à alavancagem de recursos.

Ter boa saúde econômico-financeira implica tomar boas decisões, fazer boas escolhas. Para se conseguir esse intento, é importante fazer boa leitura do mundo dos negócios e seus diferentes elementos: mercado de produtos e serviços, mercado de trabalho, mercado de capitais, tecnologia, governo, legislação, entre outros.

Capítulo 1 Conceitos de Administração Financeira. Por que Estudar Finanças? 11

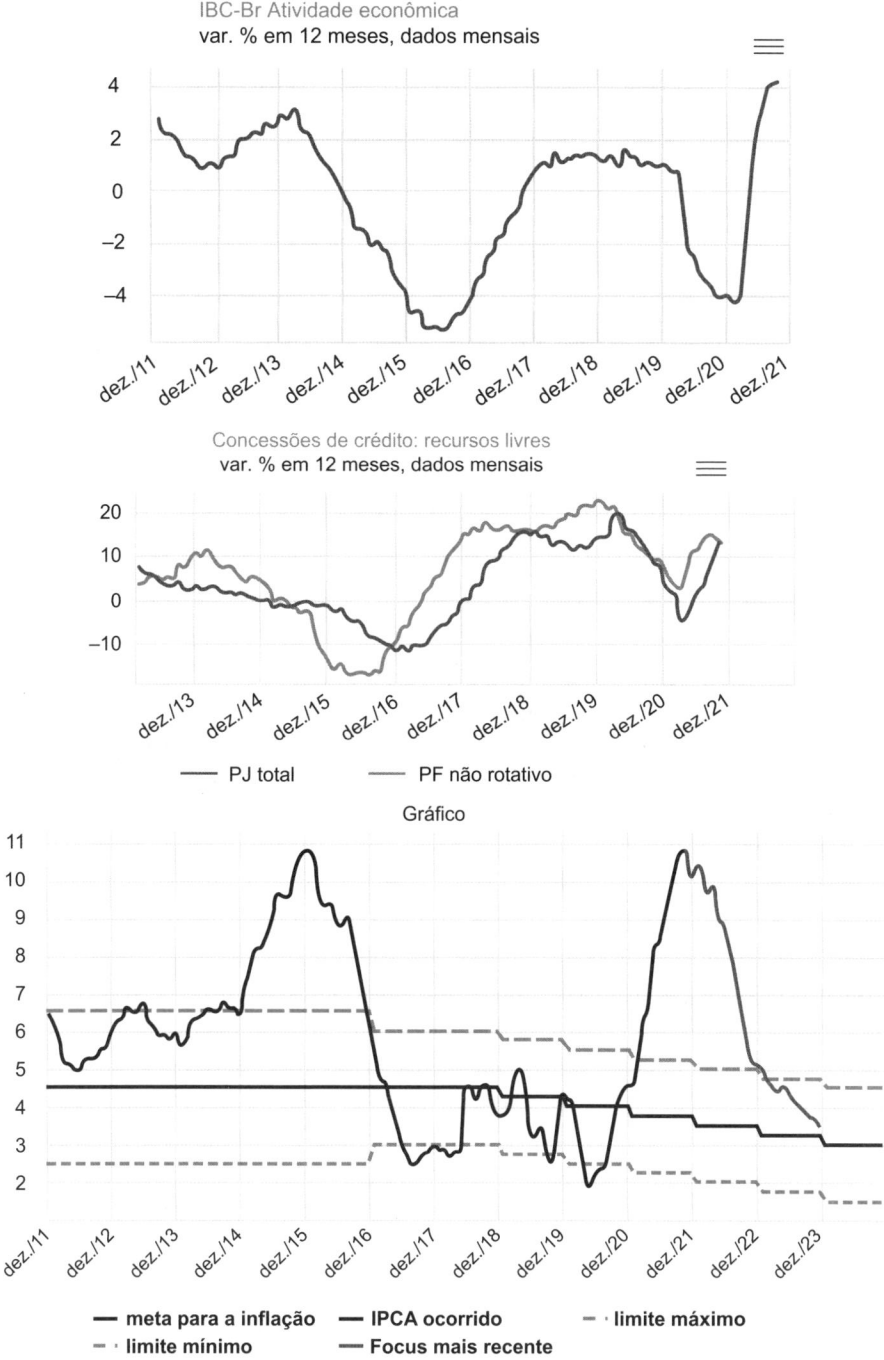

Fonte: https://www.bcb.gov.br/estatisticas. Acesso em: 19 jan. 2021.

Figura 1.3 Indicadores econômicos do Brasil.

Figura 1.4 Mundo dos negócios.

O entendimento de como funciona o mundo dos negócios é diferencial relevante para realizar boas escolhas.

> **Brasil: realidade econômico-política em 2019-2020**
>
> A eleição do Presidente Bolsonaro, em outubro de 2018, trouxe novas e boas expectativas para o mercado financeiro e para a atividade empresarial. Após três governos de orientação estatizante e de grandes interferências na atividade econômica, com resultados preocupantes para o crescimento da economia e para o equilíbrio das contas públicas, o otimismo tomou conta dos agentes econômicos.
>
> A aprovação das reformas da previdência, tributária e trabalhista também tem a capacidade de impactar positivamente os negócios.
>
> Para os micro, médios e pequenos empresários, a aprovação da lei da liberdade econômica é ótimo impulso para a retomada e a expansão dos negócios.
>
> A queda da taxa de juros básica da economia e a queda do risco país facilitam novos investimentos de investidores nacionais e estrangeiros.
>
> Por outro lado, as pressões dos políticos tradicionais, acostumados ao "toma lá dá cá", a perda de fonte de renda dos movimentos sociais e das mídias tradicionais, acostumados ao dinheiro público, tentam criar instabilidade política, por vezes assustando os agentes econômicos.
>
> Por fim, todos esses ganhos de estabilidade econômica podem vir a ser perdidos ao se continuar a guerra política estabelecida pela Covid-19. Não apenas vidas humanas estão sendo perdidas para a Covid-19; mas a determinação de isolamento social da Organização Mundial da Saúde (OMS), desde março de 2020, está levando à queda na atividade econômica em diferentes países no mundo, incluindo o Brasil. Além disso, visões distorcidas de governantes estrangeiros sobre o Brasil podem prejudicar o ambiente de negócios para o empresariado brasileiro.

1.2 Conceitos essenciais

A introdução ao campo da administração financeira será facilitada se aprendermos alguns conceitos essenciais. São eles:

Capital: é o recurso financeiro necessário ao funcionamento da empresa. Pode ser próprio – dos sócios da empresa – ou de terceiros – bancos e outras fontes externas.

Custo de capital: é a taxa de retorno exigida dos recursos financeiros aportados na empresa. Usualmente, é a menor taxa de retorno exigida de um projeto para não reduzir o valor da empresa. Deve-se considerar o custo de capital de terceiros, o custo de capital próprio e o custo de capital médio ponderado da empresa (WACC).

A remuneração do capital de terceiros são os juros e a remuneração do capital próprio são os dividendos e ganhos de capital. No Brasil, como não se podem abater os dividendos do Imposto de Renda, criou-se a figura dos juros sobre o capital próprio, por sua vez, dedutíveis.

Despesas de capital (*Capital expenditures* – Capex): contribuem para a infraestrutura permanente da empresa e são depreciadas ao longo do tempo; necessárias para expandir os serviços aos clientes.

Despesas operacionais (*Operational expenditures* – Opex): representam o custo para manter a empresa em operação. Incluem custos de operações técnicas, despesas comerciais, despesas administrativas, entre outras.

Dividendos: são a remuneração do acionista. Constituem a parte dos lucros distribuída aos acionistas. No Brasil, existem também os juros sobre o capital próprio, com tratamento tributário diferenciado.

Empréstimos: são recursos tomados de empréstimo dos bancos, geralmente de curto prazo, sem destinação específica. Podem ser usados para pagamento de fornecedores, tributos, funcionários, entre outras destinações.

Financiamentos: são recursos captados nos bancos, com destinação específica; por exemplo, construção de uma nova fábrica, aquisição de máquinas etc. (capital de terceiro).

Estrutura de capital: é a composição dos recursos de longo prazo que financiam uma empresa (passivo não circulante mais patrimônio líquido). Em outras palavras, a soma do capital de terceiros de longo prazo mais o capital próprio.

Investimento: é o ato ou o efeito de aplicar recursos na empresa. Esse investimento pode ser realizado em capital de giro (caixa, contas a receber, estoques) ou em ativo não circulante (terrenos, prédios, máquinas, equipamentos). Pode ser compreendido como o ativo da empresa, onde está aplicado o dinheiro.

Resultados: a administração financeira busca sempre resultados. No sentido econômico-financeiro, resultados representam a coleta de benefícios obtidos de uma aplicação de recursos (investimentos, custos, despesas). Trata-se da consequência, do efeito dos esforços despendidos na busca de um objetivo econômico-financeiro.

O executivo financeiro preocupa-se com o custo × benefício de sua área e também com o custo × benefício de toda a empresa. Muitas empresas trabalham com sistemas de remuneração com base em resultados, buscando maior envolvimento de indivíduos e de equipes nos objetivos da empresa.

Retorno: é a rentabilidade do projeto ou do capital investido. Pode ser o retorno sobre o patrimônio líquido ou sobre o ativo. Quando se trata de rentabilidade do projeto, usa-se o conceito de taxa interna de retorno.

Risco: é a probabilidade de ocorrerem variações no retorno esperado; normalmente, entende-se risco como a probabilidade de ocorrer o pior. Risco é um evento ou condição incerta que, se ocorrer, tem efeito negativo sobre ao menos um dos objetivos da empresa ou do projeto.

Sistema Especial de Liquidação e Custódia (Selic): é o depositário central dos títulos emitidos pelo Tesouro Nacional e pelo Banco Central do Brasil e, nessa condição, processa a emissão, o resgate, o pagamento dos juros e a custódia. O sistema processa também a liquidação das operações definitivas e compromissadas registradas em seu ambiente, observando o modelo de entrega contra pagamento. Todos os títulos são escriturais, isto é, emitidos somente na forma eletrônica. A liquidação da ponta financeira de cada operação é realizada por intermédio do Sistema de Transferência de Reservas (STR), ao qual o Selic é interligado.

Taxa Selic: é a taxa básica de juros do Brasil, utilizada para remunerar os títulos de captação de recursos do Tesouro Nacional. É usada como padrão de remuneração de diversas operações do mercado financeiro, sendo considerada uma taxa livre de risco.

A taxa Selic Meta é arbitrada pelo Comitê de Política Monetária (Copom), com base nas determinações de política monetária. É parâmetro para todas as demais taxas de juros do mercado.

A taxa Selic *Over* – "efetiva" é o resultado das operações de empréstimo entre as instituições financeiras que utilizam títulos públicos como garantia.

Valor: o objetivo da administração financeira é aumentar o valor da empresa. Agregar valor significa trazer para a empresa projetos e atividades rentáveis que aumentem seu patrimônio líquido. O valor da empresa é refletido por dois fatores importantes: (a) valor patrimonial – valor contábil e (b) valor representado pelas expectativas de geração de caixa no futuro. Algumas empresas apresentam alto valor patrimonial, como as de energia elétrica, siderúrgicas, cimenteiras, mineradoras, empresas com grandes estruturas de produção. Outras têm estruturas relativamente pequenas, com grandes expectativas de geração de caixa no futuro – por exemplo, empresas de tecnologia, empresas inovadoras na área da internet.

O grande problema relacionado com a determinação de valor das empresas está na efetivação dessas expectativas.

Valor do dinheiro no tempo: intuitivamente, sabemos que R$ 100,00, hoje, valem mais que R$ 100,00 daqui a um ano. Contudo, poucas pessoas conseguem explicar por que isso ocorre. A matemática financeira explica: valor do dinheiro no tempo significa a mudança percebida de valor do dinheiro ao longo do tempo. Uma série de fatores impacta o valor do dinheiro no tempo: taxa de juros, oportunidades de investimento, risco, inflação etc. A taxa de juros exigida por um investidor reflete o somatório de todos esses fatores.

1.3 Integração da administração financeira com as outras áreas da empresa

Para maximizar o valor da empresa, a administração financeira precisa se relacionar sistemática e continuamente com todas as áreas dessa empresa.

Um dos instrumentos mais efetivos para essa integração e para alcance do objetivo da maximização do valor é o planejamento e controle financeiro, que consiste em elaborar e acompanhar o orçamento operacional da empresa.

A administração financeira relaciona-se com a área de marketing nas seguintes atividades: crédito e cobrança, preço, estoques, juros sobre atraso, condições de pagamento, descontos, metas de venda, *mix* de produtos, orçamento de propaganda, comissões, importações e exportações.

A administração financeira relaciona-se com a área de produção nas seguintes atividades: estoques, linha e *mix* de produtos, compras, redução de desperdício, gastos, expansão e manutenção das fábricas, substituição de equipamentos, pesquisa e desenvolvimento de novos produtos, treinamento e desenvolvimento, turnos de trabalho, rotatividade, encargos sociais, parcerias com fornecedores, importações e exportações.

A administração financeira relaciona-se com a área de recursos humanos nas seguintes atividades: determinação do quadro de funcionários e empregados, plano de cargos e salários, férias, horas extras, demissão e contratação de pessoas, treinamento e desenvolvimento, gastos, custos, benefícios, planos de seguridade.

A administração financeira relaciona-se com a área de logística nas seguintes atividades: frota própria, terceirizados, custos, despesas, investimentos, financiamentos, *leasing*, troca de fretes, roteiros de viagem, renovação de frotas, aquisição de *softwares*.

1.4 Importância da administração financeira para as profissões

Os conceitos de administração financeira são aplicáveis em praticamente todas as profissões.

Engenharia, Arquitetura, Física, Química, Informática: os profissionais de ciências exatas necessitam de conhecimentos das finanças modernas para executarem seus projetos, elaborarem orçamentos e fluxos de caixa. Para tal, precisam conhecer os princípios de orçamento operacional e de fluxo de caixa das empresas de construção e escritórios de projetos. Devem saber elaborar previsões, projeções e programações financeiras e, com o mesmo intuito, devem conhecer custos, despesas, investimentos, métodos de depreciação, exaustão e amortização. Além disso, precisam dominar entradas e saídas de caixa, conceito de regime de caixa e regime de competência, análise do ponto de equilíbrio, estabelecimento de preços, margem de contribuição, políticas econômicas. Ao avaliarem projetos e a manutenção corretiva de obras antigas, devem utilizar a elaboração do fluxo de caixa livre, métodos de avaliação de projetos e execução de obras de engenharia civil, saneamento, pavimentação, terraplenagem, construções residenciais, industriais e de outros usos específicos. Também utilizarão esses conhecimentos na prestação de serviços especializados, em consultorias de engenharia, arquitetura e locação de equipamentos (*payback*, valor presente líquido, taxa interna de retorno), nas decisões de viabilidade econômico-financeira (custo de capital, estrutura de capital, fontes de financiamento, mercado de capitais), nos métodos de avaliação de projetos (*payback*, valor presente líquido, taxa interna de retorno), na matemática financeira (capitalização simples, capitalização composta, amortização de empréstimo, tabela Price, fluxo de caixa e determinação do fator de juros), na utilização de instrumentos da área financeira (calculadoras e planilhas eletrônicas).

Contabilidade, Economia e Direito: o conhecimento de finanças auxilia o contador, o economista e o advogado na elaboração de planejamento e controle financeiro (orçamento operacional, orçamento de caixa, orçamento de capital), no cálculo de indenizações, estabelecimento de valor de empresas e de causas jurídicas, em licitações, estabelecimento de necessidade de capital de giro, análise de rentabilidade, elaboração de plano de negócio na avaliação de contratos de financiamento e de *leasing*, no planejamento tributário, análise econômico-financeira (fusões, incorporações, encerramento de empresas).

Farmácia, Psicologia, Educação Física e outras: os profissionais dessas áreas precisam de conhecimentos de finanças para elaboração de orçamento operacional e de fluxo de caixa das empresas (previsões, projeções, programações, custos, despesas, investimentos, métodos de depreciação, exaustão, amortização, entradas e saídas de caixa, regime de caixa e regime de competência, análise do ponto de equilíbrio, estabelecimento de preços, margem de contribuição, políticas econômicas), na avaliação de plano de negócio (criação ou aquisição de empresas, equipamentos, instrumentação), na implantação de novos projetos (farmácias, laboratórios, academias), na elaboração do fluxo de caixa livre, métodos de avaliação de projetos (*payback*, valor presente líquido, taxa interna de retorno), nas decisões de viabilidade econômico-financeira (custo de capital, estrutura de capital, fontes de financiamento, mercado de capitais), nos métodos de avaliação de projetos (*payback*, valor presente líquido, taxa interna de retorno), na matemática financeira (capitalização simples, capitalização composta, amortização de empréstimo, tabela Price, determinação do fator de juros), na utilização de instrumentos da área financeira (calculadoras e planilhas eletrônicas).

No caso das *startups* – empresas emergentes com grande potencial de crescimento –, os princípios financeiros são os mesmos. A diferença para as empresas tradicionais está na "escalabilidade"; ou seja, na capacidade de crescer rapidamente em conquistas de mercado e geração de valor. Essas empresas utilizam os mesmos instrumentos financeiros, com nomes mais modernos: o modelo de negócio é apresentado resumido em um *pitch* (texto/documento/vídeo capaz de expressar rapidamente o negócio da empresa). O planejamento financeiro é apresentado em um modelo Canvas e as projeções de resultados são mostradas a partir de *valuation*.

Por fim, qualquer profissional precisa conhecer administração financeira para ter tranquilidade financeira ao longo de todas as fases da vida. Desde a formação de poupança, no início de carreira, até a provisão de recursos para uma velhice sem depender da renda de filhos e netos. Isso se chama formação de previdência privada.

QUESTÕES E EXERCÍCIOS

1. O que é administração financeira?
2. Quais são as principais funções do administrador financeiro?
3. Como a economia está relacionada com a administração financeira?
4. Como o estabelecimento de preços está relacionado às funções financeira, de produção e de marketing?
5. Quais atividades de marketing estão mais relacionadas à administração financeira?
6. Qual é a relação entre administração de pessoas e administração financeira?
7. Como a produção está relacionada com a administração financeira?
8. Acesse o *site* https://www.bcb.gov.br/estatisticas e atualize os gráficos das Figuras 1.2 e 1.3.
9. As taxas de juros têm aumentado ou baixado, mais recentemente?
10. Os indicadores de atividade econômica PIB, emprego e inflação têm aumentado? Isso tem impacto positivo para a atividade econômica?

SUGESTÕES DE CONSULTA

Livros

BERNSTEIN, P. L. *Desafio aos deuses*: a fascinante história do risco. São Paulo: Alta Books, 2018.

DAMODARAN, A. *Finanças corporativas*: teoria e prática. Tradução de Jorge Ritter. 2. ed. Porto Alegre: Bookman, 2004.

LEMES JÚNIOR, A. B.; RIGO, C. M.; CHEROBIM, A. P. *Administração financeira*: princípios, fundamentos e práticas brasileiras. 4. ed. Rio de Janeiro: Campus, 2016.

Sites

www.bcb.gov.br
www.bndes.gov.br
www.cvm.gov.br
www.investopedia.com

2 CONCEITOS BÁSICOS DE CONTABILIDADE

INTRODUÇÃO

As informações dos relatórios contábeis e as ferramentas da contabilidade são essenciais para a gestão das empresas. Isso porque trazem informações sistematizadas sobre a empresa e permitem avaliações objetivas sobre sua situação econômico-financeira. Os fundamentos da contabilidade podem ser considerados ferramenta gerencial para o administrador e para outros profissionais envolvidos com atividades de gestão da organização.

O capítulo inicia conceituando elementos básicos para evitar confusões entre termos. Segue apresentando a diferença entre o **princípio da competência**, também denominado econômico, e o **regime de caixa**, também chamado financeiro, para diferenciar os registros contábeis de valor da disponibilidade de recursos em caixa. Apresenta o plano de contas, estrutura lógica para registrar a movimentação de bens, direitos e obrigações da empresa. Em outras palavras, organiza os registros de entradas e saídas de caixa, gastos não desembolsados, receitas ainda não recebidas, provisão de prejuízos; também permite o registro dos ativos da empresa e da forma como são financiados, os passivos e patrimônio líquido. Na sequência, são apresentadas as demonstrações financeiras[1] e sua utilidade. A demonstração de resultado do exercício (DRE) e o balanço patrimonial têm maior destaque, em razão de sua maior utilização. Uma visão panorâmica contempla as demais demonstrações obrigatórias. As despesas de depreciação, exaustão e amortização são esclarecidas. Por fim, é apresentada a análise de índices.

2.1 Conceitos

A contabilidade faz os registros de todas as transações econômicas de uma organização. Permite o controle das movimentações, financeiras ou não, relacionadas a

---

[1] A Lei nº 6.404, de 15 de dezembro de 1976, denomina **demonstrações financeiras**, embora alguns autores utilizem em seu lugar a expressão *Demonstrações Contábeis*.

criação ou redução de valor da empresa. Cria informações sobre a posição econômico-financeira da empresa, utilizando o método das partidas dobradas. Elaborado no século XVI por um frei, o método estabelece a origem e o destino dos recursos financeiros, mantendo a igualdade das contas.

> Frei Luca Pacioli, no livro *Summa de arithmetica, geometria, proportioni et proportionalita*, uma enciclopédia sobre aritmética, contabilidade, álgebra, entre outros temas, foi o primeiro a inserir na contabilidade o conceito das partidas dobradas, pelo qual cada débito corresponde a um crédito de igual valor e vice-versa.

Para atingir seus propósitos, a contabilidade segue leis e regulamentos afins para haver uniformidade sequencial e possibilidade de análises comparativas com outras organizações. O leitor interessado em conhecer detalhadamente as normas brasileiras de contabilidade deve pesquisar a página do Conselho Federal de Contabilidade: http://www.cfc.org.br.

> **Conceitos importantes:**
>
> RECEITAS – as receitas compreendem o produto das vendas dos bens e dos serviços prestados.
>
> LUCRO – o lucro é a remuneração líquida obtida pela produção e pela venda de bens e serviços em determinado período.
>
> GASTOS – os gastos genericamente representam **todos** os valores econômicos ou financeiros utilizados para produzir bens ou serviços. Gastos englobam custos, despesas e investimentos.
>
> CUSTOS – os custos são entendidos como os valores aplicados na produção de bens ou serviços – por exemplo, matéria-prima, mão de obra direta e gastos gerais de fabricação.
>
> DESPESAS – as despesas envolvem os valores utilizados de forma direta ou indireta na geração das receitas, como gastos com aluguel, segurança e publicidade.
>
> RECEBIMENTOS – os recebimentos consideram os valores que entram no caixa da empresa e passam a fazer parte dos valores em disponibilidade, por exemplo, recebimento de valores a receber, vendas à vista e empréstimos.
>
> PAGAMENTOS – os pagamentos representam os valores que efetivamente saem do caixa da empresa para liquidação de contas a pagar, folha de pagamento e impostos.
>
> ATIVO – o ativo representa as aplicações de recursos realizadas na empresa, que constituem **débitos**. De forma simples, é o que a empresa TEM.
>
> PASSIVO – o passivo registra as origens dos recursos utilizados pela empresa, que constituem créditos. De forma simples, é o que a empresa DEVE.

2.2 Princípio da competência e regime de caixa

A contabilidade segue a prática de considerar as receitas e despesas sob regime de reconhecimento denominado **princípio da competência**, também chamado econômico. Receitas, custos e despesas são reconhecidos no período em que o fato gerador ocorre, não considerando se houve ou não pagamento ou recebimento das despesas, custos e receitas. Como uma venda gera **receita**, ela é registrada de forma contábil, independentemente de ter sido paga ou não pelo comprador. Quando a venda é realizada a prazo, a distinção entre os dois regimes é mais acentuada: a venda pode ocorrer em determinado mês, fato gerador naquele mês, pelo regime de competência o valor é registrado naquele mês. Se for paga no mês seguinte, o fato gerador permanece no mês anterior, mas, sob a ótica do regime de caixa, a entrada de recursos ocorre apenas no mês seguinte.

O **regime de caixa**, também denominado financeiro, registra somente os valores quando são recebidos ou pagos, ou seja, quando há movimentação do dinheiro. A tendência é o regime de caixa receber maior atenção da gestão das atividades financeiras na empresa.

A situação simplificada a seguir auxilia a entender como se diferenciam o regime de caixa e o princípio da competência.

Quadro 2.1 Dados para cálculo do regime de caixa e princípio da competência

Vendas realizadas em determinado período	R$ 100.000,00
Custos de produção	R$ 70.000,00
Matérias-primas pagas à vista	R$ 25.000,00
Matérias-primas a pagar no futuro	R$ 30.000,00
Mão de obra e encargos sociais a pagar no futuro	R$ 15.000,00
Recebimento à vista	R$ 35.000,00
Saldo a receber no futuro	R$ 65.000,00

Os resultados são os apresentados no Quadro 2.2.

Quadro 2.2 Comparativo entre os regimes de competência e de caixa

Regime de competência (DRE)	
Receita de vendas	R$ 100.000,00
Custos de produção	(R$ 70.000,00)
Lucro bruto no período	**R$ 30.000,00**

Regime de caixa	
Recebimentos à vista	R$ 35.000,00
Custos de produção	(R$ 25.000,00)
Superávit de caixa	**R$ 10.000,00**

Os valores do saldo a receber de R$ 65.000,00 e a pagar (R$ 30.000,00 + R$ 15.000,00) irão constar no balanço patrimonial. Os valores finais do lucro e do superávit serão iguais em R$ 30.000,00, pois a empresa terá de pagar R$ 45.000,00 e receber R$ 65.000,00. Portanto:

Superávit de caixa	10.000,00
Mais recebimentos	65.000,00
Menos pagamentos	(45.000,00)
Lucro e saldo de caixa	**30.000,00**

Outro exemplo bastante prático é o das apólices de seguro. Ao se contratar seguro contra incêndio, por exemplo, o valor do prêmio pode ser pago à vista ou em número de parcelas menor que o número de meses de cobertura da apólice. Nesse caso, pelo princípio da competência, será registrado, mensalmente, o valor do prêmio da apólice, dividido pelo número de meses de sua cobertura. No entanto, pelo regime de caixa, os lançamentos ocorrerão quando da efetivação dos pagamentos. Vide exemplo a seguir, em outra contratação de seguro:

> Uma empresa contrata seguro para determinado veículo de sua frota, ao custo de R$ 2.400,00. A vigência é de um ano e o prêmio é pago em quatro parcelas mensais iguais, entre abril e julho, para a seguradora. O regime de caixa irá registrar o pagamento de cada uma das parcelas de R$ 600,00 nos meses de abril, maio, junho e julho. O princípio de competência irá registrar despesa de seguro, no valor de R$ 200,00, em cada um dos 12 meses da cobertura.

Por que é importante reconhecer as diferenças entre os dois regimes?

Muitas vezes, a empresa pode estar gerando lucros, mas tendo dificuldades para pagar seus compromissos, justamente porque há descompasso entre a realização das receitas, e seus respectivos recebimentos e a realização de custos e despesas e seus pagamentos.[2]

2.3 Plano de contas[3]

Toda a movimentação econômico-financeira é registrada em um **plano de contas contábil**, que estabelece o encadeamento criterioso dessa movimentação, aí considerados os débitos e os créditos de mesma natureza ou espécie. São criadas

---

[2] As técnicas de gestão financeira de curto prazo, mostradas no Capítulo 5, auxiliam a manutenção do equilíbrio financeiro nesses momentos de descasamento de ativos.

[3] Os apêndices, no final deste capítulo, apresentam exemplos da lógica contábil e da contabilidade básica.

as contas contábeis para registrar os elementos do patrimônio: bens, direitos, obrigações, patrimônio líquido; ou as variações do patrimônio: as receitas e as despesas. Embora haja modelos de planos de contas, cada empresa detalha seu plano de acordo com as necessidades de informações utilizadas dos pontos de vista fiscal e societário e para a tomada de decisões.

São considerados elementos da conta:

Título: que a identifica.
Data: em que o fato ocorreu.
Histórico: descrição do fato.
Débito: valor registrado a débito da conta.
Crédito: valor registrado a crédito da conta.
Saldo: a diferença entre os débitos e os créditos.

O plano de contas representa a estrutura dos registros contábeis, por meio das contas, adequando o lançamento das informações econômico-financeiras para atender exigências de ordem legal, tributária, societária e gerencial.

De acordo com o Conselho Federal de Contabilidade:

> Plano de Contas é a estrutura básica da escrituração contábil. Sua utilização estabelece o banco de dados com informações para geração de todos os relatórios e livros contábeis, tais como: Diário, Razão, Balancete, Balanço Patrimonial, Demonstração de Resultados e Análises, além de outros.

Método das partidas dobradas

A contabilidade utiliza o método das "partidas dobradas". Ele estabelece que os registros devem ser feitos obedecendo ao critério de que todo débito, em uma ou mais contas, terá crédito igual em uma ou mais contas correlacionadas. Assim, as somas dos valores dos débitos e as somas dos valores dos créditos serão iguais. Portanto, todo débito recebe crédito igual e vice-versa.

Exemplo prático:

Uma empresa adquiriu um veículo por R$ 45.000,00, tendo pagado R$ 15.000,00 à vista e R$ 30.000,00 a prazo.

Lançamentos contábeis:
Débito – Veículos = R$ 45.000,00
Crédito – Caixa = R$ 15.000,00
Crédito – Fornecedores = R$ 30.000,00

2.4 Demonstrações financeiras

A partir dos lançamentos nas contas do plano de contas, são elaboradas, periodicamente, as **demonstrações financeiras** – esses demonstrativos agrupam informações contábeis de forma a atender às exigências de ordem legal, tributária, societária e gerencial. Com a internacionalização mais evidente das atividades econômicas, foram estabelecidos padrões contábeis para todas as organizações, em diferentes países do mundo. Os acordos comerciais normalmente tendem a exigir a adoção dessas normas internacionais, por exemplo o International Financial Reporting Standards (IFRS). Para empresas atuando em diversos países, em tese, as demonstrações serão compreendidas em diferentes países e incorporadas a demonstrações financeiras de outras empresas do mesmo grupo ou conglomerado.

Do ponto de vista legal e do societário, as demonstrações financeiras no Brasil são regulamentadas pela Lei nº 11.638/2007, cujo texto e regulamentações posteriores podem ser encontrados no *site* do governo federal: http://www.planalto.gov.br/.

No Brasil, o Conselho Federal de Contabilidade emitiu a NBC[4] T.3, "Conteúdo e Estrutura das Demonstrações Financeiras", em que descreve em detalhes a forma de apresentação dessas demonstrações, adaptadas ao padrão internacional (www.cfc.org.br – procure Resoluções).

O Comitê de Normas Internacionais de Contabilidade – *International Accounting Standards Board* (Iasb) (http://www.ifrs.org) – estabelece princípios para as demonstrações financeiras:

a) Informar sobre a posição financeira.
b) Informar sobre desempenho e mudança nas posições financeiras da empresa.
c) Ser útil a grande número de usuários em suas tomadas de decisão.

O objetivo das demonstrações financeiras de uso geral é fornecer informações sobre a posição patrimonial e financeira, o resultado e o fluxo financeiro de uma entidade, consideradas úteis para uma ampla variedade de usuários na tomada de decisões.

No Brasil, em consonância às resoluções internacionais, ao final de cada exercício social, as empresas devem elaborar as seguintes demonstrações financeiras:

1. Balanço patrimonial.
2. Demonstração do resultado do exercício.
3. Demonstração dos lucros ou prejuízos acumulados.
4. Demonstração dos fluxos de caixa.
5. Demonstração do valor adicionado, se companhia aberta, exigida a partir da Lei nº 11.638/2007.

---

[4] NBC – Normas Brasileiras de Contabilidade.

Em alguns casos, são ainda necessários três ou quatro relatórios:

6. Relatório do Conselho de Administração ou da Diretoria.
7. Notas explicativas.
8. Parecer do Conselho Fiscal.
9. Parecer dos Auditores Independentes, se o balanço geral for de empresa de capital aberto.

1. Balanço patrimonial

O **balanço patrimonial** é a demonstração contábil destinada a evidenciar, quantitativa e qualitativamente, em determinada data, a posição patrimonial e financeira da entidade.

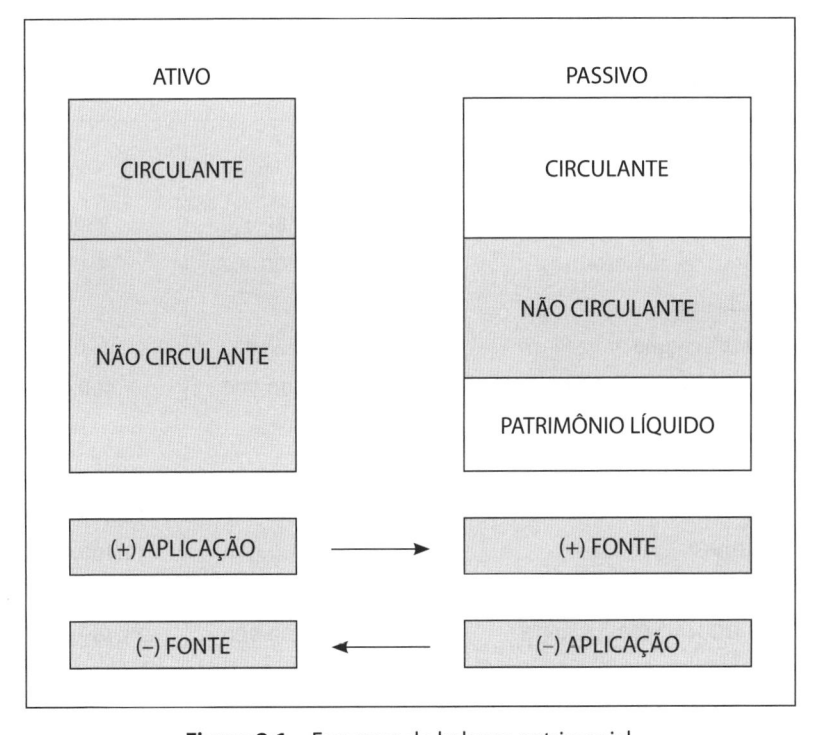

Figura 2.1 Esquema do balanço patrimonial.

Quadro 2.3 Modelo de balanço patrimonial – Vivon Empreendimentos S.A.

ATIVO	20x1	20x0
CIRCULANTE		
Disponibilidades	5.300.000	4.000.000
Contas a receber de clientes	4.700.000	4.150.000
Estoques	5.400.000	4.500.000
Ativos biológicos	200.000	400.000
Impostos a recuperar	1.700.000	1.500.000
Despesas antecipadas	130.000	100.000
Ativo disponível para venda	0	500.000
Outros ativos circulantes	570.000	350.000
TOTAL DO CIRCULANTE	**18.000.000**	**15.500.000**
NÃO CIRCULANTE		
Realizável a longo prazo		
Créditos com empresas ligadas	580.000	330.000
Depósitos, cauções e outros	400.000	450.000
IR e CS diferidos	–	–
Impostos a recuperar	620.000	620.000
TOTAL DO REALIZÁVEL A LONGO PRAZO	**1.600.000**	**1.400.000**
INVESTIMENTOS EM CONTROLADAS		
IMOBILIZADO	15.400.000	14.650.000
INTANGÍVEL	12.500.000	12.400.000
TOTAL DO NÃO CIRCULANTE	**29.500.000**	**28.450.000**
TOTAL DO ATIVO	**47.500.000**	**43.950.000**

(continua)

(continuação)

PASSIVO	20x1	20x0
CIRCULANTE		
Fornecedores	3.400.000	3.060.000
Empréstimos e financiamentos	5.350.000	5.200.000
Obrigações fiscais, trabalhistas e sociais	1.400.000	900.000
Dividendos declarados		
Débito com terceiros para investimentos	10.000	10.000
Outros passivos circulantes	340.000	340.000
TOTAL DO CIRCULANTE	**10.500.000**	**9.510.000**
NÃO CIRCULANTE		
Empréstimos e financiamentos	13.500.000	10.200.000
Debêntures conversíveis	1.000	3.540.000
Imposto de renda e contribuição social diferidos	610.000	300.000
Provisão para contingências	250.000	1.000.000
Débito com terceiros para investimentos	2.000	300.000
Obrigações fiscais, trabalhistas e sociais	680.000	10.000
Outros passivos não circulantes	357.000	400.000
TOTAL DO NÃO CIRCULANTE	**15.400.000**	**15.750.000**
PATRIMÔNIO LÍQUIDO		
Capital social	21.500.000	18.100.000
Transações de capital	−10.000	−10.000
Reserva de capital	1.000.000	1.000.000
Reserva de reavaliação	100.000	100.000
Reservas de lucros	1.400.000	1.500.000
Ações em Tesouraria	−620.000	−500.000
Ajustes de avaliação patrimonial	130.000	
Ajustes acumulados de conversão	−2.900.000	−2.600.000
Atribuído aos acionistas controladores	**20.600.000**	**17.590.000**
Participação dos acionistas não controladores	**1.000.000**	**1.100.000**
TOTAL DO PATRIMÔNIO LÍQUIDO	**21.600.000**	**18.690.000**
TOTAL DO PASSIVO E PATRIMÔNIO LÍQUIDO	**47.500.000**	**43.950.000**

Equação do balanço

No balanço patrimonial são representados, no ativo, os direitos da empresa e, no passivo, suas obrigações. A diferença entre os valores ativos e passivos forma o patrimônio líquido, que representa o valor dos proprietários, as reservas e os lucros gerados e não distribuídos aos sócios ou, ainda, os prejuízos registrados. Assim, a soma dos valores do ativo é igual à soma dos valores do passivo, mais a soma dos valores do patrimônio líquido, entendida como a **equação do balanço**.

A equação do balanço é representada por:

> **Total do ativo = Total do passivo + Total do patrimônio líquido**

EXEMPLO

A empresa **A. C. Luz** iniciou suas atividades com a implantação de uma indústria de perfumes.

Os sócios da empresa aportaram capital de R$ 25.000, sendo R$ 5.000 para capital de giro e R$ 20.000 para aquisição de máquinas e equipamentos.

Durante o primeiro mês, foram comprados a prazo R$ 10.000 em matéria-prima, para pagamento em 30 dias. A produção foi terceirizada, sendo o pagamento de R$ 2.000 pelos serviços feitos contra entrega. As matéria-prima adquirida foi totalmente consumida na produção de 500 frascos do perfume *Gardênia*.

No mês seguinte, foram vendidos à vista 400 frascos do produto por R$ 17.000. Com o dinheiro recebido, fez-se o pagamento das matérias-primas adquiridas anteriormente.

Acompanhe nos balancetes intermediários a evolução dessas atividades da empresa, e perceba a igualdade da equação do balanço.

Quadro 2.4 Balancetes intermediários

Primeiro período							
ATIVO				PASSIVO			
Ativo circulante		5.000					
Caixa	5.000						
Ativo não circulante		20.000		Patrimônio líquido		25.000	
Imobilizado	20.000			Capital social	25.000		
ATIVO TOTAL			25.000	PASSIVO TOTAL			25.000

(continua)

(continuação)

Segundo período					
ATIVO			PASSIVO		
Ativo circulante		15.000	**Passivo circulante**	10.000	
Caixa	3.000		Duplicatas a pagar	10.000	
Estoques	10.000				
Despesas de mão de obra	2.000				
			Passivo não circulante		
Ativo não circulante		20.000			
Imobilizado líquido	20.000		**Patrimônio líquido**	25.000	
			Capital social	25.000	
ATIVO TOTAL		35.000	**PASSIVO TOTAL**		35.000

Terceiro período					
ATIVO			PASSIVO		
Ativo circulante		12.400	Passivo circulante	0	
Caixa	10.000		Duplicatas a pagar		
Estoques	2.400				
Despesas de mão de obra	0				
			Passivo não circulante		
Ativo não circulante		20.000	**Patrimônio Líquido**	32.400	
Imobilizado líquido	20.000		Capital social	25.000	
			Lucros acumulados	7.400	
ATIVO TOTAL		32.400	**PASSIVO TOTAL**		32.400

2. Demonstração do resultado do exercício (DRE)

Os lucros ou prejuízos gerados no exercício social, ou num período definido, são detalhados na **demonstração do resultado do exercício (DRE)**. Para se calcularem os lucros ou prejuízos, são alinhados, na demonstração, os valores geradores de receitas, custos e despesas ocorridas durante o exercício social.[5] A DRE é elaborada a partir do princípio da competência, portanto, os valores são econômicos e não financeiros, ou seja, não representam efetivas entradas e saídas de caixa.

A sequência lógica da DRE está representada no Quadro 2.5.

Quadro 2.5 Demonstração de resultado

VIVON Empreendimentos S.A. Demonstração de resultado consolidado	20x1	20x0
RECEITA BRUTA	64.200.000	57.000.000
Mercado interno	48.700.000	42.000.000
Mercado externo	15.500.000	15.000.000
DEDUÇÕES DE VENDAS	–2.400.000	–2.000.000
Devoluções e descontos	–1.250.000	–980.000
Impostos sobre as vendas	–1.150.000	–1.020.000
RECEITA LÍQUIDA	61.800.000	55.000.000
Custo dos produtos vendidos	–54.100.000	–48.000.000
LUCRO BRUTO	7.700.000	7.000.000
(DESPESAS) RECEITAS OPERACIONAIS	–6.920.000	–6.660.000
Administrativas e gerais	–1.750.000	–1.650.000
Com vendas	–3.150.000	–2.600.000
Resultado financeiro líquido	–2.000.000	–2.220.000
Outras (despesas) receitas	–20.000	–190.000
RESULTADO ANTES IR E CS	780.000	340.000
IR e CS do período	–520.000	–360.000
IR e CS diferidos	430.000	200.000
LUCRO LÍQUIDO – Prejuízo	690.000	180.000
Participação não controladores	155.000	40.000
Lucro líquido – 1.000 ações	0,20	0,05

---

[5] Exercício social é o período anual utilizado pela empresa, por exemplo, 1º de janeiro a 31 de dezembro de cada ano, podendo ser também 1º de maio a 30 de abril. Esse período é também denominado período fiscal.

3. Demonstração dos lucros ou prejuízos acumulados (DLPA)

Depois de registrado o resultado do exercício, o Conselho de Administração propõe a distribuição dos lucros, quando houver. A legislação brasileira exige a distribuição aos acionistas de 25% dos resultados. O restante pode ser distribuído aos acionistas ou retido para novos investimentos. Esse processo é chamado de decisão de dividendos ou decisão de resultados.[6]

Como os valores contábeis seguem o princípio da competência, o lucro pode não significar dinheiro em caixa, e sua distribuição total poderá causar sérios problemas no fluxo de caixa[7] da empresa. Os lucros não distribuídos continuam pertencendo aos sócios ou acionistas, porém ficam retidos na empresa.

Se acontecer de, em determinado exercício social, a empresa gerar prejuízo, o valor do prejuízo será absorvido pelos proprietários, porque reduzirá o valor do patrimônio líquido, reduzindo o eventual saldo de lucros acumulados.

As movimentações das contas de lucros ou prejuízos são registradas em um relatório denominado demonstração dos lucros ou prejuízos acumulados (DLPA), como se vê no Quadro 2.6.

Quadro 2.6 Demonstração de lucros ou prejuízos acumulados da Assis Lagoa S.A.

Saldo de lucros retidos do exercício anterior		5.000,00
(+) Lucro líquido após IR e contribuição social sobre o lucro		10.000,00
(−) Dividendos pagos em dinheiro		10.500,00
Para acionistas preferenciais	6.000,00	
Para acionistas ordinários	4.500,00	
(−) Transferido para a conta de reserva		3.000,00
(−) Saldo de lucros retidos do exercício atual		1.500,00

4. Demonstração do fluxo de caixa

Padronizada pela metodologia contábil, essa demonstração apresenta a maneira como os recursos financeiros aportam e saem da empresa no período definido, deixando de lado o **princípio da competência** e utilizando o regime de caixa.

A estrutura da **demonstração do fluxo de caixa** compõe-se de quatro grandes grupos de informações, conforme as funções dos recursos na empresa, quais sejam: disponibilidades, atividades operacionais, investimento e financiamento, apresentados no exemplo a seguir.

---

[6] Para aprofundar o tema, consulte o Capítulo 9 – Decisão de Dividendos da 4ª edição do livro *Administração financeira: princípios, fundamentos e práticas brasileiras*, de nossa autoria.

[7] O tema fluxo de caixa é estudado no Capítulo 4, Capital de Giro.

Quadro 2.7 Demonstração do fluxo de caixa

	Vivon S.A. Demonstração do fluxo de caixa		
		31/12/x1	31/12/x0
6.01	**Caixa líquido – Atividades operacionais**	**600.000**	**–1.473.000**
6.01.01	Caixa gerado nas operações	2.475.000	1.608.000
6.01.01.01	Lucro líquido do exercício	–76.000	–293.000
6.01.01.02	Depreciações e amortizações	1.290.000	1.215.000
6.01.01.03	Provisão para créditos de liquidação duvidosa	16.000	16.000
6.01.01.04	Lucro atribuído aos acionistas não controladores		
6.01.01.05	Amortização de ágio de investimento		
6.01.01.06	Valor residual de bens baixados do ativo imobilizado	–8.000	11.000
6.01.01.07	Imposto de renda e contribuição social diferidos	–430.000	–33.000
6.01.01.08	Encargos financeiros circulantes e não circulantes	1.610.000	643.000
6.01.01.09	Provisão para contingências	10.000	–23.000
6.01.01.10	Ajuste a valor presente de ativos e passivos	0	0
6.01.01.11	Redução ao valor recuperável do ativo	63.000	84.000
6.01.01.12	Resultado das operações descontinuadas	0	–12.000
6.01.02	**Variações nos ativos e passivos**	**–1.875.000**	**–3.081.000**
6.01.02.01	Aumento em contas a receber	–279.000	–960.000
6.01.02.02	Redução (aumento) nos estoques	–630.000	–1.250.000
6.01.02.03	Aumento de impostos a recuperar	–296.000	–276.000

(continua)

(continuação)

6.01.02.04	Redução (aumento) em outros ativos circ. e não circ.	−43.000	225.000		
6.01.02.05	Redução (Aumento) de Créd. com empresas ligadas	−171.000	−2.000		
6.01.02.06	Redução (aumento) de ativos biológicos	247.000	−190.000		
6.01.02.07	Aumento (redução) com fornecedores	−29.000	345.000		
6.01.02.08	Aumento (redução) em outros passivos circ. e não circ.	−75.000	−67.000		
6.01.02.09	Aumento de débitos com empresas ligadas				
6.01.02.10	Ajustes de avaliação patrimonial e acumulados de conversão	−352.000	−944.000		
6.01.02.11	Ajuste pela adoção inicial no IFRS				
6.01.02.12	Aumento (redução) na participação dos acionistas não controladores	−247.000	38.000		
6.01.03	**Outros**				
6.02	**Caixa líquido atividades de investimento**	**−706.000**	**−1.564.000**		
6.02.01	Adições no ativo imobilizado e intangível	−1.175.000	−1.226.000		
6.02.02	Adições nos investimentos em controladas				
6.02.03	Efeito líquido capital giro empresa adquirida	−35.000	−338.000		
6.02.04	Recebimento pela venda de ativo imobilizado e intangível				
6.02.05	Recebimento pelo distrato Inalca JBS	504000			
6.03	**Caixa líquido atividades de financiamento**	**1.182.000**	**2.059.000**	2.059.844	1.182.000
6.03.01	Empréstimos e financiamentos captados	17.533.000	14.190.000		
6.03.02	Pagamentos de empréstimos e financiamentos	−16.225.000	−13.462.000		

(continua)

(continuação)

6.03.03	Debêntures conversíveis	−1.000	0
6.03.04	Aumento de capital e ágio de subscrição	0	1.600.000
6.03.05	Dividendos declarados/ distribuição lucros acumulados	0	0
6.03.06	Custos de transação na emissão de títulos e valores mobiliários	0	−55.000
6.03.07	Aquisição de ações de emissão própria	−125.000	−214.000
6.03.08	Transações de capital		
6.04	**Variação cambial s/ caixa e equivalentes**	130.000	11.000
6.05	**Aumento (redução) de caixa e equivalentes**	**1.213.000**	**−965.000**
6.05.01	Saldo inicial de caixa e equivalentes	4.075.000	5.040.000
6.05.02	Saldo final de caixa e equivalentes	**5.288.000**	**4.075.000**

Para se entender a demonstração do fluxo de caixa, ao grupo das disponibilidades são somados os recebimentos operacionais e os recursos provindos das atividades de financiamento, e desse total subtraídos a soma dos pagamentos operacionais e investimentos. O resultado é o fluxo de caixa líquido.

Por meio da demonstração do fluxo de caixa, é possível analisar a capacidade da empresa em gerar fluxos de caixa futuros positivos, em cumprir com suas obrigações, pagar dividendos e suas necessidades por financiamentos externos e, ainda, os motivos para diferenças entre resultado líquido e recebimentos e pagamentos em caixa associados, além dos efeitos sobre a posição financeira de uma empresa de ambas as transações de investimento e financiamento em caixa e não caixa[8] durante o período.

5. Demonstração do valor adicionado (DVA)

A **demonstração do valor adicionado (DVA)** deve proporcionar aos usuários das demonstrações financeiras informações relativas à riqueza criada pela empresa, em determinado período, e a forma como foi distribuída. Essa demonstração só é

---

[8] Por exemplo, conversão de dívida em capital social e outras transações não monetárias.

exigida das empresas de capital aberto. A distribuição da riqueza criada deve ser detalhada, minimamente, da seguinte forma:

a) Pessoal e encargos.
b) Impostos, taxas e contribuições.
c) Juros e aluguéis.
d) Juros sobre o capital próprio (JCP) e dividendos.
e) Lucros retidos/prejuízos do exercício.

Esse assunto é tratado no Pronunciamento Técnico CPC 09, que traz alguns modelos de demonstração de valor adicionado.

Quadro 2.8 Demonstração do valor adicionado

	Vivon S.A.		
		31/12/x1	31/12/x0
7.01	**Receitas**	**63.018.883**	**56.330.375**
7.01.01	Vendas de mercadorias, produtos e serviços	63.008.737	56.349.860
7.01.02	Outras receitas	25.723	−3.353
7.01.03	Provisão/reversão de créds. liquidação duvidosa	−15.577	−16.132
7.02	**Insumos adquiridos de terceiros**	**−51.292.594**	**−44.100.148**
7.02.01	Custos prods., mercs. e servs. vendidos	−41.973.722	−25.081.778
7.02.02	Materiais, energia, servs. de terceiros e outros	−9.311.938	−18.981.322
7.02.03	Perda/recuperação de valores ativos	−1.830	−37.979
7.02.04	Outros	−5.104	931
7.03	**Valor adicionado bruto**	**11.726.289**	**12.230.227**
7.04	**Retenções**	**−1.291.411**	**−1.215.454**
7.04.01	Depreciação, amortização e exaustão	−1.291.411	−1.215.454
7.04.02	Outras		
7.05	**Valor adicionado líquido produzido**	**10.434.878**	**11.014.773**
7.06	**Valor adicionado recebido em transferência**	**2.551.010**	**1.967.231**
7.06.01	Resultado de equivalência patrimonial		
7.06.02	Receitas financeiras	2.575.797	1.949.594
7.06.03	Outros	−24.787	17.637
7.07	**Valor adicionado total a distribuir**	**12.985.888**	**12.982.004**
7.08	**Distribuição do valor adicionado**	**12.985.888**	**12.982.004**
7.08.01	Pessoal	6.801.895	7.071.341

(continua)

(continuação)

7.08.01.01	Remuneração direta	5.556.714	5.746.228
7.08.01.02	Benefícios	1.156.769	1.249.552
7.08.01.03	FGTS	88.412	75.561
7.08.01.04	Outros		
7.08.02	Impostos, taxas e contribuições	1.717.816	1.756.046
7.08.02.01	Federais	741.121	908.143
7.08.02.02	Estaduais	970.679	844.506
7.08.02.03	Municipais	6.016	3.397
7.08.03	Remuneração de capitais de terceiros	4.789.062	4.409.229
7.08.03.01	Juros	4.385.420	4.204.044
7.08.03.02	Aluguéis	261.106	63.324
7.08.03.03	Outras	142.536	141.861
7.08.04	Remuneração de capitais próprios	–322.885	–254.612
7.08.04.01	Juros sobre o capital próprio		
7.08.04.02	Dividendos	0	0
7.08.04.03	Lucros retidos / prejuízo do período	–75.705	–292.799
7.08.04.04	Part. não controladores nos lucros retidos	–247.180	38.187
7.08.05	Outros	0	0

As demonstrações financeiras são ainda completadas por:

6. Relatório do Conselho de Administração ou da Diretoria

Junto com as demonstrações financeiras, o Conselho de Administração ou a Diretoria redige seu relatório, que pode ser uma simples apresentação das demonstrações ou ter grande volume de informações a respeito dos resultados e conquistas da empresa no exercício social. Nesse caso, procuram expressar a filosofia da administração, a estratégia organizacional, resultados alcançados e planos futuros.

No *site* da Comissão de Valores Mobiliários (CVM), estão dispostos todos os relatórios das empresas constituídas como sociedade anônima de capital aberto para consulta.

7. Notas explicativas

De acordo com a legislação em vigor, as demonstrações financeiras serão complementadas por notas explicativas e outros quadros analíticos ou demonstrações financeiras, necessários para esclarecimento da situação patrimonial e dos resultados do exercício, constituindo-se em complemento de informações a fim de melhorar seu entendimento, conforme a Lei nº 11.941/2009, e devem:

I – Apresentar informações sobre a base de preparação das demonstrações financeiras e das práticas contábeis específicas selecionadas e aplicadas para negócios e eventos significativos.

II – Divulgar as informações exigidas pelas práticas contábeis adotadas no Brasil que não estejam apresentadas em nenhuma outra parte das demonstrações financeiras.

III – Fornecer informações adicionais não indicadas nas próprias demonstrações financeiras e consideradas necessárias para uma apresentação adequada.

IV – Indicar:

a) Os principais critérios de avaliação dos elementos patrimoniais, especialmente estoques, dos cálculos de depreciação, amortização e exaustão, de constituição de provisões para encargos ou riscos, e dos ajustes para atender a perdas prováveis na realização de elementos do ativo.

b) Os investimentos em outras sociedades, quando relevantes.

c) O aumento de valor de elementos do ativo resultante de novas avaliações.

d) Os ônus reais constituídos sobre elementos do ativo, as garantias prestadas a terceiros e outras responsabilidades eventuais ou contingentes.

e) A taxa de juros, as datas de vencimento e as garantias das obrigações a longo prazo.

f) O número, espécies e classes das ações do capital social.

g) As opções de compra de ações outorgadas e exercidas no exercício.

h) Os ajustes de exercícios anteriores.

i) Os eventos subsequentes à data de encerramento do exercício que tenham, ou possam vir a ter, efeito relevante sobre a situação financeira e os resultados futuros da companhia.

8. Parecer do Conselho Fiscal

O Conselho Fiscal é composto de, no mínimo, três e, no máximo, cinco membros, com suplentes em igual número, acionistas ou não, eleitos pela Assembleia Geral. Cabe a ele emitir parecer sobre as demonstrações financeiras, recomendando ou não sua aprovação pelos acionistas.

Com relação às demonstrações financeiras, é competência do Conselho Fiscal:

- Fiscalizar, por qualquer de seus membros, os atos dos administradores e verificar o cumprimento dos seus deveres legais e estatutários.
- Opinar sobre o relatório anual da administração, fazendo constar do seu parecer as informações complementares que julgar necessárias ou úteis à deliberação da assembleia geral.

- Analisar, ao menos trimestralmente, o balancete e demais demonstrações financeiras elaboradas de forma periódica pela companhia.
- Examinar as demonstrações financeiras do exercício social e sobre elas opinar.

9. Parecer dos auditores independentes

Se a empresa for uma sociedade anônima ou de grande porte, pela Lei nº 11.638, deverá apresentar o **parecer dos auditores independentes** sobre suas demonstrações financeiras, com o propósito de atestar se representam ou não a posição financeira, o resultado das operações e as modificações na posição financeira, de acordo com princípios contábeis, geralmente aceitos, e se esses princípios foram aplicados de forma consistente em relação ao período anterior e, ainda, de acordo com as normas de auditoria em geral aceitas.

2.5 Depreciação, exaustão e amortização

Os ativos da empresa são registrados pelo seu valor de aquisição. As normas contábeis estabelecem como atualizar esses valores em função de seu desgaste, a saber: depreciação, exaustão ou amortização.

Depreciação: redução do valor dos bens tangíveis pelo desgaste ou perda de utilidade por uso, ação da natureza ou obsolescência.

Exaustão: redução do valor, decorrente da exploração, dos recursos minerais, florestais e outros recursos naturais esgotáveis.

Amortização: redução do valor aplicado na aquisição de direitos de propriedade e quaisquer outros, inclusive ativos intangíveis, com existência ou exercício de duração limitada, ou cujo objeto sejam bens de utilização por prazo legal ou contratualmente limitado.

Valor bruto contábil: valor do bem registrado na contabilidade, em determinada data, sem a dedução da correspondente depreciação, amortização ou exaustão acumulada.

Valor depreciável, amortizável e exaurível: valor original de um ativo deduzido do seu valor residual.

Valor líquido contábil: valor do bem registrado na contabilidade, em determinada data, deduzido da correspondente depreciação, amortização ou exaustão acumulada.

Valor residual: montante líquido que a entidade espera, com razoável segurança, obter por um ativo no fim de sua vida útil econômica, deduzidos os gastos esperados para sua alienação.

Vida útil econômica: período definido ou estimado tecnicamente, durante o qual se espera obter fluxos de benefícios futuros de um ativo.

2.5.1 Depreciação

Nem sempre despesas ou custos estão relacionados ao desembolso de caixa. Podem tem ocorrido em período anterior no tempo, ou são custos relacionados a fatores não monetários. Ou seja, não incorrem em movimentação financeira no momento em que são reconhecidos. Por exemplo, a empresa adquire e paga um veículo automotor pelo valor de R$ 50.000,00. Esse veículo prestará serviços durante alguns anos. Se os R$ 50.000,00 fossem considerados custos ou despesas no ano da aquisição, o ano seria penalizado em termos de resultado, pois receberia toda a carga do gasto referente ao investimento em veículo que será usado durante alguns anos, diminuindo, consequentemente, o lucro no ano da compra (e reduzindo o imposto de renda a pagar); e aumentando os resultados nos anos seguintes, enquanto o veículo estivesse sendo utilizado. Portanto, a lei não permite abater essa depreciação no ano de aquisição, e sim, diluir esse gasto ao longo da vida útil do veículo.

Ainda usando o exemplo do veículo automotor, ao adquiri-lo a empresa registra, nas contas do imobilizado, o valor de R$ 50.000,00. Estimado o valor residual de R$ 10.000,00 a cada ano, considerada a despesa de depreciação de R$ 8.000,00, esse valor imobilizado vai se reduzindo em R$ 8.000,00, e o resultado anual é o chamado **ativo imobilizado líquido**. A contrapartida da redução do valor imobilizado é a redução do lucro da empresa. A despesa de depreciação é considerada despesa dedutível para efeitos de imposto de renda, de modo que, ao reduzir o lucro, há também a redução do valor do imposto de renda a ser pago.

O cálculo da depreciação pode ser feito pelos métodos: (a) linear, (b) somas dos dígitos e (c) unidades produzidas.

a) No método linear, o cálculo utiliza o valor do ativo, deduzido o valor residual estimado, dividido pelo seu período de vida útil. A legislação do imposto de renda permite contabilizar essa perda de valor como custo ou despesa de depreciação. São utilizadas tabelas legais que determinam a vida útil do ativo, por exemplo, a Tabela 2.1.

Tabela 2.1 Depreciação

Ativo	Vida útil	Depreciação anual
Edificações	25 anos	4%
Máquinas e equipamentos	10 anos	10%
Instalações	10 anos	10%
Móveis e utensílios	10 anos	10%
Ferramentas	5 anos	20%
Veículos transporte	4 anos	25%

(continua)

(continuação)

Veículos	5 anos	20%
Computadores e periféricos (*hardware*)	5 anos	20%
Aplicativos (*software*)	5 anos	20%

A empresa pode acelerar a depreciação de bens móveis adotando os coeficientes relacionados ao número de turnos trabalhados, como:

Para turnos de 8 horas	coeficiente 1
Para dois turnos de 8 horas	coeficiente 1,5
Para três turnos de 8 horas	coeficiente 2,0

Ex.: Depreciação anual de um equipamento no valor de R$ 100.000,00, cuja vida útil é de cinco anos e o valor residual é de R$ 20.000,00. A cada ano, o valor da depreciação será de R$ 16.000,00.

Tabela 2.2 Exemplo *a*

Ano	Valor no início do ano	Valor da depreciação anual	Valor no final do ano ou ativo imobilizado líquido
1	100.000,00	16.000,00	84.000,00
4	84.000,00	16.000,00	68.000,00
3	68.000,00	16.000,00	52.000,00
4	52.000,00	16.000,00	36.000,00
5	36.000,00	16.000,00	20.000,00

O valor de R$ 20.000,00 no final dos cinco anos representa o valor residual.

b) O método das somas dos dígitos utiliza uma fração, cujo denominador é formado pela soma do número de anos de vida útil do ativo, e o numerador é composto dos anos sucessivos. Esse método é usado para efeitos gerenciais, porque a legislação brasileira somente aceita a depreciação quando calculada pelo método linear ou pelo método das unidades produzidas, desde que obedecidos os parâmetros e taxas oficiais.

Ex.: Depreciação anual, pelo método da soma dos dígitos, de um equipamento no valor de R$ 120.000,00, cuja vida útil é de cinco anos e o valor residual é de R$ 12.000,00.

Somando-se os dígitos que compõem os anos de vida útil, tem-se:
Soma dos dígitos = 5 + 4 + 3 + 2 + 1 = 15

Tabela 2.3 Exemplo b

Ano	Valor início	Cálculo	Valor da depreciação anual	Valor no final do ano ou ativo imobilizado líquido
1	120.000,00	5 / 15 × 108.000,00	36.000,00	84.000,00
2	84.000,00	4 / 15 × 108.000,00	28.800,00	55.200,00
3	55.200,00	3 / 15 × 108.000,00	21.600,00	33.600,00
4	33.600,00	2 / 15 × 108.000,00	14.400,00	19.200,00
5	19.200,00	1 / 15 × 108.000,00	7.200,00	12.000,00

O valor de R$ 12.000,00 no final dos cinco anos representa o valor residual.

c) A depreciação pelo método das unidades produzidas utiliza-se da projeção da quantidade de unidades a serem produzidas durante a vida útil do ativo, e o valor da depreciação é calculado pela fórmula:

$$Depreciação = \frac{Unidades\ produzidas\ no\ período}{Projeção\ unidades\ a\ produzir\ na\ vida\ útil}$$

Ex.: Depreciação anual de um equipamento no valor de R$ 120.000,00, com valor residual estimado em R$ 10.000,00, cuja previsão é produzir 100 mil peças durante sua vida útil, sendo a quantidade de peças especificada na Tabela 2.4.

Tabela 2.4 Exemplo c

Ano	Produção em unidades	Cálculo	Valor início do ano	Valor da depreciação anual	Valor no final do ano ou ativo imobilizado líquido
1	20.000	(20.000/100.000) × 110.000	120.000,00	22.000,00	98.000,00
2	15.000	(15.000/100.000) × 110.000	98.000,00	16.500,00	81.500,00
3	35.000	(35.000/100.000) × 110.000	81.500,00	38.500,00	43.000,00
4	10.000	(10.000/100.000) × 110.000	43.000,00	11.000,00	32.000,00
5	20.000	(20.000/100.000) × 110.000	32.000,00	22.000,00	10.000,00

O valor de R$ 10.000,00 no final dos cinco anos representa o valor residual.

2.5.2 Exaustão

Como na depreciação, os valores aplicados no investimento para exploração de recursos minerais, florestais e outros recursos naturais esgotáveis podem ser recuperados por meio do cálculo da exaustão. Nesse caso, o custo de aquisição ou o investimento podem ocorrer de duas formas: pelo prazo de concessão ou pelo volume a ser explorado. Portanto, o cálculo do valor anual da exaustão pode ser obtido de duas formas:

Relação do volume anual da extração efetuada com o volume de recurso natural calculado do investimento. Exemplo: custo de aquisição de determinada jazida, R$ 500.000,00; volume estimado de recurso, 200 mil toneladas. Se, no ano, forem extraídas 40 mil toneladas, o custo relativo à exaustão será de (40.000/200.000) × R$ 500.000,00 = R$ 100.000,00.

- Se a concessão da exploração for por prazo determinado, o cálculo do valor da exaustão será feito como na depreciação linear. Se o prazo de concessão for de cinco anos, o custo relativo da depreciação anual será (R$ 500.000/5 = R$ 100.000,00).

2.5.3 Amortização

A recuperação dos investimentos em bens intangíveis como marcas e patentes, despesas de organização, investimentos em propriedades de terceiros ocorre por meio do cálculo da amortização, efetuado como para depreciação. Por exemplo: certa empresa constrói benfeitorias em propriedade de terceiros para seu uso por determinado período. O custo das benfeitorias é de R$ 60.000,00 e o contrato de uso da propriedade de terceiros é de quatro anos. No primeiro ano, a empresa desembolsou R$ 60.000,00, porém o uso das benfeitorias ocorrerá em quatro anos. Dessa forma, a cada um dos quatro anos, será registrada a **amortização** de R$ 60.000,00/4 = R$ 15.000,00.

2.6 Análise de índices

A principal forma de interpretação das demonstrações financeiras é a análise de índices. Diferentes valores e quantidades são cotejados entre si e interpretados no período de análise, em comparação a outros dados quantitativos do mesmo ano.

São agrupados em índices de: (a) liquidez, (b) eficiência operacional, (c) endividamento, (d) lucratividade, (e) mercado. Cada grupo de índices é estabelecido de acordo com os propósitos da análise e são abordados na sequência.

a) Liquidez

Utilizando valores de ativo e passivo de curto prazo, os índices de liquidez sinalizam a capacidade da empresa de pagar seus compromissos. Como os ativos e passivos considerados são os de curto prazo, essa análise está restrita ao período seguinte ao das demonstrações financeiras. Os índices são indicativos de liquidez, pois não levam em consideração as defasagens possíveis entre a transformação em caixa dos ativos e a obrigatoriedade dos pagamentos dos valores do passivo.

a.1) Índice de liquidez corrente (ILC)

Indica a relação entre o ativo circulante e o passivo circulante, possibilitando avaliar se a empresa terá condições de pagar seus compromissos de curto prazo. É calculado pela fórmula:

$$\text{Índice de liquidez corrente} = \frac{\text{Ativo circulante}}{\text{Passivo circulante}}$$

Calculando-se o ILC da empresa Vivon Empreendimentos S.A., teremos:

$$\text{Índice de liquidez corrente ano } x0 = \frac{15.500.000}{9.510.000} = 1,636$$

$$\text{Índice de liquidez corrente ano } x1 = \frac{18.000.000}{10.500.000} = 1,71$$

Os resultados indicam redução do capital de terceiros de curto prazo no ano x1 em relação ao capital próprio, aumentando a capacidade de pagamento da Vivon.

a.2) Índice de liquidez seca (ILS)

Como os estoques são os ativos de menor liquidez, esse índice os elimina para obter uma relação mais conservadora entre ativo circulante e passivo circulante. É calculado pela fórmula:

$$\text{Índice de liquidez seca} = \frac{\text{Ativo circulante} - \text{Estoques}}{\text{Passivo circulante}}$$

Calculando-se o ILS da empresa Vivon Empreendimentos S.A., teremos:

$$\text{Índice de liquidez seca ano } x0 = \frac{15.500.000 - 4.500.000}{9.510.000} = 1,16$$

$$\text{Índice de liquidez seca ano } x1 = \frac{18.000.000 - 5.400.000}{10.500.000} = 1,20$$

Em termos de liquidez seca, o ano x1 continua melhor que o ano x0, com a eliminação dos estoques do ativo circulante. Pode-se observar importante redução dos índices de liquidez, o que poderá trazer como consequência alguma dificuldade financeira, caso os estoques não sejam vendidos.

a.3) Índice de liquidez imediata (ILI)

O ILI relaciona os ativos de liquidez imediata, as disponibilidades e as aplicações temporárias com o passivo circulante, tornando mais dura a análise da capacidade de pagamento da empresa. É calculado pela fórmula:

$$\text{Índice de liquidez imediata} = \frac{\text{Disponibilidades} + \text{Aplicações temporárias}}{\text{Passivo circulante}}$$

Calculando-se o ILI da empresa Vivon Empreendimentos S.A., teremos:

$$ILI \text{ ano } x0 = \frac{4.000.000 + 0}{9.510.000} = 0{,}42$$

$$ILI \text{ ano } x1 = \frac{5.300.000 + 0}{10.500.000} = 0{,}51$$

Em termos de liquidez imediata, o ano x1 continua melhor que o ano x0, considerando somente os valores de liquidez imediata do ativo circulante. Pode-se observar, por hipótese, que, se os devedores não pagarem e os estoques não forem vendidos, a empresa não terá recursos para pagar seus compromissos financeiros de curto prazo.

a.4) Capital de giro líquido (CGL)

Esse indicador é semelhante ao índice de liquidez corrente. Em vez de indicar a relação entre ativo circulante e passivo circulante, indica a diferença em valores absolutos.

É calculado da seguinte forma:

> Capital de giro líquido = ativo circulante − passivo circulante

Calculando-se o CGL da empresa Vivon Empreendimentos S.A., teremos:
CGL ano x0 = 15.000.000 − 9.510.000 = R$ 5.590.000
CGL ano x1 = 18.000.000 − 10.500.000 = R$ 7.500.000

Os resultados confirmam os ILC calculados, indicando que, em valores absolutos, houve redução do capital de terceiros de curto prazo no ano x1 em relação ao capital próprio, aumentando a capacidade de pagamento da Vivon.

b) Eficiência operacional

Permite conhecer a velocidade da transformação dos valores do ativo circulante em vendas ou caixa, possibilitando também avaliar a eficiência da gestão dos ativos utilizados pela empresa.

b.1) Giro do ativo operacional[9] (GAO)

O GAO apresenta uma forma de se analisar a eficiência do uso do ativo operacional em proporcionar vendas, indicando o número de vezes que o ativo operacional teria seu valor realizado em vendas.

---

[9] Por "ativo operacional", pode-se entender o total do ativo diretamente relacionado à atividade fim da empresa.

É calculado pela fórmula: $\text{Giro do ativo operacional} = \dfrac{\text{Receita operacional}}{\text{Ativo operacional}}$

Calculando-se o GAO da empresa Vivon Empreendimentos S.A., teremos:

$$GAO\ ano\ x0 = \dfrac{55.000.000}{43.950.000} = 1,25$$

$$GAO\ ano\ x1 = \dfrac{61.800.000}{47.500.000} = 1,30$$

Em termos de eficiência do uso do ativo operacional, o ano x1 está melhor que o ano x0, pois apresenta volume maior de vendas.

b.2) Giro dos estoques de produtos vendidos (GPV)

Trata-se de um índice para indicar a velocidade de venda dos estoques. Índices baixos indicam lentidão nas vendas e índices altos indicam grande velocidade nas vendas. É calculado pela fórmula:

$$\dfrac{\text{Giro dos estoques}}{\text{de produtos vendidos}} = \dfrac{\text{Custos dos produtos vendidos}}{\text{Estoque}}$$

Calculando-se o giro dos estoques da empresa Vivon Empreendimentos S.A., teremos:

$$\text{Giro dos estoques de produtos vendidos ano } x0 = \dfrac{48.000.000}{4.500.000} = 10,7$$

$$\text{Giro dos estoques de produtos vendidos ano } x1 = \dfrac{54.100.000}{5.400.000} = 10,0$$

Os resultados indicam que, no ano x0, houve maior eficiência na utilização dos estoques da empresa, embora, nos dois anos, os índices possam ser considerados muito bons.

b.3) Idade média do estoque (IME)

O IME procura identificar o número de dias que os estoques são mantidos na empresa. É calculado pela fórmula:

$$IME = \dfrac{360}{\text{Giro de estoque}}$$

Calculando-se o IME da empresa Vivon Empreendimentos S.A., teremos:

$$IME\ ano\ x0 = \frac{360}{10,7} = 33,6\ dias$$

$$IME\ ano\ x1 = \frac{360}{10,0} = 36\ dias$$

Os resultados mostram maior eficiência na utilização dos estoques no ano x0, indicando seu menor tempo de permanência na empresa.

b.4) Giro de contas a receber (GCR)

Esse índice procura indicar a velocidade com que as vendas a prazo são convertidas em caixa. É relativamente difícil de calcular, pois o valor das vendas a prazo não consta das demonstrações financeiras publicadas. Somente os analistas internos têm acesso a esse valor. É calculado pela fórmula:

$$Giro\ de\ contas\ a\ receber = \frac{Vendas\ a\ prazo}{Saldo\ médio\ das\ contas\ a\ receber}$$

Pressupondo que as vendas a prazo da empresa Vivon Empreendimentos S.A. foram de 68% do total de vendas, teremos os seguintes resultados:

$$GCR\ ano\ x0 = \frac{(55.000.000 \times 0,68)}{4.150.000} = 9,01$$

$$GCR\ ano\ x1 = \frac{(61.800.000 \times 0,68)}{4.700.000} = 8,9$$

Os índices indicam não haver diferença importante entre os resultados dos dois anos.

b.5) Período médio de cobrança (PMC)

O PMC procura identificar o número de dias necessários para os valores a receber se transformarem em caixa. É calculado pela fórmula:

$$PMC = \frac{360}{Giro\ de\ contas\ a\ receber}$$

Calculando-se o PMC da empresa Vivon Empreendimentos S.A., teremos:

$$PMC\ ano\ x0 = \frac{360}{9,01} = 39,95\ dias$$

$$PMC\ ano\ x1 = \frac{360}{8,9} = 40,45\ dias$$

Os índices indicam, também, praticamente não haver diferença entre os resultados dos dois anos.

b.6) Giro de contas a pagar (GCP)

Procura indicar a velocidade com que as compras a prazo são pagas. É, também, relativamente difícil de calcular, pois o valor das compras a prazo não consta nas demonstrações financeiras publicadas. Somente os analistas internos têm acesso a esse valor. É calculado pela fórmula:

$$Giro\ de\ contas\ a\ pagar = \frac{Compras\ de\ materiais\ a\ prazo}{Fornecedores}$$

Pressupondo que as compras a prazo da empresa Vivon Empreendimentos S.A. foram de 60% do custo dos produtos vendidos, teremos os seguintes resultados:

$$GCP\ ano\ x0 = \frac{(0,60 \times 48.000.000)}{3.060.000} = 9,41$$

$$GCP\ ano\ x1 = \frac{(0,60 \times 54.100.000)}{3.400.000} = 9,54$$

Os índices indicam praticamente não haver diferença entre os resultados dos dois anos.

b.7) Período médio de pagamento (PMP)

O PMP procura identificar o número de dias utilizados para o pagamento das compras a prazo. É calculado pela fórmula:

$$PMP = \frac{360}{Giro\ de\ contas\ a\ pagar}$$

Calculando-se o período médio de pagamento da empresa Vivon Empreendimentos S.A., teremos:

$$PMP\ ano\ x0 = \frac{360}{9,41} = 38,25\ dias$$

$$PMP\ ano\ x1 = \frac{360}{9,54} = 37,73\ dias$$

Os índices indicam, também, praticamente não haver diferença entre os resultados dos dois anos.

b.8) Ciclo operacional

O cálculo do ciclo operacional indica o período desde o momento do recebimento dos produtos comprados até aquele do recebimento do dinheiro da venda do estoque resultante.

É calculado da seguinte forma:

> Ciclo operacional = Idade média do estoque + Período médio de cobrança

Calculando-se o ciclo operacional da empresa Vivon Empreendimentos S.A., teremos:

> Ciclo operacional do ano x0 = 33,6 + 40,45 = 73,55

> Ciclo operacional do ano x1 = 36 + 39,95 = 75,95

Embora os resultados sejam semelhantes, o ciclo operacional do ano x1 foi melhor que o do ano x2.

b.9) Ciclo de caixa

O ciclo de caixa indica o período em que os recursos financeiros da empresa foram utilizados para pagamento das atividades de produção até o momento em que são recebidos, no caixa, os valores das vendas dos produtos resultantes.

É calculado da seguinte forma:

> Ciclo de caixa = Ciclo operacional − Período médio de pagamento

Calculando-se o ciclo de caixa da empresa Vivon Empreendimentos S.A., teremos:

> Ciclo de caixa do ano x0 = 73,55 − 38,25 = 35,30 dias

> Ciclo de caixa do ano x1 = 75,95 − 37,73 = 38,22 dias

Passando de 35 para 38 dias, o ano x0 apresentou melhor resultado que o ano x1.

c) **Endividamento**

Indica a posição dos capitais de terceiros, dívidas da empresa em relação ao ativo total, patrimônio líquido e lucros do período. É também fundamental nas decisões de financiamento, pois, ao se inserirem os valores das novas obrigações nos componentes dos índices, tem-se condições de avaliar a viabilidade, ou não, da operação pretendida.

c.1) Índice de participação de terceiros (IPT)

O IPT indica quanto do ativo total está comprometido com dívidas de curto e longo prazo. É calculado pela seguinte fórmula:

$$\frac{\text{Índice de participação}}{\text{de terceiros}} = \frac{\text{Passivo circulante + Passivo não circulante}}{\text{Ativo total}}$$

Calculando-se o índice de participação de terceiros da empresa Vivon Empreendimentos S.A., teremos:

$$IPT\ ano\ x0 = \frac{9.150.000 + 15.750.000}{43.950.000} = 0,57$$

$$IPT\ ano\ x1 = \frac{10.500.000 + 15.400.000}{47.500.000} = 0,55$$

Os resultados indicam praticamente não haver alteração na participação de terceiros nos dois anos.

c.2) Índice do passivo não circulante / patrimônio líquido (IPNC/PL)

O IPNC/PL indica quanto do patrimônio líquido está comprometido com dívidas de longo prazo. É calculado pela seguinte fórmula:

$$\text{Índice PNC/Patrimônio líquido} = \frac{\text{Passivo não circulante}}{\text{Patrimônio líquido}}$$

Calculando-se o índice do passivo não circulante / patrimônio líquido da empresa Vivon Empreendimentos S.A., teremos:

$$IPNC/PL\ ano\ x0 = \frac{15.750.000}{18.690.000} = 84,27$$

$$IPNC/PL\ ano\ x1 = \frac{15.400.000}{21.600.000} = 71,30$$

Pelos resultados, constata-se redução da participação de dívidas de longo prazo em relação ao patrimônio líquido.

c.3) Cobertura de juros (CJ)

Esse índice mede quanto de lucro é comprometido pelos juros em determinado período. É calculado por meio da seguinte fórmula:

$$\text{Cobertura de juros} = \frac{\text{Lucro antes de juros e imposto de renda}}{\text{Juros do período}}$$

Calculando-se o índice de cobertura de juros da empresa Vivon Empreendimentos S.A., teremos:

$$CJ\ ano\ x0 = \frac{340.000}{2.220.000} = 0{,}1532$$

$$CJ\ ano\ x1 = \frac{780.000}{2.000.000} = 0{,}39$$

Embora tenha havido sensível melhora no ano x1 em relação ao ano x0, há comprometimento dos lucros, com o pagamento de juros, nos dois anos.

c.4) Cobertura de pagamentos fixos (CPF)[10]

Esse índice mede quanto os pagamentos fixos, juros, amortizações e dividendos preferenciais, comprometem do lucro em determinado período. É calculado por meio da seguinte fórmula:

$$\frac{\text{Cobertura de}}{\text{pagamentos fixos}} = \frac{\text{Lucro antes de juros e imposto de renda}}{\text{Juros} + (\text{Amortizações} + \text{Dividendos preferenciais}) \times \left[\frac{1}{1-t}\right]}$$

Como as demonstrações financeiras da empresa Vivon, utilizada nos exemplos, não apresentam nem amortizações nem pagamentos de dividendos preferenciais, não é apresentado exemplo desse índice.

d) Lucratividade

Relaciona o lucro da empresa com diversos valores do balanço e da demonstração de resultados. É o indicativo da eficácia da utilização dos ativos, do patrimônio líquido e dos resultados obtidos com o volume de vendas.

d.1) Margem bruta (MB)

A margem bruta mede quanto de lucro bruto resulta do total das vendas em determinado período. É calculada pela fórmula:

---

[10] Nesse índice, os dividendos das ações preferenciais são inseridos como pagamentos fixos. As amortizações e os dividendos preferenciais não são despesas dedutíveis para efeito de IR. É feito o ajuste para o valor anterior à incidência do IR multiplicando pela expressão 1/(1 − t), em que t é a alíquota de IR da empresa.

$$\text{Margem bruta} = \frac{\text{Lucro bruto}}{\text{Vendas}}$$

Calculando-se a margem bruta da empresa Vivon Empreendimentos S.A., teremos:

$$MB\ ano\ x0 = \frac{7.000.000}{55.000.000} = 12,7$$

$$MB\ ano\ x1 = \frac{7.700.000}{61.800.000} = 12,5$$

Embora as margens brutas dos dois períodos sejam semelhantes, houve pequena redução no ano x1.

d.2) Margem operacional (MO)

A margem operacional mede quanto de lucro operacional resulta do total das vendas em determinado período. É calculada pela fórmula:

$$\text{Margem operacional} = \frac{\text{Lucro operacional}}{\text{Vendas}}$$

Calculando-se a margem operacional da empresa Vivon Empreendimentos S.A., teremos:

$$MO\ ano\ x0 = \frac{340.000 + 2.220.000}{55.000.000} = 0,05$$

$$MO\ ano\ x1 = \frac{780.000 + 2.000.000}{61.800.000} = 0,045$$

Não houve alteração significativa nos resultados apresentados nos dois anos, ficando evidente que as margens operacionais apresentadas são muito pequenas.

d.3) Margem líquida (ML)

A margem líquida mede quanto de lucro líquido resulta do total das vendas em determinado período. É calculada pela fórmula:

$$\text{Margem líquida} = \frac{\text{Lucro líquido}}{\text{Vendas}}$$

O cálculo da margem líquida da empresa Vivon Empreendimentos S.A. apresenta os seguintes resultados:

$$ML\ ano\ x0 = \frac{180.000}{55.000.000} = 0$$

$$ML\ ano\ x1 = \frac{690.000}{61.800.000} = 0,01$$

Os resultados são praticamente os mesmos nos dois anos, indicando necessidade de medidas para melhorar a rentabilidade da empresa.

d.4) Taxa de retorno sobre o ativo total (TRAT)

A taxa de retorno sobre o ativo total mede a participação relativa do lucro líquido em relação ao ativo total em determinado período. É calculada pela fórmula:

$$Taxa\ de\ retorno\ sobre\ o\ ativo\ total = \frac{Lucro\ líquido}{Ativo\ total}$$

O cálculo da TRAT da empresa Vivon Empreendimentos S.A. apresenta os seguintes resultados:

$$TRAT\ ano\ x0 = \frac{180.000}{43.950.000} \cong 0$$

$$TRAT\ ano\ x1 = \frac{690.000}{47.500.000} \cong 0,0145$$

Os resultados são praticamente os mesmos nos dois anos, reafirmando a necessidade de medidas para melhorar a rentabilidade da empresa.

d.5) Taxa de retorno sobre o patrimônio líquido (TRPL)

A TRPL mede a participação relativa do lucro líquido em relação ao patrimônio líquido em determinado período. É calculada pela fórmula:

$$Taxa\ de\ retorno\ sobre\ o\ patrimônio\ líquido = \frac{Lucro\ líquido}{Patrimônio\ líquido}$$

O cálculo da taxa de retorno sobre o patrimônio líquido da empresa Vivon Empreendimentos S.A. apresenta os seguintes resultados:

$$TRPL\ ano\ x0 = \frac{180.000}{18.690.000} = 0,01$$

$$TRPL\ ano\ x1 = \frac{690.000}{21.600.000} = 0,03$$

Embora tenha havido ligeira melhora no ano x1 em relação ao ano x0, os resultados são pequenos, reafirmando a necessidade de medidas para melhorar a rentabilidade da empresa.

d.6) Lucro por ação (LPA)
O índice LPA mostra o valor do lucro gerado por ação. É calculado pela fórmula:

$$Lucro\ por\ ação = \frac{Lucro\ disponível\ aos\ acionistas\ comuns}{Número\ de\ ações\ ordinárias}$$

Na falta de informações, utilizam-se os dados apresentados nas demonstrações financeiras da empresa Vivon Empreendimentos S.A.

Ano x0: Lucro líquido por 1.000 ações = 0,05

Ano x1: Lucro líquido por 1.000 ações = 0,20

e) **Mercado**

Os índices de mercado indicam o valor de mercado das ações da empresa e dependem da forma como os investidores tratam os resultados e as expectativas de resultados da empresa.

e.1) Índice preço/lucro (IPL)
O índice preço/lucro estabelece uma relação entre o valor de mercado da ação, em determinado momento, e o lucro por ação gerado pela empresa. Calcula-se o IPL pela fórmula:

$$Índice\ preço/lucro = \frac{Preço\ de\ mercado\ por\ ação\ ordinária}{Lucro\ por\ ação}$$

Admitindo-se que todas as ações da empresa Vivon Empreendimentos S.A. sejam ordinárias, e o valor de compra de suas ações na Bolsa de Valores seja R$ 1,00 durante os dois anos, teremos os seguintes cálculos:

$$IPL\ ano\ x0 = \frac{1,00}{0,05} = 20$$

$$IPL\ ano\ x1 = \frac{1,00}{0,20} = 5$$

Como interpretação desses resultados, pelos dados do ano x0, quem pagasse R$ 1,00 pelas ações, mantidos os resultados de lucro, levaria 20 anos para recuperar o capital investido, ou seja, o preço de mercado está muito alto pelo lucro gerado. No ano x1, o tempo de recuperação seria de cinco anos.

e.2) Índice valor de mercado/valor contábil (VM/VC)

Esse índice compara o valor contábil da ação da empresa com seu valor de mercado. É calculado pela fórmula:

$$\text{Índice valor de mercado/valor contábil} = \frac{\text{Preço de mercado por ação ordinária}}{\text{Valor contábil por ação ordinária}}$$

Admitindo-se que todas as ações da empresa Vivon Empreendimentos S.A. sejam ordinárias, e o valor de compra de suas ações na Bolsa de Valores seja R$ 1,00 durante os dois anos, e a empresa tenha 800 mil ações, teremos os seguintes cálculos:

$$VM/VC \text{ ano } x0 = \frac{1,00}{18.690.000 \div 800.000} = 0,0428$$

$$VM/VC \text{ ano } x1 = \frac{1,00}{21.600.000 \div 800.000} = 0,037$$

O crescimento do patrimônio líquido no ano x1 não foi suficiente para manter o índice do ano x0.

QUESTÕES E EXERCÍCIOS

Questões

1. Em termos conceituais, qual é a diferença entre receita e recebimento? E entre ativo e passivo? Por que o princípio da competência leva a resultados diferentes daqueles obtidos pelo regime de caixa?

2. O que é plano de contas? Por que ele não é o mesmo para todas as empresas?

3. Quais são as recomendações do Comitê de Normas Internacionais de Contabilidade – *The International Accounting Standards Board* (Iasb) – sobre as demonstrações financeiras?

4. Qual é a importância das notas explicativas na divulgação das demonstrações financeiras?

5. Ao ser contratado como o gerente financeiro da empresa Margarida, a primeira providência de Epaminondas foi conhecer sua equipe de trabalho. A segunda foi pedir o plano de contas da empresa. Por quê?

    a) (   ) Ele precisa saber em que bancos a empresa tem conta-corrente.

b) ( ) Ele quer fiscalizar os funcionários da sua equipe.
c) ( ) Ele quer conhecer a forma como o fluxo de recursos financeiros da empresa é registrado.

6. Explique as razões pelas quais as empresas se utilizam de depreciação, exaustão e amortização. Quais são as suas influências sobre o lucro das empresas?

7. Explique as vantagens e desvantagens de se utilizar os índices:
   a) Liquidez.
   b) Rentabilidade.
   c) Atividade.
   d) Endividamento.

Exercícios

1. A empresa Lírio realiza uma venda, a preço de custo, no valor de R$ 60.000,00, em uma entrada e mais duas parcelas mensais iguais.
   Lançamentos contábeis:
   Débito – Caixa = R$ 20.000,00
   Débito – Contas a Receber = R$ 40.000,00
   Crédito – Custo da Mercadoria Vendida = R$ 60.000,00

2. A empresa Dália paga salários do pessoal da indústria no valor de R$ 22.000,00, utilizando recursos de caixa.
   Lançamentos contábeis:
   Débito – Custo da Mercadoria Vendida = R$ 22.000,00
   Crédito – Caixa = R$ 22.000,00

3. Considere as informações a seguir para registrar os lançamentos de débito e crédito, ativos e passivos. Ao final dos lançamentos, calcule qual o ativo da empresa.
   Investimento inicial dos proprietários: R$ 160.000,00 em dinheiro;
   aquisições de estoques por R$ 120.000,00 à vista;
   aquisições de estoques por R$ 56.000,00 a prazo de 30 dias (contas a pagar).
   Foram vendidas, por (a) R$ 192.000,00 a prazo de 30 dias, mercadorias mantidas em estoque por um custo de (b) R$ 160.000,00 (contas a receber);
   cobranças e contas a receber de R$ 48.000,00;
   pagamentos de contas a pagar de R$ 16.000,00;
   no dia 1º de abril, foram pagos R$ 4.800,00 do aluguel da loja relativo aos meses de abril, maio e junho. O aluguel é de R$ 1.600,00 por mês, pago adiantado por trimestre a partir de 1º de abril.

4. Utilizando os dados do exercício anterior, analise as transações, em termos de ativo e passivo, demonstração de resultados, balancete e regime de caixa.

5. Prepare os resultados, em termos de princípio de competência e regime de caixa, de uma empresa que apresentou a seguinte situação no ano passado: vendas de R$ 200.000,00, custos de R$ 70.000,00, recebimentos à vista de R$ 40.000,00 e o saldo permanecendo em valores a receber. Pagou R$ 36.000,00 dos custos, ficando o saldo em valores a pagar. Informe o porquê da diferença de resultados.

6. Uma empresa adquiriu um veículo para transporte de materiais pelo preço de R$ 150.000,00. Veículos desse tipo têm valor residual estimado em R$ 30.000,00 ao final de sua vida útil. Calcule o valor do ativo imobilizado líquido ao final do terceiro ano.

7. Construa a demonstração de resultados de uma empresa a partir dos seguintes dados: vendas R$ 180.000,00, deduções e impostos sobre vendas R$ 36.000,00, custos dos produtos vendidos R$ 80.000,00, despesas operacionais R$ 28.000,00, despesas financeiras R$ 10.000,00, Imposto de Renda e Contribuição Social R$ 10.500,00.

Utilize o balanço patrimonial e a DRE da empresa Muertos S.A. para desenvolver os exercícios 8, 9 e 10:

MUERTOS S.A.		
ATIVO	**20x1**	**20x0**
CIRCULANTE		
Disponibilidades	2.300.000	
Contas a receber de clientes	2.500.000	
Estoques	3.500.000	
Impostos a recuperar	600.000	
Despesas antecipadas		
Ativo disponível para venda	0	
Outros ativos circulantes	230.000	
TOTAL DO CIRCULANTE	**9.130.000**	**0**
NÃO CIRCULANTE		
Realizável a Longo Prazo		
Créditos com empresas ligadas	1.000.000	
Depósitos, cauções e outros	0	
IR e CS diferidos	–	
Impostos a recuperar	150.000	

(continua)

(continuação)

TOTAL DO REALIZÁVEL A LONGO PRAZO	1.150.000	0
INVESTIMENTOS EM CONTROLADAS		
IMOBILIZADO	9.500.000	
INTANGÍVEL	6.000.000	
TOTAL DO NÃO CIRCULANTE	16.650.000	0
TOTAL DO ATIVO	25.780.000	0

PASSIVO	20x1	20x0
CIRCULANTE		
Fornecedores	1.800.000	
Empréstimos e financiamentos	2.500.000	
Obrigações fiscais, trabalhistas e sociais	700.000	
Dividendos declarados		
Débito com terceiros para investimentos	–	
Outros passivos circulantes	540.000	
TOTAL DO CIRCULANTE	5.540.000	–
NÃO CIRCULANTE		
Empréstimos e financiamentos	2.772.000	
Debêntures conversíveis	1.000	
Imposto de renda e contribuição social diferidos	–	
Provisão para contingências	125.000	
Débito com terceiros para investimentos	–	
Obrigações fiscais, trabalhistas e sociais	120.000	
Outros passivos não circulantes	250.000	
TOTAL DO NÃO CIRCULANTE	3.268.000	–
PATRIMÔNIO LÍQUIDO		
Capital social	15.000.000	
Transações de capital	–	
Reserva de capital	2.000	
Reserva de reavaliação		
Reservas de lucros	600.000	

(continua)

(continuação)

Ações em Tesouraria	250.000
Ajustes de avaliação patrimonial	20.000
Ajustes acumulados de conversão	100.000
Atribuído aos acionistas controladores	**15.972.000**
Participação dos acionistas não controladores	**1.000.000**
TOTAL DO PATRIMÔNIO LÍQUIDO	**16.972.000**
TOTAL DO PASSIVO E PATRIMÔNIO LÍQUIDO	**25.780.000**

MUERTOS S.A.	20x1
Demonstração de Resultados Consolidado	
RECEITA BRUTA	**77.000.000**
Mercado interno	65.000.000
Mercado externo	12.000.000
DEDUÇÕES DE VENDAS	**18.065.000**
Devoluções e descontos	65.000
Impostos sobre as vendas	18.000.000
RECEITA LÍQUIDA	**58.935.000**
Custo dos produtos vendidos	32.000.000
LUCRO BRUTO	**26.935.000**
(DESPESAS) RECEITAS OPERACIONAIS	**–3.378.000**
Administrativas e gerais	–1.200.000
Com vendas	–650.000
Resultado financeiro líquido	–1.500.000
Outras (despesas) receitas	–28.000
RESULTADO ANTES IR E CS	**23.557.000**
IR e CS do período	5.889.250
IR e CS diferidos	0
LUCRO LÍQUIDO – Prejuízo	**17.667.750**
Participação não controladores	
Lucro líquido – 1.000 ações	**R$ 0,88**

8. Calcule os índices de liquidez, atividade, lucratividade e eficiência operacional da empresa Muertos S.A.

9. Compare os índices da empresa Muertos S.A. com os índices da empresa Vivon S.A.

10. Caso as empresas tenham o mesmo porte e desenvolvam atividades econômicas do mesmo segmento de negócios, explique qual empresa apresenta melhor situação econômico-financeira, com base na análise de índices.

SUGESTÕES DE CONSULTA

Livros

LEMES Júnior, A. B.; RIGO, C.M.; CHEROBIM, A. P. M. *Administração financeira*: princípios, fundamentos e práticas brasileiras. 4. ed. Rio de Janeiro: Elsevier, 2016.

JAFFE, J.; ROSS, S. A.; WESTERFIELD, R. W. *Administração financeira*: corporate finance. 2. ed. São Paulo: Atlas, 2007.

GRIFFIN, M. P. *Contabilidade e finanças*. São Paulo: Saraiva, 2012.

PAGLIATO, W. *Demonstrações contábeis*: análise da gestão financeira e gerencial. Rio de Janeiro: Ciência Moderna, 2010.

Sites

http://www.cfc.org.br
http://www.cvm.gov.br
http://www.ifrs.org/

APÊNDICE 1

A lógica contábil

Exemplo:

Resumo das transações ocorridas em março (valores em 0,00 reais)

1. Investimento inicial dos proprietários: R$ 100.000,00 em dinheiro.
2. Aquisições de estoques por R$ 75.000,00 à vista.
3. Aquisições de estoques por R$ 35.000,00 a prazo de 30 dias (contas a pagar).
4. Foram vendidas, por R$ 120.000,00, a prazo de 30 dias, mercadorias mantidas em estoque por um custo de R$ 100.000,00 (contas a receber).
5. Cobranças e contas a receber de R$ 30.000,00.
6. Pagamentos de contas a pagar de R$ 10.000,00.
7. No dia 1º de março, foram desembolsados R$ 3.000,00 do aluguel da loja relativo aos meses de março, abril e maio. O aluguel é de R$ 1.000,00 por mês, pago adiantado por trimestre a partir de 1º de março.

Análise de transações
Março de 20x0

Transações	ATIVO					=	PASSIVO			
	Caixa	+	Contas a receber	+	Estoques	+	Aluguel	=	Passivo exigível	+	Capital dos acionistas	
									Contas a pagar	+	Capital integraliz.	+	Lucros retidos

Transações	Caixa	Contas a receber	Estoques	Aluguel		Contas a pagar	Capital integraliz.	Lucros retidos
1 Investimento inicial	−100.000				=		100.000	
2 Aquisição de estoques à vista	75.000		−110.000		=	35.000		
3 Aquisição de estoques a prazo					=			
4a Vendas a prazo		−120.000			=			
4b Custo dos estoques vendidos			100.000		=			20.000
5 Cobrança de clientes	−30.000	30.000			=			
6 Pagamentos a fornecedores	10.000				=	−10.000		
7a Pagamento de aluguel	3.000				=			
7b Reconhecimento da expiração de aluguel				−2.000	=			1.000
Saldo de 31/03/x0	−42.000	−90.000	−10.000	−2.000	=	25.000	100.000	19.000
Total				−144.000	=			144.000

Balancete 31 de março de 20x0			
Caixa	−42.000	Contas a pagar	25.000
Contas a receber	−90.000	Capital próprio	100.000
Estoques	−10.000	Capital integralizador	
Aluguel antecipado	−2.000	Lucros retidos	19.000
Ativo total	**−144.000**	**Passivo total**	**144.000**

Regime de caixa	
Recebimentos (caixa de cobranças dos fregueses)	30.000
Pagamentos	88.000
Valores pagos com compra de mercadorias (R$ 75.000,00 da Transação 2 + R$ 10.000,00 da Transação 6)	85.000
Desembolso de caixa para aluguel	3.000
Saldo de caixa (+ ou −)	**−58.000**

APÊNDICE 2

Contabilidade básica

1. Investimento inicial dos proprietários: R$ 100.000,00 em dinheiro.
2. Aquisições de estoques por R$ 75.000,00 à vista.
3. Aquisições de estoques por R$ 35.000,00 a prazo de 30 dias (contas a pagar).
4. Foram vendidas, por (a) R$ 120.000,00, a prazo de 30 dias, mercadorias mantidas em estoque por um custo de (b) R$ 100.000,00 (contas a receber).
5. Cobranças e contas a receber de R$ 30.000,00.
6. Pagamentos de contas a pagar de R$ 10.000,00.
7. No dia 1º de março, foram desembolsados R$ 3.000,00 do aluguel da loja relativo aos meses de março, abril e maio. O aluguel é de R$ 1.000,00 por mês, pago adiantado por trimestre a partir de 1º de março.

ATIVO

Caixa

Aumentos (D)		Decréscimos (C)	
(1)	100.000	(2)	75.000
(5)	30.000	(6)	10.000
		(7a)	3.000
Saldo	**42.000**		

Contas a receber

Aumentos (D)		Decréscimos (C)	
(4a)	120.000	(5)	30.000
Saldo	**90.000**		

Estoques

Aumentos (D)		Decréscimos (C)	
(2)	75.000	(4b)	100.000
(3)	35.000		
Saldo	**10.000**		

PASSIVO

Contas a pagar

Decréscimos (D)		Aumentos (C)	
(6)	10.000	(3)	35.000
Saldo	**−25.000**		

Capital integralizado

Decréscimos (D)		Aumentos (C)	
		(1)	100.000
Saldo	**−100.000**		

Lucros retidos

Decréscimos (D)		Aumentos (C)	
			19.000
Saldo	**−19.000**		

CONTAS DE DESPESA E RECEITA

Custo dos produtos vendidos

Decréscimos (D)		Aumentos	
(4b)	100.000		

Vendas

Decréscimos		Aumentos (C)	
		(4a)	120.000

Aluguel			Despesas com aluguel		
Aumentos (D)		Decréscimos (C)	Decréscimos (D)		Aumentos
(7a)	3.000	(7b) 1.000	(7b)	1.000	
Saldo	**2.000**				

3 VALOR DO DINHEIRO NO TEMPO

INTRODUÇÃO

Por que R$ 100,00 hoje valem mais que R$ 100,00 amanhã?

O Brasil foi líder mundial em futebol, carnaval e taxa de juros. O país dá exemplos no controle do sistema financeiro, via Sistema de Informação do Banco Central (Sisbacen), possibilitado pela arquitetura de tecnologia de informação, que permite ao Banco Central do Brasil (BCB) acompanhar eletronicamente as operações financeiras dos bancos. A queda das taxas de juros a partir de 2017 facilitou a retomada dos investimentos; porém, o efeito Covid atrapalha os investimentos e não sabemos como ficam as oportunidades de investimento.

No entanto, a intermediação financeira permanece. Independentemente do nível de atividade econômica e do ânimo do investidor, pessoas físicas e jurídicas precisam de dinheiro para consumo e investimento – agentes deficitários –, acabando por recorrer ao mercado financeiro em busca de recursos a serem fornecidos por agentes superavitários.

Este capítulo se propõe estudar o custo do dinheiro sob a ótica da intermediação financeira, destacando o impacto do valor do dinheiro nos recursos financeiros das famílias, empresas e governo. Para tal, apresenta noções de valor e de tempo, diferencia as características econômicas e financeiras da aplicação de recursos e da captação; ensina as ferramentas da matemática financeira e destaca as vantagens das calculadoras financeiras e planilhas eletrônicas para o cálculo de taxas de juros, prestações, correções de dívidas e atualizações monetárias.

3.1 Valor

O dinheiro serve para facilitar as trocas e representa riqueza, isso é senso comum. No entanto, só o papel-moeda ou saldo bancário não mata a fome, não proporciona calor, não ronca o motor do carro nem enfeita um pescoço sofisticado. O dinheiro é usado para comprar tudo isso. É possível sistematizar todos os estudos sobre moeda em três grandes grupos: a teoria quantitativa da moeda (TQM); a preferência pela Liquidez de Keynes[1] e a moeda como Equivalente Geral das Trocas de Marx.[2] De maneira simplificada, as teorias procuram explicar o papel da moeda no sistema econômico: instrumento de troca e representante dos preços para a TQM; instrumento de troca e de reserva de valor para Keynes; e instrumento de troca com poder de criar valor para Marx. Independentemente da teoria, os agentes econômicos buscam a moeda para facilitar a troca, reservar valor e manter o poder de compra, além de enriquecer. Segundo Keynes, os agentes econômicos preferem usufruir hoje; e, para não o fazer, exigem remuneração. Essa é a essência do valor do dinheiro no tempo: se tenho R$ 100,00 hoje, só não vou gastá-lo em consumo se amanhã for possível comprar algo melhor com esse mesmo valor. Para tal, o poder de compra do dinheiro tem de aumentar ou, em outras palavras, receber alguma remuneração. Juro, esse é o nome da remuneração. Calculado a partir de uma taxa, ele aumenta o valor do dinheiro no tempo.

Para Keynes, as pessoas preferem gastar o dinheiro hoje, porém mantêm a moeda por três motivos: transação, precaução e especulação. Nas transações, a moeda serve como instrumento de troca e, para tal, precisa manter seu valor ao longo do tempo e sua capacidade de expressar o valor das mercadorias e serviços. A precaução está relacionada à segurança do consumo imediato e futuro; guarda-se dinheiro para os momentos de infortúnio. A especulação se deve a eventuais oportunidades de negócios que poderão aparecer.

Os juros têm o poder de manter a capacidade de compra porque carregam a expectativa de inflação, permitem o consumo futuro porque remuneram a abstinência inicial do "não consumo imediato" e facilitam a especulação porque podem regiamente premiar as boas oportunidades de investimento.

Inflação

Aumento sistemático de preços; medida por índices calculados com base em metodologias conhecidas, como IPCA, INPC, IGPM, entre outras.

Para consultar séries históricas de índices de preços, acesse o *site* www.bcb.gov.br. Para selecionar todos os índices de sua preferência ou curiosidade, clique nesta sequência:

Início » Perfil cidadão » Taxas de juros, cálculos, índices e cotações, SGS – Sistema Gerenciador de Séries Temporais – v2.1, atividade econômica, preços.

---

[1] John Maynard Keynes (1883-1946), economista britânico, defensor da intervenção do governo na economia, especialmente em momentos de desaquecimento da atividade econômica. Opôs-se à economia neoclássica de liberdade de mercado; suas políticas intervencionistas foram adotadas após a Segunda Guerra Mundial com sucesso. Para ele, o investimento privado só ocorre se houver um prêmio sobre a liquidez presente, ou seja, deixa-se de gastar hoje apenas se a remuneração da aplicação do dinheiro compensar essa abstinência de consumo.

[2] Karl Marx (1818-1883), de origem alemã, é considerado o fundador do comunismo moderno. Ao escrever sobre Economia, entre tantas outras ciências, destaca o valor de uso e o valor de troca da moeda.

3.2 Intermediação financeira

Como ilustrado na Figura 3.1, se alguém abre mão do consumo imediato e guarda o dinheiro em um intermediário financeiro, está fazendo uma aplicação de recursos, um investimento. Só poderá ser remunerado se houver outro alguém interessado em antecipar o consumo e disposto a pagar por isso. Surge, então, a intermediação financeira: os agentes com recursos disponíveis querem investir e receber remuneração por isso, abrindo mão do consumo presente. Os agentes com mais oportunidades de consumo e investimento e menos recursos pagam por essa antecipação de recursos. O encontro desses interesses opostos estabelece a intermediação financeira, que ocorre de forma organizada no mercado financeiro.[3] Essa característica financeira da intermediação facilita o fluxo de recursos entre os agentes econômicos.[4] A Figura 3.1 mostra os fluxos de recursos no sistema econômico, na parte superior, e na intermediação financeira, na parte inferior.

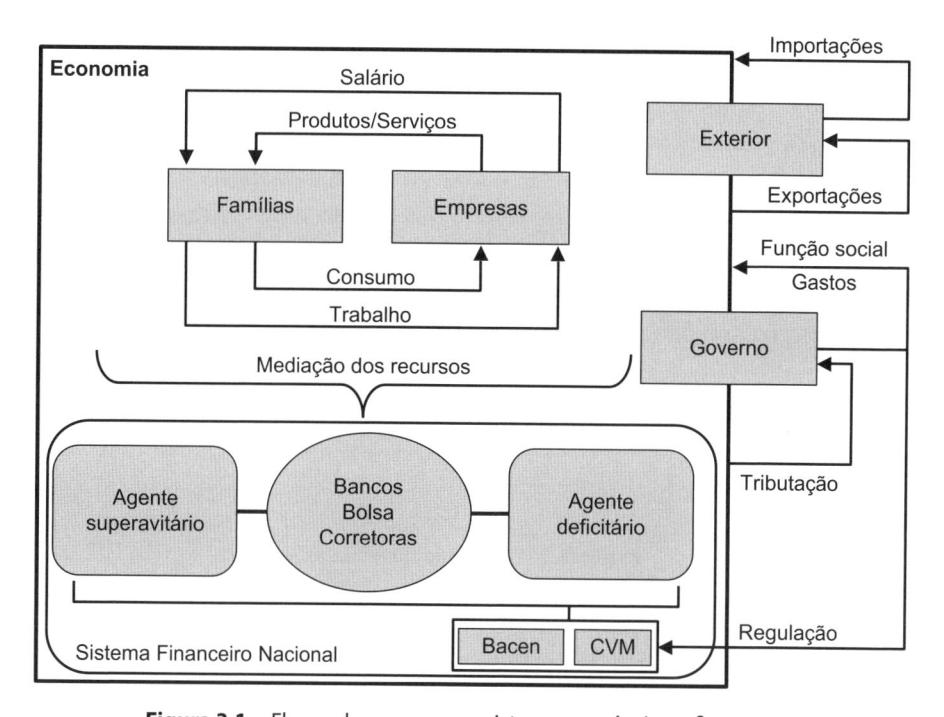

Figura 3.1 Fluxos de recursos no sistema econômico e financeiro.

---

[3] O mercado financeiro é estudado no Capítulo 8.

[4] A diferenciação dos aspectos financeiros e econômicos foi apresentada no Capítulo 1.

3.3 Valor do dinheiro no tempo (VDT) e a matemática financeira

A matemática financeira desenvolve as ferramentas para se calcularem juros; é o instrumento que transforma o conceito do VDT em números, valores e taxas. Essas operações são consideradas investimentos ou aplicações financeiras. Se a afirmação inicial é a de que R$ 100,00 hoje valem mais que amanhã, é necessário incluir o tempo na análise, e isso é feito levando em conta a linha do tempo, também chamada de representação gráfica do horizonte de investimento.

Figura 3.2 Aplicação de recursos.

As linhas horizontais representam o tempo e, usualmente, começam em t_0, data do início da operação, e terminam em t_n, data do encerramento da operação.

As saídas de recursos são representadas por flechas verticais para cima da linha do tempo, e as entradas são representadas por flechas verticais para baixo da linha do tempo. Os períodos da operação podem ser fracionados, destacados com pequenos traços ao longo da linha do tempo. As entradas e saídas de recursos financeiros caracterizam o fluxo de caixa.

Figura 3.3 Captação de recursos.

3.4 Capitalização simples

Por que devemos ler o contrato de empréstimo?

Os juros representam a remuneração do dinheiro. Quem toma recursos emprestados paga juros porque antecipou o consumo; quem empresta seu dinheiro para outrem recebe juros. A equação a seguir mostra a composição das taxas de juros, ou seja, todos os fatores a serem remunerados e, portanto, considerados no cálculo da taxa de juros.

$$i = i^* + if + id + lq + v$$

Quadro 3.1 Composição das taxas de juros

Símbolo	Significado	Explicação
i	Taxa de juros nominal	Taxa contratada junto à instituição financeira.
i^*	Taxa de juros real, livre de risco	É o custo do dinheiro, sem risco. Preço recebido pelo investidor por abrir mão do consumo presente.
if	Prêmio de inflação	A expectativa de inflação, embutida na taxa de juros para preservar o poder de compra.
id	Prêmio de risco Inadimplência	Remunera a possibilidade do não pagamento. Relacionada ao risco do tomador de crédito.
lq	Prêmio de liquidez	Relaciona-se à negociabilidade, em mercado secundário, do título originado no empréstimo.
v	Prêmio de risco de vencimento	Risco de as taxas de juros virem a mudar ao longo do período do empréstimo.

No Brasil, usualmente as taxas de juros são representadas pela letra i (minúscula). Essa notação será utilizada não apenas ao longo deste capítulo, mas também de todo o livro.

Além das taxas de juros, as operações financeiras de aplicação ou captação de recursos normalmente têm elementos comuns: o valor inicial, o período da operação, o valor das parcelas intermediárias e o valor final. Ao se deparar com problemas de VDT, você deve sempre identificar esses elementos. Para facilitar o uso de calculadoras financeiras, planilhas eletrônicas e outros manuais e livros sobre matemática financeira, foram estabelecidas notações comuns a esses elementos, apresentadas no Quadro 3.2.

Quadro 3.2 Notações importantes

Valor presente	VP, P, Co, M, PV	Montante considerado no início do período. Valor presente hoje do empréstimo ou da aplicação.
Taxa de juros	i, k, r, j	Remuneração a ser paga pelos recursos negociados, expressa em percentual.
Valor futuro	VF, F, Cn, FV	Montante a ser devolvido ou resgatado ao final do prazo do empréstimo ou período de aplicação.
Prestação	PMT, Pr, Ct	Prestação, pagamentos ou recebimentos intermediários.
Tempo	T	Período de tempo da aplicação.
Períodos	n	Número de períodos da aplicação.
Juros	J	Montante de juros pagos.

Apresentadas as notações, é preciso entender como o capital inicial é remunerado ou, em outras palavras, como são calculados os juros. A questão parece trivial: se há um valor inicial e uma taxa de juros, basta multiplicar essa taxa pelo valor inicial e pronto! Não, porque a data do cálculo e a forma de apropriar os juros alteram o valor da operação. As diferentes formas de cálculo dos juros são chamadas de sistemas de capitalização.

A capitalização simples considera juros devidos (J) apenas sobre o principal aplicado. Dessa forma, multiplica-se a taxa de juros em percentual sobre o valor inicial.

$$J = VP \times i$$

Se houver mais de um período, a taxa de juros (i) será multiplicada sobre o valor inicial tantas vezes quantos forem os períodos (n).

$$J = VP \times i \times n$$

Os juros devidos resultam da multiplicação do valor inicial pela taxa de juros. O valor devido (VF) será a soma dos juros ao valor do montante inicial emprestado.

$$VF = VP + J$$

Quando a operação está fracionada no tempo, ou seja, ocorrem vários períodos, os juros são calculados período a período, e o saldo devido resulta do somatório desses valores.

$$VF = VP + J_1 + J_2 + J_3 + \ldots + J_{n-1} + J_n$$

O valor futuro (VF) é a soma do valor inicial (VP) com os juros devidos no primeiro período (J_1), somado ao do segundo (J_2) e assim sucessivamente até os últimos períodos (J_{n-1} e J_n).

Para generalizar o cálculo para qualquer número de período, basta recorrer às propriedades da álgebra e substituir a Equação (1) na Equação (4).

$$VF = VP + VP \times i + VP \times i + \ldots + VP \times i$$

A propriedade distributiva da multiplicação permite reescrever a Expressão (1).

$$VF = VP (1 + i \times n) \qquad (1)$$

O valor futuro é o resultado da multiplicação do valor presente por um fator de capitalização $(1 + i \times n)$, que representa a taxa i aplicada aos n períodos da operação.

EXEMPLO 3.1

Caetano toma R$ 10.000,00 emprestados de sua sogra, para pagar após oito meses. Ele promete pagar juros de 1% ao mês sobre a dívida inicial. Quanto ele irá pagar de juros? Qual será o valor total a ser devolvido?

$$VF = VP\,(1 + i \times n) \text{ e}$$

$$J = VP \times i \times n$$

$$VF = ?$$

$$VP = 10.000,00$$

$$i = 1\% \text{ ao mês}$$

$$n = 8$$

J = 10.000 × 0,01 × 8 = 800,00. Caetano irá pagar R$ 800,00 de juros.

O valor a ser devolvido é a soma do valor tomado emprestado mais os juros:

$$VF = VP + J = 10.000,00 + 800,00 = 10.800,00$$

Calculado de outra forma: $VF = VP\,(1 + i \times n)$

$$VF = 10.000,00\,(1 + 0,01 \times 8) = 10.000,00 \times 1,08 = 10.800,00$$

O valor a ser devolvido é de R$ 10.800,00.

A capitalização simples tem poucas aplicações práticas nas operações do mercado financeiro, exceto para o cálculo dos juros cobrados sobre os saldos devedores do crédito concedido por meio do limite do cheque especial. Nesse caso, o cálculo é feito pelo método hamburguês, que considera os princípios da capitalização simples. Veja o exemplo a seguir.

3.4.1 Como são calculados os juros do cheque especial?

Mesmo que você não seja um profissional da área de finanças, com certeza tem, ao menos, uma conta-corrente em banco e desfruta do benefício do crédito concedido pelo cheque especial. Apresentamos, a seguir, um exemplo dos cálculos de juros cobrados na conta-corrente de um correntista que usou o limite de seu cheque durante alguns dias do mês.[5] As três primeiras colunas da Tabela 3.2 representam as operações realizadas, a quarta coluna apresenta o saldo da conta-corrente, após cada operação; normalmente, essa é a representação da conta quando se solicita o extrato. A quinta coluna foi acrescentada para efeito didático; apresenta o número de dias que a conta ficou negativa.

---

[5] Nesse exemplo, a instituição financeira NÃO oferece o benefício de uso gratuito do limite do cheque especial por alguns dias no mês.

Tabela 3.1 Exemplo de cheque especial

Taxa de juros	4,5%	ao mês =	0,1500%	ao dia (juros simples, mês comercial)
IOF	1,5%	ao ano =	0,0041%	ao dia (juros simples, mês comercial)
		Soma	0,1541%	Total de juros + IOF

Tabela 3.2 Exemplo de extrato bancário

Data	Histórico	D/C	Saldo em conta-corrente	Dias decorridos
A	B	C	D	E
1º/dez./12	Saldo credor inicial		2.400,00	
12/dez./12	Cheque descontado	(1.400,00)	1.000,00	11
15/dez./12	Compra com cartão de débito	(300,00)	700,00	3
20/dez./12	Débito em conta de energia	(198,00)	502,00	5
22/dez./12	Débito fatura cartão de crédito	(2.200,00)	(1.698,00)	2
23/dez./12	Cheque descontado	(200,00)	(1.898,00)	1
24/dez./12	Depósito	1.000,00	(898,00)	1
30/dez./12	Saque conta-corrente	(650,00)	(1.548,00)	6
2/jan./13	Saldo final	–	(1.548,00)	3

Para calcular o custo, é necessário saber:

Os juros são cobrados pelo método hamburguês, forma de aplicar a capitalização simples aos saldos devedores ao longo de um mês; nesse exemplo, considera-se uma taxa de juros de 4,5% ao mês, que representa 0,15% ao dia. Já que crédito concedido é uma operação financeira, cobra-se o Imposto sobre Operações Financeiras (IOF), cuja alíquota é de 1,5% ao ano, calculados diariamente: 0,015/365 = 0,000041 ao dia. Dessa forma, a taxa cobrada é de 0,1541% ao dia, conforme demonstrado na Tabela 3.1. A Tabela 3.3 apresenta o cálculo dos juros, incluindo o IOF.

Tabela 3.3 Cálculo dos juros

Data	Saldo em C/C	Número de dias em débito	Saldo devedor × × número de dias	Juros devidos	Dia da semana
Col. A	Col. D	Col. (A+1) – col. A	Coluna B × coluna C	Taxa de juros × coluna D	
1º/dez./12	2.400,00	–	–	–	7
12/dez./12	1.000,00	–	–	–	4
15/dez./12	700,00	–	–	–	7
20/dez./12	502,00	–	–	–	5
22/dez./12	(1.698,00)	1	(1.698,00)	(2,62)	7

(continua)

(continuação)

Data	Saldo em C/C	Número de dias em débito	Saldo devedor × × número de dias	Juros devidos	Dia da semana
23/dez./12	(1.898,00)	1	(1.898,00)	(2,93)	1
24/dez./12	(898,00)	6	(5.388,00)	(8,30)	2
30/dez./12	(1.548,00)	3	(4.644,00)	(7,16)	1
2/jan./13	(1.548,00)	–	–	–	4
				(21,00)	

Para calcular o custo efetivo total, é necessário montar o fluxo de caixa da operação de crédito ao longo do mês. A Tabela 3.4 mostra as saídas de caixa do banco para o cliente todas as vezes em que o saldo ficou negativo. E deve mostrar a devolução do dinheiro, ou amortização do principal, todas as vezes em que o cliente fez depósitos que tornaram o saldo da conta-corrente positivo, o que não ocorreu no exemplo.

Tabela 3.4 Fluxo de caixa

Data	Fluxo de caixa dos saques a descoberto	
1º/12/2012	–	
12/12/2012	–	
15/12/2012	–	
20/12/2012	–	
22/12/2012	(1.698,00)	
23/12/2012	(1.898,00)	
24/12/2012	(898,00)	
30/12/2012	(1.548,00)	
2/01/2013	(1.548,00)	
2/01/2013		
Soma	(6.063,00)	Dívida quitada, saldo = juros devidos

Perceba que o valor das entradas nesse fluxo de caixa é apenas a soma dos saldos devedores, não correspondendo, portanto, ao valor nominal dos depósitos; afinal, apenas parte desse depósito é utilizada para cobrir o saldo devedor.

Outro destaque da Tabela 3.4 é que o somatório dos saldos negativos, ao longo do mês, com a devida amortização nas datas em que há saldo positivo na conta, acrescidos dos juros, representa o saldo devedor final. Os juros anuais cobrados são calculados da mesma forma que se calcula a taxa interna de retorno de uma série de fluxos de caixa; nas planilhas eletrônicas, é possível utilizar a função XTIR,[6] conforme demonstrado. Finalmente, cabe observar que não há crédito de juros nos períodos em que a conta fica com saldo positivo!

Esses cálculos são importantes para o controle do uso do cheque especial, em sua vida pessoal e na da empresa, além de também avaliar o impacto dos juros no fluxo de caixa.

Capitalização Simples é a melhor forma de capitalização para devedores.

3.4.2 Taxas de juros na capitalização simples

As taxas de juros na capitalização simples são proporcionais em relação ao tempo. Uma taxa de juros na capitalização simples, informada como 12% ao ano, é proporcional a 1% ao mês, 3% ao trimestre ou 6% ao semestre. Se a taxa informada e aplicada é de 4,5% ao trimestre, ela é proporcional a 1,5% ao mês. O cálculo das **taxas proporcionais** é feito por meio das operações de multiplicação e divisão.

Essa proporcionalidade é possível porque os juros incidem sempre sobre o principal da dívida no sistema de capitalização simples. Dessa forma, as taxas proporcionais, equivalentes e efetivas serão iguais se o período de cálculo for igual.

3.5 Capitalização composta

A grande maioria das operações financeiras incorpora os juros devidos à dívida. O montante de juros devido em um período é somado ao capital, aumentando a base de cálculo dos juros para o período seguinte. Assim, o cálculo dos juros é feito sobre uma base maior a cada período, ou seja, os chamados "juros sobre juros".

No período inicial, ou data de contratação da operação, o valor emprestado, VP, é igual ao valor da dívida VF.

$$VF_0 = VP$$

No primeiro período, o valor da dívida VF_1 é igual ao valor emprestado, acrescido dos juros do primeiro período.

$$VF_1 = VP + J_1 \quad \text{em que} \quad J_1 = VP \times i \times 1$$

$$VF_1 = VP + VP \times i \times 1$$

$$VF_1 = VP(1 + i)$$

No segundo período, o valor da dívida VF_2 será o valor inicial, somado aos juros devidos no primeiro período, mais os juros devidos no segundo período. Para o

---

[6] Taxa Interna de Retorno (TIR), a ser tratada no Capítulo 7.

cálculo dos juros no segundo período, é necessário considerar o valor inicial, somado aos juros devidos no primeiro período.

$$VF_2 = VP + J_1 + J_2$$

$$VF_2 = VP + VP \times i + (VP + VP \times i) \times i$$

$$VF_2 = VP + VP \times i + VP \times i + VP \times i \times i$$

$$VF_2 = VP(1+i) + VP \times i + VP \times i_2$$

$$VF_2 = VP(1+i) + VP(i + i_2)$$

$$VF_2 = VP((1+i) + (i + i_2))$$

$$VF_2 = VP(1 + 2i + i_2)$$

$$VF_2 = VP(1+i)(1+i)$$

$$VF_2 = VP(1+i)2$$

É possível repetir o cálculo para o terceiro, o quarto, até o enésimo período; dessa forma, obtemos:

$$VF_n = VP(1+i)^n \qquad (2)$$

Essa fórmula é muito utilizada em cálculos da matemática financeira. Com ela, é possível:

- VF = calcular o valor futuro a receber de um montante VP, aplicado à taxa i, durante n períodos.

Ou o valor futuro a pagar de um montante VP, tomado emprestado à taxa i, durante n períodos.

- VP = calcular o valor presente a ser aplicado à taxa i, durante n períodos, para receber determinado valor futuro, VF.

Ou o valor presente tomado emprestado, hoje, à taxa i, durante n períodos, que representa um valor futuro, VF.

- i = calcular a taxa de juros com que determinado montante atual VP deve ser aplicado, durante n períodos, para obter o valor futuro, VF.

Ou a taxa de juros cobrada em um empréstimo de determinado montante atual VP, por n períodos, que resulta em um pagamento final VF.

- n = calcular o número de períodos em que determinado montante atual VP deve ficar aplicado à taxa i para obter o valor futuro, VF.

Ou o número de períodos transcorridos entre uma captação inicial VP e o pagamento final VF, ao custo de determinada taxa de juros i.[7]

CASO 1: Do carro antigo ao carro novo

Imagine que você tenha, atualmente, um carro antigo no valor aproximado de R$ 18.000,00. Você quer trocar de carro e está pensando em adquirir um zero quilômetro.

O valor à vista de um carro novo é de R$ 42.000,00 e ele está sendo vendido em 60 parcelas de R$ 1.150,00.

Cálculo do valor nominal total pago

a. Qual é o valor final nominal do carro novo?
b. Quanto você teria acumulado se guardasse na caderneta de poupança o valor das parcelas?
c. Quantos meses mais você deve ficar usando seu carro antigo se guardar o valor das parcelas na caderneta de poupança?
d. Quantos meses mais você deve ficar usando seu carro antigo se guardar o valor das parcelas na caderneta de poupança e vender o carro para auxiliar o pagamento do automóvel novo?

Taxa Selic	7,50%
% da Selic para poupança 0,7	0,0525
Taxa equivalente mensal	0,004273
Remuneração da poupança sem a variação da TR	0,4273%

Resolução

a. Qual é o valor final nominal do veículo?
   Valor nominal = número de parcelas × valor das parcelas.
   Valor nominal = 60 × 1.150,00
   Valor nominal = 69.000,00

b. Quanto você teria acumulado se guardasse na caderneta de poupança o valor das parcelas?
   Cálculo do valor final se as parcelas forem aplicadas na caderneta de poupança, já descontada a inflação.
   VF = ?
   PMT = 1.150,00
   i = 0,427% remuneração da poupança

---

[7] Muitos livros apresentam todo o formulário para os cálculos dessas variáveis. Os autores acreditam na capacidade do leitor em aplicar a álgebra na fórmula inicial a fim de calcular qualquer uma das variáveis, quando de posse das outras informações.

$n = 60$ número de meses do financiamento do novo carro
VF = 78.462,46

c. Quantos meses mais você deve ficar usando seu carro antigo se guardar o valor das parcelas na caderneta de poupança?
VF = 42.000
PMT = 1.150,00
$i = 0,427\%$
$n = ?$
Número de meses = 34

Comprovação

	Prestação	Juros 0,4%	Valor acumulado
1	1.150,00		1.150,00
2	1.150,00	4,91	2.304,91
3	1.150,00	9,85	3.464,76
4	1.150,00	14,81	4.629,57
5	1.150,00	19,78	5.799,35
6	1.150,00	24,78	6.974,13
7	1.150,00	29,80	8.153,93
8	1.150,00	34,84	9.338,78
9	1.150,00	39,91	10.528,68
10	1.150,00	44,99	11.723,67
11	1.150,00	50,10	12.923,77
12	1.150,00	55,22	14.128,99
13	1.150,00	60,38	15.339,37
14	1.150,00	65,55	16.554,92
15	1.150,00	70,74	17.775,66
16	1.150,00	75,96	19.001,62
17	1.150,00	81,20	20.232,81
18	1.150,00	86,46	21.469,27
19	1.150,00	91,74	22.711,01
20	1.150,00	97,05	23.958,06
21	1.150,00	102,38	25.210,43
22	1.150,00	107,73	26.468,16
23	1.150,00	113,10	27.731,26
24	1.150,00	118,50	28.999,76

(continua)

(continuação)

	Prestação	Juros 0,4%	Valor acumulado
25	1.150,00	123,92	30.273,68
26	1.150,00	129,36	31.553,04
27	1.150,00	134,83	32.837,88
28	1.150,00	140,32	34.128,20
29	1.150,00	145,83	35.424,03
30	1.150,00	151,37	36.725,40
31	1.150,00	156,93	38.032,33
32	1.150,00	162,52	39.344,85
33	1.150,00	168,13	40.662,98
34	1.150,00	173,76	41.986,73

Em 34 meses, é possível acumular o dinheiro para comprar o carro novo à vista.

d. Quantos meses mais você deve ficar usando seu carro antigo se guardar o valor das parcelas na caderneta de poupança e vender o carro para auxiliar o pagamento do automóvel novo?
Valor necessário para comprar o carro novo hoje:
Valor à vista 42.000 - valor do antigo 18.000 = 24.000,00
VP = 24.000
PMT = 1.150,00
i = 0,4%
n = ?
número de meses = 20

Em qualquer das hipóteses, caso você consiga **guardar** o dinheiro da prestação na caderneta de poupança, poderá comprar um carrão novo de forma mais rápida e barata, mantida a remuneração da poupança.

Financiar o antigo carro sai mais caro que comprar um automóvel mais sofisticado, com o dinheiro poupado.

Se você já tem um automóvel, mesmo que esteja "antiguinho", é melhor ter determinação e guardar o valor da prestação antes de trocar por um novo financiado.

Caso você aplique R$ 1.150,00 na caderneta de poupança durante 60 meses, terá acumulado R$ 78.462,46.

3.6 Prestações na capitalização composta

Quando há mais de uma entrada e/ou mais de uma saída de recursos, durante a operação, temos, então, uma série de pagamentos. Existem basicamente dois tipos: as séries de pagamentos uniformes, quando todas as prestações são iguais e ocorrem em intervalos regulares de tempo, e as séries de pagamentos não uniformes, as séries mistas, quando existem diferentes entradas e saídas de recursos ao longo da operação, em intervalos regulares ou não de tempo.

A capitalização composta é a melhor forma de capitalização para credores.

3.6.1 Série de pagamentos uniformes

A linha do tempo pode ser representada para a série de pagamentos uniformes, como disposta na Figura 3.4. Tem-se uma saída inicial com uma série de entradas regulares ao longo do tempo.

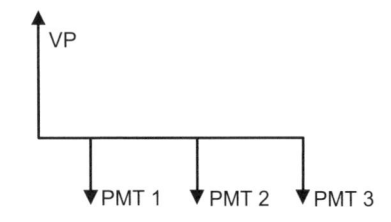

Figura 3.4 Série de pagamentos uniformes com uma saída inicial e uma série de entradas regulares.

Existe uma série de pagamentos uniformes também quando se tem uma entrada inicial, seguida de uma série de saídas iguais e regulares no tempo, conforme mostra a linha do tempo da Figura 3.5.

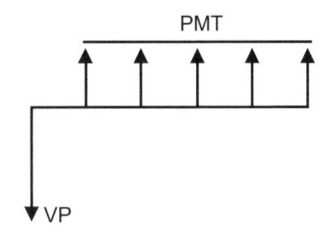

Figura 3.5 Série de pagamentos uniformes com uma entrada inicial e uma série de saídas iguais e regulares.

Outra série de pagamentos uniformes pode ser uma sequência de pagamentos seguidos de um resgate final, representados graficamente na Figura 3.6.

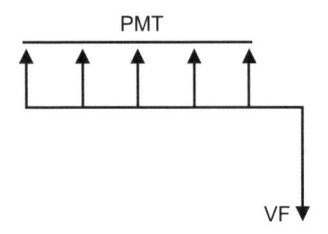

Figura 3.6 Série de pagamentos uniformes com uma sequência de pagamentos seguidos de um resgate final.

Existem várias operações financeiras, situações de empréstimo e financiamento que se encaixam nas características já mencionadas das séries de pagamentos uniformes. Após o desenvolvimento do raciocínio algébrico dessas operações, apresentamos alguns exemplos.

Sabe-se que:

$$VF = VP(1+i)^n$$

ou

$$VP = \frac{VF}{(1+i)^n}$$

Para considerar prestações no cálculo financeiro, supõe-se que cada parcela PMT seja parte do valor inicial da operação, ou seja, do valor presente, VP, então:

$$VP = PMT_1 + PMT_2 + PMT_3 + PMT_4 + ... + PMT_n$$

Se o dinheiro de hoje vale mais que o de amanhã, as parcelas iniciais têm mais valor que as parcelas finais.

Mas, se o valor das parcelas é igual, no sistema de pagamentos uniformes, como considerar o valor do dinheiro no tempo (VDT)?

É preciso considerar os juros existentes em cada um dos pagamentos.

Para se calcular o valor presente, VP, de uma série de pagamentos uniformes, é necessário descontar a taxa de juros em cada uma das parcelas, conforme determinada taxa de juros; a isso se chama "trazer a valor presente".

3.6.2 Cálculo de valor presente de uma série de pagamentos uniformes

$$VP = \frac{PMT_1}{(1+i)^1} + \frac{PMT_2}{(1+i)^2} + \frac{PMT_3}{(1+i)^3} + \frac{PMT_4}{(1+i)^4} + ... + \frac{PMT_n}{(1+i)^n}$$

Como as prestações são iguais, aplica-se a propriedade distributiva da multiplicação:

$$VP = PMT \times \left[\frac{1}{(1+i)^1} + \frac{2}{(1+i)^2} + \frac{3}{(1+i)^3} + \frac{4}{(1+i)^4} + ... + \frac{1}{(1+i)^n} \right]$$

$$VP = PMT \times \sum_{j=1}^{n} \frac{1}{(1+i)^j} \qquad (3)$$

Isso significa dizer que o valor presente de uma série de pagamentos uniformes é igual à prestação multiplicada pelo somatório dos fatores de juros descontados. Esses fatores constam em tabelas financeiras.[8]

---

[8] Com o advento das calculadoras financeiras e das planilhas eletrônicas, não se faz mais necessário consultar tabelas financeiras.

O valor da prestação pode ser calculado a partir da fórmula a seguir:

$$\text{PMT} = \text{VP} \frac{(1+i)^n \times i}{(1+i)^n - 1} \tag{4}$$

> O cálculo do valor presente é útil para comparar compras à vista e parceladas. Ao somar o valor das parcelas de um anúncio de eletrodomésticos, você identifica o VALOR NOMINAL do produto. Para saber qual seria o valor à vista correto, é necessário DESCONTAR a taxa de juros informada no anúncio.
>
> Você pode também confirmar se a taxa de juros informada é correta!

Aplicação

A. Um computador está sendo vendido em cinco parcelas iguais de R$ 299,00. A taxa de juros informada é de 0,99% ao mês. Qual é o valor à vista desse computador?

$$\text{VP} = ? \quad n = 5 \quad \text{PMT} = 299{,}00 \quad i = 0{,}99\%$$

$$\text{PMT} = \text{VP} \frac{(1+i)^n \times i}{(1+i)^n - 1}$$

$$299{,}00 = \text{VP} \frac{(1+0{,}0099)^5 \times 0{,}0099}{(1+0{,}0099)^5 - 1}$$

299,00 = VP × 0,20598979

VP = 299/0,20598979

VP = 1.451,60

B. Uma geladeira está sendo vendida em 12 parcelas de R$ 120,00. O valor à vista é de R$ 1.200,00. Qual é a taxa de juros cobrada na operação?

$$\text{PMT} = 120{,}00 \quad n = 10 \quad \text{VP} = 1.200{,}00 \quad i = ?$$

$$\text{PMT} = \text{VP} \frac{(1+i)^n \times i}{(1+i)^n - 1}$$

$$120 = 1.200 \frac{(1+i)^{12} \times i}{(1+i)^{12} - 1}$$

$$\frac{120}{1.200} = \frac{(1+i)^{12} \times i}{(1+i)^{12} - 1}$$

$i = 2{,}9\%$ ao mês

E para calcular o valor futuro, VF, de uma série de pagamentos uniformes?

De modo inverso ao valor presente, é necessário aplicar a taxa de juros em cada uma das parcelas, conforme determinada taxa de juros; isso se chama "levar a valor futuro".

Imagine uma aplicação financeira, ao longo de vários períodos, de parcelas iguais de depósito no início. A primeira parcela receberá juros durante todos os períodos da operação; a segunda parcela receberá juros ao longo dos meses em que permanecer na aplicação, ou seja, todos os períodos, menos um que já se passou. A terceira parcela também receberá juros até o final da aplicação, exceto os dois períodos que já se passaram, e assim sucessivamente.

Convenção de início de período: considera-se o depósito no início do período e a remuneração dos juros no fim desse período. Usual em aplicações financeiras.

Convenção de final de período: considera-se o pagamento no fim do período e a remuneração ao fim do período seguinte. Usual em operações de tomada de empréstimos e financiamentos.

3.6.3 Cálculo do valor futuro de uma série de pagamentos uniformes

$$VF = PMT_1(1+i)^{n-1} + PMT_2(1+i)^{n-2} + PMT_3(1+i)^{n-3} + \ldots + PMT_{n-1}(1+i)^1 + PMT_n(1+i)^{n-n}$$

Colocando a PMT em evidência e reordenando os fatores, tem-se:

$$VF = PMT\,[1+(1+i)^1+(1+i)^2+(1+i)^3 + \ldots +(1+i)n]$$

Considerando que, dentro dos colchetes, temos uma progressão geométrica, a fórmula para o cálculo do valor futuro, VF, será:

$$VF = PMT\,\frac{(1+i)^n - i}{i} \qquad (5)$$

Capitalização contínua

É um regime que se processa em intervalos infinitesimais de tempo. Portanto, a incorporação dos juros ao capital se realiza de forma contínua, não somente ao final de cada período finito de capitalização.

3.7 Taxas de juros e capitalização

Por que devemos explicitar as taxas?

Juros: constituem o montante em dinheiro que corresponde à remuneração do valor do dinheiro no tempo.

Em captações de recursos, empréstimos, financiamentos, compras parceladas, trata-se do montante pago a título de remuneração do capital emprestado. São expressos em moeda, dinheiro corrente. No caso das aplicações financeiras, os juros são a diferença em dinheiro entre o capital aplicado e o resgatado.

Taxa de juros: é a expressão percentual da exigência de remuneração.

Em captações de recursos, significa a taxa cobrada pela antecipação de recursos.

Em aplicações financeiras, corresponde à taxa paga pelo agente financeiro a título de remuneração de acordo com os componentes do custo do dinheiro.

Nas operações financeiras, as taxas de juros podem ser informadas de várias formas. Para se desenvolver corretamente os cálculos das operações financeiras e acompanhar os custos de empréstimos, financiamentos e outras formas de contratação de crédito, é necessário saber:

Taxa de juros nominal: é a taxa de juros por período informada no momento da contratação da operação.

Taxa de juros efetiva: é a taxa de juros cobrada na operação; inclui comissões, custos de transação e prêmios e/ou descontos que eventualmente recaem na operação. O Banco Central (Bacen) determina que a taxa de juros efetiva das operações bancárias seja divulgada.

Quando há obrigatoriedade da divulgação das taxas efetivas

A Resolução 3.658, de 2008, e a Circular 3.567, de 2011, do Bacen dispõem sobre a prestação das informações relativas a operações de crédito praticadas no mercado financeiro pelas instituições financeiras.

- Para saber as taxas praticadas atualmente, acesse no *site* do Banco Central (www.bacen.gov.br): Perfis > Cidadão > Taxas de juros, cálculos, índices e cotações > Taxas de juros de operações de crédito.
- Para saber como os juros devem ser calculados pelos bancos, consulte as diretrizes básicas contidas na Circular Bacen 2.905, de 1999, e alterações posteriores, que dispõem sobre prazos mínimos e remuneração das operações ativas e passivas realizadas no mercado financeiro.

Uma das primeiras dificuldades no uso de taxa de juros é a diferença entre o período de tempo em que a taxa é informada e a frequência de capitalização.

Usualmente, a taxa de juros nominal não é informada no período de capitalização. Nesse caso, é necessário calcular a taxa equivalente.

Taxas equivalentes em capitalização simples: basta multiplicar ou dividir a taxa informada para encontrar a taxa equivalente.

Imaginando a taxa de juros i informada em anos, você quer calcular o valor futuro de depósitos mensais. Então:

$$VF = VP\,(1 + i \times n)$$

Para um ano: $VF = VP\,(1 + i \times 1)$

Para 12 meses: $VF_{12} = VP(1 + i_{12} \times 12)$
As taxas i e i_{12} devem ser equivalentes para que $VF = VF_{12}$.
Dessa forma, $VP(1 + i \times 1) = VP(1 + i_{12} \times 12)$.

Usando as propriedades da álgebra:
$(1 + i \times 1) = (1 + i_{12} \times 12)$
$i = i_{12} \times 12$ ou $i_{12} = i/12$

Portanto, na capitalização simples:

Taxa informada	Taxa procurada	Cálculo da taxa equivalente
Dias	Mês	Multiplicar a taxa diária por 30
Mês	Ano	Multiplicar a taxa mensal por 12
Semana	Mês	Multiplicar a taxa semanal por 4,5
Trimestre	Ano	Multiplicar a taxa trimestral por 4
Mês	Dias	Dividir a taxa mensal por 30
Ano	Mês	Dividir a taxa anual por 12
Semana	Dias	Dividir a taxa semanal por 7
Quadrimestre	Mês	Dividir a taxa quadrimestral por 4

EXEMPLO 3.2

Taxas equivalentes em capitalização composta: é necessário reestruturar o fluxo de caixa da capitalização de forma a recalcular a taxa.

A taxa é informada em ano, com capitalização mensal. Você quer encontrar a taxa mensal:

$$VF = VP(1 + i)^n$$

Para um ano: $VF = VP(1 + i_{ano})^1$ um ano tem 12 meses
Para 12 meses: $VF_{12} = VP(1 + i_{12})^{12}$
As taxas i e i_{12} devem ser equivalentes para que $VF = VF_{12}$.
Dessa forma, $VP(1 + i_{ano})^1 = VP(1 + i_{12})^{12}$.

Usando as propriedades da álgebra:
$VP(1 + i_{ano})^1 = VP(1 + i_{12})^{12}$
$(1 + i_{ano})^1 = (1 + i_{12})^{12}$

EXEMPLO 3.3

A taxa é informada em meses, com capitalização mensal. Você quer encontrar a taxa anual:

$$VF = VP(1 + i)^n$$

Para um mês: $VF = VP(1 + i_{mês})^1$; um ano tem 12 meses
Para 12 meses: $VF_{12} = VP(1 + i_{12})^{12}$

Portanto, na capitalização composta:
$(1 + i_{ano})^1 = (1 + i_{12})^{12}$

O que se altera é a incógnita. Lembrando que a operação inversa da exponenciação é a radiciação, em capitalização composta é possível sistematizar:
Taxas equivalentes em capitalização composta.

Taxa informada	Taxa procurada	Cálculo
Dias	Mês	$(1 + i_d)^{30} = (1 + i_m)$
Mês	Ano	$(1 + i_m)^{12} = (1 + i_a)$
Semana	Mês	$(1 + i_q)^{4,5} = (1 + i_m)$
Trimestre	Ano	$(1 + i_t)^4 = (1 + i_a)$
Mês	Dias	$(1 + i_d) = (1 + i_m)^{1/30}$
Ano	Mês	$(1 + i_m) = (1 + i_a)^{1/12}$
Semana	Dias	$(1 + i_s) = (1 + i_m)^{1/4,5}$
Quadrimestre	Mês	$(1 + i_q) = (1 + i_a)^{1/3}$

Genericamente:

$$(1 + i_p) = (1 + i_f)^p \qquad (6)$$

ip = taxa procurada
if = taxa fornecida
p = número de períodos em que a taxa fornecida ocorre no período da taxa procurada.

Se o período p é maior que o período f, exponenciação.
Se o período p é menor que o período f, radiciação.

Aplicação

A. Um financiamento imobiliário é oferecido à taxa de 8% ao ano; capitalizado mensalmente. Qual é a taxa equivalente mensal? Qual é a taxa efetiva anual?

Taxa anual/12; 8,0% /12 = 0,08/12 = 0,00666 → 0,667% ao mês.

A taxa equivalente anual é: $(1 + i_m)^{12} = (1 + i_a)$ → $(1 + 0,006667)^{12} =$
$(1 + i_a)$ → $1,08299 = (1 + i_a)$ → $i_a = 1,08299 - 1$ → $i_a = 0,08299$ →
$i_a = 8,299\%$ ao ano.

B. Determinado equipamento é financiado pelo BNDES à taxa de longo prazo (TLP); capitalizado mensalmente. Qual é a taxa de juros mensal que será aplicada ao financiamento? Qual é a taxa equivalente anual?

Utilizando uma TLP era de 5,5% ao ano, com capitalização mensal. Portanto, a taxa mensal é:

Taxa anual / 12; 5,5% /12 = 0,04583% ao mês.

A taxa equivalente anual é: $(1 + im)^{12} = (1 + ia)$ → $(1 + 0,004583)^{12} =$
$(1 + ia)$ → $1,056403654 = (1 + ia)$

$ia = 1,056403654 - 1$ → $ia = 0,056403654$ → $ia = 5,6404\%$ ao ano. O aumento da taxa informada de 5,5% ao ano para 5,6404% ao ano ocorre porque a taxa foi informada em ano, com capitalização mensal. Portanto, foi necessário encontrar a taxa mensal antes, para depois capitalizá-la mensalmente.

3.8 Sistemas de amortização

Como pagar meu imóvel?

Sistemas de amortização constituem a forma de se liquidar um empréstimo. Nele, são pagas as parcelas formadas pelo pagamento do valor do dinheiro no tempo, os juros e o pagamento do principal da dívida: a amortização.[9] Como os juros são dedutíveis do lucro tributável, para efeito de cálculo do resultado líquido da empresa e por questão de fisco contábil, é necessário separar o valor dos juros e o da amortização. Essa separação deve estar estabelecida em contrato, de forma a pautar a contabilização correta do pagamento de qualquer financiamento. Portanto, mesmo que o valor das parcelas pagas não se altere para efeito de fluxo de caixa, o sistema de amortização importa para efeito fiscal e nos casos de liquidação antecipada de empréstimos.

---

[9] Amortização origina-se do latim *mors*, morte: amortizar um empréstimo = liquidar.

Existem vários sistemas de amortização – Sacre, Gauss, SAM, SAA, SAC e Price –, sendo os dois últimos mais utilizados.[10]

3.8.1 Sistema de Amortização Constante (SAC)

O SAC, também chamado de hamburguês, tem como característica amortizar o valor do empréstimo de forma uniforme, constante e periódica. Para se compreender a estrutura e o desenvolvimento desse sistema, adota-se como exemplo um empréstimo de valor igual a VP, que será liquidado em n parcelas periódicas (PMT), iguais e sucessivas, a uma taxa efetiva de juros unitários i por período. O Quadro 3.3 apresenta os componentes do empréstimo.

Um empréstimo de R$ 36.000,00 é contratado no SAC com taxa de juros de 2% ao período, para ser pago em dez períodos. Vamos calcular o valor da prestação, dos juros, da amortização e o saldo devedor ao final de cada período.

A prestação é a soma da amortização com os juros. A amortização é calculada dividindo-se o valor tomado emprestado pelo número de prestações, porque a amortização é constante.

Amortização = VP/n = 36.000,00/10 = 3.600,00.

Quadro 3.3 Pagamento de empréstimo sob o sistema SAC

n	Pagamento	Juro	Amortização	Saldo devedor
0				36.000,00
1	4.320,00	720,00	3.600,00	32.400,00
2	4.248,00	648,00	3.600,00	28.800,00
3	4.176,00	576,00	3.600,00	25.200,00
4	4.104,00	504,00	3.600,00	21.600,00
5	4.032,00	432,00	3.600,00	18.000,00
6	3.960,00	360,00	3.600,00	14.400,00
7	3.888,00	288,00	3.600,00	10.800,00
8	3.816,00	216,00	3.600,00	7.200,00
9	3.744,00	144,00	3.600,00	3.600,00
10	3.672,00	72,00	3.600,00	0,00

---

[10] Para estudar o tema de forma acadêmica detalhadamente, leia SANDRINI, J. C.; CHEROBIM, A. P. M. S. *Sistemas de Amortização de Empréstimos e a Capitalização de Juros*. Curitiba: Juruá, 2013.

Juros período 1: Saldo devedor$_0$ × taxa de juros = 36.000,00 × 0,02 = 720,00
Juros período 2: Saldo devedor$_1$ × taxa de juros = 32.400,00 × 0,02 = 648,00

E assim sucessivamente.

Prestação período 1: Juros$_1$ + Amortização = 720,00 + 3.600,00 = 4.320,00.
Prestação período 2: Juros$_2$ + Amortização = 648,00 + 3.600,00 = 4.248,00.

E assim sucessivamente.

Saldo devedor período 1: Saldo dev$_0$ − Amortização$_1$ = 36.000,00 − 3.600,00 = 32.400,00.
Saldo devedor período 2: Saldo dev$_1$ − Amortização$_2$ = 32.400,00 − 3.600,00 = 28.800,00.

E assim sucessivamente.

O saldo devedor, no décimo período, o último do contrato, com certeza deve ser ZERO.

Caso você queira liquidar o empréstimo após pagar a quarta parcela, o saldo devedor será R$ 21.600,00.

3.8.2 Sistema francês de amortização – tabela Price

É o sistema de amortização mais utilizado no Brasil, conhecido como tabela Price – nome do matemático, filósofo e teólogo inglês Richard Price, que viveu no século XVIII e incorporou a teoria dos juros compostos às amortizações de empréstimos. A denominação *sistema francês* deve-se ao fato de ter sido efetivamente desenvolvido na França, no século XIX. O sistema francês consiste em um plano de amortização de dívida em prestações constantes, ou seja, periódicas, iguais e sucessivas, dentro do conceito de termos vencidos, em que o valor de cada prestação tem dois componentes: juros e amortização.

A principal característica do sistema Price é a parcela constante. O pagamento efetuado é sempre igual, ou seja, o desembolso de caixa é sempre o mesmo, exceto se reajustado monetariamente. A alteração ocorre no "interior" da parcela: o montante de juros pagos vai diminuindo ao longo do tempo, enquanto a amortização do principal vai aumentando.

Para compreender a estrutura e o desenvolvimento desse sistema, adota-se como exemplo um empréstimo de valor igual ao VP, que será liquidado em *n* parcelas periódicas (PMT), iguais e sucessivas, a uma taxa efetiva de juros unitários *i* por período O Quadro 3.4 apresenta o mesmo exemplo do SAC, agora calculado pelo Price.

Um empréstimo de R$ 36.000,00 é contratado no sistema Price à taxa de juros de 2% ao período, para ser pago em dez períodos. Vamos calcular o valor da prestação, dos juros, da amortização e o saldo devedor ao final de cada período.

A prestação é calculada pela fórmula de cálculo da prestação em capitalização composta:

$$\text{PMT} = \text{VP}\,\frac{(1+i)^n \times i}{(1+i)^n - 1}$$

$$\text{PMT} = 36.000\,\frac{(1+0,02)^{10} \times 0,02}{(1+0,02)^{10} - 1}$$

$$\text{PMT} = 4.007,76$$

Ou utilizando a HP 12C.
Na HP 12C:

f clear fin

36.000 PV

2 i

10 n

PMT

PMT = R$ 4.007,76

O Quadro 3.4 pode então ser assim construído:

Quadro 3.4 Pagamento de empréstimo sob o sistema Price

n	Pagamento	Juro	Amortização	Saldo devedor
0				36.000,00
1	4.007,76	720,00	3.287,76	32.712,24
2	4.007,76	654,24	3.353,51	29.358,73
3	4.007,76	587,17	3.420,58	25.938,15
4	4.007,76	518,76	3.488,99	22.449,16
5	4.007,76	448,98	3.558,77	18.890,39
6	4.007,76	377,81	3.629,95	15.260,44
7	4.007,76	305,21	3.702,55	11.557,90
8	4.007,76	231,16	3.776,60	7.781,30
9	4.007,76	155,63	3.852,13	3.929,17
10	4.007,76	78,58	3.929,17	0,00

Juros período 1: Saldo devedor$_0$ × taxa de juros = 36.000,00 × 0,02 = 720,00
Juros período 2: Saldo devedor$_1$ × taxa de juros = 32.712,24 × 0,02 = 654,24

E assim sucessivamente.

Amortização período 1: $PGTO_1 - Juros_1 = 4.007,76 - 720,00 = 3.287,76$.
Amortização período 2: $PGTO_2 - Juros_2 = 4.007,76 - 654,24 = 3.353,51$.

E assim sucessivamente.

Saldo devedor período 1: Saldo dev_0 – $Amortização_1 = 36.000,00 - 3.287,76 = 32.712,24$.
Saldo devedor período 2: Saldo dev_1 – $Amortização_2 = 32.712,24 - 3.353,51 = 29.358,73$.

E assim sucessivamente.

O saldo devedor, no décimo período, que é o último do contrato, terá de ser ZERO.

Caso você queira liquidar o empréstimo após pagar a quarta parcela, o saldo devedor será R$ 22.449,16, maior que no SAC. Perceba que os saldos devedores no SAC são sempre menores, ou seja, para o devedor que vislumbra a possibilidade de quitar antecipadamente seu empréstimo, o SAC é mais interessante.

Da mesma forma, para a empresa que pretende diminuir mais rápido seu endividamento de longo prazo, passivo não circulante, o SAC também é a melhor opção.

No entanto, para a empresa que pretende utilizar os empréstimos como forma de alavancar resultados, o Price é o melhor sistema. O valor pago em Juros sobre o Capital Próprio é considerado despesa com juros da empresa e diminui a base de incidência do imposto de renda, portanto, o lucro líquido antes do imposto de renda (LAIR) fica menor.

3.9 Perpetuidades

Considera-se perpetuidade um valor constante que será recebido ou pago indefinidamente, para sempre. Para o cálculo do valor presente de uma perpetuidade, utiliza-se a relação $1/i$ como fator de juros do valor presente, sendo i a taxa de juros.

Aplicação

Suponha um investimento que gera uma receita anual de R$ 1.000,00 indefinidamente. Utilize a taxa de juros de 5% a.a. O Valor Presente será:

$$VP = \frac{1}{i} \times PMT$$

$$VP = \frac{1}{0,05} \times 1.000 = R\$ 20.000,00$$

QUESTÕES E EXERCÍCIOS

Questões

1. Você já sabe responder; então, explique por que R$ 100,00 hoje valem mais que R$ 100,00 amanhã.
2. Qual é a principal diferença entre a capitalização de juros simples e a capitalização de juros composta?
3. Pesquise quais bancos praticam as menores taxas de juros médias do cheque especial para pessoa física.
4. Escolha um índice de inflação e pesquise a série histórica dos últimos seis meses.
5. Qual é o melhor sistema de amortização para quem está comprando um imóvel? Por quê?

Exercícios

1. O Banco Mulemi S.A. cobra 5% ao mês de custo do cheque especial. A alíquota atual do IOF é 1,5% ao ano. Considere o extrato bancário a seguir para calcular os juros devidos, mais o IOF pelo titular dessa conta no dia 30 de setembro. Qual é a taxa efetiva total do mês?

Exemplo

Taxa de juros	5,0% ao mês
IOF saldo devedor	3,0% ao ano
IOF adicional	0,038% sobre a variação do saldo devedor

Extrato bancário				
Data	Histórico	D/C	Saldo em C/C	Dias decorridos
A	B	C	D	E
1/set./12	Saldo credor inicial		10,00	
5/set./12	Crédito em conta-corrente	2.500,00	2.510,00	4
6/set./12	Débito cartão de crédito	(1.900,00)	610,00	1
10/set./12	Débito em conta 2	(2.100,00)	(1.490,00)	4
22/set./12	Débito em conta 3	(350,00)	(1.840,00)	12
30/set./12	Débito em conta 4	(200,00)	(2.040,00)	8
30/set./12				

2. Margarida toma emprestados de Armando R$ 1.500,00 no Natal, em dezembro, para devolver no Dia das Mães, em maio. Ela combina pagar 15% de juros no

período. Ambos são leigos em matemática financeira e desconhecem a capitalização composta. Quanto será pago de juros? Qual é a taxa mensal?

3. Gustavo toma emprestados no banco R$ 1.500,00 no Natal, em dezembro, para devolver no Dia das Mães, em maio. Ela combina pagar 3% de juros ao mês, pois o contrato menciona capitalização composta. Quanto será pago de juros? Qual será a taxa efetiva do período do empréstimo?

4. Qual o montante acumulado, após 12 meses, a uma taxa de 5% ao mês, no regime de juros simples para um principal de R$ 1.000?

5. Que valor deve ser aplicado hoje para se ter um montante de R$ 5.000,00 daqui a quatro trimestres, a uma taxa de 6% ao trimestre no regime de juros simples?

6. Uma letra de câmbio adquirida por 1.500 moedas poderá ser resgatada em 180 dias pelo valor de 2.850 moedas. Qual a taxa linear desse investimento?

7. Qual é o tempo necessário para que uma aplicação de 500.000 moedas triplique de valor, quando aplicada a 8% ao período, em juros lineares?

8. Qual é o valor dos juros a serem cobrados por um empréstimo de 300.000 moedas por dois meses e meio, à taxa linear de 17% ao mês?

9. Determine o valor do capital que, aplicado durante 10 meses, à taxa linear de 15,6% a.m., rendeu 1.644,24 moedas de juros.

10. Determine o valor do capital que, aplicado durante 10 meses, à taxa linear de 15,6% a.m., permitiu resgate de 1.644,24 moedas.

11. Determine o prazo de aplicação com as seguintes características:
    - Capital inicial: 101.200 dólares.
    - Taxa de juros simples: 93,6% ao ano.
    - Rendimentos no período: 39.468 dólares.

12. Por quanto tempo o valor de uma aplicação deve permanecer rendendo juros simples de 3% ao mês para quadruplicar seu valor?

13. Qual é a taxa de juros exigida por um aplicador que queira triplicar o montante aplicado a juros lineares no período de 5 meses?

14. A sua conta especial no banco Iluminado S.A. passou 10 dias com saldo negativo de R$ 120,00. A dívida estava dentro do limite do seu cheque especial. A taxa de juros cobrada pelo banco é de 15% ao mês, sistema de capitalização simples dentro do mês. Quando você cobriu sua conta, quanto foi debitado de juros? Desconsidere a cobrança de IOF.

15. A conta especial da empresa Gastos S.A. apresentou os saldos do mês de fevereiro, como apresentado a seguir. O banco cobra taxa de juros simples de 18%

ao mês. Os juros são debitados sempre no último dia útil do mês, mesmo que a empresa não tenha saldo. Calcule o saldo da empresa ao amanhecer do dia 1º de março. Considere que não haverá depósitos ou retiradas na compensação do dia 28 de fevereiro para o dia 1º de março. O ano não é bissexto.

Datas	Saldo	Juros do dia	Juros acumulados
14/fev.	200,00		
15/fev.	(100,00)		
16/fev.	(110,00)		
17/fev.	(120,00)		
18/fev.	(130,00)		
19/fev.	(140,00)		
20/fev.	(150,00)		
21/fev.	(160,00)		
22/fev.	(170,00)		
23/fev.	(180,00)		
24/fev.	(190,00)		
25/fev.	(200,00)		
26/fev.	(210,00)		
27/fev.	(220,00)		
28/fev.	(230,00)		
1º/mar.			

16. Qual o montante acumulado, após 24 meses, a uma taxa de 5% ao mês, no regime de juros compostos, a partir de um principal de R$ 500?

17. Quais valores devem ser depositados hoje para se poder sacar R$ 8.000 daqui a três meses e R$ 12.000 daqui a seis meses? Considere uma taxa de juros de 24% ao ano capitalizada mensalmente e regime de juros compostos.

18. Uma aplicação feita hoje, de R$ 10.000, será resgatada daqui a 15 meses por R$ 21.000. Considerando-se regime de juros compostos, qual o valor da taxa de juros implícita nessa negociação?

19. Qual é o valor de uma aplicação de 100.000 moedas à taxa mensal composta de 13% após 12 meses?

20. Quanto deveremos aplicar em um investimento que proporciona rentabilidade mensal de 8% para que, após 14 meses, tenhamos 1.000 moedas?

21. A que taxa deve ser aplicado um valor inicial de 1.000 moedas para que, após 15 meses, tenhamos 3.000 moedas?

22. Considerando uma taxa média de inflação de 6% a.m., qual seria a alternativa mais interessante: pagar sete moedas hoje ou 13 moedas após 7 meses?

23. Qual deverá ser o prazo de uma aplicação de 1.000 moedas a 0,2% ao dia para que o valor de resgate seja de 3.000 moedas?

24. Uma televisão está sendo vendida em três parcelas iguais de R$ 4.000. Qual o seu valor à vista se a taxa de juros cobrada pela loja é de 4% ao mês?

25. Uma bicicleta está sendo vendida em três parcelas iguais de 5.000 moedas, vencíveis, respectivamente, nos dias 1º de janeiro, fevereiro e março. Calcule qual deveria ser o valor do pagamento se o comprador resolvesse pagá-la integralmente no dia 1º de abril e a loja cobrasse 2,5% ao mês de juros.

26. Um trator está sendo vendido em quatro parcelas iguais de 12.000 reais, vencíveis, respectivamente, nos dias 1º de junho, julho, agosto e setembro. Calcule qual deveria ser o valor do pagamento se o comprador resolvesse pagá-lo integralmente no dia 1º de outubro e o fabricante cobrasse 1,5% ao mês de juros.

27. Felisberta quer gastar no máximo R$ 120.000,00 para comprar sua casa. A construtora propõe vender em 10 parcelas iguais, a juros de 1% ao mês. Qual será o valor máximo das parcelas a serem pagas por Felisberta, para a casa não custar mais do que os R$ 120.000?

28. Qual a taxa de juros embutida no financiamento de uma geladeira que custa à vista R$ 3.600 e está sendo vendida em 24 parcelas mensais de R$ 260,90? Resolva apenas na HP 12C ou na planilha.

29. Qual a taxa de juros embutida no financiamento de um patinete que custa à vista R$ 800,00 e está sendo vendido em 12 parcelas mensais de R$ 80,37? Resolva apenas na HP 12C ou na planilha.

30. Quanto valerá hoje uma renda de R$ 150.000 ao ano para sempre, negociada a uma taxa de 7% ao ano?

SUGESTÕES DE CONSULTA

Livros

LEMES JÚNIOR, A. B.; RIGO, C. M.; CHEROBIM, A. P. M. S. *Administração financeira*: princípios, fundamentos e práticas brasileiras. 4. ed. Rio de Janeiro: Campus, 2016.

SANDRINI, J. C.; CHEROBIM, A. P. M. S. *Sistemas de amortização de empréstimos e a capitalização de juros*. Curitiba: Juruá, 2013.

Sites

www.bcb.gov.br
www.ipeadata.com.br

4 CAPITAL DE GIRO

INTRODUÇÃO

Os pagamentos e recebimentos diários constituem o início dos aspectos financeiros essenciais à empresa. A programação das entradas e saídas de caixa, o acompanhamento das contas a receber, das contas a pagar e o controle dos saldos do caixa e das contas bancárias são atividades financeiras básicas, indispensáveis para a sobrevivência dos negócios. Essa movimentação de recursos ocorre diariamente e é denominada gestão financeira de curto prazo; os recursos envolvidos constituem o capital circulante, mais conhecido como capital de giro.

Este capítulo começa apresentando o que é caixa para as empresas e as técnicas de administração do caixa. A seguir, explicita o significado de contas a receber e como elas decorrem das políticas de crédito e, por fim, relaciona as contas a pagar. São abordadas as modernas técnicas de cobrança por meio de transferências eletrônicas, cartões de débito e crédito, sistemas de pontuação e bônus, sem esquecer as tradicionais formas de recebimento com cheques pré-datados e duplicatas. A apresentação dos elementos do capital de giro encerra-se com os estoques em seus aspectos financeiros. Na sequência, o capítulo procura mostrar a forma como cada elemento se relaciona e influencia o ciclo de caixa e o ciclo operacional, estabelecendo o capital circulante e o capital circulante líquido. Em seguida, são apresentadas as fontes de financiamento de curto prazo. O capítulo termina com a apresentação das técnicas de gerenciamento dos recursos financeiros de curto prazo, ou seja, como elaborar e acompanhar o fluxo de caixa da empresa.

4.1 Caixa

A denominação *caixa* origina-se da disponibilidade de recursos da empresa para honrar seus compromissos financeiros todos os dias. As empresas, por questões de segurança, evitam deixar grandes quantias de dinheiro em espécie, numerário, disponíveis dentro de suas instalações. Na prática, o dinheiro está sempre depositado em instituições financeiras, em contas-correntes bancárias e, por essa razão, são chamadas disponibilidades.[1] Importam, para o controle de caixa, todas as formas disponíveis para pagamento imediato: caixa, depósitos à vista em bancos comerciais, aplicações financeiras com resgate automático e créditos bloqueados a serem liberados no dia.

4.1.1 Regime de caixa e princípio da competência[2]

É extremamente importante, para a gestão financeira de curto prazo, compreender a diferença entre o dinheiro em caixa, liberado em conta-corrente, e os valores a receber. Para fazer pagamentos, ela só pode utilizar os recursos efetivamente disponíveis, por isso trabalha com o conceito de regime de caixa, ou seja, importam os valores disponíveis naquele momento.

O ativo circulante (AC) e o passivo circulante (PC), vistos no Capítulo 2, constituem o registro contábil das movimentações financeiras e econômicas e, por isso, seguem o conceito do princípio da competência. Os recursos financeiros movimentados nas contas do AC e PC estabelecem o fluxo de caixa da empresa, e, por essa razão, os registros seguem o regime de caixa – abordados neste capítulo.

4.1.2 Como os recebimentos se transformam em disponibilidades?

Sempre que um cliente pagar com cédulas ou notas, forma também conhecida como "em efetivo", o dinheiro em espécie entrará no caixa da empresa. Esse valor pode ser utilizado imediatamente para pagar qualquer tipo de compromisso financeiro. Os recebimentos em cheque precisam ser descontados no banco ou depositados em conta-corrente bancária, e, depois de sua compensação, o valor é creditado em conta-corrente.

Caso o cliente pague com cartão de débito, o valor é creditado imediatamente na conta-corrente bancária. Porém, um percentual desse valor será descontado pelo banco, a título de taxa de administração, para pagar o uso do serviço da operadora do cartão de débito.

Os valores dos pagamentos recebidos com cartão de crédito são creditados posteriormente, em geral, concentrados em uma única data do mês, também com cobrança de taxa de administração.

Os recebimentos em dinheiro, cheque, cartão de débito e de crédito são usuais nas empresas de comércio varejista e de prestação de serviços pessoais. Lojas, lanchonetes, restaurantes, postos de combustível, centros de estética, chaveiros,

---

[1] A conta Caixa e as disponibilidades fazem parte do ativo circulante e estão detalhadamente explicadas no Capítulo 2.

[2] O regime de caixa e o princípio da competência são apresentados no Capítulo 2.

oficinas de costura, cinemas, estacionamentos e até vendedores de rua – os camelôs – utilizam essas formas de recebimento.

4.1.3 Cartões como meio de pagamentos

O uso de cartões de débito e de crédito está generalizado no Brasil. Não é mais possível estabelecer um empreendimento sem considerar o recebimento e pagamento com esses recursos. Naturalmente, você deve conhecer algum lugar folclórico, em sua cidade, que não aceite pagamento por cartão; é provável que seja uma confeitaria tradicional, de propriedade de alguém mais tradicional ainda, um negócio cuja expansão não está entre os objetivos dos sócios. Ou, então, os produtos são tão superiores aos dos concorrentes que não se perderá clientes por falta de alternativas de pagamento. Mas essas são as exceções.

Vantagens: os cartões de débito facilitam o recebimento, evitam o acúmulo de dinheiro em caixa e, por consequência, diminuem os prejuízos em casos de assalto. Facilitam o troco e resguardam do calote do cheque sem fundos. O cartão de crédito apresenta a vantagem de o risco ser assumido pela operadora do cartão. Caso o cliente não pague a fatura, a administradora do cartão irá honrar o compromisso da mesma forma; posteriormente, ela irá cobrar do cliente do cartão de crédito os valores em atraso.

Desvantagens: os recebimentos por meio dos cartões de débito e de crédito são onerosos; além do percentual descontado, a título de taxa de administração, a empresa paga mensalidade pelo uso da máquina de débito e de crédito e o custo da ligação telefônica para acionar o pagamento. Esses custos explicam os cartazes em alguns pontos de varejo: "Pagamentos com cartão apenas acima de R$ 5,00"; "Cigarro e crédito para celular só em dinheiro".

4.1.4 O caixa nas empresas industriais e grandes prestadores de serviços

As empresas e outras formas de organização que não têm contato diário com o público nem fazem vendas para o consumidor final ou prestam serviços de forma direta e fracionada normalmente não recebem em dinheiro ou cobram de maneira isolada por cliente. Desse modo, não utilizam os cartões de débito e crédito nos pontos de venda. A indústria vende por meio de nota fiscal-fatura, o que gera um procedimento de cobrança. Assim também, operadoras de telefonia, prestadoras de serviço de TV a cabo e planos de saúde dificilmente recebem no caixa da empresa, em dinheiro ou em cheque. Os recursos financeiros de curto prazo são depositados em conta-corrente bancária e lá chegam por meio de recebimento de boletos de cobrança, débito automático na conta do cliente ou, ainda, transferências bancárias do cliente.

As vendas realizadas pela internet para pessoas físicas e jurídicas, usualmente, são cobradas por cartão de crédito, de débito ou emissão de boletos. Existem também sistemas específicos como PayPal, utilizado pela plataforma de trocas eBay, e Mercado Pago, usado pela plataforma de trocas Mercado Livre.

Sistemas específicos para pagamentos pela internet

Possibilitam o envio de dinheiro entre pessoas, seja para fins pessoais ou, no caso de vendas *on-line*, pagamento de produtos/serviços. Do valor do recebimento, subtraem-se os custos referentes ao serviço de receber os fundos e transferi-los para a conta-corrente do vendedor/recebedor.

Como funciona? O comprador, ou quem quer efetuar a remessa de recursos, cadastra-se no sistema e pode fazer o pagamento por vários meios: boleto bancário, débito bancário (bancos conveniados), cartões de débito, cartões de crédito (com possibilidade de parcelamento), saldo disponível em conta do serviço PayPal, cartões nacionais para compras em *sites* brasileiros, cartões internacionais para compras também em *sites* fora do Brasil, saldo disponível em conta do serviço.

Vantagens do PagSeguro e Mercado Pago

- Segurança na transação.
- Aceitam vários tipos de pagamento.
- Dados pessoais não são repassados para o vendedor.
- Sem custos ao comprador (exceto as taxas de parcelamento).
- Possibilidade de abrir ocorrências contra vendedores.
- Vendedor recebe a confirmação do pagamento automaticamente (no caso de boletos, quando são compensados).

Vantagens do PayPal

- Todas já citadas.
- Aceito mundialmente.
- Aceita várias moedas e faz a conversão na hora do pagamento. (É possível aceitar a conversão automática do PayPal ou não fazer a conversão e usar a taxa cobrada pelo banco.)

Sistemas de pontos

Sistemas de fidelidade – por exemplo, Dotz, Multiplus e outros – são aqueles em que o usuário ganha pontos em cada compra, uso do serviço ou a cada X reais/dólares gastos. Esses pontos funcionam como moeda de troca nos *sites* de vendas, que permitem o pagamento em pontos.

Originalmente, o sistema de pontos surgiu como estratégia de fidelização de clientes por parte de companhias aéreas. As viagens realizadas acumulavam milhagem para novas viagens a serem realizadas de forma gratuita. Posteriormente, os cartões de crédito passaram a oferecer esse benefício: cada gasto em unidade monetária gerava pontos que poderiam ser convertidos em milhagem. Essa estratégia de fidelização foi seguida por bancos, companhias de telefonia, redes de hotéis etc. A expansão de sistemas de pontuação abriu oportunidade para empresas passarem a administrar esses pontos, permitindo ao cliente reunir em um só sistema todos os pontos acumulados em viagens, uso do cartão de crédito e outras transações.

Cabe lembrar que, quanto maior for o número de alternativas para pagamento, maior será a quantidade de possibilidades de venda. No entanto, essa variedade de formas de recebimento acaba por aumentar a complexidade do controle de caixa, demandando pessoas mais bem treinadas para acompanhamento do movimento do caixa, além de sistemas de tecnologia da informação mais flexíveis.

Em novembro de 2020, entrou em operação no Brasil o PIX, sistema de transferência de recursos por meio da internet em tempo real. Criado pelo Banco Central do Brasil, está sendo oferecido de forma gratuita para pessoas físicas e com custos reduzidos para pessoas jurídicas.

Quadro 4.1 Comparativo dos sistemas de pagamento para o varejo

Tipo	Formas de pagamento	Segurança	Praticidade	Compensação
Boleto bancário	Dinheiro/débito em conta	Maior	Alta	Até 2 dias úteis
Depósito em conta/ Transferência	Dinheiro/Saldo em conta	Maior	Média	Na hora ou no máximo um dia útil
Débito bancário	Saldo em conta	Alta	Baixa	Automático
Cartão de débito	Saldo em conta	Média	Maior	Automático
Cartão de crédito	Limite estipulado	Média	Maior	Automático
Transferência de dinheiro on-line	Várias formas de pagamento	Alta	Maior	Depende da forma utilizada
PIX	Crédito em tempo real	Média	Maior	Em tempo real

EXEMPLO 4.1 Fechamento do caixa

O restaurante Super Sabor Ltda. vendeu 22 refeições no dia 16 de janeiro de 20x0 Os valores e as formas de recebimento estão relacionados a seguir. Para fazer o fechamento do caixa, é necessário agrupar cada tipo de recebimento e identificar no caixa, na conta-corrente e nos valores a receber qual o montante obtido. Considere as seguintes taxas administrativas:

Dinheiro	0%
Cartão de débito	2%
Vale-refeição	3%
Cartão de crédito	5%
Cheque	0%

	Hora	Valor	Forma de pagamento
		703,96	
1	11h50	19,80	Dinheiro
2	11h52	18,10	Cartão de débito
3	11h55	19,55	Vale-refeição
4	11h50	21,00	Cartão de débito
5	12h02	25,00	Cartão de débito
6	12h03	24,12	Cartão de débito
7	12h05	22,00	Vale-refeição
8	12h08	21,15	Cheque
9	12h09	23,00	Cartão de crédito
10	12h12	25,00	Vale-refeição
11	12h15	23,55	Cartão de débito
12	12h17	22,90	Cartão de crédito
13	12h19	23,70	Cartão de crédito
14	12h22	24,10	Cartão de débito
15	12h25	24,39	Cheque
16	12h28	24,61	Vale-refeição
17	12h31	24,84	Cartão de débito
18	12h34	25,06	Cheque
19	12h37	25,28	Vale-refeição
20	12h40	25,50	Cartão de crédito
21	12h43	25,72	Vale-refeição
22	12h46	25,94	Cartão de débito
23	12h49	23,12	Vale-refeição

(continua)

(continuação)

	Hora	Valor	Forma de pagamento
24	12h52	19,80	Cartão de crédito
25	12h55	26,60	Cartão de débito
26	12h58	25,14	Vale-refeição
27	13h01	27,05	Dinheiro
28	13h04	24,78	Cartão de débito
29	13h07	22,51	Vale-refeição
30	13h10	20,25	Cartão de débito

Ao agrupar os recebimentos por tipo, obtemos:

Tipo	Taxas	Valor bruto	Valor líquido	Fluxo de caixa
Dinheiro	0%	46,85	46,85	16/01/20x0
Cartão de débito	2%	258,28	253,11	17/01/20x0
Vale-refeição	3%	213,34	206,94	10/02/20x0
Cartão de crédito	5%	114,90	109,15	15/02/20x0
Cheque	0%	70,60	70,60	17/01/20x0

Neste exemplo, os valores recebidos em dinheiro ficam disponíveis imediatamente; os valores recebidos por cartão de débito aparecem a crédito na conta-corrente, no máximo, até o fechamento do dia no banco e, por isso, são considerados disponíveis no próximo dia útil. O desconto das taxas de administração pode ocorrer de imediato após o crédito do valor bruto ou, então, em uma única parcela, uma vez por mês. O recebimento do vale-refeição e o do cartão de crédito são semelhantes: o crédito dos valores recebidos ao longo de 30 dias corridos é efetuado em uma única data do mês, previamente combinada com o restaurante; nesse caso, dia 10 para o vale-refeição e dia 15 para o cartão de crédito.

Cabe ainda destacar que existem várias bandeiras de cartão de crédito e diversas empresas de vale-refeição. É necessário realizar negociações de prazos de recebimento e taxas de administração com cada uma delas. Os créditos dos recebimentos em cheques ocorrem após a compensação; normalmente, um dia útil para cheques da mesma praça. Neste exemplo, consideram-se os cheques recebidos em 16 de janeiro, depositados no mesmo dia e compensados no dia seguinte, 17/01, sem devolução.

Para a previsão de fluxo de caixa diário, discutida na Seção 4.8, é necessário considerar a defasagem de dias.

4.2 Contas a receber

As vendas de produtos e serviços, quando realizadas a prazo, não são recebidas no momento da prestação do serviço ou da entrega do produto. Ao permitir recebimento posterior ao ato da entrega, a empresa está atribuindo crédito ao cliente, conforme a política de crédito, e, simultaneamente, implantando um sistema de cobrança. As contas a receber resultam em entradas futuras de caixa para o fluxo de caixa da empresa.

Política de crédito: é o conjunto de princípios utilizados para atribuir crédito aos clientes; relacionada ao ambiente de negócios da empresa, que é influenciado por fatores externos e internos, a saber:

Fatores externos

- Características microeconômicas do negócio: concorrência, elasticidade-preço da demanda, tamanho do mercado, linhas de financiamento disponíveis, usos e costumes.
- Características macroeconômicas: nível da atividade econômica, nível de emprego e salário, poder aquisitivo, taxas de juros.
- Perfil do cliente: características econômico-financeiras dos clientes.

Fatores internos

- Capacidade financeira da empresa no curto prazo: crédito obtido com fornecedores e necessidade de capital circulante.
- Estrutura para captar recursos financeiros de curto prazo em bancos e/ou emitir títulos de dívidas.[3]
- Estrutura para realizar análise de crédito do cliente.

As características do ambiente de negócios onde a empresa atua foram brevemente estudadas no Capítulo 1. Economias aquecidas tendem a impulsionar os negócios, especialmente em função das políticas econômicas. No Brasil, é comum o governo liberar estímulos para determinados setores por meio de incentivos fiscais e facilidades de crédito. Cabe ao administrador financeiro aproveitar essas oportunidades para adequar as políticas de crédito da empresa ao cenário econômico. Exemplo prático está na análise de crédito dos clientes: em tempos de economia aquecida e elevado nível de emprego, é possível expandir o limite de crédito dos clientes. Caso as pessoas físicas deixem seu emprego e corram o risco de atrasar suas prestações e outros pagamentos, existem condições para sua rápida recolocação no mercado, o que diminuirá o risco de inadimplência. Nesse ambiente de economia aquecida, a indústria produz mais porque o comércio está comprando

---

[3] As fontes de financiamento de curto prazo são explicadas no final deste capítulo.

mais, então é possível trabalhar com políticas de crédito mais flexíveis. No entanto, quando se vislumbram sinais macroeconômicos de desaquecimento, a concessão de crédito deve ser mais conservadora, pois o risco de o cliente pessoa física perder o emprego ou ter seus rendimentos reduzidos é maior. Da mesma forma, o cliente pessoa jurídica também pode ter seu fluxo de caixa comprometido por redução nas vendas ou aumento na inadimplência de seus clientes.

4.2.1 Padrões de crédito: os cinco Cs do crédito

A análise de crédito envolve algumas características básicas do tomador de crédito e do ambiente econômico financeiro. Tradicionalmente, essas características são reunidas em cinco grupos, chamados cinco Cs do crédito.

Capital: refere-se à solidez financeira do tomador de crédito. Patrimônio disponível – na eventual falta de pagamento, será executado como colateral. São as aplicações financeiras, direitos creditórios, bens móveis e imóveis registrados no CPF ou CNPJ do solicitante do crédito; podem ser verificados nos demonstrativos econômico-financeiros das empresas ou na declaração de Imposto de Renda dos indivíduos.

Capacidade: refere-se à disponibilidade de recursos para honrar os compromissos assumidos – faturas a pagar, cheques pré-datados emitidos, carnês e outros débitos futuros programados. Para as pessoas físicas, a capacidade está relacionada à renda disponível, que pode ser proveniente de salário fixo de funcionário público, com estabilidade no emprego; salário fixo da iniciativa privada; salário mais comissão; apenas comissão; rendimentos de trabalhador autônomo; rendimentos não comprovados de atividades eventuais. Para as empresas, a capacidade está relacionada ao faturamento diário, mensal ou anual, lucro líquido e geração de caixa.

Caráter: relacionado à intenção de pagar. Pode ser analisado a partir do histórico financeiro do tomador do crédito. Com frequência, a empresa e os bancos consultam os cadastros de restrição ao crédito como Serasa, SPC, SCI, Cadin e outros. São empresas e organizações sociais que sistematizam as informações de créditos de pessoas físicas e jurídicas com base nos números de CPF e CNPJ.

A Lei nº 12.414, de 9 de junho de 2011, modificada pela Lei Complementar 166, de 2019, regulamentou o cadastro positivo de pessoas físicas e jurídicas. O processo consiste em adesão voluntária a banco de dados com o histórico de crédito da pessoa física ou jurídica, com vistas a facilitar a decisão de crédito para credores e devedores.

Colateral: garantias dadas à operação de crédito, desde o crédito consignado, vinculado a holerite ou contracheque do tomador de crédito, até a figura do fiador ou carta de fiança, utilizados nos contratos de locação. As pessoas físicas podem ainda deixar o próprio bem adquirido em garantia, como é o caso do financiamento de veículos. As pessoas jurídicas têm a possibilidade de usar cartas de fiança bancária; *warrants*, certificados de depósitos de mercadorias que podem ser dados em garantia; aval de duplicatas, quando o título de crédito tem seu pagamento garantido por assinatura de outrem que não o credor original.

Condições: relacionadas aos fatores externos ao tomador de crédito – situação econômica e social, ambiente de negócios, estrutura de mercado da atividade em análise. Cabe destacar que clientes vendendo em monopólio tendem a ser melhores pagadores que clientes vendendo em concorrência. Por exemplo, empresas de energia, além de serem as únicas fornecedoras de energia em determinada região, sofrem menos variações de demanda em razão de crises financeiras. Em oposição a essa regularidade de caixa, empresas da área de lazer trabalham com forte concorrência e estão sujeitas a variações de demanda a depender do número de feriados, nível de emprego e renda, inflação, condições meteorológicas e outras prioridades de seus clientes.

Naturalmente, é possível ocorrerem outras classificações, incluindo outros fatores de risco. O importante é analisar, de forma sistemática, os elementos que podem comprometer o pagamento das parcelas referentes ao crédito concedido e, por consequência, o fluxo de caixa do concedente do crédito.

O cadastro de clientes e o Código de Defesa do Consumidor

O Código de Defesa do Consumidor (CDC) apresenta, na Seção VI – Dos Bancos de Dados e Cadastros de Consumidores, as características dos cadastros para efeito de proteção do consumidor. Em respeito aos clientes pessoas físicas e jurídicas e à norma legal, é importante atentar para o caráter público dos Bancos de Dados Cadastrais e outros direitos. No Capítulo 7, são apresentadas as condutas consideradas infrações penais. Em relação à elaboração de cadastro, cabe destacar as infrações legais, passíveis de punição, como a não atualização de dados cadastrais quando da regularização dos pagamentos, inclusão indevida em Cadastros de Inadimplentes ou, ainda, o uso de coação nos processos de cobrança.

Consulte a Lei nº 8.078/1990 (Lei Ordinária), de 11/9/1990, e alterações posteriores.

4.2.2 Sistemas de cobrança

Vender a prazo implica aspectos estratégicos e operacionais. Os aspectos estratégicos estão relacionados à política de crédito adotada: quanto conceder de crédito, a quem conceder crédito, quanto a empresa pode se endividar no curto prazo. Os aspectos operacionais estão relacionados ao estabelecimento e controle de sistema de cobrança: como irá receber os pagamentos dos clientes, controlar a entrada de recursos e cobrar os clientes em atraso. Esse acompanhamento é facilitado com o uso de sistemas informatizados de fluxo de caixa, *softwares* de gerenciamento empresarial e a troca eletrônica de dados entre as diversas unidades da empresa e os bancos. Para tal, os sistemas devem ser desenvolvidos de acordo com as características do negócio. São descritas, a seguir, as principais formas de cobrança e de acompanhamento.

4.2.2.1 Cartão de débito e de crédito

Os procedimentos de cobrança dificilmente podem prescindir da aceitação de cartões de crédito e de débito. Portanto, há de se compreenderem os elementos envolvidos nesse processo e os mecanismos dessa forma de cobrança. Nas vendas por internet, são a opção mais destacada, porque permitem o parcelamento do pagamento das compras, mecanismo facilitador de vendas.

Participantes das operações de compra e venda com a utilização de cartões

Cartão: peça de plástico de tamanho acessível e padronizado contendo informações de segurança visíveis e invisíveis sobre o portador e a instituição emissora que são a chave utilizada para a realização de pagamentos pelo portador do cartão. A tendência é a substituição dessa peça de plástico por aplicativos disponibilizados em telefones celulares, como hoje alguns bancos emissores já fazem.

Banco emissor do cartão: instituição financeira em que o portador do cartão mantém conta-corrente e/ou cartão de crédito. É membro licenciado pela bandeira do cartão.

Portador do cartão: consumidor PF ou PJ que, ao solicitar um cartão, tem seu perfil financeiro analisado e aprovado pelo emissor. Os cartões de débito estão vinculados à conta-corrente em banco comercial. Para os cartões de crédito, é estabelecido um limite de crédito.

Estabelecimento: qualquer empresa ou profissional liberal que aceite cartões como forma de pagamento.

Licenciado ou adquirente: membro licenciado pela bandeira do cartão que analisa e aceita estabelecimentos e pessoas físicas em seu programa de cartões e processos de transações financeiras.

Bandeira do cartão: empresa que licencia sua marca para instituições financeiras membros, que, por sua vez, fornecem serviços a consumidores e estabelecimentos por meio de sistemas de tecnologia da informação.

Máquina de cartão: equipamento eletrônico de captura e transmissão de dados de transações que utiliza linha de telefonia convencional, celular e/ou internet para comunicação com empresa afiliada.

Quadro 4.2 Como vender com cartões

A. Procedimentos prévios – cadastro e filiação:
1. O interessado em receber por meio dos cartões – pessoa jurídica (CNPJ) ou uma pessoa física (CPF) que tenha registro profissional e atue como profissional liberal – deve procurar uma das empresas afiliadas aos sistemas de cartões (Cielo, Redecard, Santander Brasil, Elavon, Banrisul, Pagpop, PayPal e outros) e se cadastrar para receber pagamentos pelos sistemas oferecidos por essas empresas afiliadas.

(continua)

(continuação)

> 2. O interessado será responsável por providenciar os recursos de tecnologia de informação necessários para operar no sistema (rede de telefonia fixa e/ou celular; acesso à internet).
> 3. O interessado receberá uma máquina para "passar" os cartões e/ou um código e senha para processar os pagamentos por telefone e/ou internet. Em geral, ele deve pagar aluguel mensal pelo uso da máquina.
> 4. O interessado estará habilitado a processar a cobrança e consequente recebimento de suas vendas pelo sistema.
>
> **Vendas à vista, no sistema de débito**
> B. Procedimentos de rotina – vender com cartões e receber os pagamentos à vista:
> 1. **Venda:** o portador do cartão efetua a compra de bens e serviços em um estabelecimento comercial.
> 2. **Autenticação:** o estabelecimento comercial "terceiriza" essa operação para uma empresa afiliada ao sistema de cartões. O processamento da operação é realizado pela empresa afiliada que não é nem o estabelecimento comercial nem o banco em que esse estabelecimento é correntista.
> 3. **Transação:** a empresa filiada submete a transação ao banco emissor do cartão para que o valor seja debitado da conta do portador do cartão.
> 4. **Recebimento:** o estabelecimento comercial recebe o valor da venda, descontado de uma taxa de comissão, em prazos estabelecidos contratualmente.
>
> **Vendas a prazo, no sistema de crédito**
> C. Procedimentos de rotina – vender com cartões e receber os pagamentos a prazo:
> 1. **Venda:** o portador do cartão efetua a compra de bens e serviços em um estabelecimento comercial.
> 2. **Autenticação:** o estabelecimento comercial "terceiriza" essa operação para uma empresa afiliada ao sistema de cartões.
> 3. **Transação:** a empresa filiada submete a transação ao banco emissor do cartão para que o valor seja cobrado, posteriormente, na fatura do cartão de crédito do portador do cartão.
> 4. **Recebimento:** no dia do mês previamente acordado entre o estabelecimento comercial e a bandeira do cartão de crédito, o valor de todas as vendas realizadas por meio daquela bandeira será creditado para o estabelecimento comercial, descontado de uma taxa de comissão. Caso a venda seja parcelada no cartão de crédito, ocorrem duas situações: (a) parcelamento via estabelecimento: as parcelas serão pagas pelo portador do cartão, no vencimento da fatura do cartão, e creditadas ao estabelecimento comercial, sem juros, quando esses pagamentos parcelados forem realizados; (b) parcelamento via portador do cartão: as parcelas serão pagas pelo portador do cartão, acrescidas de juros, e o crédito para o vendedor será feito com os juros cobrados em cada parcela. Nesse caso, o vendedor poderá negociar uma antecipação de recebíveis[4] com a administradora do cartão de crédito, e o valor líquido de juros será correspondente ao valor à vista.

Fontes:
http://www.mastercard.com/br/merchant/pt/how_works/index.html
http://www.visa.com.br/conteudo.asp?pg=9
http://www.hipercard.com.br/pj/meios_de_captura/pos.asp
http://www.pagpop.com.br/
http://www.cielo.com.br/portal/cielo/produtos-cielo.html

---

[4] Veja a Seção 4.7 deste capítulo, Fontes de Financiamento de Curto Prazo.

Nota fiscal-fatura

Quando a venda é realizada a prazo, sem a cobrança por meio de cartões de débito ou de crédito, estabelece-se o tradicional sistema de emissão de fatura, o qual gera uma duplicata do documento de venda e um boleto de cobrança, normalmente cobrança bancária.

O documento de venda é a nota fiscal. O documento de reconhecimento da dívida é a duplicata de fatura, e o documento que operacionaliza a cobrança é o boleto de cobrança.

Cobrança bancária

Usualmente, esse tipo de cobrança é feito por meio de instituição bancária. Em alguns poucos casos, as notas fiscais-fatura são enviadas ao banco (fisicamente ou por meio eletrônico), e o banco gera os boletos de cobrança e os envia pelo correio postal aos devedores. Em parte dos casos de cobrança bancária, os boletos são gerados pela empresa vendedora ou prestadora do serviço, que os envia com a nota fiscal da venda.

A Figura 4.1 apresenta um modelo com as explicações de cada campo.

As empresas que prestam serviços com cobrança mensal, como planos de saúde, escolas e faculdades, empresas de utilidades[5] (energia, comunicação, água e saneamento), sistemas de vigilância, clubes e associações, entre outras, têm por hábito celebrar convênios com os bancos para sistematizar o processo de cobrança: enviam mensalmente à instituição financeira a relação de devedores, valores a serem cobrados e datas de vencimento. Os boletos de cobrança são então enviados aos clientes, que podem pagar em qualquer instituição financeira, casas lotéricas e outros pontos de cobrança até a data do vencimento do documento. Depois do vencimento, o pagamento normalmente só pode ser feito em agências do banco emissor, acrescido de juros e multas. O sistema bancário brasileiro disponibiliza a facilidade de cálculo dos acréscimos pactuados pelo pagamento após o vencimento, podendo o pagamento ser feito em qualquer agência bancária até uma data limite previamente definida.

Facilitar o processo de pagamento é obrigação de qualquer gerente financeiro; portanto, o uso de novas tecnologias e de criatividade pode ajudar na redução dos prazos de cobrança, por exemplo: viabilizar a emissão de segunda via do boleto no *site* da empresa; incentivar o pagamento por meio de débito automático em conta-corrente, conta poupança ou cartão de crédito; disponibilizar contas-correntes em diferentes bancos comerciais para remessa de pagamentos; nas vendas de varejo, aceitar cheques de emissão de terceiros; enviar mensagens de correio eletrônico ou SMS no celular do cliente avisando o valor e a data de vencimento da fatura; providenciar conexão segura para viabilizar pagamentos por meio de aparelhos celulares e outros dispositivos móveis.

---

[5] Empresas que prestam serviços de utilidade pública, conhecidas pelo termo em inglês *utilities*.

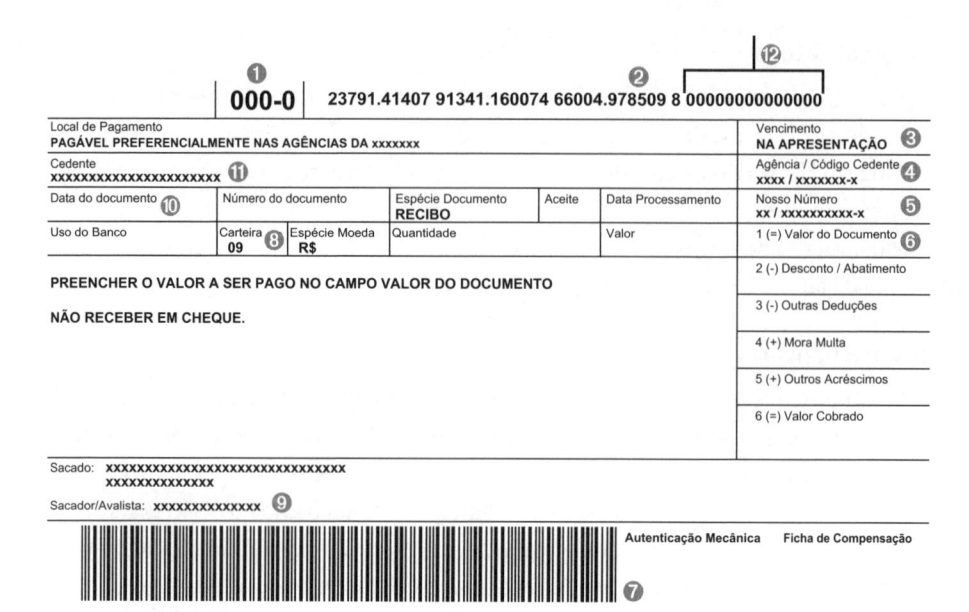

		⓬
❶ 000-0	❷ 23791.41407 91341.160074 66004.978509 8 00000000000000	

Local de Pagamento PAGÁVEL PREFERENCIALMENTE NAS AGÊNCIAS DA xxxxxxx					Vencimento NA APRESENTAÇÃO ❸
Cedente xxxxxxxxxxxxxxxxxxxxxx ⓫					Agência / Código Cedente ❹ xxxx / xxxxxxx-x
Data do documento ❿	Número do documento	Espécie Documento RECIBO	Aceite	Data Processamento	Nosso Número ❺ xx / xxxxxxxxxx-x
Uso do Banco	Carteira ❽ 09	Espécie Moeda R$	Quantidade	Valor	1 (=) Valor do Documento ❻
PREENCHER O VALOR A SER PAGO NO CAMPO VALOR DO DOCUMENTO NÃO RECEBER EM CHEQUE.					2 (-) Desconto / Abatimento
					3 (-) Outras Deduções
					4 (+) Mora Multa
					5 (+) Outros Acréscimos
					6 (=) Valor Cobrado

Sacado: xxxxxxxxxxxxxxxxxxxxxxxxxxxxxx
           xxxxxxxxxxxxxxx
Sacador/Avalista: xxxxxxxxxxxxxxx ❾

|||||| Autenticação Mecânica — Ficha de Compensação
❼

❶ **Código do banco.** 001 – Banco do Brasil, 104 – Caixa Econômica, 237 – Banco Bradesco.
❷ **Linha digitável.** É a representação numérica do código de barras.
   Para pagamentos em caixas eletrônicos e por *internet banking*, esses números identificam a fatura que está sendo paga.
❸ **Vencimento.** É a data limite para pagamento, sem juros e multa.
❹ **Agência código cedente.** Identifica quem é o cliente do banco que irá receber o crédito.
❺ **Nosso número.** Identifica o documento para o banco responsável pela cobrança.
   Esse campo varia conforme o banco. Em geral, é esse o número que aparece no seu extrato, assim você pode identificar o boleto pago.
❻ **Valor do documento.** Valor a ser pago até o vencimento.
❼ **Código de barras.** São barras que, pela sua espessura, representam "0" ou "1" em binário, ao total, 44 dígitos. Contém todas as informações necessárias para processar a cobrança.
❽ **Carteira.** Contém o código da carteira utilizada. Muda de banco para banco.
❾ **Sacado.** É o devedor, é quem paga o boleto.
   Esse campo contém os dados da pessoa física ou jurídica que irá pagar o boleto: nome, endereço, CPF ou CNPJ e outros.
❿ **Data do documento.** Data em que o documento foi emitido.
⓫ **Cedente.** É o credor, quem emitiu o boleto.
   Esse campo contém o nome de quem emitiu o boleto, que em geral é o titular da conta.
⓬ **00000000000000.** Data de vencimento e valor a ser pago.
   O último bloco de números do boleto corresponde ao valor que será pago, sendo os dois últimos zeros os centavos.

Figura 4.1 Boleto bancário.

4.2.2.2 Outras formas de cobrança

As formas de cobrar os clientes são várias e, em razão da criatividade dos gerentes financeiros, não é possível relacionar todas as existentes. Dessa forma, a seguir, estão apresentadas as mais usuais.

Carnês de cobrança: no caso de vendas parceladas, a empresa emite todos os boletos de pagamento e os reúne em um bloco chamado carnê. O cliente irá pagar, até o vencimento, cada uma das parcelas mensais em agências bancárias ou no próprio estabelecimento que realizou a venda ou a prestação de serviço. Especialmente para lojas, a cobrança por meio de carnês, pagos na própria loja, é uma ferramenta interessante para fidelização do cliente, porquanto ele retorna sistematicamente ao ponto de venda, sendo novamente exposto aos produtos e serviços oferecidos. Outra característica dos carnês é a possibilidade de o cliente adiantar pagamentos futuros. Procedimento bastante usual no sistema de consórcios, o cliente paga a prestação atual e a última, diminuindo seu saldo devedor e antecipando a quitação final da dívida.

Cheques pré-datados: os cheques são cada vez menos utilizados como meio de pagamento, mas alguns negócios, especialmente os comércios de menor complexidade, ainda utilizam essa forma de pagamento e oferecem crédito ao cliente, mediante a possibilidade de dividir o valor do pagamento em um ou mais cheques, com datas futuras de vencimento.

Cartão marca própria: muitos estabelecimentos comerciais emitem seus próprios cartões de crédito. Essa é outra estratégia de fidelização porque, como o cliente já fez o cadastro e tem limite de crédito pré-aprovado, ele acaba por preferir voltar a esse estabelecimento para realizar novas compras em vez de procurar outro. O processo é semelhante ao explicado na seção 4.2.2.1, Cartão de Débito e de Crédito, em que se apresenta o banco emissor do cartão. Inicialmente, as redes de lojas emitiam seus cartões de forma independente; hoje, a maioria delas associa-se a uma instituição financeira e vincula sua marca ao sistema de cartão de crédito já existente.

4.3   Contas a pagar

Em suas operações, a empresa assume diversos compromissos financeiros relacionados a pagamentos de compras, contratação de serviços, taxas e impostos, parcelas de empréstimos e financiamentos, entre outros. Todas essas operações resultam em saídas de caixa que vão ocorrendo ao longo do tempo, de acordo com os prazos de vencimento estabelecidos. As contas a pagar estão relacionadas ao regime de caixa, apresentado no início deste capítulo. Elas precisam ser acompanhadas de forma gerencial e operacional.

4.3.1   Gerenciamento de contas a pagar

Relacionado com a manutenção de caixa para honrar os compromissos no prazo, de forma a manter a empresa adimplente com fornecedores, instituições financeiras, funcionários e prestadores de serviço e com o fisco. Impacta a política de crédito da empresa, porquanto maiores prazos obtidos com fornecedores permitem conceder mais prazo a clientes.

4.3.2   Operacionalização de contas a pagar

A forma como a empresa vai realizar os pagamentos é estabelecida em negociação com fornecedores ou mediante a simples concordância com a forma de cobrança imposta pelo credor. Quando a empresa é uma grande compradora de determinado fornecedor, há mais facilidade para ela escolher a forma de pagamento: boleto bancário, cartão de crédito empresarial, depósito bancário, débito automático em conta. Para o pagamento de salários, as melhores condições para a empresa e os funcionários são negociadas pela empresa pagadora junto a uma instituição financeira. Quando o credor é o governo, os pagamentos são feitos mediante guias de recolhimento nos bancos indicados, nos prazos previamente estabelecidos em lei.

Outras formas de pagamento podem ser: pagamento à vista em dinheiro, cada vez menos utilizado por questões de segurança; pagamento em cheques à vista ou pré-datados; depósito bancário ou remessas bancárias; utilização de créditos nos sistemas de pontuação e fidelidade; e, ainda, o pagamento em serviços ou mercadorias no sistema de escambo[6] ou permuta.

Cuidados com contas a pagar

Todas as formas de pagamento devem ser controladas de forma a ser possível comprovar a efetivação do pagamento posteriormente, em caso de falhas no sistema de cobrança do credor. Um cuidado básico a ser tomado é com a quitação de duplicatas: várias empresas não aceitam o depósito em conta-corrente do valor de uma duplicata para quitar seu boleto correspondente. Isso ocorre porque, apesar de o numerário ter sido transferido da conta do devedor para a conta do credor, a documentação de cobrança fica pendente de pagamento, podendo gerar cobranças indevidas e até mesmo registros improcedentes nos órgãos de cadastro. Os aspectos tributários das operações também devem ser acompanhados para evitar problemas com o fisco.

4.4 Estoques

É o conjunto de matérias-primas, insumos, embalagens, produtos em fabricação e produtos acabados em poder da empresa. Os estoques têm forte participação na composição dos valores que formam o ativo circulante, daí a importância de conhecer as melhores formas de sua gestão. O estoque de produtos acabados garante agilidade na venda, atenção às necessidades do cliente e manutenção do nível de serviço ao cliente; além disso, tem caráter mercadológico e é gerenciado em conjunto com as equipes de marketing e logística de distribuição. A gerência de produção, as equipes de logística de suprimento e a gerência financeira trabalham em conjunto para estabelecer os níveis necessários dos estoques de matéria-prima, insumos e embalagens. Processos produtivos rápidos e gerenciamento da cadeia de abastecimento permitem à empresa manter níveis de estoque reduzidos. Indisponibilidade

---

[6] As mesmas formas de cobrança apresentadas na Seção 4.2, Contas a Receber, podem ser utilizadas para efetuar os pagamentos mencionados na Seção 4.3, Contas a Pagar.

de matéria-prima, grandes flutuações de vendas e produtos sazonais exigem maiores níveis de estoque.

Os cálculos de necessidade de estoque podem seguir as diretrizes:

- Produção e vendas constantes ao longo do ano.
- Suprimento e/ou vendas sazonais e vendas aleatórias.

4.4.1 Produção e vendas constantes ao longo do ano: lote econômico de compra (LEC)

A aquisição de estoques para a produção ou para a venda pode seguir os princípios do LEC, porque atende aos pressupostos:

- Taxa de demanda contínua e constante.
- Tempo de reposição constante e conhecido.
- Satisfação de toda a demanda.
- Preço unitário independente do volume.

Inexistência de:

- Estoque em trânsito.
- Relação de demanda com outros produtos.
- Flutuações de demanda.
- Restrições de fluxo de caixa.

O modelo LEC procura estabelecer o ponto de menor custo entre a somatória do custo de manter estoques e o custo de comprar estoques.

Custo de manter (CM): em tese, se não houver estoques, não se incorrerá em custo de manter, custo de estocagem ($Qc \times W$), custo de segurança, custo de oportunidade do dinheiro alocado nas mercadorias, custo de obsolescência. Em contrapartida, a falta de estoques pode acarretar interrupção da linha de produção e da cadeia de abastecimento, menor nível de serviço ao cliente e em custos das vendas perdidas. O custo das vendas perdidas pode ser segmentado em três:

- Custo de repedido; a mercadoria em falta é entregue ao cliente quando estiver disponível novamente; haverá, então, nova emissão da nota fiscal-fatura, novo custo de frete e, eventualmente, algum tipo de compensação para o cliente.
- Custo da venda perdida: o cliente vai comprar no concorrente; a margem de contribuição dessa venda está perdida, afinal, o cliente não comprou.
- Custo do cliente perdido: conceito de caráter mercadológico; o cliente conhece o produto concorrente e acaba por abandonar o fornecedor antigo. Reconquistar esse cliente será mais difícil e oneroso que conquistar novos clientes.

Em contraposição ao custo de manter, há o custo de comprar.

Custo de comprar (CC): engloba os custos de manter uma equipe de compras; estabelecer procedimentos de compras, incluídos o sistema de auditoria de compras e os custos de transporte e seguro da carga comprada. Se a empresa faz uma única compra no ano ($Qc = Qa$), trabalha com estoques altos, porém incorre no custo de comprar apenas uma vez. Se a empresa faz compras mais frequentes ($Qa = nQc$), ela trabalha com um estoque menor e incorre mais vezes no custo de comprar.

Para o cálculo do LEC, desenvolve-se a equação do custo total do estoque, considerando o total de consumo/venda anual do insumo/produto.

$$CT = \tfrac{1}{2}\, Q \times Cunit \times W + CC \times Qa/Q$$

em que:

CT = custo total de manter a mercadoria comprada e arcar com as despesas de compra.
Q = quantidade comprada.
$Cunit$ = custo unitário da mercadoria (montante alocado em estoques).
W = taxa de manutenção de estoque, corresponde ao custo financeiro ou custo de oportunidade da empresa.
CC = custo de comprar ou custo de colocar o pedido. Pode ser o rateio de todos os custos do departamento de compras, incluídos fretes e seguros.
Qa = quantidade anual utilizada/comprada.

A quantidade comprada, Q, é multiplicada por $1/2$ porque o consumo é uniforme. Portanto, quando chega o pedido, o custo de manter é do estoque total; ao final do período, o custo de manter é nenhum; há, assim, em média, metade do volume comprado para se manter.

O objetivo é obter a menor combinação possível de custos de manter e custos de comprar. Para isso, a equação do custo total é derivada em relação à quantidade a ser comprada, Q, e obtém o ponto mínimo:

$$CT = \tfrac{1}{2}Q \times Cunit \times W + CC \times Qa/Q$$

$$\frac{d(CT)}{Q} = \frac{Cu \times W}{2} + \frac{CC \times Qa}{Q^2}$$

Se $\dfrac{d(CT)}{Q} = $ zero $\quad Q^2 = \dfrac{2 \times CC \times Qa}{Cu \times W}\quad$ ou $\quad Q = \sqrt{\dfrac{2 \times CC \times Qa}{Cu \times W}}$

$$LEC = Q = \sqrt{\frac{2 \times Qa \times CC}{Cu \times W}}$$

EXEMPLO 4.2

Uma empresa de transportes urbanos opera com uma frota de aproximadamente mil ônibus. O volume de passageiros e o número de viagens são constantes ao longo do ano; portanto, o desgaste natural dos veículos e a necessidade de manutenção preventiva também podem ser considerados regulares. A empresa gasta em trocas por desgaste natural seis mil conjuntos de pastilhas de freio por ano. O custo de manutenção de estoque corresponde ao rendimento financeiro das aplicações de renda fixa de menor risco, 7% ao ano. Nessa taxa, já estão incluídos custos administrativos de estocagem e segurança. O custo de comprar corresponde ao rateio dos custos da equipe de compra, R$ 45,00 por processo de compra. Cada conjunto de pastilhas tem preço unitário de R$ 125,00, e não há descontos para compras em grande quantidade. Calculamos qual é o LEC.

$$LEC = Q = \sqrt{\frac{2 \times Qa \times CC}{Cu \times W}}$$

$Qa = 6.000 \quad CC = 45,00 \quad Cunit = 125,00 \quad W = 7\% \quad LEC = 248,4$

Serão compradas 248 unidades em cada pedido, resultando em 24 pedidos no ano. A Tabela 4.1 mostra que, realmente, o menor custo total se dá entre 248 e 249 unidades compradas em cada pedido.

Tabela 4.1 LEC, comprovação

Q	CM	+	CC	=	CT
6.000	26.250,00		45,00		26.295,00
3.000	13.125,00		90,00		13.215,00
100	437,50		2.700,00		3.137,50
249	1.089,38		1.084,34		2.173,71
248	1.085,00		1.088,71		2.173,71
247	1.080,63		1.093,12		2.173,74
200	875,00		1.350,00		2.225,00
150	656,25		1.800,00		2.456,25
1	4,38		270.000,00		270.004,38

Para analisar o impacto de cada um dos fatores na quantidade a ser comprada, observe a Tabela 4.2 e perceba que, quanto maiores o custo de comprar e o custo unitário, maior é o número de unidades compradas, e, quanto menor o custo de estocagem, maior o número de unidades compradas em cada pedido.

Tabela 4.2 LEC, simulação

Qa	6.000	6.000	6.000	6.000
CC	R$ 45,00	**R$ 60,00**	R$ 45,00	R$ 45,00
Cunit	R$ 125,00	R$ 125,00	**R$ 1.250,00**	R$ 125,00
W	7%	7%	7%	3,50%
LEC	248,4	287	79	351
Números pedidos	24	21	76	17

Essas variações de quantidades pedidas impactam o fluxo de caixa em razão do desembolso de recursos. Pedidos constantes ao longo do ano facilitam a previsão. No entanto, se ocorrerem variações nas condições de compra, será importante minimizar os custos de estoques, mesmo que isso represente variações no fluxo de caixa.

4.4.2 Suprimento e/ou vendas sazonais e vendas aleatórias

As empresas que utilizam matérias-primas e insumos que, por questões técnicas ou meteorológicas, não podem ser fornecidos uniformemente ao longo do ano precisam formar estoques reguladores. Da mesma forma, empresas que vendem produtos de consumo sazonal, conforme já citado, precisam formar estoques de produtos acabados. Nesses casos, não há uma fórmula específica para calcular a quantidade a comprar, e o que se pode utilizar é a classificação ABC, que serve para dar prioridade aos itens realmente mais importantes.

Curva ABC

Com base na lei de Pareto, ela serve para separar o muito trivial do pouco essencial. Essa lei matemática dos grandes números comprova que, na maioria dos fenômenos, 80% das consequências decorrem de 20% das causas. Para a administração, na maioria dos casos em que há grande relação de itens, produtos, pessoas, apenas 20% respondem por quase 80% do total. Adequando a interpretação da lei dos 80/20, em estoques, é possível afirmar que 20 a 30% dos itens estocados correspondem por 70 a 80% do valor investido nos itens estocados.

Para aplicar a Lei de Pareto, é necessário:

- relacionar os itens de interesse;
- classificá-los em ordem decrescente de valor, quantidade ou a grandeza que se quer analisar – unidade de análise;
- calcular a participação percentual de cada item no total;
- calcular a participação percentual acumulada, item por item;
- estabelecer os pontos de corte.

Quadro 4.3 Pontos de corte da curva ABC

	Itens	Total da unidade de análise
A	20 a 30%	70 a 80%
B	Até 50%	Até 90%
C	Até 100%	Até 100%

A ferramenta é matemática até o cálculo da participação percentual acumulada. Para estabelecer os pontos de corte, os critérios quantitativos devem ser somados à experiência empresarial e a práticas de mercado, a fim de não se incorrer em erros.

EXEMPLO 4.3

Considere os itens de estoque a seguir conforme código de produto, quantidade unitária utilizada no mês, preço unitário e custo total unitário. Utilize a curva ABC para identificar os itens mais relevantes.

Código de produto	Quantidade do consumo anual	Custo unitário	Custo total
QE33	987	89,00	87.843,00
CG04	890	9,10	8.099,00
CH78	879	19,00	16.701,00
DE31	345	57,00	19.665,00
DE34	567	17,00	9.639,00
DF45	767	54,00	41.418,00
FD34	234	46,00	10.764,00
FT09	786	45,00	35.370,00
GH31	667	99,00	66.033,00
JG67	234	19,00	4.446,00
KL47	765	18,00	13.770,00
KT56	945	122,00	115.290,00
LH64	134	11,00	1.474,00
NM89	987	34,00	33.558,00
PO67	123	55,00	6.765,00
RS45	678	75,00	50.850,00
ST56	1.002	5,00	5.010,00

(continua)

(continuação)

Código de produto	Quantidade do consumo anual	Custo unitário	Custo total
SW23	878	79,00	69.362,00
VJ78	768	55,00	42.240,00
XY22	234	28,00	6.552,00
Total	12.870		644.849,00

Para utilizar a lei de Pareto, é necessário seguir os cinco passos mencionados anteriormente.

	Freq. acum.	Código de produto	Quantidade do consumo anual	Custo unitário	Custo total	Participação %	Custo total	
1	5%	KT56	945	122,00	115.290	18%	18%	A
2	10%	QE33	987	89,00	87.843	14%	32%	A
3	15%	SW23	878	79,00	69.362	11%	42%	A
4	20%	GH31	667	99,00	66.033	10%	52%	A
5	25%	RS45	678	75,00	50.850	8%	60%	B
6	30%	VJ78	768	55,00	42.240	7%	67%	B
7	35%	DF45	767	54,00	41.418	6%	73%	B
8	40%	FT09	786	45,00	35.370	5%	79%	B
9	45%	NM89	987	34,00	33.558	5%	84%	B
10	50%	DE31	345	57,00	19.665	3%	87%	B
11	55%	CH78	879	19,00	16.701	3%	90%	C
12	60%	KL47	765	18,00	13.770	2%	92%	C
13	65%	FD34	234	46,00	10.764	2%	93%	C
14	70%	DE34	567	17,00	9.639	1%	95%	C
15	75%	CG04	890	9,10	8.099	1%	96%	C
16	80%	PO67	123	55,00	6.765	1%	97%	C
17	85%	XY22	234	28,00	6.552	1%	98%	C
18	90%	ST56	1.002	5,00	5.010	1%	99%	C
19	95%	JG67	234	19,00	4.446	1%	100%	C
20	100%	LH64	134	11,00	1.474	0%	100%	C

Perceba que apenas quatro itens de estoque, que representam 20% do total dos itens estocados, gastam 47% do orçamento de compras. Dessa forma, o administrador negociará melhor essas compras. No entanto, metade dos itens estocados, dez produtos, representa apenas 10% dos custos. Para melhor compreender o conceito, pode-se refletir sobre uma situação extrema: se começar um incêndio no estoque, mas for possível salvar os quatro primeiros itens e todos os outros queimarem, o prejuízo financeiro será de apenas 48% do valor de estoques. A curva ABC, a seguir, mostra que, a cada item adicionado à análise, o impacto no custo total vai diminuindo, até ficar quase imperceptível ao final da curva.

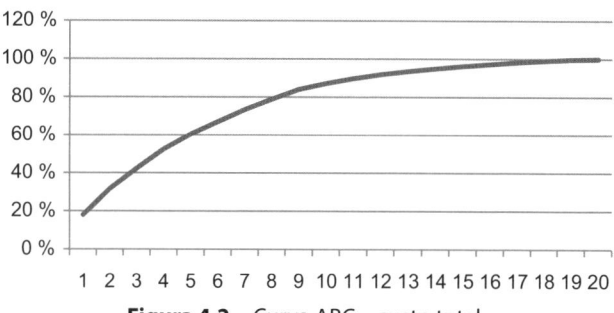

Figura 4.2 Curva ABC – custo total.

Notamos, ainda, que os pontos de corte não são rigorosos, conforme o Quadro 4.3 de classificação; o discernimento gerencial é importante. Por vezes, algum item de menor relevância financeira pode ter importância crucial no processo de fabricação; ele, então, não deverá fazer parte da classificação ABC.

Esse exemplo foi desenvolvido sob a ótica financeira. Se estivéssemos fazendo estudo de espaço e movimentação de armazenagem, o valor unitário e o valor total não seriam bons critérios de análise. Nesse caso, a quantidade é a melhor informação disponível para se efetuar a classificação da curva ABC.

O principal ponto da lei de Pareto, aplicada à técnica da curva ABC, é permitir ao analista concentrar esforços de análise nos itens realmente relevantes. Em um processo de compras, os itens classificados como A demandam várias tomadas de preço e negociações com fornecedores. Os itens classificados como B podem ser comprados mediante duas ou três cotações, que não precisam ser repetidas a cada compra; os itens classificados como C podem ser comprados de forma simplificada, utilizando até intermediários.

Quadro 4.4 Aplicações da curva ABC

> **Análise da carteira de cobrança da empresa**: selecionar os clientes mais relevantes porque são mais representativos, de forma a estabelecer acompanhamento mais próximo da sua situação de liquidez.
>
> **Análise de contas a pagar**: selecionar os fornecedores mais relevantes porque são grandes credores da empresa, de forma a identificar com quem negociar prazos e melhores condições de pagamento.

Na administração de estoques, é fácil evidenciar a inter-relação de finanças com as outras áreas da empresa, especialmente produção, logística, compras e marketing. Isso reforça, mais uma vez, a necessidade de o administrador desenvolver habilidades interpessoais e conhecer técnicas de gerenciamento para todas as áreas da empresa.

4.5 Capital circulante

O gerente financeiro deve conhecer o fluxo de caixa da empresa de modo a coordenar os recebimentos e pagamentos, contratar fontes de financiamento de curto prazo quando houver falta de caixa, bem como aplicar os recursos excedentes quando da sobra de caixa. Essas são atividades gerenciais porque se relacionam à concessão de prazo de pagamento a clientes e à obtenção de prazo com o objetivo de pagar os fornecedores e credores. A gestão desses prazos estabelece o "ritmo financeiro" da empresa, medido pelos índices de atividade operacional. Inicialmente, impacta a liquidez da empresa, para então influenciar a rentabilidade e o endividamento.

No Capítulo 2 deste livro, Conceitos Básicos de Contabilidade, a Seção 2.6 (Análise de Índices) apresenta, entre outros, os índices de liquidez e de atividade operacional. A gestão financeira de curto prazo afeta diretamente a disponibilidade de recursos da empresa, e, por consequência, esses índices.

Acompanhe o Exemplo 4.4, baseado nas informações do Caso Prático apresentado no Apêndice 1 do Capítulo 2.

EXEMPLO 4.4

Balancete			
31 de março de 20x0			
Caixa	(42.000,00)	Contas a pagar	25.000
Contas a receber	(90.000,00)	Capital próprio	100.000
Estoques	(10.000,00)	Lucros retidos	19.000
Aluguel antecipado	(2.000,00)		
Ativo total	(144.000,00)	Passivo total	144.000

Para calcular os índices de liquidez e atividade em 31 de março de 20x0, considera-se que 75% das vendas e 70% das compras foram realizadas a prazo.

Os saldos do balancete de contas a receber e a pagar também correspondem ao saldo médio do período, ou seja, permaneceram constantes. Os índices de março estão calculados logo a seguir, indicados como "ÍNDICEmarço".

Caso a empresa utilize uma estratégia exclusivamente financeira para aumentar vendas, ou seja, conceda mais crédito a seus clientes aumentando o prazo de pagamento, não obtenha mais prazo com os fornecedores e todos os demais elementos financeiros permaneçam constantes, por hipótese, no mês seguinte, os valores do balancete serão os seguintes: as vendas aumentam para 150 mil, e sobe para 80% o percentual de vendas a prazo. O contas a receber aumenta de 30 mil para 120 mil; o contas a pagar aumenta de 10 mil para 35 mil e o lucro líquido aumenta de 20 mil para 39 mil. Os novos índices estão calculados a seguir e indicados por "ÍNDICEabril".

Balancete			
31 de abril de 20x0			
Caixa	(42.000,00)	Contas a pagar	35.000
Contas a receber	(120.000,00)	Capital próprio	100.000
Estoques	(10.000,00)	Lucros retidos	39.000
Aluguel antecipado	(2.000,00)		
Ativo total	(174.000,00)	Passivo total	174.000

Quadro 4.5 Comparativo dos índices

Liquidez
Índice de liquidez corrente (ILC)
$$\text{Índice de liquidez corrente} = \frac{\text{Ativo circulante}}{\text{Passivo circulante}}$$
ILCmarço = 144.000/25.000 = 5,76 ILCabril = 174.000/35.000 = 4,97
Índice de liquidez seca (ILS)
$$\text{Índice de liquidez seca} = \frac{\text{Ativo circulante} - \text{Estoques}}{\text{Passivo circulante}}$$
ILSmarço = (144.000 − 10.000)/25.000 = 5,36 ILSabril = (174.000 − 10.000)/35.000 = 4,69
Índice de liquidez imediata (ILI)
$$\text{Índice de liquidez imediata} = \frac{\text{Disponibilidade} + \text{Aplicações temporárias}}{\text{Passivo circulante}}$$
ILImarço = (42.000 + 0)/25.000 = 1,68 ILIabril = (42.000 + 0)/35.000 = 1,2 Todos os índices de liquidez diminuem.
Capital de giro líquido (CGL) Capital de giro líquido = ativo circulante − passivo circulante CGLmarço = 144.000 − 25.000 = 119.000 CGLabril = 174.000 − 35.000 = 139.000 A necessidade de capital de giro aumenta.

Eficiência operacional
Giro do ativo operacional (GAO)
$$\text{Giro do ativo operacional} = \frac{\text{Receita operacional}}{\text{Ativo operacional}}$$ GAOmarço = 120.000/(144.000 − 2.000) = 0,85 GAOabril = 150.000/(174.000 − 2.000) = 0,87
Giro dos estoques de produtos acabados (GPA)
$$\frac{\text{Giro dos estoques}}{\text{de produtos acabados}} = \frac{\text{Custos dos produtos vendidos}}{\text{Estoque médio dos produtos acabados}}$$ GPAmarço = 100/10 = 10 vezes GPAabril = 125/10 = 12,5 vezes Como as vendas aumentam sem o correspondente aumento de estoques, o giro de estoques também aumenta.
Giro de contas a receber (GCR)
$$\text{Giro de contas a receber} = \frac{\text{Vendas a prazo}}{\text{Saldo médio das contas a receber}}$$ GCRmarço = 120.000 × 0,75/90.000 = 1 vez GCRabril = 150.000 × 0,80/120.000 = 1 vez As vendas a prazo aumentam em proporção ao aumento em contas a receber; o giro, portanto, permanece.
Giro de contas a pagar (GCP)
$$\text{Giro de contas a pagar} = \frac{\text{Compras de materiais a prazo}}{\text{Saldo médio de fornecedores}}$$ GCPmarço = 100.000 × 0,70/25.000 = 2,8 vezes GCPabril = 125.000 × 0,70/35.000 = 2,5 vezes As compras aumentam sem o correspondente aumento no prazo a pagar; o giro diminui.

É importante notar que esse é um exemplo prático, tratado de forma didática. Optou-se por variar o menor número possível de contas, de forma a destacar os impactos dos itens em questão; nesse caso, o aumento de vendas, decorrente do aumento de crédito aos clientes. Na realidade de mercado, em geral esse aumento de prazo para clientes seria acompanhado de negociações com os fornecedores a fim de obter mais prazo também para pagamento das compras. Alternativa para suportar financeiramente essa diminuição de liquidez é a obtenção de fontes de financiamento de curto prazo.

4.6 Capital circulante e ciclo operacional

A necessidade de recursos financeiros de curto prazo está relacionada aos aspectos operacionais e estratégicos da empresa.

Os aspectos operacionais envolvem: prazo de produção/prestação de serviço; prazo de fornecimento de matérias-primas, insumos, embalagens; prazo de organização de equipes de trabalho; e prazo para entrega do produto/serviço. Estão diretamente relacionados à produção e logística e utilizam os conceitos de prazo médio. Quanto maiores os prazos, maior a necessidade de capital de giro, porquanto mais tempo os recursos financeiros desembolsados para iniciar o ciclo produtivo levam para voltar ao caixa na forma de recebimento das vendas.

Os aspectos estratégicos envolvem as características do negócio, estrutura de mercado da empresa e posicionamento mercadológico. Para as finanças de curto prazo da empresa, as características do negócio se referem ao tipo de produção/prestação de serviço – por exemplo, produtos sazonais e insumos importados demandam maior formação de estoque. O comércio em geral costuma conceder prazos maiores a clientes, mesmo sem ter o prazo correspondente para pagar suas compras. As pessoas das cidades menores aceitam esperar mais tempo para receber os produtos; porém, não gostam de ficar em filas de restaurantes, bares e panificadoras. Já as pessoas das cidades maiores estão acostumadas a filas; porém, não querem esperar muitos dias para receber produtos comprados pela internet, mala direta ou mesmo no comércio local. As indústrias de bens de consumo e alimentícia precisam conceder longos prazos de pagamento a seus principais clientes: as grandes redes de varejo. A indústria de base consegue até receber adiantada parte do pagamento de máquinas e equipamentos a serem fabricados. O setor de serviços, em especial as empresas com recebimentos mensais, já exemplificadas na seção Cobrança Bancária, tem maior regularidade de fluxo de caixa. Já o comércio e a indústria de bens de consumo durável têm grande variação na demanda e, por consequência, grande variação de fluxo de caixa. Esses breves exemplos ajudam a compreender a impossibilidade de uniformizar ou padronizar a gestão do fluxo de caixa para diferentes setores da economia. No entanto, é possível medir essas variações considerando os fatores tempo, montante aplicado e informações contábeis.

4.6.1 Variáveis de prazos

O ciclo operacional e o ciclo de caixa, calculados em número de dias, são considerados variáveis de prazos. Como informações necessárias, apresentam-se: período médio de cobrança, período médio de pagamento e idade média dos estoques.

Período médio de cobrança (PMC): é o prazo que transcorre entre a venda do produto/serviço e o recebimento do valor correspondente. É medido a partir da data da emissão da nota fiscal e da data de vencimento da fatura. Como a empresa vende todos os dias e recebe todos os dias, é calculada em média ponderada de dias e valores. Veja no Exemplo 4.5 o cálculo do PMC da empresa Natal Ltda. Considere que as duplicatas relacionadas são todas as duplicatas emitidas pela empresa no período.

EXEMPLO 4.5

Número do documento	Data de emissão	Nome do sacado	CNPJ	Valor	Data de vencimento
Total				R$ 58.000,00	
132	29/06/20x0	Amêndoas Ltda.	75.400.128/0001-20	R$ 12.000,00	29/09/20x0
119	12/06/20x0	Castanhas S.A.	73.231.655/0026-53	R$ 29.000,00	24/10/20x0
86	07/03/20x0	Nozes S.A.	68.173.002/0002-34	R$ 17.000,00	03/11/20x0

Inicialmente, subtrai-se a data de vencimento da data de emissão de cada duplicata, obtendo-se o número de dias de crédito por duplicata. Como os valores das duplicatas não são iguais, é necessário calcular o prazo médio ponderando os valores. Para tal, divide-se o valor da fatura pelo número de dias obtido, para calcular o valor médio de crédito por dia. A somatória desse valor médio/dia divide, então, o valor total do faturamento, para obter o número de dias médio de cobrança, ou seja, 139 dias, conforme a Tabela 4.3.

Tabela 4.3 PMC

Número do documento	Prazo médio de cobrança (PMC)		
	Dias de prazo	Valor	
132	92	R$ 12.000,00	R$ 130,43
119	134	R$ 29.000,00	R$ 216,42
86	241	R$ 17.000,00	R$ 70,54
PMC	139	R$ 58.000,00	R$ 417,39

Na prática de mercado, nem todos os clientes pagam em dia. É necessário, então, calcular o prazo médio de recebimento (PMR), considerando as datas do efetivo pagamento. Veja a Tabela 4.4.

Tabela 4.4 PMR

Número do documento	Prazo médio de recebimento (PMR)				
	Data de emissão	Data de vencimento	Data de pagamento	Prazo do recibo	Crédito do dia
132	29/06/20x0	29/09/20x0	29/09/20x0	92	R$ 130,43
119	12/06/20x0	24/10/20x0	28/10/20x0	138	R$ 210,14
125	03/11/20x0	03/11/20x0	03/12/20x0	271	R$ 62,73
PMR	144				R$ 403,30

Perceba que, quanto mais os clientes atrasam o pagamento, maior o prazo médio de recebimento. Isso ocorre neste Exemplo 4.5 e reforça a necessidade de fazer análise de crédito dos clientes e bons esforços de cobrança.

Outra forma de calcular o PMR, diferente da demonstrada no Exemplo 4.5, é utilizando informações das demonstrações contábeis:

$$PMR = 360 \times \frac{Contas\ a\ receber}{Vendas\ no\ ano}$$

O valor de contas a receber é encontrado no balanço patrimonial, e o valor das vendas é encontrado na demonstração do resultado do exercício.

Período médio de pagamento (PMP): corresponde ao prazo obtido com fornecedores. Da mesma forma que o PMC, ele pode ser calculado a partir do histórico de contas a pagar ou utilizando informações contábeis.

$$PMR = 360 \times \frac{Contas\ a\ pagar}{Custo\ das\ mercadorias\ vendidas}$$

Idade média dos estoques (IME): corresponde, no comércio, ao prazo entre receber a mercadoria e vendê-la; ou ao prazo entre receber matéria-prima e insumos, fabricá-los e vendê-los, na indústria. Para efeito de cálculo do ciclo operacional, consideram-se as datas de vencimento das duplicatas referentes a compras de matérias-primas e as datas de recebimento das faturas de vendas.

O cálculo da IME utilizando dados da contabilidade é feito, inicialmente, calculando o giro do estoque, que é a divisão do custo dos produtos vendidos (CPV), obtido na demonstração do resultado do exercício (DRE), pelo valor do estoque, encontrado no balanço patrimonial (BP).

$$Giro\ do\ estoque = \frac{CPV}{Estoques}$$

$$Idade\ média\ do\ estoque = \frac{360}{Giro\ do\ estoque}$$

A IME é obtida dividindo-se o número de dias do ano, 360, pelo giro de estoque.

Cada ramo de atividade tem padrões de PMC, PMR, PMP e IME. Não existem prazos ideais no mercado. O gestor deve comparar os índices de sua empresa com os índices dos concorrentes e as médias de mercado, quando disponíveis.

4.6.2 Ciclo operacional (CO) e ciclo de caixa (CC)

O prazo decorrido entre o início das atividades produtivas, aquisição e pagamento das matérias-primas, insumos, embalagens e produtos acabados, produção e/ou comercialização dos produtos e serviços e o recebimento das vendas é considerado o ciclo operacional.

$$CO = IME + PMC$$

Ao subtrair do CO o prazo que a empresa tem para pagar suas compras, PMC, chega-se ao ciclo de caixa.

$$CC = CO - PMP = IME + PMC + PMP$$

O ciclo de caixa representa o prazo de alocação dos recursos financeiros no pagamento das compras até o recebimento das vendas. Caso a empresa consiga obter prazos médios de pagamento maiores que a idade média dos estoques somada ao prazo médio de pagamento (IME + PMP), o ciclo de caixa será negativo.

EXEMPLO 4.6

a. Calcule o ciclo operacional e o ciclo de caixa da empresa Natal Ltda. O PMC é 139 dias, o PMP 90 dias e a IME, 42 dias.

$$CO = IME + PMC = 42 + 139 = 181 \text{ dias.}$$
$$CC = CO - PMP = 181 - 90 = 91 \text{ dias.}$$

b. Caso a empresa conceda mais prazo aos clientes e tenha aumentado o PMC para 150 dias, sem a contrapartida de diminuição da IME e do PMP, quais os novos CO e CC?

$$CO = IME + PMC = 42 + 150 = 192 \text{ dias.}$$
$$CC = CO - PMP = 192 - 90 = 100 \text{ dias.}$$

c. Caso a empresa conceda mais prazo aos clientes, tenha aumentado o PMC para 150 dias e tenha conseguindo vender seus estoques mais rapidamente, diminuindo, portanto, a IME para 25 dias, quais os novos CO e CC?

$$CO = IME + PMC = 25 + 150 = 175 \text{ dias.}$$
$$CC = CO - PMP = 175 - 90 = 85 \text{ dias.}$$

Esse breve exemplo mostra a necessidade de as políticas de vendas estarem em consonância com a gestão financeira da empresa, porque a decisão de vender mais, por meio do aumento do crédito, pode demandar mais recursos financeiros da empresa no curto prazo, situação *b*; ou pode liberar recursos no curto prazo, situação *c*.

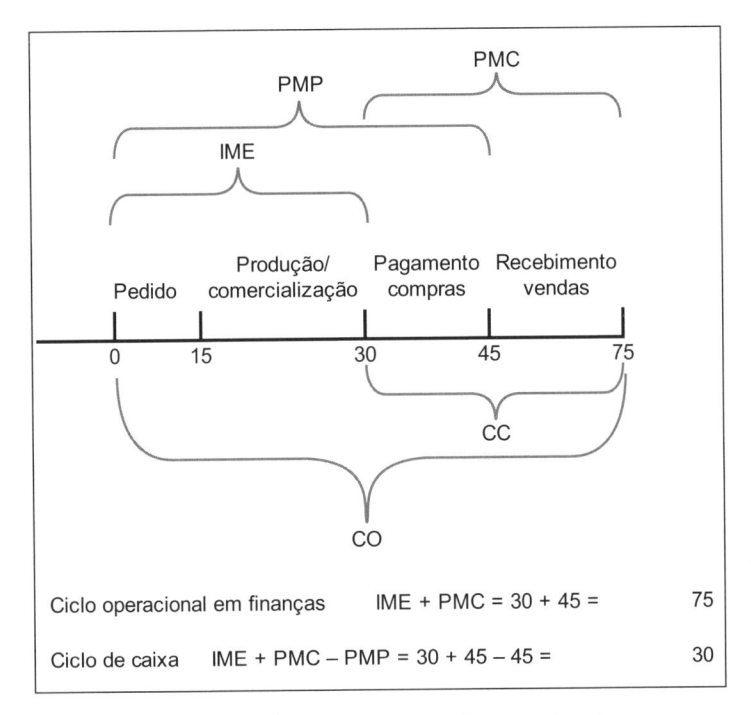

```
                                    PMC
                    PMP         ┌─────────┐
              ┌─────────┐
         IME
     ┌─────────┐
                  Produção/    Pagamento  Recebimento
       Pedido   comercialização  compras    vendas
         |           |            |           |           |
         0          15           30          45          75
                                  └─────────┬─────────┘
                                            CC
                     └───────────────┬───────────────┘
                                     CO

Ciclo operacional em finanças    IME + PMC = 30 + 45 =           75

Ciclo de caixa   IME + PMC − PMP = 30 + 45 − 45 =                30
```

Figura 4.3 Ciclo de caixa e ciclo operacional.

Ciclo operacional em finanças e em logística

O conceito de ciclo operacional em finanças é semelhante ao aplicado em logística. Para finanças, o ciclo operacional começa na data do pedido, considera o prazo de cobrança, PMC, inclui o prazo para produzir e vender, IME, e subtrai o prazo obtido com os fornecedores, PMP.

O conceito de ciclo operacional em logística, chamado *lead time*, começa com a colocação do pedido, inclui o prazo de transporte da matéria-prima (*transit time*), fabricação do produto, venda e entrega no cliente. No caso de prestação de serviço, começa na data/hora da colocação do pedido, inclui o prazo de preparação e deslocamento da equipe (*transit time*), adiciona o prazo da prestação do serviço e termina quando o serviço é considerado pronto.

A diferença está nos pontos (datas ou horas) de registro de cada um dos ciclos: em finanças, o início é registrado na data de emissão da nota fiscal; em logística, é registrado na data de colocação do pedido. O encerramento, em finanças, é considerado na data do pagamento final; em logística, na data de encerramento da entrega ou prestação de serviço.

4.6.3 Capital circulante (CC) e capital circulante líquido (CCL)

Contabilmente, vislumbram-se esses prazos nos montantes alocados no ativo circulante e no passivo circulante da empresa.

O capital circulante é a somatória de caixa, contas a receber e estoques, ou seja, o que a empresa tem de recursos alocados no curto prazo.

CC = Ativo Circulante

O capital circulante líquido é a diferença entre o ativo circulante, AC, e o passivo circulante, ou seja, o que a empresa tem no curto prazo, AC, subtraído do que ela deve no curto prazo, PC.

CCL = AC − PC

Se as dívidas de curto prazo são maiores que os créditos de curto prazo, AC < PC, a empresa está trabalhando com capital de terceiros e tem CCL negativo.

Se a empresa tem o ativo circulante maior do que o passivo circulante, AC > PC, a empresa está trabalhando com capital de giro próprio e tem CCL positivo.

4.7 Fontes de financiamento de curto prazo

A linguagem técnica chama de "descasamento de ativos" as situações em que o ritmo das entradas de caixa não coincide com as saídas de caixa. Quando o saldo é positivo, sobram recursos no caixa da empresa, recorre-se a aplicações financeiras de curto prazo. Quanto maior a taxa de juros e menor a tributação para essas operações financeiras, maior será o interesse do gestor financeiro em procurar papéis do mercado financeiro para aplicar no curto prazo. Os papéis devem apresentar risco baixo e alta liquidez. Se a aplicação financeira não é interessante, a alternativa para recursos ociosos em caixa é antecipar pagamentos mediante descontos no valor a pagar.

Quando a situação é inversa e a previsão de fluxo de caixa da empresa mostra que irá ocorrer falta de recursos em determinado período, a empresa procura fontes de financiamento de curto prazo. Essa necessidade de recursos pode ser permanente ou temporária.

Necessidade permanente de recursos de curto prazo: o ramo de negócio da empresa exige política de crédito mais flexível com os clientes que aquela oferecida pelos fornecedores. A empresa, então, trabalha com maior necessidade de capital de giro, ou capital de giro líquido negativo. Se a necessidade é permanente, a empresa obtém com os sócios e/ou acionistas um montante inicial de recursos, que, ao final daquele projeto ou daquela determinada prática empresarial, será devolvido aos acionistas. O Capítulo 7 trata de análise de investimentos e mostra exemplos dessa situação. Outra forma de financiar essa necessidade de capital de giro é contratar linha de financiamento de longo prazo para capital de giro, por exemplo, BNDES – Capital de Giro Associado, destinado a financiar a parcela de capital de giro necessária a novos investimentos.

Necessidades temporárias de recursos de curto prazo: são momentos do fluxo de caixa em que o ciclo operacional muda e há necessidade de recursos – por exemplo, empresas que oferecem serviços ou produtos sazonais.

A indústria de chocolate é um bom exemplo: a produção de chocolates para a Páscoa começa em setembro ou outubro do ano anterior, as vendas ocorrem a partir de fim de janeiro, início de fevereiro, a maior parte dos recebimentos irá ocorrer depois da Páscoa, em março ou abril. Esse ciclo acaba por gerar saídas de caixa antes das entradas.

No setor de serviços, as atividades turísticas concentram-se nos períodos de férias escolares: meados de dezembro a meados de fevereiro e julho. Exceto os pacotes turísticos vendidos antecipadamente, hotéis, restaurantes, centros de diversão e lazer concentram os recebimentos nesses meses; logo, podem precisar de recursos nos meses que antecedem os períodos de férias.

As origens desses recursos temporários podem ser reunidas em três grupos: fornecedores, empresas coligadas, instituições financeiras.

Negociação com fornecedores: usualmente tratada sob a rubrica fontes não onerosas, a obtenção de maior prazo para pagamento como os fornecedores é a forma mais fácil de reequilibrar o fluxo de caixa. Não será necessariamente não onerosa, porque pode ocorrer aumento de preço para as compras realizadas com mais prazo. Cabe destacar que, por lei, não é possível atrasar pagamento de salários; já a negociação com prestadores de serviços e fornecedores é livre.

Negociação com empresas coligadas: transferências de recursos entre empresas do mesmo grupo empresarial para cobrir eventuais faltas de caixa são comuns. No entanto, deve haver amparo fiscal para essas operações. A compra de papéis de curto prazo – por exemplo, notas promissórias emitidas pela empresa do grupo com dificuldades de caixa – poderá ser realizada por outra empresa coligada como forma de transferir recursos temporariamente, mas a emissão deve estar dentro das normas da Comissão de Valores Mobiliários (CVM).

Negociação com as instituições financeiras: pela forma mais usual de obter recursos de curto prazo, o gestor financeiro pode solicitar recursos aos bancos e a outros intermediários financeiros para viabilizar o equilíbrio de caixa no curto prazo. Após identificar necessidade de captar recursos no mercado financeiro, a empresa pode contratar empréstimos e financiamentos. São considerados empréstimos os capitais de terceiros, de curto prazo, utilizados pelas empresas sem que o credor exerça controle sobre seu uso, ou seja, a instituição financeira não acompanha e/ou fiscaliza a aplicação dos recursos emprestados, apenas controla o pagamento do principal e dos juros, quando já não ocorreu o desconto antecipado. São considerados financiamentos os capitais de terceiros, de médio e de longo prazo, utilizados pelas empresas com objetivos específicos. Além do pagamento de juros e principal, o devedor comprova a utilização do recurso na operação contratada. Por exemplo, quando da contratação de linha de financiamento de capital de giro, no longo prazo, a empresa apresenta seus demonstrativos financeiros ao Banco Nacional de Desenvolvimento Econômico e Social (BNDES) ou ao agente financeiro.

Dentre as alternativas de financiamento de curto prazo, destacam-se o adiamento de recebíveis e as outras operações de crédito de curto prazo.

4.7.1 Adiantamentos de recebíveis

Os recebimentos já contratados por meio de vendas no cartão de crédito, vendas com cheques pré-datados, duplicatas já emitidas e outras formas de cobrança de venda a prazo podem ser utilizados como lastro em operações de financiamento de curto prazo. Os documentos comprobatórios da venda são entregues à instituição financeira, que soma o montante a receber escriturado, calcula o valor dos juros, de acordo com a taxa de juros estabelecida para aquela linha, e deposita a diferença do valor para o cliente.

EXEMPLO 4.7 — Adiantamento de recebíveis no cartão de crédito

Determinada empresa tem recebimentos no cartão de crédito no valor de R$ 13.000,00 para o dia 1º de abril. Contrata com a operadora do cartão, em 25 de fevereiro, um adiantamento de recebíveis à taxa de 3% ao mês. A operação tem custo operacional de R$ 10,00. A taxa de comissão da administradora do cartão de crédito é de 5%. A alíquota de IOF para essa operação é 0,004% ao dia. Qual montante será depositado na conta da empresa?

Valor	Taxa de comissão	Valor líquido	
R$ 13.000,00	5%	R$ 12.350,00	
Data de vencimento	01/04/20x0	Dias corridos	35
Data da operação	25/02/20x0		
Taxa de juros	3%	ao mês	
Taxa ao dia	0,10%	ao dia	
Juros cobrados	J = C × i × n	$ 455,00	
Custos administrativos da operação		$ 10,00	
IOF ao dia	0,004%	$ 17,29	
Valor a ser depositado		R$ 11.867,71	

Será creditado o valor líquido de R$ 11.867,71. A taxa de comissão pode ser negociada com a administradora do cartão de crédito. A taxa de juros e os custos administrativos da operação podem ser negociados com a administradora do cartão ou com a instituição financeira que está fazendo a operação de crédito. A alíquota do IOF[7] depende de instrução legal do governo federal.

4.7.2 Desconto de duplicatas

Essa é a mais tradicional operação de crédito de curto prazo.

A empresa envia ao banco um "borderô de cobrança", documento que relaciona todas as duplicatas emitidas, discriminando sacado – nome e CNPJ ou CPF –, valor, data de vencimento e outras informações da venda.

O banco seleciona as duplicatas de melhor índice de crédito, conforme processo de análise de crédito, e pode pedir o aceite do sacado, ou seja, confirmar com o devedor se ele concorda que essa duplicata seja objeto da operação de desconto.

Calcula-se o montante a ser depositado, mediante a taxa de juros da operação, e os prazos médios de vencimento.

EXEMPLO 4.8 — **Adiantamento de recebíveis: desconto de duplicatas**

Considere o borderô de cobrança a seguir e calcule o valor líquido depositado para o cliente se a operação for realizada em 14 de agosto de 20x0, com taxa de juros de 2,5% ao mês. Todas as duplicatas serão aceitas.

Número do documento	Data de emissão	Nome do sacado	CNPJ	Valor	Data de vencimento
Total				R$ 58.000,00	
132	29/06/20x0	Amêndoas Ltda.	75.400.128/0001-20	R$ 12.000,00	29/09/20x0
119	12/06/20x0	Castanhas S.A.	73.231.655/0026-53	R$ 29.000,00	24/10/20x0
86	07/03/20x0	Nozes S.A.	68.173.002/0002-34	R$ 17.000,00	03/11/20x0

---

[7] IOF – Imposto sobre Operações de Crédito, Câmbio e Seguros, ou relativo a títulos e valores mobiliários regulamentados pelo Decreto-Lei nº 6.306, de 14 de dezembro de 2007, e alterações posteriores.

Resolução

Taxa mês 2,5%		Taxa dia 0,0833%	IOF dia 0,00410%	
Data da operação	14/08/20x0			
Número do documento	Dias corridos	Juros	IOF	Valor líquido
				R$ 54.522,83
132	46	R$ 460,00	R$ 21,76	R$ 11.518,24
119	71	R$ 1.715,83	R$ 79,42	R$ 27.204,74
86	81	R$ 1.147,50	R$ 52,65	R$ 15.799,85

O valor líquido a ser creditado é de R$ 54.522,83.

4.7.3 Outras operações de crédito de curto prazo

As operações de adiantamento de recebíveis, em geral, cobram juros antecipadamente e estão caucionadas em títulos emitidos pela empresa. Os bancos comerciais e demais instituições financeiras oferecem diversos produtos financeiros de captação que podem auxiliar na manutenção da regularidade de pagamentos da empresa, mesmo em momentos de falta de caixa. As principais são apresentadas a seguir, no entanto o leitor deve estar atento às diversas oportunidades de captação oferecidas.

Hot money: conhecida por sua expressão em inglês, essa modalidade de crédito é de curtíssimo prazo e pode ser contratada rapidamente. O prazo da operação é de um a 15 dias.

Cheque especial empresa: assim como as pessoas físicas, empresas e outras instituições podem contratar com instituições financeiras limite de crédito a ser utilizado ao longo de determinado período, com posterior pagamento de juros e devolução do principal. A característica mais importante do cheque especial é a facilidade de uso do crédito, porque, uma vez aprovado o limite, a empresa pode emitir cheques, efetuar pagamentos e sacar dinheiro, mesmo não havendo recursos próprios disponíveis em conta-corrente. Posteriormente, são calculados os juros correspondentes aos dias em que a conta ficou devedora, e o montante é debitado em conta-corrente. Em geral, a cobrança de juros ocorre no início do mês, e qualquer crédito em conta é imediatamente utilizado para cobrir o saldo devedor, independentemente da data. Volte ao Capítulo 3 e releia o exemplo do cálculo dos juros do cheque especial.

Crédito rotativo: limite de crédito contratado pela empresa com instituições financeiras, semelhante ao cheque especial. Diferencia-se porque podem ser dados títulos de cobrança da empresa, como os de seus clientes, em garantia do crédito obtido, diminuindo, dessa forma, a taxa de juros cobrada.

Financiamento de capital de giro: operação de crédito com instituição financeira em que é contratado, por um longo prazo – por exemplo, 12 ou 24 meses –, determinado valor para fazer frente às necessidades de caixa no dia a dia da empresa. Essa operação ocorre em empresas que usualmente trabalham com capital circulante líquido negativo e/ou possuem ciclo de caixa muito longo. No Brasil, as principais linhas de capital de giro são oferecidas pelo BNDES, com a intermediação de bancos de desenvolvimento regionais, bancos comerciais/múltiplos e cooperativas de crédito.

Emissão de notas promissórias: títulos de dívida de curto prazo. Valor mobiliário, emitido por empresa sociedade anônima, registrada na CVM, listada em bolsa ou não. O processo de emissão é regulado e fiscalizado pela CVM. A emissão de notas promissórias não é muito usual no Brasil, em razão da complexidade do processo de emissão relacionado ao prazo de vencimento dos títulos. A emissão de debêntures, títulos de dívida de longo prazo, é mais usual. Se você acessar www.cvm.gov.br, clicar em Registro de Ofertas Públicas e Ofertas Registradas Dispensadas, solicitar o ano de 2012, verificará apenas dois registros de emissão de notas promissórias, no total de R$ 670 milhões, e 21 registros para emissão de debêntures, no montante total de R$ 50 bilhões.[8]

Empréstimos entre empresas coligadas com a empresa majoritária ou a *holding*: para viabilizar a gestão financeira de curto prazo de grandes empreendimentos, é possível realizar empréstimos entre empresas de um mesmo grupo empresarial. As instituições financeiras oferecem várias alternativas de crédito no curto prazo para as empresas resolverem a falta momentânea de caixa. Cabe ao administrador financeiro escolher a mais adequada ao ciclo de caixa da empresa, ponderando taxas de juros, prazos de pagamento e montante necessário.

Ainda que sem amparo legal, as exigências de reciprocidades podem interferir nesse processo de escolha.

4.8 Elaboração e acompanhamento do fluxo de caixa

O acompanhamento das entradas e saídas de recursos é feito por meio de um instrumento chamado Fluxo de Caixa. As entradas e saídas são relacionadas por data de pagamento, de forma a identificar os períodos de sobra e de falta de dinheiro para honrar os pagamentos. Nos períodos de sobra de caixa, providenciam-se aplicações de curto prazo. Nos períodos de falta de caixa, fontes onerosas ou não são negociadas.

---

[8] As debêntures são apresentadas no Capítulo 9 – Mercado de Capitais.

As ferramentas para controle são diversas, desde a mais simples planilha eletrônica até *softwares* de gerenciamento, como o *Enterprise Resource Planning* (ERP). O princípio de gerenciamento é sempre o mesmo e pode ser compreendido no Exemplo 4.9. No Capítulo 5, as projeções financeiras são apresentadas detalhadamente.

EXEMPLO 4.9

Analise os recebimentos e pagamentos de cinco dias do Restaurante Super Sabor para fazer a projeção do fluxo de caixa. As vendas são semelhantes às apresentadas para o dia 16 de janeiro, no Exemplo 4.1, e estão especificadas no Quadro 4.6. As compras e as respectivas datas de pagamento estão relacionadas no Quadro 4.7.

Quadro 4.6 Entradas de recursos

	Total 5 dias =		3.609,66		3.518,92	
Dia 16/janeiro			703,96			
Tipo		%	Valor bruto		Valor líquido	Fluxo de caixa
Dinheiro		0%	46,85		46,85	16/01/20x0
Cartão de débito		2%	258,28		253,11	17/01/20x0
Vale-refeição		3%	213,34		206,94	10/02/20x0
Cartão de crédito		5%	114,90		109,15	15/02/20x0
Cheque		0%	70,60		70,60	17/01/20x0
Dia 17/janeiro			737,00			
Tipo		%	Valor bruto		Valor líquido	Fluxo de caixa
Dinheiro		0%	52,00		52,00	17/01/20x0
Cartão de débito		2%	265,00		259,70	18/01/20x0
Vale-refeição		3%	217,00		210,49	10/02/20x0
Cartão de crédito		5%	124,00		117,80	15/02/20x0
Cheque		0%	79,00		79,00	18/01/20x0
Dia 18/janeiro			843,00			
Tipo		%	Valor bruto		Valor líquido	Fluxo de caixa
Dinheiro		0%	65,00		65,00	18/01/20x0
Cartão de débito		2%	320,00		313,60	21/01/20x0
Vale-refeição		3%	224,00		217,28	10/02/20x0

(continua)

(continuação)

Cartão de crédito	5%	196,00	186,20	15/02/20x0
Cheque	0%	38,00	38,00	21/01/20x0
Dia 21/janeiro		617,80		
Tipo	%	Valor bruto	Valor líquido	Fluxo de caixa
Dinheiro	0%	35,00	35,00	21/01/20x0
Cartão de débito	2%	187,90	184,14	22/01/20x0
Vale-refeição	3%	199,00	193,03	10/02/20x0
Cartão de crédito	5%	114,80	109,15	15/02/20x0
Cheque	0%	81,00	81,00	22/01/20x0
Dia 22/janeiro		707,9		
Tipo	%	Valor bruto	Valor líquido	Fluxo de caixa
Dinheiro	0%	56,00	56,00	22/01/20x0
Cartão de débito	2%	256,00	250,88	23/01/20x0
Vale-refeição	3%	212,00	205,64	10/02/20x0
Cartão de crédito	5%	114,90	109,15	15/02/20x0
Cheque	0%	69,00	69,00	23/01/20x0

O Quadro 4.7 mostra as compras e os pagamentos realizados nos cinco dias. As compras do açougue são pagas às segundas-feiras. As compras de supermercado são realizadas no Cartão de crédito, cujo vencimento é no dia 10 de cada mês.

Quadro 4.7 Compras e pagamentos diários

	Total 5 dias		5.026,20	
Dia 16/janeiro			623,00	
Tipo		Valor bruto		Fluxo de caixa
Sacolão verduras			60,00	16/01/20x0
Açougue			128,00	21/01/20x0
Supermercado			90,00	10/02/20x0
Energia			345,00	16/01/20x0
Dia 17/janeiro			555,34	
Tipo		Valor bruto		Fluxo de caixa

(continua)

(continuação)

		62,00	17/01/20x0
Sacolão verduras		62,00	17/01/20x0
Açougue		160,00	21/01/20x0
Supermercado		213,34	10/02/20x0
Gás		120,00	17/01/20x0
Dia 18/janeiro		798,00	
Tipo		Valor bruto	Fluxo de caixa
Sacolão verduras		59,00	18/01/20x0
Açougue		123,00	21/01/20x0
Supermercado		116,00	10/02/20x0
Vale funcionários		500,00	18/01/20x0
Dia 21/janeiro		2.320,24	
Tipo		Valor bruto	Fluxo de caixa
Sacolão verduras		69,00	21/01/20x0
Açougue		170,00	28/01/20x0
Supermercado		81,24	10/02/20x0
Aluguel		2.000,00	21/01/20x0
Dia 22/janeiro		729,62	
Tipo		Valor bruto	Fluxo de caixa
Sacolão verduras		62,00	22/01/20x0
Açougue		258,28	28/01/20x0
Supermercado		213,34	10/02/20x0
Casa das embalagens		196,00	22/01/20x0

O saldo inicial em 16 de janeiro é de R$ 1.600,00. Para montar o fluxo de caixa parcial, relacionam-se as entradas e saídas por dia. Estão faltando informações de alguns dias; portanto, importa para a análise apenas o período compreendido entre os dias 16/01 e 22/01.

Fluxo de caixa parcial

	16/01/20x0	17/01/20x0	18/01/20x0	21/01/20x0	22/01/20x0	23/01/20x0	.....	28/01/20x0	.....	10/02/20x0	15/02/20x0
	R$	R$	R$	R$	R$	R$				R$	R$
Entradas	46,85	375,71	403,70	386,80	321,14	319,88				1.033,38	631,46
Saídas	405,00	182,00	559,00	2.480,00	258,00			428,28		713,92	
Saldo do dia	(385,15)	193,71	(155,30)	(2.093,40)	63,14						
Saldo inicial	1.600,00	1.241,85	1.435,56	1.280,26	(813,14)						
Saldo final	1.241,85	1.435,56	1.280,26	(813,14)	(750,00)						

Esse fluxo parcial mostra algumas características da gestão dos recursos financeiros da empresa:

- A necessidade de controle dos pagamentos e recebimentos diários, pelo regime de caixa.
- O valor das vendas deve ser considerado líquido dos descontos das taxas administrativas.
- A data de pagamento do cartão de crédito da empresa coincide com a data de recebimento das vendas por vale-refeição, o que mostra bom gerenciamento de caixa. Percebe-se falta de caixa no dia 21/01, o que poderia ser resolvido renegociando a data de pagamento do aluguel para o dia 15 de cada mês, porque, nesse dia, há maior entrada de caixa, proveniente do pagamento das vendas realizadas com cartão de crédito.

Esse controle de fluxo de caixa, para ser completo, precisa das informações diárias de um longo período, porque, na prática, a empresa recebe todos os dias valores de venda de dias anteriores, do dia atual e poderá até receber adiantamentos. Quanto aos pagamentos, é necessário controlar as saídas de caixa diárias em todas as suas formas: dinheiro, cheques, cartões de débito, cartões de crédito, débitos em conta, pagamentos feitos por internet e outras.

QUESTÕES E EXERCÍCIOS

1. A loja de eletrodomésticos Energia S.A. apresenta diversos recebimentos no dia 1º de fevereiro de 20x0, relacionados no Quadro 4.9. As taxas administrativas e os prazos de crédito estão no Quadro 4.8. Faça o fechamento do caixa destacando as datas e os valores de cada uma das formas de recebimento.

Quadro 4.8 Taxas e prazos

Tipo	Percentual	Prazo
Dinheiro	0%	Mesmo dia
Cartão de débito	2%	D+1
Cheque	0%	D+1
Cartão de crédito	5%	Vendas do mês, creditadas no dia 10 do mês seguinte

Quadro 4.9 Vendas do dia 1º de fevereiro

	Hora	Valor	Forma de pagamento
		15.080,00	
1	9h	235,80	Dinheiro
2	9h15	456	Cartão de débito
3	9h30	789	Cartão de crédito
4	9h45	432	Cartão de débito
5	10h	765	Cartão de débito
6	10h15	987	Dinheiro
7	10h30	235	Cartão de crédito
8	10h45	346	Cheque
9	11h	457	Cartão de crédito
10	11h15	679	Vale-refeição
11	11h30	124	Dinheiro
12	11h45	235	Cartão de crédito
13	12h	346	Cartão de crédito
14	12h15	568	Cartão de débito
15	12h30	679	Cheque
16	12h45	986	Cartão de débito
17	13h	875	Cartão de débito
18	13h15	764	Cheque
19	13h30	653	Cartão de crédito

(continua)

(continuação)

	Hora	Valor	Forma de pagamento
20	13h45	432	Cartão de crédito
21	14h	234	Cartão de crédito
22	14h15	345	Dinheiro
23	14h30	678	Cartão de débito
24	14h45	346	Cartão de crédito
25	15h	134	Cartão de débito
26	15h15	245	Cartão de crédito
27	15h30	457	Dinheiro
28	15h45	568	Cartão de débito
29	16h	790	Cartão de crédito
30	16h15	241	Cartão de débito

2. Uma escola tem, entre alunos, professores e funcionários, 1.900 pessoas. O consumo individual de água é de 1 litro por dia, e a escola funciona 250 dias por ano. O número de pessoas e o consumo de água não variam ao longo do ano. O custo de um galão de água de 20 litros é de R$ 12,00. O custo do frete é de R$ 5,00, independentemente do número de galões comprados. Não existem outros custos de compra. O custo de estocagem é de 10%. Quantos galões devem ser comprados em cada pedido? Quantos pedidos serão feitos no ano?

3. Faça um quadro comparativo para o Exercício 2, sempre tendo por base a situação inicial:
   - O custo de comprar dobra.
   - O custo de estoque dobra.
   - O custo unitário do galão dobra.

4. A diretoria da empresa Grandes Rios solicitou ao gerente financeiro que calculasse o LEC de seu produto principal de composição dos estoques, o XMX. O gerente financeiro obteve as seguintes informações sobre o produto:
   - Custo de manutenção do estoque 5% ao ano, incluídos custos administrativos de estocagem e segurança.
   - Custo de comprar R$ 100,00, por processo de compra.
   - Preço unitário do produto R$ 700,00.
   - 8.000 unidades utilizadas anualmente.

5. O gerente financeiro da empresa Grandes Rios decidiu calcular o LEC do segundo produto mais importante de composição dos estoques, o MMM. O gerente financeiro utilizou as seguintes informações sobre o produto:

- Custo de manutenção do estoque 5% ao ano, incluídos custos administrativos de estocagem e segurança.
- Custo de comprar R$ 100,00, por processo de compra.
- Preço unitário do produto R$ 450,00.
- 8.000 unidades utilizadas anualmente.

6. O Gestor da empresa Centro Sul obteve as informações a seguir e está calculando o lote econômico do produto de maior importância para a sua linha de produção, denominado XYZ.

Custo por pedido	150,00
Custo unitário de carregamento	200,00
Custo do produto XYZ	1.500,00
Consumo anual do produto	1.100 unidades
Dias de operação por ano	250
Tempo para entrega do pedido	2 dias
Estoque de segurança	2 × 2 = 4

7. Determinada empresa relacionou os clientes em atraso. O quadro a seguir mostra os dias de atraso para cada cliente, o montante atrasado e o custo financeiro desse atraso, considerando uma taxa de juros de 3% ao mês, calculada ao dia. Você deve utilizar a ferramenta ABC para classificar esses clientes e identificar quais devem ser de imediato contatados pessoalmente, solicitando a regularização dos pagamentos. Os clientes classificados na segunda categoria devem receber carta ou mensagem eletrônica, e os classificados como C não serão contatados imediatamente.

	Código cliente	Dias de atraso	Montante atrasado	Custo atraso 3%
1	C001	1	1.234	1,23
2	C002	3	2.345	7,04
3	C003	5	6.457	32,29
4	C004	7	765	5,36
5	C005	9	2.345	21,11
6	C006	1	237	0,24
7	C007	8	5.432	43,46
8	C008	5	987	4,94
9	C009	4	346	1,38
10	C010	2	764	1,53
11	C011	1	238	0,24

(continua)

(continuação)

	Código cliente	Dias de atraso	Montante atrasado	Custo atraso 3%
12	C012	2	345	0,69
13	C013	4	836	3,34
14	C014	3	478	1,43
15	C015	4	987	3,95
16	C016	5	238	1,19
17	C017	3	4.321	12,96
18	C018	5	3.467	17,34
19	C019	2	2.397	4,79
20	C020	7	7.432	52,02
21	C021	9	3.257	29,31
22	C022	6	1.256	7,54
23	C023	8	123	0,98
24	C024	2	345	0,69
25	C025	1	768	0,77

8. Considere a relação de duplicatas a seguir para calcular o prazo médio de cobrança (PMC).

	Prazo médio de cobrança (PMC)	
Número do documento	Dias de prazo	Valor
429	62	R$ 57.000,00
430	138	R$ 68.000,00
431	97	R$ 79.000,00
PMC		

9. Calcule o prazo médio de cobrança (PMC) dos títulos a seguir relacionados.

	Prazo médio de cobrança (PMC)	
Identificação do título	Dias de prazo	Valor
X	60	R$ 62.000,00
L	45	R$ 44.000,00
M	50	R$ 85.000,00
N	120	R$ 110.000,00
PMC		

10. Considere as informações do exercício 5 e os demais dados da relação de duplicatas a seguir para calcular o prazo médio de recebimentos (PMR).

Prazo médio de recebimento (PMR)			
Número do documento	Data de emissão	Data de vencimento	Data de pagamento
429	04/01/20x0	07/03/20x0	18/03/20x0
430	25/01/20x0	12/06/20x0	12/06/20x0
431	24/03/20x0	29/06/20x0	28/06/20x0
PMR			

11. Considere as informações do exercício 6 e os demais dados da relação de duplicatas a seguir para calcular o prazo médio de recebimento dos títulos a seguir relacionados.

	Prazo médio de recebimento (PMR)				
Número do documento	Data da emissão	Data de vencimento	Data de vencimento	Prazo do Recebimento	Crédito do dia
X	18/02/20x0	19/04/20x0	27/04/20x0		
L	01/03/20x0	14/04/20x0	20/04/20x0		
M	05/03/20x0	24/04/20x0	27/04/20x0		
N	10/03/20x0	19/04/20x0	08/07/20x0		
PMR					

12. Calcule o ciclo operacional e o ciclo de caixa da empresa Páscoa S.A. O PMC é 120 dias, o PMP 80 dias e a IME, 30 dias.

13. Caso a empresa conceda mais prazo aos clientes, tenha aumentado o PMC para 150 dias, sem a contrapartida de diminuição da IME e do PMP, quais os novos CO e CC?

14. Caso a empresa conceda mais prazo aos clientes, tenha aumentado o PMC para 150 dias, conseguindo vender seus estoques mais rapidamente – portanto, diminuindo a IME para 20 dias –, quais os novos CO e CC?

15. Determinada empresa tem recebimentos no cartão de crédito no valor de R$ 8.500,00 para o dia 15 de maio de 20x0. Contrata com a operadora do cartão, em 20 de abril, um adiantamento de recebíveis à taxa de 4% ao mês. A operação tem custo operacional de R$ 10,00. A taxa de comissão da administradora do cartão de crédito é 4%. A alíquota de IOF, para essa operação, está em 0,004% ao dia. Qual montante será depositado na conta da empresa?

16. A Sapataria S.A. apresenta o borderô de cobrança relacionado a seguir. Ao precisar de recursos, resolve fazer uma operação de desconto de duplicatas no dia 14 de fevereiro de 20x0. A taxa de juros oferecida é de 3% ao mês, o custo administrativo é de R$ 200,00 e o IOF à época da operação é de 0,0041%. Caso todas as duplicatas sejam aceitas para desconto, qual valor líquido será depositado na conta da empresa?

Número do documento	Data de emissão	Nome do sacado	CNPJ	Valor	Data de vencimento
Total				R$ 204.000,00	
429	04/01/20x0	Sapatos S.A.	63.234.231/0001-17	R$ 57.000,00	07/03/20x0
430	25/01/20x0	Tamancos Ltda.	73.231.655/0005-07	R$ 68.000,00	12/06/20x0
431	24/03/20x0	Chinelos S.A.	55.199.045/0028-78	R$ 79.000,00	29/06/20x0

SUGESTÕES DE CONSULTA

Livro

LEMES JÚNIOR, A. B.; RIGO, C. M.; CHEROBIM, A. P. *Administração financeira*: princípios, fundamentos e práticas brasileiras. 4. ed. Rio de Janeiro: Campus, 2016.

Sites

http://guia.mercadolivre.com.br/entendendo-boleto-bancario-comercio-eletronico-19994-VGP
https://www.paypal.com
http://www.mercadopago.com
https://pagseguro.uol.com.br/
http://www.dotz.com.br/

5 PLANEJAMENTO FINANCEIRO

INTRODUÇÃO

Planejamento é o processo que identifica metas e objetivos que se quer alcançar, estabelece planos, produz estratégias e organiza meios para atingi-los. Sua intenção é buscar racionalmente o melhor caminho para se chegar ao lugar esperado.

O planejamento é um processo que estabelece políticas e diretrizes para orientar a empresa na busca de seus objetivos estratégicos. Deve ser formalizado e cobrir todas as atividades e projetos relevantes. Sua melhor contribuição é possibilitar a percepção da realidade, a avaliação de alternativas, a construção de um referencial futuro, a redução de improvisações, o aproveitamento de oportunidades e a mitigação de riscos.

O planejamento financeiro orienta-se pelo planejamento estratégico na busca dos objetivos maiores de aumentar valor, reduzir risco e assegurar liquidez para a empresa. Por meio do orçamento, ele proporciona a antecipação de situações e de problemas que surgem do dia a dia dos negócios.

A principal contribuição do orçamento é quantificar os objetivos e metas. O orçamento de caixa, ou fluxo de caixa, como planejamento de curto prazo, visa assegurar que a empresa não tenha problemas de liquidez, não fique sem caixa.

Quando se elabora o planejamento da produção e comercialização de um produto, é preciso saber exatamente quem, quando, o que, como e a que custo isso deverá ocorrer, bem como preços e condições a serem praticados. Quando se planeja, deve-se ter determinação para executar aquilo que foi planejado, evitando postergar e desviar do caminho traçado.

A expressão *Financeiro* é tudo aquilo que diz respeito às finanças, à circulação e à gestão do dinheiro e de outros recursos líquidos.

A empresa utiliza-se de planejamento financeiro para direcionar suas ações e estabelecer o modo pelo qual os objetivos financeiros podem ser alcançados. Um plano financeiro, portanto, é uma declaração do que deve ser feito no futuro.

O planejamento financeiro constitui uma ferramenta fundamental para a sobrevivência, o crescimento e o fortalecimento da empresa. É a forma de garantir que os objetivos e planos das diversas áreas sejam viabilizados e tenham coerência entre si.

O planejamento financeiro de curto prazo preocupa-se com a gestão do ativo circulante – caixa, contas a receber e estoques – e o passivo circulante - fornecedores, contas a pagar e empréstimos bancários.

As decisões financeiras de curto prazo são mais facilmente reversíveis que as de longo prazo, embora sejam também muito importantes.

No planejamento financeiro, são analisadas decisões sobre quanto manter em caixa, qual nível de estoque deve ser mantido, quando e quanto tomar de empréstimo, qual política de crédito e cobrança adotar, e assim por diante.

As decisões de curto prazo são mais fáceis que as decisões de longo prazo, no entanto, boas decisões de investimento, adequadas estruturas de capital, boas políticas de dividendos podem ser desmoronadas, pela falta de liquidez para pagar as contas do dia a dia. Daí a necessidade de um planejamento financeiro de curto prazo.

Essas decisões envolvem ativos e passivos de curto prazo e podem ser rapidamente revertidas. Já as decisões financeiras de longo prazo não podem ser revertidas em um curto espaço de tempo. Compare a compra de estoques com a construção de uma fábrica. Os estoques podem ser convertidos em caixa com grande velocidade, ao passo que a venda de uma fábrica poderia demorar anos.

5.1 Planejamento empresarial

O planejamento empresarial teve início como o conhecemos nos anos 1950. Naquela época, segundo Russell Ackoff,[1] as pessoas que trabalhavam na preparação de um plano corporativo o faziam (1) tentando romper o conjunto complexo de ameaças em interação e oportunidades que uma organização enfrentava em partes menores e mais gerenciáveis, (2) lidando com elas separadamente e (3) reunindo-as em um todo coeso.

Para Ackoff, era evidente que essa abordagem era muito insuficiente. Primeiro, a otimização das partes tomadas separadamente não resultou na otimização do todo devido às intensas interações das partes. Segundo, a pesquisa operacional não conseguiu lidar efetivamente com aspectos qualitativos muito importantes do planejamento. Terceiro, a eficácia do planejamento convencional dependia criticamente das previsões do futuro, algumas das quais, inevitavelmente, se revelavam erros graves.

---

[1] Russell Ackoff (12 de fevereiro de 1919-29 de outubro de 2009) foi um teórico organizacional americano, consultor e professor emérito de Ciência da Administração da Anheuser-Busch na Wharton School, Universidade da Pensilvânia. Ackoff foi pioneiro no campo de pesquisa operacional, pensamento sistêmico e ciência da administração.

Disse ele: "Pareceu-me cada vez mais que a tarefa do planejamento não era preparar-se para um futuro previsto, supostamente fora de nosso controle, mas controlar o máximo possível esse futuro. Queria construir edifícios em que o projeto poderia ser controlado em vez de me preparar para as previsões."[2]

O planejamento empresarial é um guia, é uma orientação para todas as áreas, direcionando os esforços de todos em busca dos objetivos estratégicos da empresa. Contar com um plano bem estruturado dá segurança maior no enfrentamento das diversas situações desfavoráveis que possam vir a ocorrer. Este planejamento é traduzido em números por meio do orçamento.

5.2   Orçamento

Orçamento é uma ferramenta de fundamental importância para planejamento financeiro e controle empresarial. Seu objetivo é estimar receitas, custos, despesas e investimentos e alinhar os esforços de todas as áreas para atingir seus objetivos estratégicos.

A maior parte das grandes empresas começa seu ciclo orçamentário no mês de setembro e tem seus orçamentos para o próximo ano em torno da primeira quinzena de dezembro. E será com base nas previsões assumidas no orçamento que boa parte das metas do próximo ano, financeiras ou não financeiras, serão desdobradas.

A Figura 5.1 ilustra os três tipos de orçamento: (1) orçamento operacional, (2) orçamento de caixa e (3) orçamento de capital. Os dois primeiros trabalham com um horizonte de curto prazo, um ano, e o terceiro com horizonte de longo prazo, dois a cinco anos.

Figura 5.1   Planejamento financeiro.

Orçamento operacional é o processo pelo qual a empresa estabelece cenários, faz projeções de receitas, custos, despesas, lucros ou prejuízos, define objetivos e metas, avalia projetos e atividades, aloca recursos e acompanha a obtenção dos resultados.

Sua elaboração exige a preparação de planos de vendas e planos de resultados alinhados com os objetivos estratégicos da empresa. Ele dá andamento ao planejamento, à coordenação e ao controle dos negócios. Flexível, deve ser alterado quando necessário, sempre que novas condições internas ou externas estabeleçam mudanças de rumo.

---

[2]   Disponível em: https://www.open.edu/openlearn/ocw/mod/oucontent/view.php?id=65611&section=6. Acesso em: 19 jan. 2022.

O orçamento anuncia as decisões da administração sobre os recursos que devem ser alocados, o modo como devem ser alocados e em que devem resultar.

O orçamento operacional é planejado para o período de 12 meses e pode ser dividido em períodos mensais ou trimestrais.

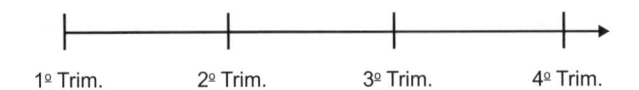

```
|--------|--------|--------|--------|→
 1º Trim.  2º Trim.  3º Trim.  4º Trim.
```

Diferentemente do orçamento de caixa, o orçamento operacional trabalha com o regime de competência. Por exemplo: embora a empresa pague o 13º salário apenas no final do ano, 1/12 do 13º salário é devido mensalmente e, por isso, no orçamento operacional consta como despesa do mês.

São termos comumente utilizados ao se tratar de orçamento: *budget*, para orçamento operacional; *forecast*, para orçamento ajustado; *rolling*, para orçamento contínuo, caracterizado pela grande flexibilidade.

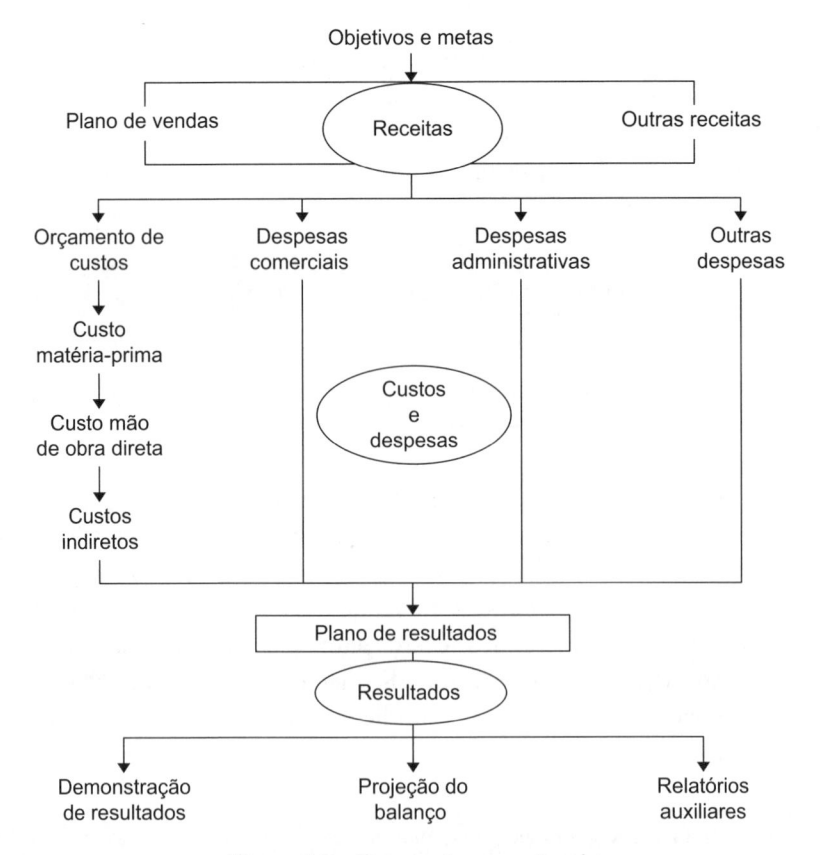

Figura 5.2 Orçamento operacional.

Forecast é uma expressão usada na área financeira, às vezes traduzida como "orçamento revisado"; é um método de previsão, análise e revisão do orçamento, baseado na atual situação da empresa, porém, dependendo da volatilidade dos mercados, essa previsão pode mudar. Portanto, aprender a identificar e adequar-se às novas variações é a proposta do *forecast*.

A elaboração do orçamento operacional exige do gestor financeiro a coordenação dos vários orçamentos departamentais e de unidades de negócios, em termos de produção, vendas, tributos etc.

A Figura 5.2 mostra as várias etapas percorridas no processo orçamentário, começando pelo estabelecimento dos objetivos e metas, plano de vendas, custos e despesas, finalizando com a projeção de resultados, de balanço e, também, relatórios auxiliares.

Algumas características do orçamento operacional

O processo orçamentário requer da empresa uma série de ações burocráticas que o tornam impessoal e normativo, sendo instrumento que, muitas vezes, reduz a flexibilidade administrativa em benefício da disciplina de gastos e cumprimento de metas e objetivos estratégicos. De forma geral, as principais características do orçamento operacional são:

- O orçamento é elaborado por unidade de negócio, por produtos e serviços, por áreas geográficas e de forma global.
- Representa planos, objetivos, processos, atividades e programas definidos em termos numéricos.
- Estabelece padrões permitindo comparações entre o previsto e o realizado, além da adoção de medidas corretivas.
- Pode ser usado para melhorar a utilização das máquinas e equipamentos, de pessoal, tempo, espaço e recursos materiais.
- O orçamento operacional é chamado também de planejamento do lucro, envolvendo as projeções das demonstrações financeiras e dos resultados para o exercício.

Para realizar essas projeções, o administrador financeiro baseia-se em demonstrações financeiras passadas e em projeções de vendas para o ano seguinte.

A Figura 5.3 ilustra um esquema praticado por empresas industriais, em que se pode observar a preocupação com o gerenciamento dos custos fabris. Nas fábricas, em geral, a participação dos custos afeta significativamente a formação de preços e toda a gestão do negócio, seja em termos de posicionamento por preço ou posicionamento por qualidade.

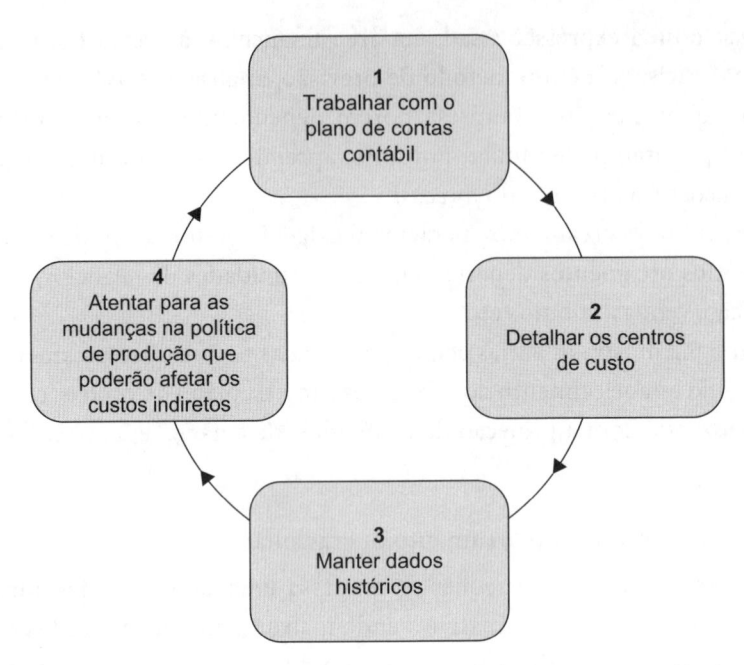

```
                    ┌─────────────┐
                    │      1      │
                    │ Trabalhar   │
                    │   com o     │
                    │ plano de    │
                    │  contas     │
                    │  contábil   │
                    └─────────────┘

   ┌──────────────┐                   ┌──────────────┐
   │      4       │                   │      2       │
   │ Atentar para │                   │ Detalhar os  │
   │ as mudanças  │                   │  centros de  │
   │ na política  │                   │    custo     │
   │ de produção  │                   │              │
   │ que poderão  │                   └──────────────┘
   │ afetar os    │
   │ custos       │
   │ indiretos    │
   └──────────────┘

                    ┌─────────────┐
                    │      3      │
                    │ Manter      │
                    │ dados       │
                    │ históricos  │
                    └─────────────┘
```

Figura 5.3 Contabilização e gerenciamento de custos em uma indústria.

Orçamento de caixa: o orçamento de caixa trabalha com as entradas e saídas de caixa projetadas, possibilitando ao administrador financeiro visualizar os momentos em que haverá superávits e déficits de caixa. Normalmente, é projetado para um ano, aberto em 12 meses, o primeiro mês aberto em semanas e a primeira semana aberta em dias (quando se torna uma programação financeira).

Nesse caso, não se trata mais apenas de previsão de saídas, e sim cumprimento de contratos, com datas determinadas – por exemplo, no pagamento de fornecedores, salários, impostos. Esse orçamento é elaborado com base no regime de caixa, ou seja, só registra o fato quando de seu efetivo recebimento ou pagamento.

Tem se tornado cada vez mais comum nas pequenas e médias empresas a adoção apenas do orçamento de caixa, optando-se por uma gestão mais simplificada. Evidentemente, tal decisão implica perdas de informações valiosas que acabam sendo obtidas complementarmente por meio de sistemas auxiliares informatizados. A empresa pode desenvolver internamente ou adquirir no mercado sistemas como o *Enterprise Resource Planning* (ERP), por exemplo, um sistema integrado de gestão empresarial que busca facilitar o fluxo de informação.

O orçamento de caixa é o principal instrumento da gestão de caixa, termo muito usado nas grandes empresas – em inglês, *cash management*.

Orçamento de capital: o orçamento de capital, tratado no Capítulo 7, considera as propostas de investimento de capital, taxa interna de retorno, custo de capital e montante de recursos que a empresa deseja investir. Ele é revisado constantemente em função das mudanças no ambiente de negócios e das políticas da empresa. O horizonte de planejamento varia de empresa para empresa. A ausência do orçamento de capital ou sua execução inadequada é uma razão citada com frequência para a ocorrência de dificuldades financeiras e falência de empresas.

Componentes orçamentários

A Figura 5.4 apresenta o formato sequencial de elaboração orçamentária, simplificado, voltado para a preparação de demonstrações financeiras projetadas – ativo, passivo e demonstração de resultados.

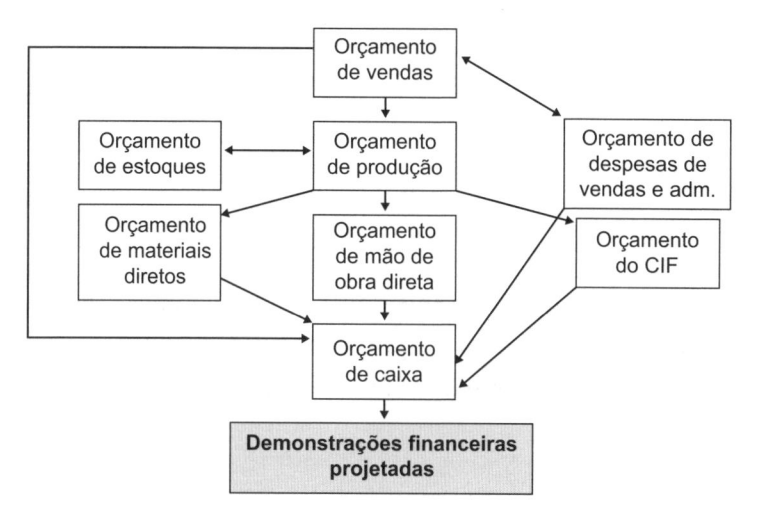

Figura 5.4 Orçamento-mestre.

5.2.1 Orçamento de vendas

É a base do orçamento, influenciando o orçamento de todas as outras áreas e expressando o julgamento da administração em relação às receitas futuras com base em:

- conhecimento das condições atuais da empresa;
- conhecimento do mercado;
- análise da conjuntura;
- conhecimento das estratégias dos concorrentes;
- conhecimento das estratégias empresariais.

Apuração das tendências de vendas: procura-se reconhecer alguma tendência de aumento, queda ou estabilidade nas vendas, inclusive considerando o ciclo de vida de cada produto e projetando as vendas futuras. Nessa fase, também são analisadas as oportunidades nos mercados interno e externo.

Opinião da equipe de vendas: os vendedores, supervisores e representantes opinam sobre vendas no âmbito de suas regiões. Nesse método, o envolvimento da equipe é maior, mas existe a possibilidade de subestimação das metas.

Análise do setor: considera-se a faixa atual de mercado da empresa e estima-se sua participação futura. Método válido para empresas que detêm faixa significativa do mercado.

Análise de correlação: fatores econômicos e ambientais são considerados na estimativa de vendas. Em uma papelaria, por exemplo, o número de alunos matriculados em uma escola próxima teria relação com as vendas futuras.

Tabela 5.1 Orçamento de vendas

Planilha 1 – Orçamento de vendas	Trimestres				Ano
	1	2	3	4	
Unidades	5.000	6.000	8.000	5.000	24.000
Preço de venda	0,5	0,9	0,7	0,95	0,7625
Total das vendas em R$	2.500	5.400	5.600	4.750	18.250

A Tabela 5.1 apresenta um orçamento de vendas de uma pequena indústria, evidenciando a projeção de vendas expressa em unidades e valor, abertas em trimestres. Com base no orçamento de vendas, elaboram-se os demais.

5.2.2 Orçamento de produção

É o orçamento das unidades a produzir, composto pelos orçamentos de estoques, materiais diretos, mão de obra direta e custos indiretos de fabricação.

A Tabela 5.2 apresenta o orçamento de produção, que deve considerar sempre a sazonalidade das vendas e as políticas de estoques, buscando uma produção estável e a redução do custo unitário do produto.

$$\text{Produção} = \text{Vendas} - \text{Estoque inicial} + \text{Estoque final}$$

Tabela 5.2 Orçamento de produção

Planilha 2 – Orçamento de produção	Trimestres				Ano
	1	2	3	4	
Vendas (Planilha 1)	5.000	6.000	8.000	5.000	24.000
Estoque final desejado	300	500	150	100	100
Total necessário	5.300	6.500	8.150	5.100	24.100
Estoque inicial	–100	–300	–500	–150	–100
Unidades a produzir	5.200	6.200	7.650	4.950	24.000

5.2.3 Orçamento de materiais diretos

Taxa padrão de consumo: para obter as quantidades necessárias de matérias-primas, pode-se usar sua relação histórica com as quantidades produzidas em um mesmo período. Após determinarem-se as quantidades a serem fabricadas, elaboram-se os orçamentos de matérias-primas e de compras:

- Orçamento de compra de matéria-prima e insumos
- Orçamento de estoque de matéria-prima e insumos
- Orçamento de compras
- Orçamento de custo de matérias-primas e insumos consumidos

A Tabela 5.3 apresenta o orçamento de materiais diretos, mostrando o cálculo sobre unidades, valores e totais.

Tabela 5.3 Orçamento de materiais diretos

Planilha 3 – Orçamento de materiais diretos (OMD)	Trimestres				Ano
	1	2	3	4	
Unidades a produzir (Planilha 2)	5.200	6.200	7.650	4.950	24.000
Materiais diretos por unidade	20	20	20	20	20
Necessidade de produção	104.000	124.000	153.000	99.000	480.000
Estoque final desejado	10.000	10.000	7.000	7.000	7.000
Total necessário	114.000	134.000	160.000	106.000	487.000
Estoque inicial	–7.000	–10.000	–10.000	–7.000	–7.000
Materiais diretos a adquirir	107.000	124.000	150.000	99.000	480.000
Custo por unidade	0,015	0,015	0,015	0,015	0,015
Total das compras	1.605	1.860	2.250	1.485	7.200

5.2.4 Orçamento de mão de obra direta

Trata os salários e encargos dos empregados diretamente envolvidos nas atividades de produção. As informações necessárias para sua elaboração são:

- unidades a produzir;
- tempo médio necessário para fabricação de cada unidade de produto;
- salário-hora médio previsto para o período;
- taxas aplicáveis para alocação de encargo.

Tabela 5.4 Orçamento de mão de obra direta

Planilha 4 – Orçamento de mão de obra direta (MOD)	Trimestres				Ano
	1	2	3	4	
Unidades a produzir (Planilha 2)	5.200	6.200	7.650	4.950	24.000
Tempo MOD unitário (horas)	0,008	0,008	0,008	0,008	0,008
Total de horas – MOD	41,6	49,6	61,2	39,6	192
Custo MOD / Hora (R$)	12	12	12	12	12
Total do custo MOD (R$)	499,2	595,2	734,4	475,2	2.304,00

5.2.5 Orçamento de custos indiretos de fabricação (CIF)

Para elaboração deste orçamento, separam-se os custos em diretos e indiretos.

Custos diretos: são aqueles diretamente originados na elaboração do produto, como, por exemplo, consumo de matérias-primas e mão de obra utilizada na produção.

Custos indiretos: são aqueles que ocorrem em atividades que, embora não diretamente envolvidas na produção, dão suporte à manufatura do produto ou à prestação do serviço. Exemplos: gerência da fábrica, planejamento e controle da produção, laboratórios, almoxarifado, segurança da fábrica, manutenção.

Essa separação é fundamental para se atribuir corretamente os custos aos produtos e estabelecer adequados preços em suas vendas. Quando há falha nesse processo, podem ocorrer percepções incorretas de produtividade e rentabilidade dos produtos.

Os custos indiretos de fabricação são orçados para cada um dos centros de custos da empresa: gerência industrial, planejamento e controle de produção, laboratórios, controle de estoques, almoxarifado, manutenção, segurança fabril.

Tabela 5.5 Orçamento de custos indiretos de fabricação (CIF)

Planilha 5 – Orçamento de custos indiretos de fabricação (CIF)	Trimestres				Ano
	1	2	3	4	
Total de horas – MOD (Planilha 4)	41,6	49,6	61,2	39,6	192
CIF variável (R$)	7	7	7	7	7
Valor CIF variável	291,2	347,2	428,4	277,2	1.344,00
Valor CIF fixo (com depreciação)	200	200	200	200	800
Valor total CIF (R$)	491,2	547,2	628,4	477,2	2.144,00

5.2.6 Orçamento de despesas de vendas e administrativas

O orçamento de despesas de vendas e administrativas abrange os gastos realizados para vender, entregar e receber.

Despesas de vendas são os gastos com marketing, propaganda e publicidade, pós-vendas, tributos e comissões. Algumas empresas costumam trabalhar com percentuais sobre as vendas.

Despesas administrativas são os gastos com pessoal do escritório, material de expediente, telefonemas, energia, internet, correios, depreciação do escritório, impostos prediais e seguros.

Algumas empresas elaboram esse orçamento com base em realizações passadas, gastos de concorrentes e metas estabelecidas pela administração.

Os dados históricos servem de parâmetro, ajustando-se as políticas da empresa às condições econômicas.

Tabela 5.6 Orçamento de despesas de vendas e administrativas

Planilha 6 – Orçamento de vendas e administrativas	Trimestres				Ano
	1	2	3	4	
Vendas orçadas (Planilha 1)	5.000	6.000	8.000	5.000	24.000
Despesas das variáveis adm. e vendas (R$)	0,06	0,06	0,06	0,06	0,06
Total de despesas variáveis	300	360	480	300	1.440
Despesas fixas adm. e vendas (R$)					
1. Salários	50	50	50	50	200
2. Publicidade e propaganda	8	8	8	8	8
3. Taxa de fiscalização	10	0	0	0	0
4. Depreciação	12	12	12	12	48
Total de despesas fixas (R$)	80	70	70	70	256
Total de despesas de vendas e adm. (R$)	380	430	550	370	1.696

5.2.7 Orçamento de despesas financeiras

Para algumas empresas, as despesas financeiras são muito representativas e, por isso, requerem detalhado orçamento. Essas despesas incluem: juros pagos, taxas de cobrança bancária, taxas bancárias.

Tabela 5.7 Orçamento de despesas financeiras

Planilha 7 – Orçamento de despesas financeiras	Trimestres				Ano
	1	2	3	4	
Juros	1.000	1.000	1.000	1.000	4.000
Taxas de cobrança bancária	500	500	500	500	2.000
Total de despesas financeiras	1.500	1.500	1.500	1.500	6.000

Planejamento de lucros: o processo de planejamento de lucros está centrado na elaboração das demonstrações projetadas: a demonstração dos resultados e o balanço patrimonial. A elaboração dessas demonstrações exige tratamento cuidadoso de inúmeros procedimentos que levem em conta receitas, custos e despesas, obrigações, ativos e participações acionárias, resultantes do nível de operações antecipadas.

Projeção de resultados: a projeção de resultados é baseada nos orçamentos de receitas, custos e despesas e deve ser coerente com os objetivos estratégicos da empresa. No caso de resultados insatisfatórios, o orçamento deverá ser revisto, bem como as políticas adotadas.

Os dados necessários para a preparação das demonstrações projetadas, utilizando a técnica simplificada, são as demonstrações financeiras do ano anterior e uma previsão de vendas para o ano seguinte.

Demonstração de resultados projetados: um modelo simplificado de demonstração do resultado é usar o método em que os custos dos produtos vendidos, as despesas operacionais e as despesas de juros são expressos em termos percentuais em relação às vendas previstas.

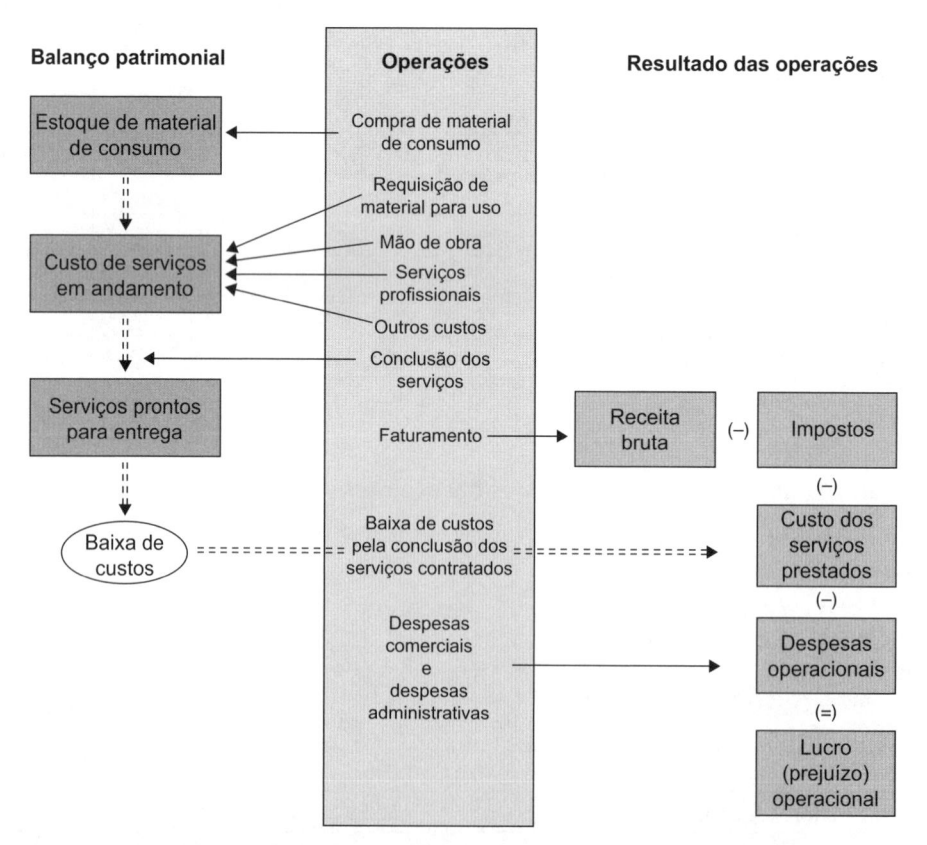

Figura 5.5 Modelo simplificado de obtenção do resultado das operações.

A metodologia utilizada para a estimativa do resultado projetado sugere que as relações entre vários custos e vendas no próximo ano repetirão aquelas ocorridas no ano anterior.

O Quadro 5.1 apresenta um exemplo de demonstração de resultados projetada, da Fortaleza Equipamentos.

Quadro 5.1 Demonstração de resultados projetada para 20x1

Fortaleza Equipamentos – Projeção para 20x1 (em R$ 1,00)		
Demonstração do resultado do exercício (DRE), em 31/12/20x1		
Vendas brutas		*100.000*
(–) Devoluções	–3.000	
(–) ICMS s/ vendas	–17.000	–20.000
Vendas líquidas		*80.000*
(–) CMV	30.000	
Lucro bruto		*50.000*
Despesa com vendas	–5.800	
Despesas com propaganda	–5.800	
Despesas com administração	–15.000	
Despesas com pessoal	–15.000	
Despesas financeiras	–4.300	
Descontos concedidos	–4.300	
Outras receitas operacionais	19.200	
Receitas financeiras	19.200	
Descontos obtidos	5.200	
Rendimentos de aplicação financeira	14.000	
Lucro operacional		*44.100*
Receitas não operacionais	30.000	
Ganho na venda de bens do ativo permanente	30.000	
Despesas não operacionais	–15.000	
Perda na venda de bens do ativo permanente	–15.000	
Lucro antes do Imposto de Renda (LAIR)		*59.100*
Imposto de renda e contribuição social (34%)	20.094	
Lucro líquido do exercício		*39.006*

5.2.8 Balanço patrimonial projetado

Após a elaboração dos diversos orçamentos e da projeção da demonstração de resultados do exercício, elabora-se o balanço patrimonial projetado, que permite calcular os índices econômico-financeiros da empresa para 20x1.

O Quadro 5.2 apresenta o balanço projetado da Fortaleza Equipamentos.

Quadro 5.2 Balanço projetado para 20x1 – em R$ 1,00

Fortaleza Equipamentos Ltda. – Projeção para 20x1			
Ativo		**Passivo**	
1. CIRCULANTE	90.200	1. CIRCULANTE	58.400
Disponível	32.000	Fornecedores	34.100
Caixa	26.900	Salários e encargos sociais	11.600
Bancos movimento	5.100	Impostos a pagar	5.400
Realizável CP	58.200	Financiamentos de capital de giro	2.100
Duplicatas a receber	33.800	Energia a pagar	2.200
(–) Duplicatas descontadas	–4.600	Outros ativos circulantes	3.000
Estoques	29.000		
2. NÃO CIRCULANTE	109.800	2. NÃO CIRCULANTE	12.000
Imobilizado líquido	99.500	Exigível LP	12.000
Investimentos	7.900		
Intangível	2.400		
		3. PATRIMÔNIO LÍQUIDO	129.600
		Capital	90.500
		Lucros acumulados	39.100
TOTAL	200.000	TOTAL	200.000

5.2.9 Orçamento variável

Orçamento variável é aquele que trabalha com simulações de variações de quantidades e de preços com objetivo de avaliar seus impactos nos resultados da empresa.

Ele pode ser usado também para inúmeras outras simulações de custos e despesas, fixos e variáveis. Com a adoção de sistemas computadorizados e planilhas financeiras disponíveis para pequenas e médias empresas, estas também têm usado sistematicamente tais ferramentas.

Seu pré-requisito é a separação entre custos fixos e variáveis, sendo muito utilizado por empresas com muitas variações em seus volumes de vendas.

A Tabela 5.8 apresenta um exemplo trabalhando com três níveis de vendas: 10.000, 12.000 e 14.000.

Tabela 5.8 Orçamento variável

Calçados Pés no Chão – Orçamento 20x1 (em R$ 1,00)				
Unidades vendidas		10.000	12.000	14.000
Preço em reais por unidade	10	100.000	120.000	140.000
Custos variáveis por unidade				
Matérias-primas	1	10.000	12.000	14.000
Mão de obra direta	1,5	15.000	18.000	21.000
Insumos	0,2	2.000	3.600	2.800
Equipamentos	0,3	3.000	3.600	4.200
Comissão de vendas	0,9	9.000	10.800	12.600
Despesas de expedição	0,4	4.000	4.800	5.600
Materiais de escritório	0,5	5.000	6.000	7.000
Custos variáveis totais	4,8	48.000	57.600	67.200
Margem de contribuição	5,2	52.000	62.400	72.800
Custos fixos				
Depreciação das máquinas		8.000	8.000	8.000
Salários de supervisores		11.000	11.000	11.000
Seguros		1.000	1.000	1.000
Depreciação escritório		7.000	7.000	7.000
Salários administrativos		13.000	13.000	13.000
Custos fixos totais		40.000	40.000	40.000
Lucro das operações		12.000	22.400	32.800

5.2.10 Orçamento base zero

Elaborar o orçamento sempre foi uma das mais difíceis tarefas. Todos os anos, os administradores se defrontam com a existência de custos e despesas fixos elevados e buscam meios de reduzi-los. Normalmente, na elaboração de orçamentos, os gestores trabalham com dados históricos de gastos fixos, não questionando sua efetiva necessidade, como se todos quisessem buscar uma zona de conforto.

Para corrigir esse problema, tornando os custos e despesas fixos ajustados às receitas e aos objetivos estratégicos de retorno aos acionistas, surgiu a metodologia do orçamento base zero. Portanto, orçamento base zero é uma técnica orçamentária que separa os programas de uma organização em "pacotes de decisão", constituídos de projetos, atividades, metas, recursos necessários, custos e despesas – computados no início –, como se os programas nunca tivessem existido antes.

Orçamento base zero exige que a administração tenha uma visão nova dos programas e atividades todos os anos, em vez de simplesmente ajustar o orçamento do ano anterior.

A principal característica do orçamento base zero é analisar o custo/benefício de todos os projetos, processos e atividades, partindo de uma base "zero". A alocação de recursos é fundamentada em argumentos racionais, não no histórico.

Uma das principais dificuldades na adoção do orçamento base zero é que ele consome muito mais tempo que os métodos tradicionais, pois elimina a simplificação do uso de dados históricos.

Orçamento base zero é uma abordagem para planejamento e orçamentação que inverte a lógica tradicional do processo de orçamentação.

5.2.11 Controle orçamentário

Controle orçamentário é o sistema de acompanhamento da realização do orçamento e da correção de seus desvios. Essa atividade é tão importante quanto planejar e comparar o plano com o resultado real. A Figura 5.6 apresenta as etapas desse processo.

Como o orçamento se relaciona com planejamento e controle

[Diagrama de fluxo]

Contabilidade e dados financeiros (P) + Premissas (pressupostos) do planejamento (P) → Planejamento de contas do orçamento (P) → Valores reais registrados para cada conta (C) → Análise de variações nas contas (C)

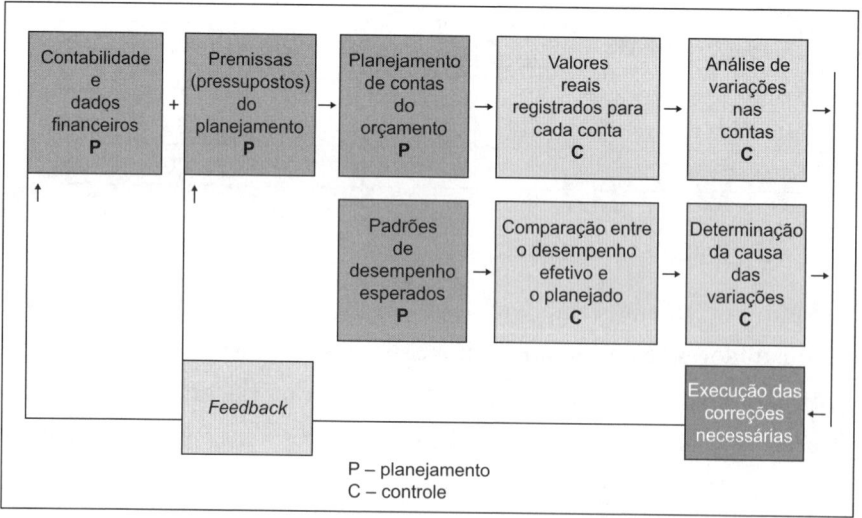

Padrões de desempenho esperados (P) → Comparação entre o desempenho efetivo e o planejado (C) → Determinação da causa das variações (C) → Execução das correções necessárias

Feedback

P – planejamento
C – controle

Figura 5.6 Relação entre orçamento, planejamento e controle.

5.2.12 Aspectos importantes do orçamento operacional

O orçamento operacional é baseado em premissas e projeções. É um processo contínuo, que requer atenção às mudanças ambientais e seus reflexos na empresa, alterando-o sempre que necessário ou quando motivos extraordinários o recomendarem.

Sua implantação ocorre em prazos médio e longo, exigindo dados contábeis adequados e no tempo certo.

O orçamento não substitui a administração dos recursos. Tão importante quanto planejar é controlar, para que o realizado assegure os resultados desejados.

5.3 Orçamento de caixa

O orçamento de caixa possibilita ao administrador financeiro visualizar antecipadamente os momentos de falta ou sobra de recursos financeiros em determinado período. É um instrumento de grande valor no dia a dia da empresa.

A essência desse orçamento é avaliar a magnitude, a distribuição no tempo e o risco da falta de dinheiro para pagamentos de curto prazo, determinando ou não a necessidade de tomada de empréstimos.

É de vital importância, uma vez que o caixa determina a sobrevivência da empresa e é por meio dele que se saberá se a empresa tem liquidez para saldar seus compromissos ou necessitará tomar empréstimos.

O orçamento de caixa evita surpresas e possibilita a criação de planos alternativos caso ocorram imprevistos. O orçamento de caixa é administrado pelo tesoureiro (ou gerente financeiro nas pequenas empresas), cujas funções são apresentadas a seguir:

- Estar atento à forma como as projeções de entrada e saída de caixa são estabelecidas.
- Identificar e orientar as áreas que tomam decisões que afetam o orçamento de caixa.
- Coordenar a ação desses agentes causadores de entradas e saídas de caixa.
- Controlar os recebimentos, os pagamentos e o saldo de caixa.
- Determinar a melhor forma de investir recursos em excesso.
- Buscar a melhor fonte para suprir recursos escassos.

5.3.1 Projeção do orçamento de caixa

O orçamento de caixa, ou fluxo de caixa, é uma das ferramentas financeiras mais importantes. Objetiva projetar, demonstrar e controlar as entradas e saídas de caixa da empresa.

É elaborado para diversos períodos futuros, dependendo das necessidades de caixa no curto prazo, sempre buscando a antecipação de problemas de liquidez e de endividamento.

Normalmente, o fluxo de caixa é elaborado para períodos anuais, trimestrais, mensais, semanais e diários. Essa periodicidade depende das características de cada empresa. Quanto mais sazonais e incertos os fluxos de caixa, maior o número de intervalos. Como muitas empresas se deparam com um padrão sazonal de atividades, seu orçamento de caixa é elaborado para um ano e aberto em meses.

Frezatti,[3] sobre projeção do orçamento de caixa, afirma:

> Fluxo de caixa projetado é um instrumento que deve conter as metas mais adequadas à empresa. Para isso, pode ser necessário fazer várias simulações, negociar alterações com quem pode fazer com que ocorram. Em outras palavras, após a montagem do fluxo de caixa, o tesoureiro percebe que o resultado final em termos de caixa gerado foi negativo, ou seja, endividamento crescente. Qual a próxima ação? Analisar como evitar que isso possa acontecer, mediante antecipação de entradas e ato de postergar saídas, mediante negociações com terceiros. Não é possível aceitar e se conformar com o resultado. O capítulo referente a análise do fluxo de caixa se propõe a ser mais explícito sobre isto. O tesoureiro sozinho não consegue alterar o resultado; se o fluxo de caixa for um instrumento de gestão da empresa, as coisas são diferentes (...)

É importante atentar para uma diferença entre previsão e programação. **Previsão** trabalha com dois cenários: o mundo dos fatos e o mundo das percepções. Como prever o futuro após a Covid-19? Como reconsiderar tudo?

Exemplo: coloque-se no lugar dos administradores da Petrobrás em 2020. Era concebível que o preço do Petróleo poderia cair? Que acontecimentos provocariam uma queda de preço?

A **programação** trabalha com o mundo dos fatos. Como fabricaremos e entregaremos os produtos? Como pagaremos nossas contas?

A principal previsão para o orçamento de caixa é a previsão de vendas, que costuma ser feira pela área de marketing. Com base nessa previsão, estimam-se os fluxos de caixa mensais das entradas e das saídas ligadas à produção, aos estoques, aos salários, tributos, financiamentos e outras.

Quando fazemos previsões, estamos antecipando situações de possíveis superávits ou déficits de caixa. Quando fazemos uma programação, estamos agendando o pagamento de compromissos assumidos, com datas certas.

Entradas de caixa: vendas à vista, cartões de crédito e débito, recebimento de vendas a prazo, recebimento de juros, financiamentos, entre outras.

Saídas de caixa: fornecedores, salários, energia, tributos, financiamentos, acionistas, entre outras.

Gastos que não envolvem saídas de caixa: existem gastos na empresa que não envolvem saídas de caixa, como nos casos de depreciação, exaustão e amortização. O financeiro, porém, deve estar atento porque esses gastos se tornarão saídas a

---

[3] FREZATTI, Fábio. *Gestão do fluxo de caixa*: perspectivas estratégica e tática. 2. ed. São Paulo: Atlas, 2014, p. 38.

médio e longo prazo, com substituição de equipamentos, aquisição de jazidas e reflorestamento, por exemplo.

O orçamento de caixa, de maneira geral, é feito em bases mensais para um ano. O primeiro mês, mais próximo, é aberto em semanas e a primeira semana é aberta em dias. O orçamento de caixa para a semana vindoura é chamado programação financeira, pois, quanto mais próximo de hoje, mais efetivas deverão ser as entradas e saídas, deixando de ser projeções apenas.

A programação financeira deve ser considerada importante na administração do dia a dia, pois muitas vezes as entradas e saídas fogem ao controle do tesoureiro, exigindo reprogramações com fornecedores, com clientes, com os agentes fiscais etc.

O orçamento de caixa está intimamente ligado à administração do capital de giro da empresa, dos ativos e passivos circulantes. Ele é elaborado com base no orçamento operacional, embora possa ser realizado sem a existência dele.

O Quadro 5.3 apresenta o fluxo de caixa de uma empresa sazonal, ficando notória a necessidade de captação de recursos nos meses de maio e junho. Outra particularidade desse fluxo de caixa é a separação entre entradas e saídas operacionais e entradas e saídas não operacionais. Tal separação traz informações relevantes para a tomada de decisão, possibilitando o planejamento de aquisição de equipamentos, tomada de financiamentos, pagamento de dividendos, e assim por diante.

Quadro 5.3 Projeção do fluxo de caixa mensal – abril a setembro 20x1 (em R$ 1,00)

FLUXO DE CAIXA	Abril	Maio	Junho	Julho	Agosto	Setembro
1. SALDO INICIAL	80.000	25.000	25.000	25.000	25.000	25.000
2. ENTRADAS	15.050	27.700	41.750	68.100	90.200	81.500
2.1 Recebimento das vendas	15.050	27.700	41.750	68.100	90.200	81.500
3. SAÍDAS	44.000	70.000	88.000	49.000	25.000	25.000
3.1 Fornecedores	36.000	60.000	60.000	36.000	15.000	12.000
3.2 Despesas de vendas, adm. e salários	5.000	5.000	5.000	5.000	5.000	5.000
3.3 Salários variáveis	1.000	3.000	6.000	6.000	3.000	1.000
3.4 Aluguéis	2.000	2.000	2.000	2.000	2.000	2.000
3.5 Dividendos	0	0	10.000	0	0	0
3.6 Impostos	0	0	5.000	0	0	5.000

(continua)

(continuação)

4. GERAÇÃO DE CAIXA OPERACIONAL (2 – 3)	–28.950	–42.300	–46.250	19.100	65.200	56.500
5. ENTRADAS NÃO OPERACIONAIS	0	52.300	56.250	0	0	0
5.1 Tomada de empréstimos	0	52.300	56.250	0	0	0
6. SAÍDAS NÃO OPERACIONAIS	26.050	10.000	10.000	19.100	65.200	56.500
6.1 Aquisição de equipamentos e construção	0	10.000	10.000	0	0	10.000
6.2 Juros semestrais				6.000		
6.3 Aplicações financeiras	26.050	0	0	13.100	65.200	46.500
7. GERAÇÃO DE CAIXA NÃO OPERACIONAL (5 – 6)	–26.050	42.300	46.250	–19.100	–65.200	–56.500
8. SALDO FINAL DE CAIXA (1 + 4 + 7)	25.000	25.000	25.000	25.000	25.000	25.000

No exemplo desse fluxo de caixa, estabeleceu-se que a empresa manteria um mínimo de caixa de R$ 25.000, como margem de segurança. Um bom planejamento financeiro permite que a empresa negocie com bastante antecipação linhas de financiamento a taxas de juros mais favoráveis e evita a falta de recursos para cumprimento dos compromissos.

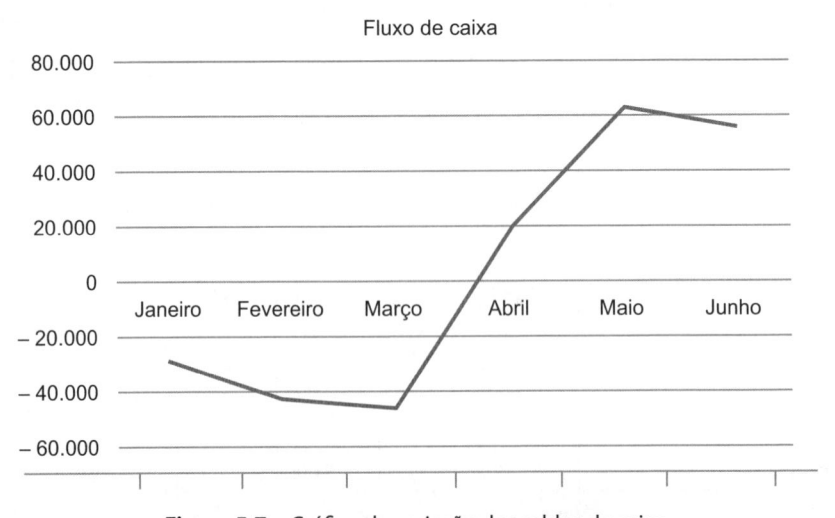

Figura 5.7 Gráfico de variação dos saldos de caixa.

O gráfico da Figura 5.7 apresenta o fluxo de caixa de uma empresa sazonal, evidenciando o reflexo dessa condição nos saldos de caixa. A apresentação por meio de gráficos facilita a visualização das épocas de superávits e déficits.

As vantagens do orçamento de caixa são:

- Demonstra o momento adequado para as retiradas de caixa, sem acarretar problemas financeiros.
- Possibilita o investimento das disponibilidades de caixa de maneira mais racional e lucrativa.
- Permite a utilização do caixa no aproveitamento de descontos, mediante pagamento antecipado de contas.
- Viabiliza a estimativa de saldos de caixa e os períodos em que eles irão ocorrer.
- Possibilita a negociação antecipada de linhas de crédito para períodos de déficit de caixa, reduzindo riscos e custos de empréstimos.

A administração eficaz do capital de giro faz com que a empresa não sofra interrupções em seus projetos e atividades por falta de recursos. O Quadro 5.3 apresenta um exemplo de orçamento de caixa.

5.4 Alinhamento dos orçamentos ao planejamento estratégico

Para que se atinjam os objetivos estratégicos, é necessário que todos dirijam seus esforços na busca incansável de um planejamento bem feito, consubstanciado na quantificação e na mensuração econômica de suas atividades e projetos.

Conforme Chandler (1966),[4]

> A estrutura pode ser definida como o desenho da organização por meio do qual a empresa é administrada. Este desenho que pode ser definido formalmente ou informalmente, tendo dois aspectos. Primeiro, ele inclui as linhas de autoridade e comunicação entre os diferentes órgãos administrativos e administradores e segundo, a informação e dados que fluem através destas linhas de comunicação e autoridade. Essas linhas e esses dados são essenciais para assegurar a efetiva coordenação, avaliação e planejamento tão necessários para conduzir a organização aos seus objetivos básicos e políticas e para entrelaçar os recursos totais da empresa. Esses recursos incluem capital financeiro; equipamentos físicos, como: plantas, equipamentos, escritórios, depósitos e outras facilidades de marketing e compras, fontes de matéria-prima, laboratórios de pesquisa e engenharia; e, mais importante de tudo, as habilidades técnicas, de marketing e administrativas de seu pessoal.

---

[4] CHANDLER, A. D. *Strategy and structure*: chapters in the history of the industrial enterprise. 3. ed. Cambridge, MA: MIT Press, 1966, p. 14.

Por meio dos orçamentos de caixa, operacional e de capital, a empresa alinha seus recursos e seus esforços para a busca dos objetivos estratégicos. Um processo orçamentário bem conduzido tem possibilidades de descentralizar a gestão da empresa, simplificar processos e levar a decisão para os mais diferentes níveis da organização.

É possível desenvolver uma cultura de alto desempenho em toda a empresa, permitindo que o papel dos altos executivos seja o de assegurar práticas avançadas de gestão, de modo a evitar que novos projetos custem mais que o previsto e, assim, trazer os retornos esperados.

Os orçamentos de caixa, operacional e de capital, como instrumentos de gestão, estabelecem parâmetros de desempenho para a empresa como um todo. Certa magnitude de vendas à vista para o período, por exemplo, é uma meta que vai afetar a liquidez e que deve ser cobrada da área comercial. Valor de desembolsos para compras que devem ser pagas dentro do período fazem parte das responsabilidades da área de suprimentos; analogamente, devem ser dela cobrados.[5]

5.5 Críticas ao orçamento

O orçamento empresarial tem sofrido severas críticas quanto à sua eficácia como ferramenta gerencial. Apesar dos avanços já experimentados com o orçamento base zero e o orçamento baseado em atividades, algumas grandes organizações já o substituíram por outras ferramentas, enquanto administradores financeiros e consultores continuam buscando melhorias no seu desenvolvimento, em virtude de sua importância para a implementação dos modelos de gestão estratégica.

Dentre as principais críticas, podem ser destacadas: objetivos fixos, enfoque estritamente financeiro, orientação predominantemente interna, abordagem anual fixa, falta de aderência ao planejamento estratégico, orçamentos pormenorizados para objetos de todo tipo, onerosos e de realização demorada.

Lovallo e Sibony[6] questionam: seu processo orçamentário está parado nos números do ano passado?

> [...] as reuniões de discussão para aprovação dos orçamentos são muito longas e exaustivas, além de pouco eficazes. Nessas reuniões, os apresentadores mostram seus planos, o presidente desafia os números, explora as suposições e procura aumentar um pouco as metas. O orçamento final de cada unidade para o próximo ano se parece muito com o proposto por seus gerentes no início do processo orçamentário – o que por sua vez, não foi muito diferente da previsão mais recente para este ano ou

---

[5] Ver Frezatti, *op. cit.*
[6] LOVALLO, Dan; SIBONY, Olivier. Is your budget process stuck on last year's numbers? *Corporate Finance Practice*, Mar. 2014.

do desempenho real do ano anterior. Ouvimos variações dessa história várias vezes em empresas de diversos setores e regiões, e os executivos se perguntam por que o processo se desenrola assim e o que eles podem mudar. A resposta curta, em muitos casos, é que você está ancorado. A ancoragem é um viés psicológico bem conhecido, pelo qual uma informação fica na sua mente e influencia sua interpretação das informações subsequentes, mesmo que você não saiba. No caso do orçamento, ficar preso nos mesmos números de ano para ano é quase inevitável. Mas existem maneiras de orientar o processo para desafiar o *status quo* ou a alocação padrão – e elas também funcionam com outros processos de definição de objetivos ou de alocação de recursos.

Neste capítulo, procurou-se evidenciar a importância que o orçamento tem como uma ferramenta eficaz na criação da riqueza.

QUESTÕES E EXERCÍCIOS

Questões

1. Conceitue planejamento e explique o orçamento como uma ferramenta fundamental para alinhar a empresa a seus objetivos estratégicos.

2. Como o planejamento financeiro possibilita responder às questões: Quanto a empresa deve manter em caixa? Quanto a empresa deve tomar emprestado? Quanto a empresa deve dar de crédito aos clientes?

3. Conceitue e diferencie os três tipos de planejamento financeiro: orçamento de caixa, orçamento operacional e orçamento de capital.

4. Você acha possível elaborar o orçamento de caixa sem antes elaborar o orçamento operacional? Qual é a vantagem de ter os dois tipos de orçamento de curto prazo?

5. Por que a gestão de caixa é importante? É possível uma empresa ter grande geração de lucro e não ter caixa? Explique.

6. Quais são as funções do administrador financeiro (tesoureiro) na administração orçamentária?

7. Como assegurar que os orçamentos operacional e de caixa estejam alinhados com os objetivos estratégicos da empresa?

8. Procure e comente três modelos de fluxo de caixa usados por grandes empresas e multinacionais. Comente como as pequenas e médias empresas poderiam aprender com elas.

9. Pesquise e comente sobre o orçamento base zero.

10. Você concorda com as críticas em relação ao uso do orçamento?

Exercícios

1. Com base na planilha da Tabela 5.1, suponha aumento de 10% nas entradas e queda de 5% nas saídas. Com esses dados, elabore um novo fluxo de caixa utilizando o Excel.

Planilha 1 – Orçamento de vendas	Trimestres				Ano
	1	2	3	4	
Unidades	5.000	6.000	8.000	5.000	24.000
Preço de venda	0,5	0,9	0,7	0,95	0,7625
Total das vendas em R$	2.500	5.400	5.600	4.750	18.250

2. Refaça a Planilha 2, a seguir, projetando as seguintes vendas: 1º trimestre, 10.000; 2º trimestre, 8.000; 3º e 4º trimestres, 6.000. Mantenha as mesmas projeções de estoque iniciais e finais.

Planilha 2 – Orçamento de produção	Trimestres				Ano
	1	2	3	4	
Vendas (Planilha 1)	5.000	6.000	8.000	5.000	24.000
Estoque final desejado	300	500	150	100	100
Total necessário	5.300	6.500	8.150	5.100	24.100
Estoque inicial	–100	–300	–500	–150	–100
Unidades a produzir	5.200	6.200	7.650	4.950	24.000

3. Refaça a Planilha 3, projetando um estoque final de 5.000 unidades.

Planilha 3 – Orçamento de materiais diretos	Trimestres				Ano
	1	2	3	4	
Unidades a produzir (Planilha 2)	5.200	6.200	7.650	4.950	24.000
Materiais diretos por unidade	20	20	20	20	20
Necessidade de produção	104.000	124.000	153.000	99.000	480.000
Estoque final desejado	10.000	10.000	7.000	7.000	7.000
Total necessário	114.000	134.000	160.000	106.000	487.000
Estoque inicial	–7.000	–10.000	–10.000	–7.000	–7.000
Materiais diretos a adquirir	107.000	124.000	150.000	99.000	480.000
Custo por unidade	0,015	0,015	0,015	0,015	0,015
Total das compras	1.605	1.860	2.250	1.485	7.200

4. Refaça a Planilha 4, projetando um tempo MOD unitário de 0,01.

Planilha 4 – Orçamento de mão de obra direta	Trimestres				Ano
	1	2	3	4	
Unidades a produzir (Planilha 2)	5.200	6.200	7.650	4.950	24.000
Tempo MOD unitário (horas)	0,008	0,008	0,008	0,008	0,008
Total de horas – MOD	41,60	49,60	61,20	39,60	192,00
Custo MOD / Hora (R$)	12	12	12	12	12
Total do custo MOD (R$)	499,20	595,20	734,40	475,20	2.304,00

5. Refaça a Planilha 5, projetando um CIF fixo (com depreciação) de R$ 210,00.

Planilha 5 – Orçamento de custos indiretos de fabricação	Trimestres				Ano
	1	2	3	4	
Total de horas – MOD (Planilha 4)	41,6	49,6	61,2	39,6	192
CIF variável (R$)	7	7	7	7	7
Valor CIF variável	291,2	347,2	428,4	277,2	1.344
Valor CIF fixo (com depreciação)	200	200	200	200	800
Valor total CIF (R$)	491,2	547,2	628,4	477,2	2.144

6. Baseie-se nas demonstrações financeiras e na demonstração de resultados de exercício de uma empresa qualquer encontrada na internet e projete-as para o exercício do ano seguinte. Explique o método adotado.

7. Simule um orçamento previsto para o exercício de um ano e também sua realização. Com base nessas simulações e no que estudou neste capítulo, comente as principais variações e proponha medidas corretivas.

8. A Cia. Sócrates tem as seguintes projeções de vendas para 20x1:

20x1											
Janeiro	Fevereiro	Março	Abril	Maio	Junho	Julho	Agosto	Setembro	Outubro	Novembro	Dezembro	TOTAL
117.000	110.000	100.000	100.000	100.000	95.000	90.000	85.000	90.000	100.000	110.000	120.000	1.217.000

Das vendas realizadas, 60% são à vista, com desconto de 2%; 20% são recebidas em 30 dias; e 18% são recebidas em 60 dias; 2% são consideradas incobráveis. Em novembro (20x0) e dezembro (20x0), a empresa vendeu R$ 90.000 e R$ 107.000, respectivamente. Elabore uma previsão das entradas de caixa para a empresa.

9. Sabendo que a Cia. Sócrates compra mensalmente 55% das vendas do mês subsequente (veja as projeções de vendas do exercício 8) e paga 50% à vista, com desconto de 2,5% e 50% em 30 dias, responda: qual a previsão de saídas de caixa para fornecedores em 20x1?

10. Espera-se que a Cia. Sócrates tenha um saldo de caixa de R$ 15.000,00 em 01 de janeiro de 20x1 e que sua movimentação financeira seja a seguinte no ano: aluguéis mensais de R$ 10.000, salários e encargos sociais de R$ 10.000, comissões sobre as vendas do mês anterior de 1,5%, impostos de 2% sobre as vendas do mês anterior, dois pagamentos de gastos com imobilizados, no valor de R$ 6.500 cada, nos meses de janeiro e julho, duas amortizações de financiamento de R$ 3.000, uma em abril e outra em outubro, e pagamentos mensais de R$ 2.000 mensais de empréstimos.

Utilizando também as respostas dos exercícios 8 e 9, prepare o orçamento de caixa da empresa para 20x1.

SUGESTÕES DE CONSULTA

Livros

BREALEY, Richard A.; MYERS, Stewart C.; ALLEN, Franklin. *Princípios de finanças corporativas*. 12. ed. Porto Alegre: AMGH, 2018.

CHANDLER, A. D. *Strategy and structure*: chapters in the history of the industrial enterprise. Cambridge, MA: MIT Press, 1966.

CORDEIRO FILHO, José B. Orçamento como ferramenta de gestão: do orçamento tradicional ao Advanced Budgeting. *In*: Congresso Brasileiro de Custos, 14., João Pessoa, dez. 2007. *Anais...*

FREZATTI, Fábio. *Gestão do fluxo de caixa*: perspectivas estratégica e tática. 2. ed. São Paulo: Atlas. 2014.

LOVALLO, Dan; SIBONY, Olivier. Is your budget process stuck on last year's numbers? *Corporate Finance Practice*, Mar. 2014. Disponível em: https://www.mckinsey.com/business-functions/strategy-and-corporate-finance/our-insights/is-your-budget-process-stuck-on-last-years-numbers#. Acesso em: 15 dez. 2020.

GITMAN, Lawrence J. *Princípios de administração financeira*. 14. ed. São Paulo: Pearson Prentice Hall, 2016.

LEMES JÚNIOR, Antônio B.; RIGO, Claudio; CHEROBIM, Ana Paula. *Administração financeira*: princípios, práticas e casos brasileiros. 4. ed. Rio de Janeiro: Elsevier, 2016.

ROSS, Stephen A.; WESTERFIELD, Randolph; JORDAN, Bradford D. *Administração financeira*. 10. ed. Porto Alegre: AMGH, 2015.

Sites

http://www.brasileconomico.ig.com.br/noticias/baixo-investimento-trava-crescimento-do- brasil_114840.html

https://dicionariodaeconomia.blogspot.com/2016/02/o-que-e-capital-intensivo.html

https://docplayer.com.br/10037841-Planejamento-de-caixa-orcamento-de-caixa.html

https://vejasp.abril.com.br/blog/memoria/tecnologias-obsoletas/

https://www.institutomillenium.org.br/entre-190-paises-brasil-ocupa-124a-posicao-em-ranking-que-avalia-facilidade-de-fazer-negocios/

https://www.open.edu/openlearn/ocw/mod/oucontent/view.php?id=65611&section=6

6 FORMAÇÃO DE PREÇOS

INTRODUÇÃO

Enquanto existir o verbo *comprar*, o preço sempre será uma variável importante! Os preços têm um enorme impacto na lucratividade e na rentabilidade das empresas e as estratégias de preços variam entre os setores, clientes e regiões.

> **Preços nas empresas**
>
> Se você trabalhasse na Coca-Cola, o aumento de 1% no preço elevaria o lucro líquido em 6,4%; na Nestlé, 17,5%; na Ford, 26%; e na Philips, 28,7%. Para algumas empresas, esse 1% pode representar a diferença entre o lucro e o prejuízo.
>
> Em abril de 2020, "a Ambev informou que vai trabalhar com mais cuidado a política de preços para 2020, para evitar queda em vendas, como ocorreu no terceiro trimestre do ano passado no Brasil."[1]
>
> A empresa assumiu que a operação brasileira não foi bem-sucedida quando decidiu reajustar seus preços em julho do ano anterior. O movimento não tinha sido acompanhado pelos concorrentes e a Ambev perdeu participação de mercado.

No entanto, as empresas têm duas estratégias de preços:

- Estratégias baseadas em custos.
- Estratégias baseadas no mercado.

Estudiosos como Hinterhuber[2] têm chamado atenção para o surgimento de uma terceira categoria, a precificação com base no valor do cliente, que seria superior

---

[1] Disponível em: https://valor.globo.com/empresas/noticia/2020/02/27/ambev-sinaliza-que-havera-maior-pressao-de-custos-no-1o-trimestre.ghtml. Acesso em: 14 jan. 2022.

[2] HINTERHUBER, Andreas. Customer value-based pricing strategies: why companies resist. *Journal of Business*, v. 29, n. 4, p. 41-50, 2008. p. 41.

às duas outras categorias. Segundo esta categoria, o potencial de lucro aumentaria muito se a empresa estabelecesse uma estratégia de preços orientada a valores. Afirmando que os profissionais também reconheceram as vantagens das estratégias de preços baseadas em valor, ele cita algumas das empresas que as utilizam: Sano-Aventis, SAP, Lufthansa e BMW.

A essência dessa estratégia, segundo o autor, "reside no reconhecimento geral de que as chaves para a lucratividade sustentada residem nos recursos essenciais dos preços baseados em valores personalizados, incluindo a compreensão das fontes de valor para os clientes; projetar produtos, serviços e soluções que atendam às necessidades dos clientes; fixação de preços em função do valor; e implementar políticas de preços consistentes".

Neste livro, deixamos de distinguir essa estratégia por achá-la inclusa nas estratégias baseadas no mercado.

6.1 Conceitos de preço

Preço é a expressão monetária do valor atribuído a um produto. É um conceito muito importante para a sustentabilidade da empresa.

Trata-se de uma denominação genérica que tem muitos sinônimos: aluguel, comissão, honorário, juros, matrícula, mensalidade, passagem, pedágio, prêmio, salário, soldo, cotação, entre outros.

Formação de preço é a técnica de obter e analisar informações internas de custos, despesas e investimentos; de avaliar rentabilidade; de comparar preços internos com preços praticados pelo mercado; de estabelecer políticas e estratégias; de compatibilizar os pontos de vista financeiro e estratégico; de oferecer valor, de forma a assegurar a prática de preços que maximizem o valor da empresa, aumentem as vendas e ampliem a participação de mercado da empresa.

Uma boa prática de preço preocupa tanto a área financeira como a área de marketing, pois uma alocação inadequada de custo pode determinar o sucesso ou o fracasso de vendas e geração ou destruição de valor na empresa.

As principais funções do preço são:

- Passar a imagem do produto, planejada pela empresa.
- Permitir participação no mercado.
- Atingir a lucratividade e a rentabilidade esperadas.

Neste capítulo, entende-se que produto é tudo aquilo capaz de satisfazer a um desejo, a uma necessidade. Pelo enfoque financeiro, preço é tratado como um meio de manter ou aumentar o valor da empresa. Os administradores financeiros estão voltados para análises das receitas, custos, despesas, investimentos e desempenho econômico-financeiro.

Pelo enfoque do marketing, preço é um meio de atender desejos e necessidades dos clientes, com crescentes vendas e participação no mercado.

Apesar do crescente papel de fatores não relacionados a preço que influenciam a decisão de compra do consumidor, tais como marca, promoção, embalagem, localização e demanda, preço continua sendo um elemento crítico nos resultados econômico-financeiros das empresas. No processo de lançamento, a decisão de preço é fundamental.

Um exemplo de fatores que influenciam os preços nos supermercados foi apresentado pela Associação Paulista de Supermercados (Apas):

> Existe toda uma cadeia de produção na formação dos preços que enxergamos na prateleira de um supermercado. As variações vão desde a matéria-prima que vem dos produtores, aos fatores de produção da indústria (energia, mão de obra, embalagem), fatores de logística (combustível, mão de obra, manutenção), impostos que incidem nas várias etapas da cadeia (federal, estadual e municipal). Desde o início da pandemia da Covid-19, a Associação Paulista de Supermercados (APAS) orienta seus associados a não aumentarem a margem de lucro praticada anteriormente à crise e apenas repassar os aumentos impostos pela indústria.[3]

A área mercadológica visa aumentar ou manter a participação de mercado. Uma forma comum de crescimento das vendas para aumentar a participação no mercado é a adoção de preços menores que os da concorrência. O preço deve refletir os custos, mas deve expressar, sobretudo, o valor que o cliente percebe no produto.

Para a área financeira, a administração de preços deve:

- definir critérios e procedimentos para formação dos preços, partindo da apuração dos custos;
- definir um modelo geral para decisão dos preços a serem adotados;
- definir um modelo para acompanhamento e monitoramento dos preços listados, praticados, calculados e o preço da concorrência;
- analisar da lucratividade e a rentabilidade, unitária e global.

Para a área mercadológica, a administração de preços deve ser capaz de gerar vendas compatíveis com os objetivos estratégicos da empresa, assegurando boas margens de lucro e a crescente participação de mercado.[4]

Sob esta visão, a estratégia de preços segue um processo de seis passos:

---

[3] Disponível em: https://www.mercadoeconsumo.com.br/2020/04/28/apas-elenca-fatores-que-influenciam-os-precos-nos-supermercados/. Acesso em: 14 jan. 2022.

[4] *Market share* é o termo que designa a participação de uma empresa em algum ramo de atuação.

- Selecionar o seu objetivo de preço.
- Estimar a curva da demanda e as quantidades prováveis que vai vender a cada preço possível.
- Estimar como seus custos variam em diferentes níveis de produção.
- Propor ofertas de comercialização diferenciadas dos concorrentes.
- Selecionar uma política de estabelecimento de preços.
- Estabelecer o preço final.

Os administradores de marketing costumam afirmar que o mercado determina o preço e a empresa tem que se ajustar a isso. Muitas vezes, porém, ocorre de se estar penalizando alguns produtos com preços distorcidos por critérios equivocados de alocação de custos, o que resulta em esforços de vendas que proporcionam baixa margem de lucro, ou mesmo prejuízo, em termos reais.

6.2 Fundamentos de custos

A produtividade e a demanda, consideradas em termos do volume de produção e vendas, afetam os preços. Quanto maior o volume de produção e de vendas, menores poderão ser os preços para se manter o nível de lucro. Para que isso ocorra, é necessária a redução nos custos indiretos unitários, decorrente do aumento das vendas.

Sempre que uma empresa decide basear seus preços nos custos, há necessidade de se estimar a quantidade a ser vendida no período de vigência dos novos preços. Quanto mais alta for essa estimativa, menores poderão ser os preços. Esse fato vem ao encontro das necessidades do mercado. Normalmente, a demanda de mercado cresce com a diminuição dos preços.

Portanto, o volume de vendas é um fator determinante do preço a ser praticado. Para obtenção de lucro, o preço deve ser superior ao custo. A seguir, apresentamos alguns conceitos fundamentais que embasam a tomada de decisão de preços.

6.2.1 Gastos, custos, despesas

Embora não estejamos aqui pretendendo nos aprofundar em Contabilidade de Custos, consideramos importante a conceituação de alguns tópicos estudados nessa disciplina, porque ajudam a compreensão de como são formados os preços, quando baseados em aspectos financeiros internos das empresas.

Gastos: são todos os dispêndios – custos, despesas, investimentos – realizados para produzir e comercializar produtos.[5]

Custos: são gastos incorridos para a fabricação.

---

[5] Utilizaremos produtos abrangendo também serviços, mercadorias e produtos agrícolas.

Segundo o Instituto dos Auditores Independentes do Brasil (Ibracon):[6]

> Custo é a soma dos gastos incorridos e necessários para a aquisição, conversão e outros procedimentos necessários para trazer os estoques à sua condição e localização atuais, e compreende todos os gastos incorridos na sua aquisição ou produção, de modo a colocá-los em condições de serem vendidos, transformados, utilizados na elaboração de produtos ou na prestação de serviços que façam parte do objeto social da entidade, ou realizados de qualquer outra forma.

Despesas: são os gastos necessários para estocar, vender e receber os valores referentes à venda.

Segundo o Ibracon: "Despesa é o valor gasto com bens e serviços relativos à manutenção da atividade da empresa, bem como aos esforços para a obtenção de receitas através da venda dos produtos. Exemplos: materiais de escritório, salários da administração."

Quadro 6.1 Custos e despesas

Custos	Despesas
• Mão de obra direta, mão de obra indireta, matéria-prima, depreciação do maquinário, salários e encargos do gerente da fábrica, insumos	• Administrativas: diretoria, vigilância, comunicação, secretaria, consultoria, sistemas de informação
• Aquisição de mercadorias	• Comerciais: comissões, telefone, internet, viagens
	• Financeiras: juros, taxas bancárias
• Insumos, sementes, mão de obra do trabalhador rural	• Tributárias: ICMS, ISS, IPI, IPTU

Os custos e as despesas podem ser assim classificados:

Custo unitário: é o total de gastos com matérias-primas, insumos, embalagens, mão de obra direta e outros, relacionados a uma unidade.[7] É o custo obtido na separação dos gastos totais daqueles específicos que cabem a uma unidade do produto. Exemplos: custo de uma transação, custo de uma atividade, custo de um lote de produção, custo de um funcionário.

Custos diretos: são aqueles que podem ser apropriados a um só produto. Exemplos: mão de obra direta, matéria-prima, embalagem, salário da produção, horas de prestação de serviços relacionados à atividade.

---

[6] Disponível em: http://www.portaldecontabilidade.com.br/tematicas/custo-ou-despesa.htm. Acesso em: 27 maio 2020.

[7] O capítulo trata dos conceitos para indústria, comércio e prestação de serviço. Nesse sentido, alguns conceitos precisam ser adaptados às características das diferentes atividades de negócio. Por exemplo: matéria-prima se relaciona com fábrica; mercadoria, com comércio; e insumos, com serviços.

Custos indiretos: são aqueles que não podem ser alocados diretamente, que precisam ser rateados (alocados). Exemplos: gastos do almoxarifado, do planejamento e controle da produção, da segurança, da manutenção e da supervisão da atividade, de aluguéis, de materiais auxiliares, energia elétrica da fábrica, seguros.

Custos fixos: são aqueles que permanecem constantes para determinado volume de produção. Exemplos: aluguel de um barracão para a produção, seguro das instalações e equipamentos, salários mensais do gerente e do chefe do departamento de segurança.

Custos variáveis: são aqueles que variam proporcionalmente com as unidades produzidas. Exemplos: mão de obra direta, matérias-primas, embalagens.

Custos totais: são a soma dos custos fixos com os custos variáveis.

Despesas diretas: são os gastos diretamente relacionados ao faturamento: comissões, impostos diretos, fretes, custos de cobrança.

Despesas indiretas: são aquelas que independem das vendas, como pessoal administrativo, segurança do escritório, taxas de condomínio, alvarás e licenças.

6.2.2 Métodos de custeio

Métodos de custeio são a forma como as empresas agregam ao preço de venda seus custos de fabricação. Seu principal objetivo é separar os custos variáveis dos custos fixos e definir seus pesos no preço.

Departamentalização: é um sistema contábil que registra os gastos gerais de fabricação por centros de custos. A principal relação da departamentalização com a contabilidade de custos está no processo de rateio, atribuindo mais eficácia e racionalidade à distribuição dos custos indiretos.

Sistema de custos: são aqueles que acumulam informações de custo.

Métodos de custeio: são processos que apropriam os custos aos produtos. Por meio deles, é possível identificar seu custo unitário.

Centro de custo: é a menor área de responsabilidade de uma empresa a que se devem alocar custos. Exemplos: departamento de manutenção, de segurança, de almoxarifado.

Rateio de custo: é a apropriação de custos indiretos, por meio de critérios objetivos.

Os principais métodos de custeio são: custeio direto/variável, custeio por absorção, *activity-based costing* (ABC) e unidade de esforço de produção (UEP). Embora recomendemos todos eles, trataremos aqui apenas dos dois primeiros.

a) Custeio direto/variável

O custeio direto/variável preocupa-se apenas em identificar o custo ou despesa por unidade, desconsiderando se é um custo (gasto industrial) ou uma despesa (administrativa, comercial, financeira ou tributária).

EXEMPLO   Empresa Aukland – produto A (único)

Suponha que a empresa Auckland está calculando o custo e as despesas, definindo a margem de contribuição, o preço de venda e o resultado líquido da venda de 1.000 unidades.

Seus **custos/despesas diretas** são:

- Matéria-prima necessária: 200 unidades a R$ 8,50 cada.
- Materiais auxiliares consumidos: 0,10 unidade a R$ 400,00 cada.
- Mão de obra direta: 4 horas a R$ 50,00 a hora.
- Preço de venda unitário: R$ 3.880,00.[8]

Tabela 6.1   Custo variável unitário (em R$ 1,00)

Custos diretos	Unidades	Custo	Total
Matéria-prima – 200 unidades a R$ 8,50	200	8,50	1.700,00
Materiais auxiliares – 0,10 unidades a R$ 400,00	0,10	400,00	40,00
Mão de obra direta – 4 horas a R$ 50,00	4	50,00	200,00
Custo variável unitário			1.940,00

A Tabela 6.1 mostra o cálculo do custo variável unitário. Para encontrarmos o custo de fabricação, precisamos atribuir-lhe, por meio de rateios, os custos fixos e/ou indiretos. Por se tratar de um único produto, todos esses custos lhe serão atribuídos.

A empresa Auckland tem os seguintes **custos fixos/indiretos**:

- Salários dos departamentos de apoio à produção R$ 400.000,00.
- Gastos gerais dos departamentos de apoio à produção R$ 180.000,00.
- Depreciações R$ 300.000,00.

Tabela 6.2   Custo de fabricação – 1.000 unidades (em R$ 1,00)

Custos diretos, fixos e indiretos	Diretos	Indiretos	
Unidades produzidas e vendidas – 1.000 unidades a R$ 1.940,00	1.940.000,00		1.940.000,00
Salários dos departamentos de apoio à produção		400.000,00	400.000,00
Gastos dos departamentos de apoio à produção		180.000,00	180.000,00
Depreciações		300.000,00	300.000,00
Custo de fabricação – 1.000 unidades	1.940.000,00	880.000,00	2.820.000,00

---

[8]   Preço de venda estabelecido após apurar-se o custo variável unitário e decidir-se a margem de contribuição desejada.

A Tabela 6.2 apresenta o custo de fabricação de R$ 2.820.000,00, que, dividido pela quantidade produzida de 1.000 unidades, dá R$ 2.820,00 por unidade.

Margem de contribuição (MC): é um indicador que mostra quanto sobra da receita com as vendas, excluídos os custos variáveis, para cobrir os custos fixos e gerar lucro.

As empresas comerciais, principalmente supermercados, adotam o conceito de margem de contribuição para estabelecer seus preços. Algumas pequenas e médias indústrias também a usam, pela simplicidade e para evitar o uso de critérios subjetivos de rateio. Sua fórmula é:

MC em reais = Preço de venda unitário – Custo variável unitário
MC = 3.880,00 – R$ 1.940,00 = **R$ 1.940,00**
MC em percentual = Preço de venda unitário – Custo variável unitário
MC em percentual = 1,00 – 0,50 = **0,50**

Tabela 6.3 Margem de contribuição

Preço de venda unitário do produto A	3.880,00	1,00
Custo variável unitário	1.940,00	0,50
Margem de contribuição unitária	1.940,00	0,50

Preço de venda unitário = Custo variável unitário / Margem de contribuição percentual
Preço de venda unitário = R$ 1.940,00 / 0,50 = R$ 3.880,00

A Tabela 6.3 evidencia como proceder para encontrar o preço de venda. Desde que a empresa tenha o custo variável unitário, o estabelecimento da margem de contribuição (MC) decorre da decisão da empresa, que, ao tomar essa decisão, utiliza-se de informações sobre práticas do ramo de negócios, de sua estrutura de custos, de seu posicionamento no mercado e outros fatores.

De posse de informações sobre as despesas operacionais – administrativas, comerciais, financeiras, tributárias –, é possível a empresa elaborar uma demonstração do resultado líquido das vendas.

Suponha que a empresa Auckland tenha as seguintes despesas operacionais:

- Salários e despesas administrativas: R$ 70.000,00.
- Salários e despesas comerciais: R$ 50.000,00.
- Comissões: 12% sobre as vendas.

Então, é possível projetarmos a Tabela 6.4 com os resultados. Como propomos ao longo deste livro, a utilização de planilhas para elaboração dos cálculos possibilitará que se façam diversas simulações, sem muitas dificuldades.

Tabela 6.4 Resultado líquido das vendas

Discriminação	Quantidade	Preço	Totais
Vendas	*1.000*	*3.880,00*	*3.880.000,00*
(–) Custos diretos			1.940.000,00
(–) Custos indiretos			880.000,00
Salários dos departamentos de apoio à produção			400.000,00
Gastos dos departamentos de apoio à produção			180.000,00
Depreciação			300.000,00
(=) *Lucro antes das despesas*			*1.060.000,00*
(–) *Despesas operacionais*			*585.600,00*
Salários e despesas administrativas			70.000,00
Comissões – 12% sobre vendas		0,12	465.600,00
Salários e despesas comerciais			50.000,00
(=) Resultado líquido			474.400,00

b) Custeio por absorção

Custeio por absorção é o método que se baseia no rateio (apropriação) de todos os custos fixos e/ou indiretos de produção aos produtos.

Ratear é o ato de dividir de maneira proporcional entre os responsáveis. O custeio por absorção não inclui as despesas. A determinação dos critérios de rateio é fonte de muitas críticas, pois, por mais que tentem, os responsáveis por custos não conseguem estabelecer critérios objetivos, que não sejam questionados. No entanto, esse é o único método aceito pela legislação brasileira para valoração dos estoques.[9]

A Figura 6.1 apresenta a forma pela qual são apurados os custos, possibilitando a elaboração da demonstração de resultados.

No método de custeio por absorção, devemos dar seis passos básicos:

1. Separar custos e despesas.
2. Separar os custos diretos e os custos indiretos.
3. Alocar os custos diretos.
4. Apropriar os custos indiretos de acordo com os critérios de rateio.
5. Calcular o custo de produção, o custo unitário e o custo dos produtos vendidos.
6. Apurar os resultados.

---

[9] Existem outros métodos, como o ABC e o UEP, que são usados gerencialmente.

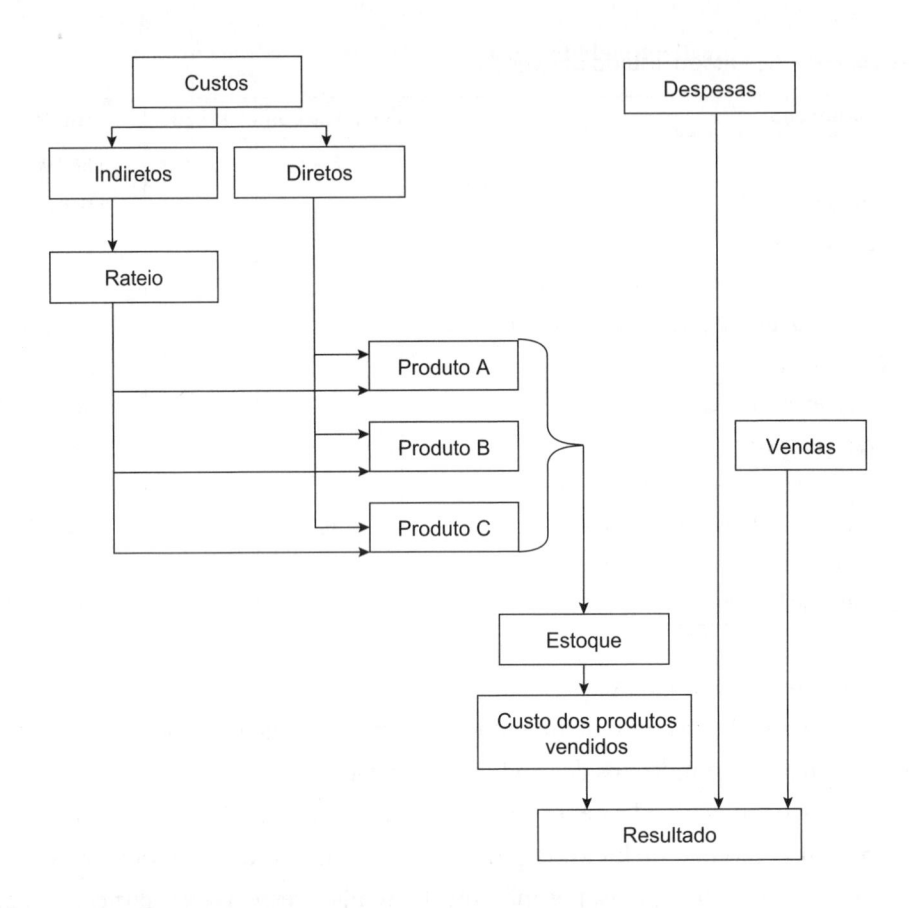

```
          ┌─────────┐                          ┌──────────┐
          │ Custos  │                          │ Despesas │
          └─────────┘                          └──────────┘
         ↙     ↓                                    │
 ┌──────────┐  ┌─────────┐                          │
 │ Indiretos│  │ Diretos │                          │
 └──────────┘  └─────────┘                          │
      ↓                                             │
 ┌─────────┐                                        │
 │ Rateio  │                                        │
 └─────────┘                                        │
      │    → ┌────────────┐                         │
      │      │ Produto A  │                         │
      │      └────────────┘                    ┌──────────┐
      │    → ┌────────────┐                    │  Vendas  │
      │      │ Produto B  │                    └──────────┘
      │      └────────────┘                         │
      │    → ┌────────────┐                         │
             │ Produto C  │                         │
             └────────────┘                         │
                    ↓                               │
             ┌────────────┐                         │
             │  Estoque   │                         │
             └────────────┘                         │
                    ↓                               │
             ┌────────────────┐                     │
             │ Custo dos      │                     │
             │ produtos       │                     │
             │ vendidos       │                     │
             └────────────────┘                     │
                    ↓                               ↓
                  ┌──────────────────┐
                  │    Resultado     │
                  └──────────────────┘
```

Fonte: MARTINS, Eliseu. *Contabilidade de custos.* 9. ed. São Paulo: Atlas, 2003.

Figura 6.1 Custeio por absorção.

EXEMPLO: Empresa Canberra – produtos A, B, C, D, E

Suponhamos que a empresa Canberra tenha os custos de produção apresentados na Tabela 6.5 e queira rateá-los. O responsável pelo setor de custos prestou as seguintes informações adicionais:

- **Matéria-prima, embalagem e mão de obra** podem ser apropriadas diretamente, já que foi possível identificar seus consumos.
- **Materiais de consumo, salários da supervisão, depreciação de máquinas, energia elétrica e aluguel do prédio** não podem ser atribuídos diretamente pela impossibilidade de identificar seus consumos.

- **Os custos indiretos de fabricação (CIF)** deverão ser rateados pelo critério de participação percentual de gastos com mão de obra direta (MOD).
- **As despesas administrativas, comerciais e financeiras** deverão ser alocadas com base na participação percentual nos custos de produção.

Tabela 6.5 Custo de produção do período (em R$ 1,00)

Matéria-prima	1.000.000,00
Embalagem	240.000,00
Materiais auxiliares	40.000,00
Mão de obra	400.000,00
Salários da supervisão	160.000,00
Depreciação de máquinas	120.000,00
Energia elétrica	200.000,00
Aluguel do prédio	80.000,00
TOTAL	**2.240.000,00**

Verifica-se, portanto, que existem custos diretos e custos indiretos. Os custos diretos podem ser alocados. Os CIF terão que ser rateados com base em um critério determinado. Para efeito deste exemplo, vamos usar o **critério da participação percentual dos gastos com mão de obra direta (MOD)**. Cada empresa, cada situação pode determinar o critério mais adequado a ser usado. A Tabela 6.6 apresenta o total de custos (e despesas) diretos e indiretos para o período.

Tabela 6.6 Total de custos (despesas) diretos e indiretos – (R$ 1,00)

Comissões de vendedores	20.000,00
Correios, telefonemas	1.250,00
Depreciação da fábrica	15.000,00
Despesas de entrega	11.250,00
Despesas financeiras	12.500,00
Energia elétrica – fábrica	21.250,00
Honorários da diretoria	10.000,00
Manutenção – fábrica	17.500,00
Materiais diversos – fábrica	3.750,00
Material de consumo – escritório	1.250,00
Matéria-prima consumida	87.500,00
Salários da administração	22.500,00
Salários da fábrica	30.000,00
Seguros da fábrica	2.500,00
TOTAL	**256.250,00**

1º Passo: Separar custos e despesas

A Tabela 6.7 mostra a separação dos gastos da empresa Canberra, preparando para a apuração dos custos e dos resultados.

Tabela 6.7 Separação de custos e despesas (R$ 1,00)

Custos de produção – diretos e indiretos	
Depreciação da fábrica	15.000,00
Energia elétrica – fábrica	21.250,00
Manutenção – fábrica	17.500,00
Materiais diversos – fábrica	3.750,00
Matéria-prima consumida	87.500,00
Salários da fábrica	30.000,00
Seguros da fábrica	2.500,00
TOTAL	**177.500,00**
Despesas administrativas	
Correios, telefonemas	1.250,00
Honorários da diretoria	10.000,00
Material de consumo – escritório	1.250,00
Salários da administração	22.500,00
TOTAL	**35.000,00**
Despesas comerciais	
Despesas de vendas	
Comissões de vendedores	20.000,00
Despesas de entrega	11.250,00
TOTAL	**31.250,00**
Despesas financeiras	
Despesas financeiras	12.500,00
TOTAL	**12.500,00**

2º Passo: Separar os custos diretos e os custos indiretos

A Tabela 6.8 mostra os custos de matéria-prima e de mão de obra direta individualizados e que servirão para definir os critérios de rateio.

Tabela 6.8 Custos de MOD (R$ 1,00)

Matéria-prima:		
Produto A	10.000,00	
Produto B	12.500,00	
Produto C	15.000,00	
Produto D	20.000,00	
Produto E	30.000,00	
TOTAL	87.500,00	
Mão de obra:		
Indireta		10.000,00
Direta		
Produto A	2.500,00	
Produto B	3.000,00	
Produto C	3.500,00	
Produto D	5.000,00	
Produto E	6.000,00	20.000,00
TOTAL		30.000,00

3º Passo: Alocar os custos diretos

A Tabela 6.9 aloca os gastos com matéria-prima e mão de obra direta e evidencia a participação percentual de cada produto nos gastos com MOD, critério a ser usado no rateio dos custos indiretos.

Tabela 6.9 Custos de MOD (R$ 1,00)

Custos diretos	Produtos					Total
	A	B	C	D	E	
Matéria-prima	10.000,00	12.500,00	15.000,00	20.000,00	30.000,00	87.500,00
MOD	2.500,00	3.000,00	3.500,00	5.000,00	6.000,00	20.000,00
MOD – participação %	**12,50%**	**15,00%**	**17,50%**	**25,00%**	**30,00%**	**100,00%**
Total	12.500,00	15.500,00	18.500,00	25.000,00	36.000,00	107.500,00

4º Passo: Apropriar os custos indiretos de acordo com os critérios de rateio

A Tabela 6.10 mostra o rateio dos custos indiretos de fabricação, de R$ 70.000,00, e a Tabela 6.11 apresenta o mapa final de alocação dos custos.

Tabela 6.10   Valores rateados

CIF	Rateio dos custos indiretos					
	A	B	C	D	E	Total
70.000,00	8.750,00	10.500,00	12.250,00	17.500,00	21.000,00	70.000,00

5º Passo: Calcular o custo de produção, o custo unitário e o custo dos produtos vendidos

A Tabela 6.11 apresenta os custos de fabricação, sendo que o custo unitário depende da quantidade de unidades produzidas. Neste exemplo, não trabalhamos com essas informações, mas, se o leitor quiser, poderá estipular quantidades produzidas e vendidas, como fizemos no caso de um produto único, quando trabalhamos com uma produção de 1.000 unidades.

Tabela 6.11   Custo de fabricação (em R$ 1,00)

Produtos	Custos		Total
Produtos	Diretos	Indiretos	
Produto A	12.500,00	8.750,00	21.250,00
Produto B	15.500,00	10.500,00	26.000,00
Produto C	18.500,00	12.250,00	30.750,00
Produto D	25.000,00	17.500,00	42.500,00
Produto E	36.000,00	21.000,00	57.000,00
	107.500,00	70.000,00	177.500,00

6º Passo: Apurar os resultados

A Tabela 6.4 – Resultado líquido das vendas do Produto A – poderá ser usada como modelo para cálculo dos resultados da empresa Canberra. Nesse caso, será preciso trabalharmos com uma série de simulações sobre quantidades vendidas. Fica como exercício para os leitores.

6.2.3 Questões fundamentais no gerenciamento de custos

No gerenciamento de custos, é fundamental que se classifiquem os custos em três categorias: (1) custos que devem ser gerenciados, (2) custos que devem ser otimizados e (3) custos que devem ser eliminados.

Deve-se conhecer os custos, classificar os custos, reduzir fortemente os custos indiretos, utilizar eficientemente as matérias-primas, qualificar mão de obra, adequar a capacidade produtiva, negociar com fornecedores:

- Pode-se buscar melhor negociação com fornecedores.
- Pode-se transformar as matérias-primas em fontes de ganhos, por meio do bom aproveitamento e da boa utilização, reduzindo retrabalho, desperdícios, perdas.
- Pode-se escolher melhores práticas de gestão de pessoas.
- Pode-se melhorar o fluxo de produção, produzir e vender o máximo da capacidade produtiva.

Em outras palavras, sempre existe um trabalho a ser feito em custos antes de se trabalhar com formação de preços.

6.3 Formação de preços

O processo de formação de preço é a análise realizada pela empresa ao definir qual será o valor cobrado, levando em consideração alguns fatores, como custos, margem de lucro, despesas fixas e variáveis, entre outros elementos.

O preço pode ser um fator chave para a competitividade da empresa, independentemente de seu tamanho ou setor de atuação. Nas pequenas e médias empresas brasileiras, são bastante utilizados os métodos de custeio direto e de custeio por absorção, sob o ponto de vista financeiro, e estudos do mercado consumidor e dos concorrentes, sob o ponto de vista de marketing.

Objetivos do processo de formação de preços:

- Maximizar a riqueza do acionista.
- Maximizar a riqueza dos *stakeholders*.
- Aumentar a participação de mercado.
- Maximizar a capacidade produtiva.
- Praticar preços competitivos.
- Assegurar a sustentabilidade.
- Informar a qualidade.
- Atender questões sociais e ambientais.

A falta de conhecimento de muitas empresas que acabam utilizando sistemas de precificação comprovadamente inadequados, por não compreenderem o conceito de valor percebido pelo cliente, leva-as a obterem resultados medíocres, ou mesmo prejuízos. Essa falta de precisão no cálculo, na apropriação dos custos e no estabelecimento de preços equivocados faz as empresas perderem quantias significativas a cada dia.

O preço é considerado por altos executivos como um dos três principais fatores do marketing, ao lado da diferenciação e do lançamento de um novo produto.

6.3.1 Markup

Markup é um índice que é aplicado sobre o custo de um produto para formação do preço de venda.

Há dois tipos de *markup*, o **markup multiplicador** e o **markup divisor**. Ambos levam aos mesmos resultados. O *markup* é uma prática muito usada, principalmente, no comércio.

O preço deve ser suficiente para cobrir todos os custos, despesas, impostos e gerar o lucro desejado. O *markup* é obtido por meio das seguintes fórmulas:

$$Markup \text{ multiplicador} = 1 / (1 - \text{Custo total da venda}) \qquad (6.1)$$

Antes de procedermos ao cálculo do *markup*, é importante reforçarmos o entendimento de alguns conceitos:

Despesas fixas: são todos os gastos que não estão alocados diretamente ao custo do produto. Como vimos anteriormente, são as despesas administrativas, comerciais, tributárias e financeiras.

Despesas variáveis: são aquelas que ocorrem em detrimento das vendas. Destacam-se os impostos sobre as vendas, comissões, energia, telefone.

Margem de lucro: é a parcela desejada que se quer obter sobre o preço unitário. A empresa pode adotar uma margem igual para todos os produtos, uma margem para cada departamento ou uma margem para cada produto.

Custo direto: é o valor despendido para a aquisição de um produto ou uma mercadoria.

Suponha que a loja Hong Kong adquira um jogo de estofado Suzi por R$ 2.500,00, com a seguinte estrutura de custos e despesas variáveis e uma margem de lucro desejável de 20%:

Tabela 6.12   Custos e despesas variáveis e margem de lucro

Preço de venda	100,00%
ICMS na venda	18,00%
PIS/Cofins	4,65%
Comissões	2,50%
Despesas administrativas	5,00%
Margem de Lucro desejada	20,00%
Custos e despesas variáveis mais margem de lucro	**50,15%**

A Tabela 6.12 dispõe os dados já arranjados para facilitar o cálculo do *markup*, que seria o seguinte:

Markup multiplicador = (1 /(1 − 0,5015) = (1 / 0,4985) = 2,0060

Preço de venda = R$ 2.500 × 2,0060 = R$ 5.015,00

Tabela 6.13 Custos e despesas variáveis e margem de lucro

Demonstrativo de resultado	%	R$
Preço de venda	100,00	5.015,00
ICMS na venda	18,00	902,70
PIS/Cofins	4,65	233,20
Comissões	2,50	125,38
Despesas administrativas	5,00	250,75
Lucro desejado	20,00	1.003,00

A Tabela 6.13 comprova a veracidade da utilização do *markup* multiplicador para se determinar o preço que cubra todos os custos e atinja o lucro desejado.

Markup divisor = (Preço de venda − Custo total de vendas) / 100   (6.2)

Markup divisor = (100% − 50,15%) / 100 = 49,85% / 100 = 0,4985

Preço de venda = R$ 2.500 / 0,4985 = R$ 5.015,04, arredondado para R$ 5.015,00

6.4 Estabelecendo preços do ponto de vista financeiro

6.4.1 Ponto de equilíbrio (PE)

Ponto de equilíbrio é o volume (quantidade ou faturamento) necessário para que a empresa cubra todos os seus custos.

Na Figura 6.2, ponto de equilíbrio é onde as receitas totais cruzam com os custos totais. Nesse ponto, não há lucro nem prejuízo. Pode ser calculado em unidades e em reais.

Margem de contribuição: é a diferença entre o preço de venda unitário e o custo variável unitário (normalmente, expressa em decimais).

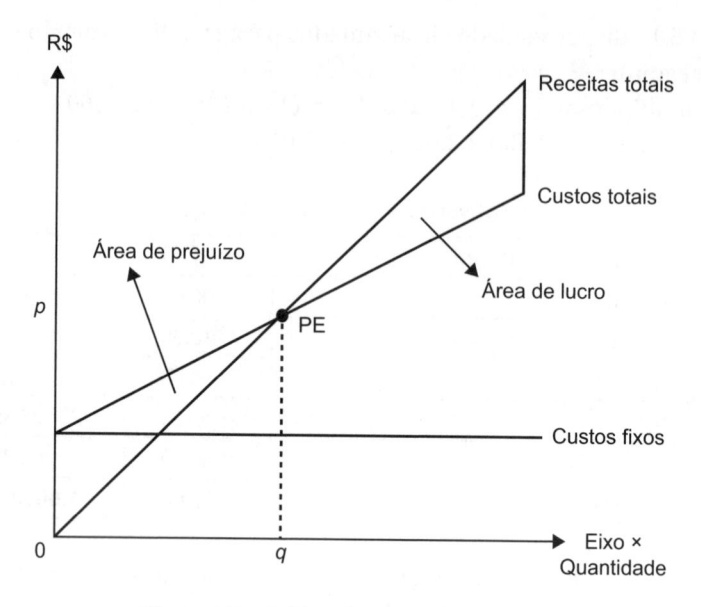

Figura 6.2 Gráfico do ponto de equilíbrio.

A fórmula para cálculo do ponto de equilíbrio (PE) é:

$$PE = \text{Custo fixo} / \text{Margem de contribuição} \qquad (6.3)$$

Exemplo 1: Suponha que o gerente financeiro da Tókio Empreendimentos tenha as seguintes informações: seu único produto é vendido pelo preço de R$ 20,00, o custo variável unitário é R$ 12,00 e o custo fixo total da empresa é R$ 160.000,00.

Calcule o ponto de equilíbrio da empresa.
O ponto de equilíbrio seria encontrado da seguinte forma:
PE = Custo fixo / (preço de venda unitário − custo variável unitário)
PE = R$ 160.000,00 / (R$ 20,00 − R$ 12,00) = R$ 160.000,00 / R$ 8,00 = <u>20.000 unidades</u>

Exemplo 2: A Artes Gráficas Barbosa tem custos fixos mensais de R$ 16,200,00. A margem de contribuição de seu negócio é de 0,35. Ela deseja obter um lucro mensal de R$ 5.000,00. Quanto a empresa precisa faturar mensalmente para atingir esse resultado?

PE = Custo fixo/ margem de contribuição
PE (para um lucro de R$ 5.000,00) = (Custo fixo + lucro desejado) / MC
PE (para um lucro de R$ 5.000,00) = (R$ 16.200,00 + R$ 5.000,00) / 0,35
PE (para um lucro de R$ 5.000,00) = <u>R$ 60.571,43</u>

Observação: sempre que se quer obter determinado lucro, basta usar um pequeno artifício: somar aos custos fixos esse valor.

Trabalhando com os conceitos de ponto de equilíbrio e de margem de contribuição, é possível fazer simulações variando-se preço, custo variável, despesa de vendas, custo fixo e lucro desejado.

6.4.2 Preço de equilíbrio

Exemplo 3: A Malas Colombo comercializa jogos de malas e roupas em geral. O custo variável unitário do jogo de malas é R$ 2.300,00. A empresa vende cada um a R$ 3.910,00. O faturamento total da empresa é de R$ 2.291.600,00, sendo que o faturamento com jogos e malas é de R$ 312.800,00. O custo fixo da empresa é de R$ 130.500,00, e o rateio desses custos deve ser feito na proporção das vendas. Sabendo-se que a empresa vende 80 jogos de malas, qual o menor preço de vendas para cada jogo, para que não haja prejuízo?

Resposta:

$$\frac{Faturamento\ das\ vendas\ com\ jogos\ de\ malas}{Faturamento\ total\ da\ empresa} = \frac{312.800,00}{2.191.600,00} = 0,142726775 \cong 14\%$$

Custos fixos atribuídos aos 80 jogos de malas = 130.500,00 × 0,142726775 = R$ 18.625,84

Custo unitário do jogo de malas = custo de aquisição + rateio dos custos fixos

$$Custo\ unitário\ do\ jogo\ de\ malas = 2.300,00 + \frac{18.625,84}{80} = 2.532,82$$

Prova

Receita de vendas (80 × 2.532,82)	202.625,84
Custo variável (80 × 2.300,00)	−184.000,00
Custo fixo (rateio)	−18.625,84
Resultado	0

Crítica ao ponto de vista financeiro

Em diversos segmentos de mercado, o custo continua sendo um referencial na definição do preço de venda, mesmo porque, em condições normais, ninguém vende abaixo do custo. No entanto, a definição do preço de venda baseado unicamente no custo gera conflitos e pode levar a perda de competitividade, já que não considera a demanda e os níveis de concorrência.

6.5 Estabelecendo preços do ponto de vista do marketing

Antes de apresentarmos preços do ponto de vista do marketing, vamos lembrar o ensinamento de Kotler: "O Marketing é um processo administrativo e social pelo qual indivíduos e grupos obtêm o que necessitam e desejam através da criação, da oferta e da troca de produtos com valor agregado entre iguais".

Diz ainda esse autor: "A melhor maneira de reter clientes é analisar constantemente como dar-lhes mais por menos".[10]

Baseada em seu conhecimento do mercado, a empresa pode estabelecer seu preço de venda considerando fatores ambientais, objetivos de clientes, estratégias de concorrentes e demanda. Diante disso, ela pode optar por atender determinada classe social ou região, considerando um conjunto de atributos na formação do preço para atender melhor os consumidores em particular.[11]

O conhecimento do mercado e das estratégias dos concorrentes é essencial na formação dos preços de venda. O preço que o mercado estaria disposto a pagar não significa o mais alto possível a ser praticado, mas aquele que representa valor para o consumidor, o que resulta num preço competitivo.

Fatores sazonais, cíclicos, econômicos, legais, sociais, ambientais e outros influenciam as estratégias para determinação de preços, sendo os custos apenas o ponto de partida, na análise do valor percebido pelo mercado.

As empresas precisam entender melhor seus diferentes segmentos de clientes e praticar preços "personalizados", além de entender que existem mercados que não serão satisfeitos por seus produtos.

Sob o ponto de vista de marketing, são feitas muitas considerações que influenciam a administração de preços. Segundo o pessoal da área, o preço irá garantir que você consiga não só aumentar a lucratividade da sua empresa, como também facilitará a construção de relacionamentos com seus consumidores.

O preço é responsável por moldar a percepção do público-alvo em relação ao produto. Preços muito abaixo do mercado darão a impressão de que seu produto não possui qualidade. E preços muito acima da média podem ocasionar um volume baixo de vendas, que, consequentemente, levará a problemas financeiros no futuro.

Ao estabelecer o preço de um produto ou serviço, você precisa levar em consideração o valor oferecido. Algumas perguntas precisam ser respondidas:

- Qual o custo de produção do produto ou serviço?
- Como os consumidores avaliam os preços?

---

[10] KOTLER, Philip; ARMSTRONG, Gary. *Principles of marketing*. 14.. ed. New York: Prentice Hall, 2011.

[11] CANEVER, Felipe C. et al. Formação de preços: um estudo em empresas industriais de Santa Catarina. *Revista de Contabilidade do Mestrado em Ciências Contábeis da UERJ* (online), Rio de Janeiro, v. 17, n. 2, p. 14-27, maio/ago. 2012.

- Como o preço deve ser adequado para atender a oportunidades e circunstâncias variáveis?
- Quando a empresa deve mudar o preço?
- Como a empresa deve responder à mudança de preço de um concorrente?
- Qual é o valor percebido do produto?
- Uma pequena diminuição de preço pode significar aumento no número de vendas?
- O preço atual é competitivo em relação aos produtos e serviços dos concorrentes?

Ao estabelecerem uma política de preços, as empresas buscam atender uma série de objetivos: sobrevivência, lucros, aumento de faturamento, crescimento das vendas, maior participação no mercado, liderança de mercado, sinalização de qualidade, entre outros.

6.5.1 Psicologia do consumidor e percepção de preço

Grande parte dos gerentes sabe que o preço influencia a demanda. Poucos gerentes, no entanto, percebem como isso afeta o consumo. Pacotes de serviços costumam mascarar os preços oferecendo pacotes, como os cruzeiros que agrupam serviços pequenos e específicos em uma única taxa com tudo incluído.

A psicologia do consumidor leva-o a ter diferentes percepções de preço. O Quadro 6.2 apresenta algumas delas.

Quadro 6.2 Psicologia do consumidor e percepção de preço

Sensibilidade e valor
• Preço como sacrifício econômico que deve ser recompensado pelos atributos que se espera encontrar. • Principal atributo: qualidade – conceito subjetivo na mente do consumidor. • Sensibilidade a preços baixos. • Em alguns casos, o consumidor procura comprar ao menor preço possível, não importando a qualidade. • No Brasil, devido ao baixo nível de renda, grande parcela da população é sensível a preços baixos, pois apenas nessa circunstância pode exercer seu potencial de consumo.
Sensibilidade a descontos
• Alguns consumidores preferem comprar quando há desconto em relação ao preço normal da mercadoria.
Sensibilidade a fontes de informação
• Alguns consumidores exercem o papel de informantes junto a outros consumidores, sendo mais sensíveis na busca de preços mais baixos e condições favoráveis.
Sensibilidade ao preço como indicador de *status* do comprador
• Preço como indicador de prestígio social. Ao comprar produtos mais caros, o consumidor crê estar passando imagem de si mesmo a outros. Exemplo: consumidor de bebidas caras sinaliza seu grau de riqueza e sofisticação.

6.5.2 Algumas considerações sobre preços

a) Preço de referência

Utilizar um preço de referência ou preço âncora é uma estratégia na qual o vendedor usa como referência o modelo mais caro do produto em questão. A partir disso, o cliente tende a achar os preços de todas as outras mercadorias similares muito mais atrativos.

Pode diferir de um consumidor para outro, assim como o mesmo consumidor pode adotar preços de referência em momentos distintos.

Um preço baixo estabelecido para um período específico cria um preço de referência na mente do consumidor, que dificultará o estabelecimento de preços no futuro.

Preço justo (quanto deveria custar): é o preço entendido como sacrifício econômico que deve ser recompensado pelos atributos que se espera encontrar. Principal atributo: qualidade – conceito subjetivo na mente do consumidor.

Preço padrão: é o preço baseado no custo-padrão, que é um método efetivo de medir a fabricação de um produto. As medições quantitativas e qualitativas e os métodos de engenharia traduzem-se em custos, a fim de se atingir um custo-padrão, estabelecido de acordo com desempenho em condições ótimas.

Deve-se pensar em um padrão em termos de itens específicos, tais como quilos de materiais, horas de mão de obra exigidas e horas de capacidade de fábrica a empregar. Esses padrões físicos que formam a base de cálculo de um custo-padrão devem ser fixados com a maior precisão.

Na realidade, em muitas situações, nunca se modifica um padrão, exceto quando ocorrem mudanças nos métodos de operação ou nos produtos. Somente se modificará a parte monetária, quando flutuem as taxas de mão de obra ou os preços de materiais e outros itens.

Último preço praticado: preço utilizado na última venda.

Limite máximo de preço: preço de reserva ou aquele que a maioria dos consumidores estaria disposta a pagar.

A empresa parte do princípio de que seu consumidor tem preços máximos que deseja pagar e trabalha com preços um pouco abaixo desse limite. Exemplo: a Euro Disney trabalhou cerca de três anos com prejuízos nas proximidades de Paris. Após reduzir seus preços em cerca de 30%, passou a dar lucros.

Limite mínimo de preço: limite inferior de preço ou o mínimo que os clientes pagariam.

Preço mínimo estabelecido para a venda: por exemplo, o preço do barril de petróleo praticado na Bolsa de Londres.

Preços do concorrente: muitas empresas asseguram para seus consumidores o preço praticado pelo concorrente. Exemplos: Walmart, Carrefour, Pão de Açúcar.

Preço futuro esperado: preço baseado em mercados futuros e de opções. Exemplos: *commodities* como ouro, prata, soja, algodão, milho.

Preço usual com desconto: alguns consumidores preferem comprar quando há desconto em relação ao preço normal da mercadoria. A compra torna-se mais atrativa.

b. Inferências preço-qualidade

Preço é o atributo mais utilizado para inferir a qualidade de um produto. A associação normalmente ocorre quando a marca não é conhecida, ou quando o consumidor está inseguro em relação ao seu julgamento.

Preço como indicador de prestígio social: ao comprar produtos mais caros, o consumidor crê estar passando imagem de si mesmo a outros. Exemplo: consumidor de bebidas caras sinaliza seu grau de riqueza e sofisticação. O consumidor acredita que quanto mais caro, melhor.

As marcas mais valiosas do mundo conseguem associar seus produtos à alta qualidade, daí poderem cobrar mais caro. Alguns exemplos: Microsoft Office, Microsoft Windows, Xbox; computadores e *tablets* pessoais, celulares, reprodutores de áudio da Apple; tênis da Nike; relógios da Patek Philippe; calçados, roupas e bolsas da Louis Vuitton.

c. O que o preço sinaliza

Preço sinaliza custo, despesa, custeio, oferta, demanda, poder aquisitivo, *status*, condição econômica, estrutura de mercado, crise, estratégia, adequação. Preço define condições básicas entre comprador e vendedor para efetuarem trocas. Para a empresa, preço é compensação recebida e, para o comprador, expressa o que ele está disposto a dar pelo que a empresa lhe oferece.

6.5.3 Estratégias de adequação de preços

a) Preços promocionais

Todo preço tem um ciclo de vida. Em algumas situações, as empresas podem estabelecer preços promocionais, devendo sempre atentar para suas estratégias comerciais e financeiras.

É comum o estabelecimento de preços promocionais quando os itens são comprados com pouca frequência, os clientes são novos, os preços variam em função da mudança de estação, a qualidade ou o tamanho variam entre diferentes lojas.

Muitos restaurantes reduzem os preços em certas horas do dia; muitos cinemas reduzem preços certos dias da semana; muitas academias de ginástica reduzem seus preços em épocas de verão, quando seus clientes vão para as praias. Outras empresas reduzem seus preços no mês de aniversário, por exemplo. As práticas mais usuais de preços promocionais são: preço isca, preço de ocasião, abatimento em dinheiro, financiamento a juros baixos, prazo de pagamento mais longo, garantia e contrato de serviço e desconto psicológico. Exemplos: preços de pão e verduras em supermercados, pague dois e leve três, só hoje por R$ 9,99.

b) Preços com descontos

É comum as empresas terem diversas tabelas com descontos diferentes: varejistas, atacadistas, revendedores e consumidor final, com o objetivo de aumentar vendas e giro. As estratégias de descontos podem ocorrer como:

Desconto de quantidade:

- Redução do preço em razão do volume comprado.
- Tendência a reduzir custos de vendas, despesas de estocagem e transporte.
- Por causa dos volumes elevados, o cliente compromete-se com a empresa.
- Estímulo à compra em valores consideráveis.

Desconto para revendedores:

- Sobre a tabela para o consumidor final é aplicado um desconto para o revendedor, que assim deve cobrir seus custos e obter lucro.
- Pode-se estabelecer política diferenciada em função do poder de compra do revendedor.

Desconto sazonal:
- Praticado por hotéis e companhias aéreas na baixa estação, quando há pouco movimento.

Descontos especiais:

- Quando ocorre pagamento antecipado.
- Quando do pagamento à vista.
- Quando no recebimento da mercadoria.
- Desconto habitual.

c) Preço e ciclo do produto

Preço de produtos novos:

- Influenciado pelas marcas concorrentes.
- Quando não há similares: estimativa de custos e margem de lucro desejada.
- Desnatamento, prática que consiste em estabelecer um preço inicial alto visando atingir o segmento disposto a pagar por ele.

Preço na fase de crescimento:

- Depende da política de preços.
- Com a aceitação do produto, o preço pode ser ajustado de um preço de penetração para um nível que cubra os custos.

Desaparecimento da diferenciação:
- Com a entrada dos concorrentes, surge compressão preço-custos.
- Ideal é atingir escala de produção que permita reduzir custos antes da entrada dos concorrentes.
- Política de preço de penetração retarda a entrada de concorrentes.

Preço na maturidade:
- Sintomas de deterioração no mercado induzem à redução real de preços.
- Melhor política é tentar um prolongamento buscando atingir novos mercados.
- Crucial estimar nível adequado de preços.
- Preços altos desestimulam a demanda.
- Preços muito baixos significam desprestígio de qualidade.

Preço no declínio:
- Situação é crítica.
- Objetivo é manter o produto vivo e compatível com a margem proporcionada.

6.6 Passos no processo de estabelecimento do preço

Seis etapas são propostas para se estabelecer o preço:
1. Seleção do objetivo da determinação de preços.
2. Determinação da demanda.
3. Estimativa de custos.
4. Análise de custos, preços e ofertas dos concorrentes.
5. Seleção de um método de estabelecimento de preços.
6. Seleção do preço final.

Passo 1 – Seleção do objetivo da determinação do preço

Uma empresa pode determinar seu preço de venda em função de seu objetivo estratégico, cabendo destacar:

- **Sobrevivência**: é possível que, por alguma condição específica da empresa, ela precise atravessar momentos desfavoráveis como crise econômica, entrada no segmento de um forte concorrente, surgimento de uma nova tecnologia, má imagem da empresa devido a um desastre que prejudicou o meio ambiente. Exemplo: liquidações.
- **Maximização de lucros atuais**: estabelecimento de preço alto no lançamento de um produto novo, de alta tecnologia, aproveitando o fato de não haver concorrência. Exemplo: lançamento do IPhone.
- **Maximização de participação no mercado**: com o objetivo de aumentar sua participação no mercado, a empresa poderá optar por práticas de preços

baixos. Exemplo: a Renault, quando entrou no mercado brasileiro, ficou anos sem ter lucros, em busca de seu objetivo que era ter um *market share* de 5%.
- **Maximização do desnatamento do mercado**: desnatar significa obter rápido retorno dos investimentos no desenvolvimento do novo produto; margens melhores ao longo do canal de distribuição: posicionamento do produto como artigo sofisticado; segmentação de mercado. Há riscos de possibilitar a entrada de concorrentes a preços menores. No lançamento, o preço é elevado, para maximizar ganho por unidade vendida. O produto é vendido para sucessivas "camadas" de mercado. O preço vai decrescendo à medida que vai mudando a classe de seus consumidores: inovadores, primeiros compradores, maioria, conservadores. Exemplos: celulares, *tablets*, lâmpadas LED, *smartphones*.
- **Liderança na qualidade**: produtos de reconhecida qualidade que são vendidos com grande margem de lucro. Exemplos: Amazon, Apple, Facebook, Google, Microsoft, BMW, Giorgio Armani, Louis Vuitton, Mercedes-Benz, Toyota, Mont Blanc, Natura, Nestlé.

Passo 2 – Determinação da demanda[12]

Demanda individual é o consumo resultante da utilidade do bem até o ponto em que ele não proporciona mais satisfação –momento conhecido como saturação.

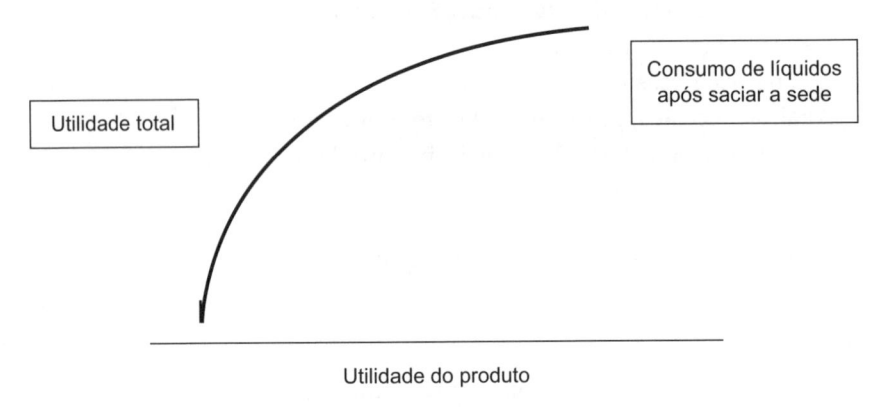

Figura 6.3 Gráfico de utilidade.

Avaliar a elasticidade de preço significa estimar o que ocorre na demanda com relação às alterações de preço. Um produto é elástico quando pequenas variações no preço produzem grandes alterações na quantidade comprada. Exemplos: cosméticos, viagens de turismo, restaurantes, salão de beleza, bebidas finas.

---

[12] LEMES JÚNIOR, Antonio B.; PISA, Beatriz J. *Administrando micro e pequenas empresas*. Rio de Janeiro: Campus/Elsevier, 2010, p. 152-172.

Um produto é inelástico quando não sofre variação de demanda, embora os consumidores tenham variação de renda. Exemplos: sal, pão francês, gás de cozinha.

A demanda é inelástica quando consumidores não alteram a quantidade de produto comprada diante das variações de preço. Exemplos: sal, remédios de uso contínuo, tarifas bancárias.

A elasticidade indica como os consumidores reagem às variações de preço, a proporção em que a demanda aumenta ou diminui quando são realizadas variações de preço.

Elasticidade = Variação da quantidade da demanda (%) / Variação de preço (%)

EXEMPLO

Um produto apresenta a seguinte situação: uma variação de preço de 2,5%, para mais ou para menos, faz com que a demanda se altere em 10% no mesmo sentido. Calcule e determine se a demanda é elástica ou inelástica.

$$Elasticidade = \frac{10\%}{2,5\%} = 4$$

A variação da demanda é maior que 1, portanto, a demanda é elástica, denotando que a cada variação de preço haverá um forte impacto na demanda.

Quadro 6.3 Demanda

> - A demanda é elástica se a elasticidade **preço × demanda** é maior do que 1; portanto, o aumento de preço reduz a quantidade vendida.
> - É inelástica se a elasticidade **preço × demanda** é menor do que 1; portanto, o aumento de preço não reduz a quantidade vendida.
> - A elasticidade é unitária se a elasticidade **preço × demanda** é igual a 1; portanto, a quantidade vendida não se altera com o aumento do preço.

Em função da demanda, as estratégias de preço podem ser:

- **Preço por segmento**: preço estabelecido a grupos distintos de consumidores. Por exemplo, ingressos de cinema/teatro mais baratos para estudantes.
- **Desconto por utilização**: preço é reduzido de acordo com a frequência com que o consumidor compra.
- **Preços sazonais**: preços para épocas ou horários de baixa transação. Pacotes para baixa temporada, horários mais baratos de ligações telefônicas. Liquidações estão por toda parte. A variação de preço pode se dar em função da hora do dia, dia da semana, semana, mês ou datas especiais.

- **Preço inicial baixo (penetração):** estimular os consumidores potenciais à compra visando criar rapidamente demanda efetiva para o produto.
- **Preço combo:** preço de uma oferta composta é inferior à soma dos itens. McDonalds é usuário desta tática. Esse preço combinado recebe denominações como pacotes, combos (do inglês *combination*). É muito utilizado em canais pagos de TV, viagens, seguros, serviços bancários, compras hospitalares, entre outras circunstâncias.
- **Redução de preços de tabela:** redução do preço devido ao poder de barganha do comprador, sua agressividade e o conhecimento dos preços e produtos do concorrente.
- **Prazo de pagamento:** alongamento do prazo de pagamento devido à dificuldade de o consumidor comprar à vista.

Passo 3 – Estimativa de custos[13]

1. **Tipos de custos e níveis de produção**

Além das modalidades de custo conceituadas anteriormente, como custos fixos e custos variáveis, temos também o custo médio e o custo marginal, que servem para avaliar o impacto dos níveis de produção sobre os preços.

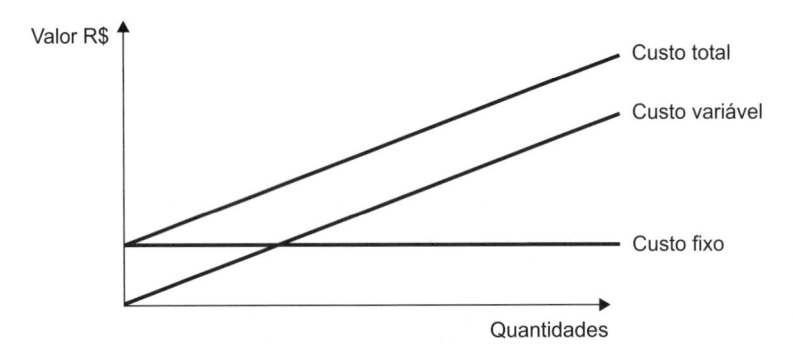

Figura 6.4 Comportamento dos custos.

Custo médio é o custo por unidade em um determinado nível de produção ou venda. A administração deve cobrar um preço que cubra ao menos os custos totais de produção em determinado nível.

Para estabelecer preço de modo inteligente, a administração precisa saber como seus custos variam de acordo com diferentes níveis de produção.

---

[13] Certos autores utilizam as expressões *gastos fixos*, *gastos variáveis* e *gastos totais*. Em verdade, eles estão corretos, pois, quando se utiliza neste capítulo a palavra *custos*, está-se desejando expressar custos mais despesas. Ou seja, quando se diz custos variáveis, quer-se dizer custos + despesas variáveis. É uma simplificação, por praticidade.

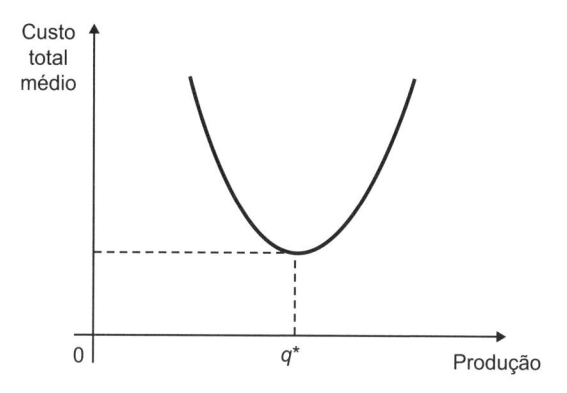

Figura 6.5 Custo médio.

Custo marginal (CMa) corresponde ao acréscimo dos custos totais de produção quando se aumenta a quantidade produzida em uma unidade. Algebricamente, o custo marginal é calculado como **ΔCT/ΔQ**, em que ΔCT designa a variação dos Custos Totais e ΔQ a variação na quantidade produzida.

Numa situação normal, o custo marginal começa por decrescer conforme aumenta a quantidade produzida, situação que se justifica pelo fato de existirem custos fixos que se diluem em quantidades maiores (é o chamado efeito de escala).

Contudo, a partir de certa altura, os ganhos proporcionados pelo efeito de escala deixam de ser suficientes para contrariar os acréscimos de custos originados pelo aumento dos próprios custos variáveis, originando um aumento dos custos marginais.

Esse aumento dos custos variáveis é uma consequência direta da lei das produtividades marginais decrescentes, cujos efeitos são tanto maiores quanto maiores forem as quantidades produzidas.[14]

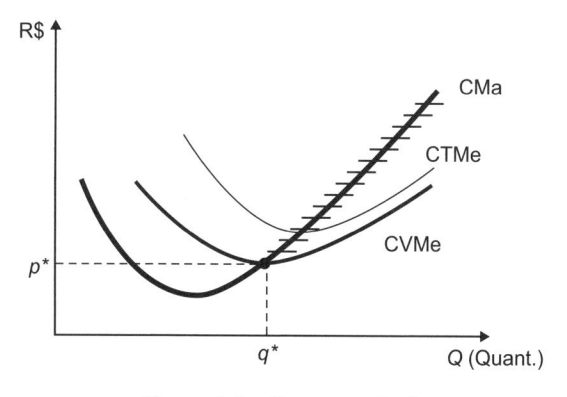

Figura 6.6 Custo marginal.

---

[14] Os interessados poderão aprofundar estudos sobre custos marginais em bons livros de microeconomia.

2. **Experiências da empresa**

    Preços baseados na experiência da empresa podem trazer riscos adicionais:
    a) Preços agressivos podem dar ao produto uma imagem de má qualidade.
    b) A estratégia pode pressupor que os concorrentes são seguidores de preços.
    c) A maior parte das experiências da empresa pode estar centrada nos custos de produção, mas todos os custos podem ser melhorados, incluindo os custos administrativos e de marketing.

3. **Custeio, precificação e redução de custos**

    Como visto, a área financeira pode valer-se de uma série de métodos de custeio – por absorção, direto variável, baseado em atividades, por processos, por ordem de produção –; e de sistemas de precificação – *markup*, margem de contribuição.

    Um deles, que não foi detalhado aqui, é interessante para empresas de serviços. Trata-se do custeio baseado em atividades – *activity based costing* (ABC) –, um método que possibilita apurar o custo das atividades da empresa e, também, a forma pela qual as atividades são consumidas pelos produtos ou serviços, indicando custo dos produtos e serviços mais acurado. É um método que ajuda na tomada de decisão sobre a eficiência no uso dos recursos da empresa, principalmente na prestação de serviços.

    Muitas empresas reduzem custos com base em sua experiência ou com escala de produção. Podem, no entanto, reduzir custos também, estabelecendo metas de redução de custos para matérias-primas, mão de obra, gastos gerais de fabricação e despesas administrativas e de marketing.

Passo 4 – Análise de custos, preços e ofertas dos concorrentes

1. **Preços em função da concorrência**

    A concorrência deve ser monitorada constantemente nos seguintes aspectos:

    - Que preços ela pratica?
    - Quando faz promoções?
    - Quais os meios de divulgação que utiliza?
    - Como reage às promoções dos concorrentes?
    - Qual seu grau de profissionalismo?

    Estratégias de preços devem considerar a estrutura de mercado onde a empresa atua. O Quadro 6.4 apresenta alguns aspectos relevantes para cada uma das quatro condições.

Quadro 6.4 Estrutura de mercado

	Venda em mercados em condições de:	Compra em mercados em condições de:
Concorrência perfeita	Competir em preço – o comprador vai exigir menores preços e melhores serviços	Boas possibilidades de negociação de preços, prazos e condições de entrega
Concorrência monopolística	Competir em preço e fortalecer a diferenciação do produto	Boas possibilidades de negociação, inclusive de especificidades do produto
Oligopólio	Possibilidade de conluios com os concorrentes	Reduzida flexibilidade de negociação
Monopólio	Você pode estabelecer as condições da negociação	Você é tomador de preços: aceita as condições impostas pelo vendedor

O Quadro 6.5 ilustra algumas estratégias que as empresas poderão seguir quanto ao estabelecimento de preços, nas diferentes condições de mercado.

Quadro 6.5 Estrutura de mercado e estratégias de preços

	Produto	Preço	Promoção	Praça
Concorrência perfeita	Reduzir custos	Manter baixo	Ressaltar preço baixo	Estar presente no maior número possível de vendas
Concorrência monopolística	Tentar diferenciar	Manter baixo	Ressaltar diferenciação	Estar presente no maior número possível de vendas
Oligopólio	Melhorar qualidade	Aproximar-se da concorrência	Fortalecer imagem institucional	Conquistar espaço dos concorrentes
Monopólio	Manter qualidade	Não exagerar	Fortalecer imagem institucional	Manter o mercado

2. **Preços por localização**

Em razão dos custos de transporte e armazenamento, é frequente a prática de preços diferentes para as regiões mais distantes da fábrica.

- **Preço *Free on Board* (FOB)**: livre a bordo (transporte por conta do comprador).
- **Preço *Coast Insurance Freight* (CIF)**: custo, seguro e frete (transporte por conta do vendedor).

3. **Preço e alavancagem operacional**

Uma forma de visualizar o impacto da variação de quantidades vendidas na variação do lucro, quando se altera o preço de venda, é dada na Tabela 6.14.

Tabela 6.14 Alavancagem operacional

	Opção A	Antes	Opção B
Preço	9,90	10,00	10,10
Unidades vendidas	100	100	100
Receita	990,00	100,00	110,00
Custo fixo	970,00	970,00	970,00
Lucro	20,00	30,00	40,00

$$\text{Alavancagem operacional} = \frac{\text{Variação percentual no lucro}}{\text{Variação percentual nas receitas de vendas}}$$

Nesse caso, vemos que a alavancagem operacional é de 33,3% / 10% = **3,33 vezes**. Isso ocorre pela existência de um custo fixo na estrutura de custos da empresa.

Passo 5 – Seleção de um método de estabelecimento de preços

A empresa pode optar por um ou mais métodos de estabelecimento de preços. Como observado anteriormente, pode-se optar por diferentes critérios de determinação de custos do ponto de vista financeiro.

Quanto aos métodos a serem utilizados do ponto de vista do marketing, cada empresa avaliará aquele que melhor atende a seus objetivos estratégicos. Existem diversos métodos e situações para estabelecimento de preços:

- **Markup**: o *markup* é o método mais elementar de se precificar.
- **Preço-alvo de retorno**: o preço-alvo de retorno é determinado em função da taxa de retorno sobre o investimento que a empresa deseja ter.
- **Preço baseado no valor percebido pelo cliente**: baseia-se no fato de que a empresa deve entregar certo valor e que o cliente deve perceber esse valor. Baseia-se em características como imagem do produto, prazos de entrega, garantia de qualidade, apoio ao cliente, reputação do fornecedor, confiabilidade.
- **Preço baseado no valor**: baseia-se na crença de que é possível assegurar fidelidade dos clientes por meio de um preço relativamente baixo para uma oferta de alta qualidade. A empresa busca tornar seus custos menores, sem sacrificar a qualidade. Exemplo: o Walmart adota a estratégia de *preço baixo todos os dias*.

- **Preço baseado na concorrência**: a empresa baseia seu preço, em grande parte, nos preços do concorrente. Ela pode cobrar o mesmo, mais ou menos do que o principal concorrente.
- **Leilões eletrônicos**: os leilões eletrônicos ganharam popularidade como resultado da maior integração entre aplicações baseadas em internet. Os leilões são utilizados em transações comerciais B2C, B2B, C2B, governo eletrônico e C2C, tornando-se populares em diversos países.
- **Leilões presenciais**: são aqueles que os vendedores utilizam como leilões de vendas para muitos compradores em potencial. Esse tipo de leilão é utilizado para liquidar o excesso de estoques ou para aumentar o leque de clientes, especificamente para produtos e serviços especiais. A Sears, por exemplo, liquida o estoque em excesso ou descontinuado por meio de leilões a preços fixos.
- **Leilões reversos**: é um tipo de leilão em que uma empresa ou agência do governo que deseja comprar itens faz uma solicitação de cotação em seu *site* ou em um mercado de leilões terceirizado.

Passo 6 – Seleção do preço final

O preço deve ser consistente com as políticas de preços da empresa que devem garantir que estes sejam razoáveis para os clientes e rentáveis para a empresa. É preciso avaliar o impacto do preço em outras partes interessadas, entre as quais distribuidores e revendedores, os vendedores, os concorrentes, os fornecedores, o governo.

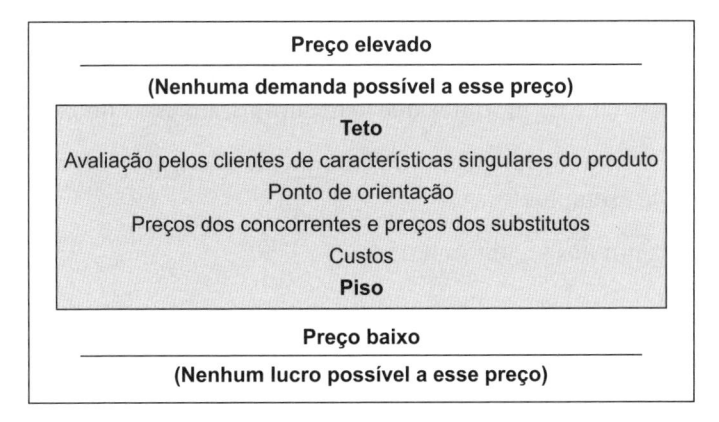

Preço elevado
(Nenhuma demanda possível a esse preço)
Teto Avaliação pelos clientes de características singulares do produto Ponto de orientação Preços dos concorrentes e preços dos substitutos Custos Piso
Preço baixo
(Nenhum lucro possível a esse preço)

Figura 6.7 Zona de barganha.

A Figura 6.7 ilustra a zona de barganha de preços, na qual fica claro que, a um preço muito baixo, as empresas deixarão de produzir e, a um preço muito alto, o mercado deixará de comprar.

As empresas, ao estabelecerem uma estrutura de custos, devem levar em conta essa zona de barganha. Devem considerar aspectos como demanda e custos regionais, segmentos de mercado, prazos de pagamento, volumes comprados, frequências de entrega, garantias, contratos de serviços, perfis de clientes, posicionamento, entre outros.

As empresas adotam preços diferenciados dando descontos, subsídios e apoio promocional. Todas sabem que os resultados advêm de um conjunto de ações mercadológicas que dependem do preço como fator relevante, mas que dependem também de todos os outros componentes do *mix* – produto, promoção e praça.

Estudos realizados por pesquisadores brasileiros têm evidenciado, por exemplo, que

> Os resultados demonstram que na formação de preços as informações de custos, obtidas por meio do custeio por absorção, são utilizadas em conjunto com outros fatores como a sensibilidade do consumidor em relação ao preço. A estratégia mais adotada pelas empresas é a de igualar os preços aos dos concorrentes, juntamente com a de pacote e múltiplas unidades de preço. Observou-se também que na maioria das empresas pesquisadas a diretoria participa efetivamente na decisão do preço de venda sinalizando a relevância do tema para as organizações.[15]

QUESTÕES E EXERCÍCIOS

Questões

1. O que é formação de preço? Como ela pode ser usada para se tornar um fator diferencial frente à concorrência? Dê exemplos de empresas que, em sua opinião, utilizam as melhores práticas de formação de preço.

2. Quais são as principais funções do preço? Procure na internet e mostre exemplos de empresas e de produtos que bem cumpriram essas funções.

3. Diferencie o enfoque financeiro do enfoque do marketing no estabelecimento de preço. Dê exemplos.

4. Defina cada um dos seguintes termos:
   a) Gastos.
   b) Custo unitário.
   c) Custo direto.
   d) Custo fixo.
   e) Custo variável.

---

[15] CANEVER, Felipe C. *et al.* Formação de preços: um estudo em empresas industriais de Santa Catarina. *Revista de Contabilidade do Mestrado em Ciências Contábeis da UERJ* (online), Rio de Janeiro, v. 17, n. 2, p. 14-27, maio/ago. 2012. p. 14.

5. Conceitue e compare os métodos de custeio direto/variável e por absorção. Em sua opinião, quando se deve utilizar um ou outro? Por quê?
6. Em relação ao processo, quais são os objetivos de formação de preços?
7. O que é *markup*? Como calcular o *markup* multiplicador? E como calcular o *markup* divisor? Dê exemplos.
8. Conceitue ponto de equilíbrio e a margem de contribuição.
9. O que você aprendeu sobre psicologia do consumidor e percepção de preço?
10. Quais são os passos no processo de estabelecimento do preço?
11. Como a estrutura de mercado afeta a determinação do preço?

Exercícios

1. Calcule o custo variável unitário do produto Alfa, que consome os seguintes componentes:
    - Matéria-prima: 100 unidades a $ 5,60 cada
    - Materiais auxiliares: 0,40 unidades a $ 300,00 cada
    - 8 horas a $ 50,00 a hora
2. Calcule o custo de fabricação de 2.500 unidades do produto Beta, que consome os seguintes custos:
    - 2.500 unidades produzidas a $ 600,00 cada
    - Salários do departamento de apoio à produção: $ 500.000,00
    - Gastos do departamento de apoio à produção: $ 200.000,00
    - Depreciação: $ 150.000,00
3. O produto Gama é vendido a R$ 4.500,00. Seu custo variável unitário é R$ 2.300,00. Qual a margem de contribuição do produto?
4. A empresa Delta tem as receitas de vendas, custos e despesas apresentadas a seguir. Elabore sua demonstração de resultados.
    - 2.500 unidades produzidas/vendidas a $ 4.500,00 cada
    - Custos diretos (unitários) $ 2.300,00
    - Salários dos departamentos de apoio à produção: $ 1.000.000,00
    - Gastos dos departamentos de apoio à produção: $ 380.000,00
    - Depreciação: $ 350.000,00
    - Salários e despesas administrativas: $ 300.000,00
    - Comissões – 12% sobre vendas
    - Salários e despesas comerciais: $ 420.000,00

5. A empresa Epsilon tem os custos e despesas apresentados a seguir. Separe em: (a) custos de produção – diretos e indiretos; (b) despesas administrativas; (c) despesas comerciais; e (d) despesas financeiras. Totalize por grupos.

Comissões de vendedores	25.000,00
Correios, telefonemas	2.500,00
Depreciação da fábrica	20.000,00
Despesas de entrega	12.000,00
Despesas de vendas	30.000,00
Despesas financeiras	12.500,00
Energia elétrica – fábrica	21.250,00
Honorários da diretoria	20.000,00
Manutenção – fábrica	17.500,00
Materiais diversos – fábrica	6.500,00
Material de consumo – escritório	5.750,00
Matéria-prima consumida	61.000,00
Salários da administração	21.000,00
Salários da fábrica	40.000,00
Seguros da fábrica	5.000,00
	300.000,00

6. Faça o rateio dos custos indiretos aos produtos Zeta, Eta e Teta, baseado no custo de mão de obra direta (MOD), conforme os sequintes dados:

Matéria-prima:	
Produto Zeta	30.000,00
Produto Eta	36.000,00
Produto Teta	20.000,00
TOTAL	86.000,00
Mão de obra:	
Indireta	28.000,00
Direta	
Produto A	7.200,00
Produto B	8.500,00
Produto C	10.000,00
TOTAL	25.700,00
TOTAL DE CUSTOS MP e MOD	111.700,00

Mão de obra indireta	20.000,00
Depreciação	30.000,00
Energia	22.000,00
Manutenção	35.000,00
Materiais diversos	6.000,00
Seguros	5.000,00
TOTAL	118.000,00

229.700,00

7. Faça o rateio dos custos indiretos para os produtos Zeta, Eta e Teta, baseado nos custos da matéria-prima e de MOD, conforme dados apresentados no Exercício 6.

8. A empresa Lambda tem custos fixos de $ 120.000,00, mensais. O preço de venda de seu único produto é $ 90,00. Seus custos variáveis unitários são de $ 65,00. Sabendo-se que a empresa quer obter um lucro de $ 20.000,00, qual deve ser a receita de vendas no mês?

9. A empresa Omicron está definindo seu preço para o Produto Omega, cuja variável unitária é de $ 450,00. Sabendo-se que a empresa deseja obter uma margem de lucro de 17%, qual deve ser o preço de venda? Utilize o *markup* divisor.

- ICMS: 18,00%
- PIS/Cofins: 4,65
- Comissões: 2,5%
- Despesas administrativas: 5,00%
- Margem de lucro: 17,5%

SUGESTÕES DE CONSULTA

Livros

BREALEY, Richard A.; MYERS, Stewart C.; ALLEN, Franklin. *Princípios de finanças corporativas*. 12. ed. Porto Alegre: AMGH, 2018.

CANEVER, Felipe C. et al. Formação de preços: um estudo em empresas industriais de Santa Catarina. *Revista de Contabilidade do Mestrado em Ciências Contábeis da UERJ* (online), Rio de Janeiro, v. 17, n. 2, p. 14-27, maio/ago. 2012.

HINTERHUBER, Andreas. Customer value-based pricing strategies: why companies resist. *Journal of Business*, v. 29, n. 4, p. 41-50, 2008.

KOTLER, Philip; ARMSTRONG, Gary. *Principles of marketing*. 14. ed. New York: Prentice Hall. 2011.

LEMES JÚNIOR, Antônio B.; RIGO, Claudio; CHEROBIM, Ana Paula. *Administração financeira*: princípios, práticas e casos brasileiros. 4. ed. Rio de Janeiro: Elsevier, 2016.

ROSS, Stephen A.; WESTERFIELD, Randolph; JORDAN, Bradford D. *Administração financeira*. 10. ed. Porto Alegre: AMGH, 2015.

Site

https://codeva.com.br/gestorcustos/

PARTE II

Administração Financeira de Longo Prazo

CAPÍTULO 7
Orçamento de Capital

CAPÍTULO 8
Mercado Financeiro

CAPÍTULO 9
Decisão de Financiamento

CAPÍTULO 10
Análise de Negócios

7 ORÇAMENTO DE CAPITAL

INTRODUÇÃO

Orçamento de capital ou *capital expenditure* (Capex, em inglês) é o processo de análise, classificação e seleção de investimentos de longo prazo; a avaliação dos riscos envolvidos e a quantificação dos recursos financeiros a serem alocados, de forma a criar valor para a empresa e maximizar a riqueza dos acionistas.

Orçamento de capital normalmente é usado para a realização de novos projetos de investimentos de capital em uma empresa.

As despesas de capital são recursos financeiros usados por uma empresa para adquirir, atualizar e manter ativos permanentes, como propriedades, edifícios, planta industrial, tecnologia ou equipamento.

São importantes porque envolvem decisões estratégicas, inclusive, em alguns casos, fusões e incorporações. Com o orçamento de capital, o administrador financeiro procura identificar oportunidades de investimento que agreguem valor para a empresa. O processo de orçamento de capital consiste em identificar o conjunto de oportunidades de investimento disponíveis e abrange análise de mercado, de suprimentos, de custos, da carga tributária, de preços a serem praticados, de financiamento, entre outros fatores.

Para avaliar um projeto, é necessário elaborar o fluxo de caixa livre – que requer a determinação do investimento inicial, do fluxo de entradas ao longo de sua vida útil e do custo de capital a ser considerado. Também envolve a escolha do método ou dos métodos de avaliação a serem utilizados.

O julgamento de quando o projeto deve ser implementado é crítico em alguns casos, como o são a liquidez, a rentabilidade e o risco.

O orçamento de capital é mais complicado do que a simples decisão de implementar ou não determinado projeto. Há questões complexas também quando precisamos decidir sobre lançar ou não um novo produto, entrar ou não em um novo mercado, adquirir ou não uma nova empresa, e assim por diante. Criar valor para os acionistas jamais pode ser reduzido a um exercício mecânico.

7.1 Importância das decisões de investimento de capital

As decisões de investimentos de capital resultarão nos ativos permanentes e no conjunto de elementos que gerarão benefícios futuros duradouros para a empresa.

Caso tudo corra bem, de acordo com as análises dos projetos e as decisões tomadas e implementadas, a empresa poderá ter sustentabilidade e continuar criando valor por muito tempo. As características dessas decisões exigem dos investidores considerar o risco, a necessidade do financiamento de longo prazo e o envolvimento da administração superior no processo decisório, entre outros fatores relevantes. Se ocorrerem falhas, haverá riscos de grandes prejuízos, muito difíceis de serem revertidos.

Quadro 7.1 Motivos para realizar investimentos de capital

> **Expansão**: fusões e aquisições. O aumento do nível de operação tem sido o motivo mais comum para as empresas.
>
> **Substituição**: em sua fase de maturidade, o crescimento da empresa sofre uma desaceleração. Parte dos imobilizados está desgastada, obsoleta, carecendo substituição.
>
> **Renovação**: inovações tecnológicas são um dos motivos que exigem renovação de máquinas e equipamentos, de *softwares*.
>
> **Outros**: campanhas publicitárias, aviões executivos, construção de escritórios centrais, pesquisa e desenvolvimento, filtros para evitar poluição.

O Quadro 7.1 apresenta os principais motivos para a realização de investimentos de capital. A análise dos projetos implica a consideração de alguns aspectos relevantes, como o *timing* e o risco.

Timing: sensibilidade para o momento propício de realizar o projeto. A escolha, o julgamento ou o controle de quando o projeto deve ser implementado são fatores críticos do projeto.

Quando uma empresa inicia um projeto novo, é necessário definir uma série de fases ou etapas (por exemplo, as fases de preparação e projeto, de revisão e de execução).

Por outro lado, a duração desses investimentos é superior a um ano, chegando, às vezes, a dez anos ou mais, como é o caso da usina hidrelétrica de Itaipu, construída entre 1975 e 1982 e com início de operação em 1984.[1]

---

[1] Mais informações em: http://www.itaipu.gov.br/nossa-historia.

Risco: probabilidade de insucesso de determinado empreendimento, em razão de acontecimento eventual, incerto, cuja ocorrência não depende exclusivamente da vontade dos interessados.

Segundo a lei de Murphy, "se algo pode dar errado, vai dar errado".

Falha na definição do mercado, surgimento de inovações e de tecnologias mais eficazes, problemas com fornecedores de matéria-prima e insumos, alterações nas políticas públicas, dificuldades de financiamento e outros fatos que possam ocorrer aumentam significativamente o risco.

Portanto, deve haver disposição dos investidores em aceitar que os recursos estejam aplicados por longo período. Nos últimos anos, vimos a obsolescência das tecnologias fazer produtos desaparecerem do mercado.

Um dos casos mais notáveis foi o das máquinas fotográficas e filmes Kodak. Investimentos que se mostram altamente promissores desaparecem tão rapidamente quanto surgem. Outros exemplos de produtos que desapareceram pelo obsoletismo: *walkman*, CD, fax, *laser disc*, *miniDisc*, videocassete, DVD. Muitas empresas que atuavam no Brasil também desapareceram: Atari, Bamerindus, Banespa, Blockbuster, Mappin, Mesbla, Varig, Yahoo, Yopa.

Tomada de decisão: é um processo cognitivo que consiste na seleção de uma opção entre várias alternativas. A empresa deve definir, em seu planejamento, condições específicas para enquadramento e aprovação de investimentos de capital. Dessa forma, as várias áreas da empresa, demandantes de investimento, procurarão desenvolver projetos que se enquadrem nessas condições mínimas, dentro do cronograma previamente estabelecido.

Grandes multinacionais internacionais têm tido enormes prejuízos desde que foram criadas: Spotify, Movie Maker, Twitter, Uber. No Brasil, Electrolux e Renault, por exemplo, tiveram prejuízos por muitos anos.

Um caso interessante é o da Uber.

> A Uber é provavelmente um dos maiores sifões de dinheiro que a humanidade conhece. Ano após ano, a companhia reporta perdas bilionárias. Em 2016, por exemplo, a companhia **fechou o ano com prejuízo próximo dos US$ 3 bilhões**; já em 2017, as perdas **aumentaram para US$ 4,5 bilhões**. Em 2018, as coisas melhoraram, mas não a ponto de a empresa fechar o período no azul: as perdas ainda **ficaram na casa de US$ 1,8 bilhão**. São cerca de US$ 9 bilhões perdidos em apenas três anos.[2]

Ao tomar decisões de investimento de capital, as empresas buscam respostas para algumas perguntas importantes:

---

[2] Disponível em: https://olhardigital.com.br/pro/noticia/6-empresas-de-tecnologia-que-perdem-rios-de-dinheiro-e-continuam-sendo-um-sucesso/86930. Destaques nossos.

- O investimento contribuirá para a maximização da riqueza dos acionistas?
- O investimento trará riscos adicionais à empresa?
- O investimento é uma estratégia de proteção do mercado?
- O investimento substituirá ativos improdutivos e antieconômicos?
- Será utilizada tecnologia de última geração?
- Haverá sinergia entre esse investimento e os investimentos existentes?
- O investimento ampliará a área de atuação existente?
- Será uma forma de utilizar recursos existentes e crédito disponível?
- Contribuirá para a redução de custos e ineficiências?
- O investimento se enquadra nas leis de responsabilidade social e ambiental?

7.1.1 Práticas de investimento de longo prazo

Encontrar projetos que criem valor para a empresa é uma tarefa bastante complexa, que exige muitos estudos e muitas análises, para a melhor tomada de decisão.

Quando o orçamento de capital é aprovado pela alta administração, ele passa a ser o plano oficial para o ano seguinte. Contudo, ainda não representa a aprovação definitiva dos projetos específicos, os quais deverão ser apresentados com previsões detalhadas, fluxos de caixa detalhados e demais informações que deem suporte à proposta. Basicamente, o orçamento de capital visa responder duas questões:

- O projeto de investimento cria valor para a empresa?
- Quais alternativas de investimento devo escolher e implementar?

Assim, é possível selecionar um conjunto de projetos que, em princípio, deverá maximizar o valor da empresa. Logo, o orçamento de capital visa proporcionar à empresa a melhor alocação de ativos possível.

A incerteza na elaboração do orçamento de capital é elevada, dada a natureza intrínseca de investimentos. Todo investimento de longo prazo sofre com a incerteza em relação aos cenários econômicos e políticos do futuro.

Grandes investimentos em ativos permanentes caracterizam as chamadas empresas de capital intensivo, cabendo destacar as dos ramos de petróleo, telecomunicações, mineração, siderurgia, energia e cimento. Capital intensivo refere-se a um negócio ou projeto que requer grande quantidade de capital para investimentos em ativos permanentes. Empresas de capital intensivo, normalmente, operam com maior risco, principalmente em períodos de queda do produto interno do país.

A Figura 7.1 apresenta o balanço patrimonial da Petrobras (de capital intensivo) e da Magazine Luiza (de capital não intensivo). Podemos verificar a predominância do uso de ativos permanentes da primeira (petrolífera), ao contrário da segunda (varejo). Isso não quer dizer, evidentemente que a Magazine Luiza não realize enormes investimentos em redes de lojas, sistemas logísticos e itens similares.

PETROBRAS

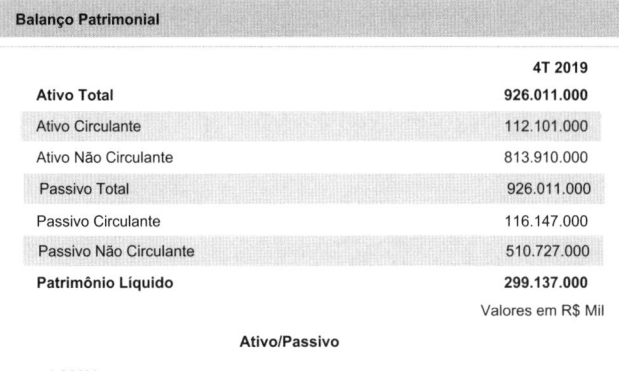

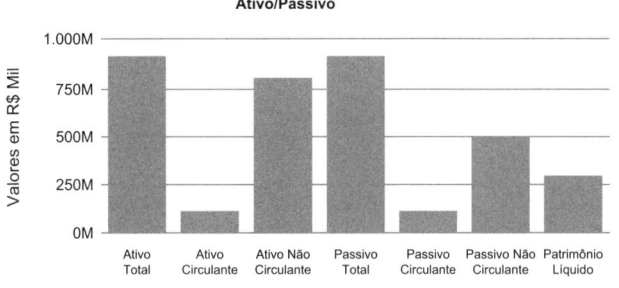

Balanço Patrimonial

	4T 2019
Ativo Total	926.011.000
Ativo Circulante	112.101.000
Ativo Não Circulante	813.910.000
Passivo Total	926.011.000
Passivo Circulante	116.147.000
Passivo Não Circulante	510.727.000
Patrimônio Líquido	299.137.000

Valores em R$ Mil

MAGAZINE LUIZA

Balanço Patrimonial

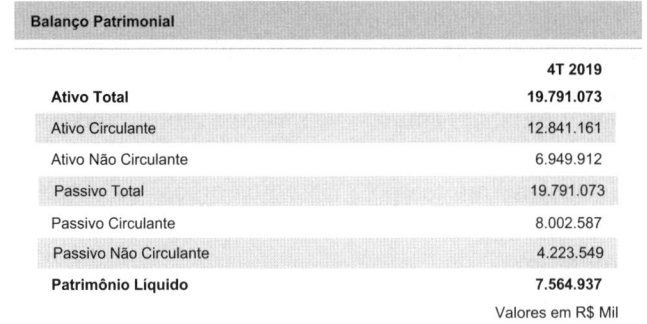

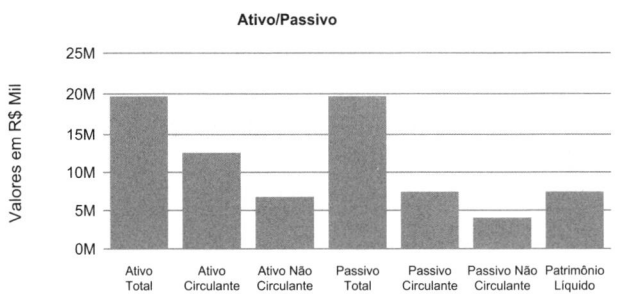

	4T 2019
Ativo Total	19.791.073
Ativo Circulante	12.841.161
Ativo Não Circulante	6.949.912
Passivo Total	19.791.073
Passivo Circulante	8.002.587
Passivo Não Circulante	4.223.549
Patrimônio Líquido	7.564.937

Valores em R$ Mil

Fonte: https://br.advfn.com/bolsa-de-valores/bovespa/. Acesso em: 11 maio 2020.

Figura 7.1 Balanços patrimoniais da Magazine Luiza e da Petrobras – 4º trimestre de 2020 (em R$ 1.000,00).

A Petrobras, empresa de capital intensivo, investe predominantemente em ativos de longo prazo, pois exploração de petróleo, desenvolvimento da produção, infraestrutura e pesquisa e desenvolvimento exigem uma enorme soma de recursos. A Figura 7.2 apresenta, em forma de gráfico, o orçamento de capital da Petrobras, extraído de seu Plano de Negócio e Gestão, para o período 2022-2026. Verificamos que a Petrobras planejou investir US$ 68 bilhões no período.

CAPEX 2022 – 2026

CAPEX*
US$ bilhões

- E&P – 84%
- Corporativo – 3%
- Comercialização e Logística – 3%
- G&E – 1%
- Refino – 9%

Valores: 1,8 / 1,8 / 1,0 / 6,1 / 57,3 — Total: 68

DISTRIBUIÇÃO
US$ bilhões

Ano	2022	2023	2024	2025	2026
Total	11	15	15	15	12
E&P	8,8	13,0	13,4	12,5	9,5
CAPEX Comprometido	79%	71%	53%	41%	24%

■ E&P ■ Refino ■ G&E ■ C&L ■ Corporativo

* - 60% do CAPEX em dólares

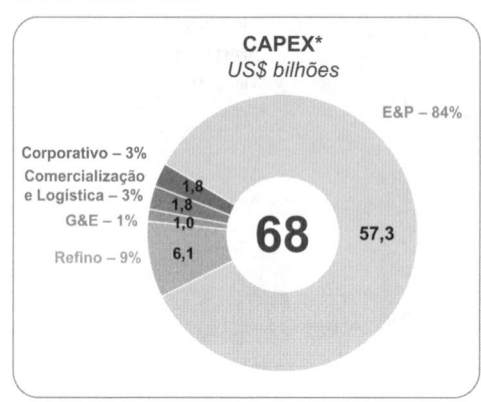

PE 2022-2026

Fonte: https://www.investidorpetrobras.com.br/
Figura 7.2 Plano de investimento de capital (Capex) 2022-2026.

O orçamento de capital das empresas é revisto e modificado permanentemente à medida em que as circunstâncias determinem. Foi o caso da pandemia de Covid-19, em 2020, e ao mesmo tempo a crise nos preços do petróleo no mercado internacional, ocasionada pelo desentendimento entre a Arábia Saudita e a Rússia, para reduzir a produção.

A Figura 7.3 ilustra em gráfico a forte queda do preço em 2020. Não queremos discorrer sobre o assunto, que é extremamente complexo. Queremos apenas mostrar um exemplo de influência macroeconômica do orçamento de capital.

Grandes redes varejistas, como Magazine Luiza, Via Varejo, Lojas Americanas e Raia Drogasil, por exemplo, pela natureza de seus negócios, fazem enormes investimentos, mas predominantemente em capital de giro.

A Magazine Luiza faz grandes investimentos em seus negócios. Em 2019, abriu 159 novas lojas, encerrando o ano com 1.113 lojas, sendo 912 convencionais, 195 virtuais, 5 quiosques (parceria com as Lojas Marisa) e o *site*. Da base total, 33% das lojas estão em processo de maturação.

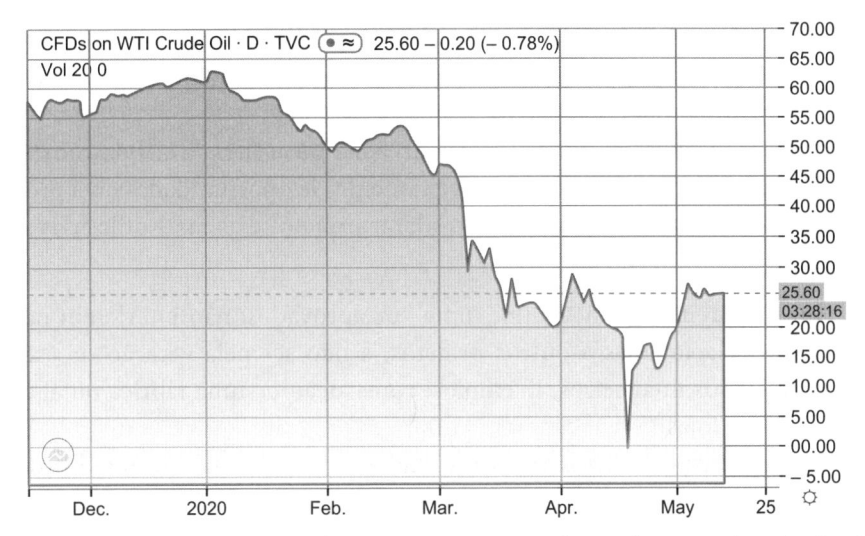

Fonte: https://www.investir-petroleo.pt/artigo/preco-petroleo-evolucao-atual-grafico.html.

Figura 7.3 Preço do petróleo: gráfico de evolução atual.

Magazine Luiza é uma empresa de tecnologia e logística voltada para o varejo e oferece ampla gama de produtos e serviços por meio de uma plataforma de varejo multicanal (aplicativo, *site* e lojas físicas).

Conhecidas as propostas viáveis, enquadradas nas políticas da empresa, agregam-se ao processo decisório elementos estratégicos, econômicos, tecnológicos, ambientais e éticos.

Implantação e avaliação de desempenho: o orçamento de capital, após a fase de análise e aprovação dos projetos, passa para as fases de implantação e avaliação de desempenho.

Implantação é a etapa em que a empresa estabelece o projeto. Ela pode ser muito longa, dependendo da dimensão do projeto. Recomenda-se controle entre os dados que deram sustentação à viabilização do projeto e os dados da execução do projeto. É conhecido o fato de que empresas são minuciosas e detalhistas nos procedimentos de avaliação de propostas de investimentos e, uma vez aprovadas, descuidam-se no acompanhamento da implantação; assim, projetos viáveis deixam de sê-lo por terem implantação diferente das condições aprovadas previamente.

Avaliação de desempenho: uma vez que o projeto que originou o investimento apresentou resultados que o viabilizaram, é muito importante acompanhar e comparar esses resultados para, inclusive, melhorar a qualidade da preparação das novas propostas de investimento.

7.2 Processo de investimento de capital

Processo significa método, sistema, maneira de agir ou conjunto de medidas tomadas para atingir algum objetivo.

Circunstâncias diversas podem antecipar, adiar ou acelerar a elaboração de propostas de investimento, visando o aproveitamento de oportunidades ou a proteção de mercado. Há diversas formas de considerar projetos e as mais utilizadas são as seguintes:

- **Independentes**: projetos que, uma vez aprovados, não interferem nas decisões relacionadas a outros projetos, a não ser pela geração de escassez de recursos financeiros. Exemplos: construção de uma fábrica ou abertura de novas lojas.
- **Dependentes**: projetos cujos resultados interferem nos resultados de outros projetos. Para se aprovar determinado projeto, é necessária a aprovação de outro projeto, sem o qual o primeiro não se viabiliza. Exemplo: construir uma fábrica de papel e celulose implica a necessidade de investir em florestas.
- **Mutuamente excludentes**: projetos que competem com outro ou outros projetos e, uma vez aprovados, descartam a aprovação daqueles com os quais competem. Exemplo: se a empresa tem certo terreno no centro da cidade, pode construir um *shopping center* ou um prédio residencial.

7.2.1 Análise do projeto

O processo tem início com estabelecimento das **premissas** sobre indicadores econômicos como inflação, crescimento do PIB, taxa Selic, desemprego, câmbio, crédito, reservas internacionais, exportação, preços das matérias-primas e outros itens característicos de seus negócios.

Segue-se, então, o estudo de viabilidade econômica do projeto, por meio de análise de mercado, definição da localização física, levantamento de fornecedores, mão de obra, energia, água, comunicações, transportes e logística; bens e serviços a serem produzidos, custos operacionais, tributos, preços a serem praticados, cronograma de implantação, vida útil, fluxo de caixa livre, valor residual, custo de capital, entre outros fatores.

1. Elaboração do fluxo de caixa livre

Fluxo de caixa livre é o fluxo de caixa incremental das entradas e das saídas do projeto. É formado pelo investimento inicial, que pode eventualmente ser feito em mais de um ano, pelas entradas de caixa operacionais e pelo valor residual do projeto.

Fluxo de caixa descontado é o processo de avaliação de um investimento que desconta seus fluxos de caixa futuros a uma taxa de desconto, o custo de capital. É a principal metodologia empregada na avaliação de projetos e de empresas (*valuation*).[3]

É amplamente utilizada por empresas, bancos de investimento e consultorias, seja para fins internos ou para fusões e aquisições.

Linha do tempo: a Figura 7.4 é uma linha do tempo que ilustra o processo de cálculo do valor presente líquido de uma série de entradas de caixa de R$ 3.100.000 e de uma saída de R$ 14.000.000. Figuras como essa são importantes para visualizarmos a situação de um projeto, com entradas e saídas distribuídas ao longo do tempo.

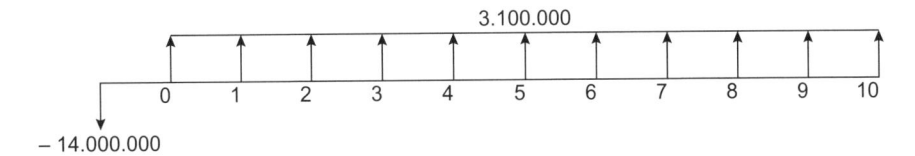

Figura 7.4 Linha do tempo.

No cálculo do investimento inicial, por exemplo, consideramos o valor do equipamento adquirido mais os gastos com transportes, seguros e instalações. Se for dado algum equipamento usado como parte do pagamento, seu valor deve ser abatido do valor de aquisição do novo equipamento.

Quando se trata do lançamento de um novo produto, é preciso descontar das entradas a perda decorrente da menor venda do produto substituído. Quando a Volkswagen lançou o modelo Gol em substituição ao Fusca, certamente ela considerou a perda de vendas com o carro já existente.

2. Determinação da taxa de desconto – custo de capital

Um dos grandes problemas com os quais as empresas se deparam ao elaborar o orçamento de capital é definir o custo de capital (k) da empresa, pois ele é usado como a taxa de desconto. A recomendação é que se use o custo médio ponderado de capital.[4]

3. Determinação da taxa de desconto – custo de capital

Vamos apresentar e discutir, neste tópico, seis métodos de avaliação de projetos: valor presente líquido (VPL), taxa interna de retorno (TIR), taxa interna de retorno

---

[3] *Valuation* é o processo de estabelecer o valor de uma empresa.

[4] A forma de calcular o custo de capital será apresentada no Capítulo 9.

modificada (TIRM), *payback*, *payback* modificado e índice de rentabilidade (IR), sendo que recomendamos o valor presente líquido como o mais consistente.

4. Reconhecimento das limitações do projeto

Esta fase pressupõe uma conclusão no estudo do projeto apontando suas limitações, estimativas para alguns cenários e incorporação de considerações sobre intangíveis, tais como ações de concorrentes, fornecedores, governo, mercado internacional, tecnologia.

5. Tomada de decisão

A decisão poderá ser aceitar e implantar o projeto, rejeitar o projeto, modificar o projeto, adiar o projeto, buscar parcerias, entre outras ações de gestão.

7.2.2 Exemplo da bicicleta Future 35

Desenvolveremos a seguir a análise de um projeto, o da bicicleta Future 35.

Suponha que você foi contratado recentemente como analista de projetos da Transportes Universais S. A. e está encarregado de analisar a proposta de implantação de uma nova bicicleta para competições no país.

O investimento líquido do projeto foi elaborado e está apresentado na Tabela 7.1, sendo sua memória de cálculo detalhada na continuidade.

Tabela 7.1 Investimento inicial do projeto Bicicletas Future 35 (em R$ 1,00)

(+) Gastos pré-operacionais – corrigidos	935.000,00
(+) Custo dos equipamentos	15.000.000,00
(+) Transporte, seguro e instalação	419.000,00
(–) Equipamento usado dado em pagamento	2.700.000,00
(+) Imposto sobre lucro de venda do equipamento usado	54.000,00
(+) Capital de giro	400.000,00
(–) Valor residual	0,00
INVESTIMENTO LÍQUIDO	14.000.000,00

Gastos pré-operacionais são os gastos realizados anteriormente ao início do projeto, tais como consultoria, elaboração do projeto, pesquisas, treinamentos. No caso da bicicleta Future 35, foram calculados assim:

> Gastos pré-operacionais – pesquisa e elaboração do projeto = 850.000,00
> Custo de capital = 10% a.a.
> Gasto pré-operacional a ser considerado = 850.000 × 1,10 = 935.000,00

Máquinas e equipamentos custaram R$ 15.000.000,00 e os gastos com transporte, seguro e instalação foram de R$ 419.000,00. A Transportes Universais deu como parte do pagamento aos fornecedores um equipamento usado, no valor de R$ 2.700.000,00, e essa operação rendeu à empresa um ganho de capital de R$ 200.000,00.

O ganho de capital de R$ 200.000,00 resultou da venda do equipamento que estava contabilizado por R$ 2.500.000,00 e foi vendido por R$ 2.700.000,00. Sujeita a uma taxa de 27%, a empresa teve que pagar R$ 54.000,00 de imposto de renda, conforme evidenciado na Tabela 7.2.

Tabela 7.2 Cálculo do lucro (ganho de capital) na venda de um imóvel usado

Venda com lucro:	
Valor contábil	2.500.000,00
Valor da venda	**2.700.000,00**
Lucro na operação	200.000,00
Valor do tributo deduzido da venda: 27% × 200.000,00	**54.000,00**

Se o valor da venda fosse igual ao valor contábil, não haveria ganho de capital. No entanto, como foi superior, houve "ganho de capital" na operação e esse deve ser oferecido à tributação.

O projeto da bicicleta Future 35, tem necessidade de investimento em capital de giro em recebíveis, estoques de matérias-primas e produtos acabados de R$ 400.000,00. Espera-se que no projeto não haja valor residual.[5]

A Tabela 7.3 mostra o fluxo de caixa livre da bicicleta Future 35, **esperado**, para os dez anos de vida útil do projeto.

Tabela 7.3 Fluxo de caixa livre da bicicleta Future 35 (em R$ 1.000,00)

Fluxo de caixa livre	**Anos 1-10**
1. Receita de vendas e serviços	36.000
2. Custos variáveis	27.000
3. Custos fixos	4.000
4. Depreciação	1.200
5. Resultado bruto	3.800
6. Impostos	1.900
7. Lucro líquido do exercício	1.900
8. (+) Depreciação	1.200
9. Fluxo de caixa livre	3.100

---

[5] Trata-se de uma simplificação do exercício, considerando esses valores como não relevantes.

Há diversas formas de tratar as projeções de caixa de um projeto, sendo a mais comum aquela que trabalha com o cenário mais esperado, sem considerar risco de variações diversas como taxas de juros, inflação, cotações de moedas, tributação e outras. Na sequência, apresentaremos uma "decisão de investimento de longo prazo em situações de risco".

Nas decisões de investimento em situações de risco, os analistas buscam técnicas que ajudem empresas a enfrentarem incertezas. Embora não tenhamos pretensão de cobrir aqui técnicas sofisticadas de tratamento do risco, citaremos algumas técnicas e apresentaremos a análise de sensibilidade.

O Quadro 7.2 apresenta algumas técnicas estatísticas para ensinar como enfrentar incertezas.

Quadro 7.2   Como enfrentar incertezas

Análise de sensibilidade: análise dos efeitos de mudanças nas vendas, custos, despesas, investimentos em um projeto.

Análise de cenário: análise de projeto, dada uma combinação específica de premissas.

Análise de simulação: estimativa das probabilidades de diferentes resultados possíveis.

Análise do ponto de equilíbrio: análise do volume de vendas necessário para cobrir todos os custos fixos e variáveis de uma empresa.

Fonte: BREALEY, Richard A.; MYERS, Stewart C.; ALLEN, Franklin. *Princípios de finanças corporativas*. 10. ed. Porto Alegre: AMGH, 2013.

Análise de sensibilidade: é uma técnica que avalia a mudança de uma variável dentro do projeto, analisando o resultado dessa variação sobre o seu planejamento inicial.

Consiste em estudar o efeito que a variação de um dado de entrada pode ocasionar nos resultados. Quando uma pequena variação em um parâmetro altera drasticamente a rentabilidade de um projeto, diz-se que o projeto é muito sensível a esse parâmetro.

Na prática, a análise de sensibilidade deve ser feita para as variáveis que apresentam maior impacto nos custos, prazos ou outros resultados do projeto, ou seja, aquelas às quais o projeto é mais sensível.

A análise de sensibilidade responde à pergunta: "O que faz a diferença nesta decisão?" O objetivo é concentrar atenção nas variáveis de maior relevância econômica. Essa é a importância da análise de sensibilidade.

Tabela 7.4 Previsão dos fluxos de caixa para o projeto Bicicletas Future 35 (em mil reais)

Fluxo de caixa livre	Ano 0	Anos 1-10		
		Pessimista 0,9	Esperada 1	Otimista 1,1
1. Investimento				
2. Receita de vendas e serviços	–14.000	32.400	36.000	39.600
3. Custos variáveis		24.624	27.000	29.304
4. Custos fixos		4.500	4.000	3.500
5. Depreciação		1.200	1.200	1.200
6. Resultado bruto		2.076	3.800	5.596
7. Impostos		1.038	1.900	2.798
8. Lucro líquido do exercício		1.038	1.900	2.798
9. (+) Depreciação		1.200	1.200	1.200
10. Fluxo de caixa livre		2.238	3.100	3.998

A Tabela 7.4 apresenta os fluxos de caixa do projeto, em três situações: pessimista, esperada e otimista. No caso, são trabalhadas variações nas receitas e nos custos. É possível apresentar dados para inúmeros cenários. Nesse nosso exercício, iremos calcular indicadores para várias situações, mas nos basearemos na situação esperada.

Recomendamos que os leitores trabalhem com esta tabela no Excel, para melhor compreender e aplicar os métodos aqui ensinados. Alternativamente, poderão trabalhar para calcular o VPL e a TIR, por exemplo, em máquinas financeiras.

A vantagem de se trabalhar com planilhas eletrônicas é a flexibilidade em lidar com simulações e para realizar cálculos, além da facilidade de inclusão de gráficos. Recomendamos fortemente que os leitores aprendam e usem sistematicamente o Excel.

Outra forma de considerar risco: a consideração do risco no custo de capital é importante para evidenciarmos probabilidades de acontecer o fluxo de caixa do projeto. Uma forma simplificada de tratar o risco dos projetos é acrescentar pontos percentuais ao custo de capital, em função da percepção de risco do projeto.

Por exemplo: projetos de novos produtos e de novos mercados costumam ser considerados mais arriscados do que projetos de produtos já existentes em mercados tradicionais. Dessa forma, podem-se acrescentar pontos percentuais no custo de capital. Esses percentuais são inclusos de forma subjetiva.

Produtos tradicionais	10%
Produtos novos	10% + 2% = 12%
Produtos e mercados novos	10% + 2% + 1% = 13%

A Tabela 7.5 apresenta os fluxos de caixa líquidos da bicicleta Future 35, preparados para cálculo pela planilha Excel. Os leitores poderão encontrar as respostas utilizando-se de máquinas financeiras.

Tabela 7.5 Fluxos de caixa líquidos da bicicleta Future 35 – preparados para cálculo dos indicadores dos métodos de avaliação

	ANOS 1-10		
	Pessimista 0,9	Esperada 1,0	Otimista 1,1
0	–14.000	–14.000	–14.000
1	2.238	3.100	3.998
2	2.238	3.100	3.998
3	2.238	3.100	3.998
4	2.238	3.100	3.998
5	2.238	3.100	3.998
6	2.238	3.100	3.998
7	2.238	3.100	3.998
8	2.238	3.100	3.998
9	2.238	3.100	3.998
10	2.238	3.100	3.998

A Tabela 7.6 apresenta os indicadores de VPL, TIR e *payback*, encontrados usando-se o Excel e máquinas financeiras. Essa tabela será utilizada em outras partes do capítulo, como referência.

Tabela 7.6 VPL, TIR e *payback* da bicicleta Future 35[6]

		Pessimista	Esperada	Otimista
Custo de oportunidade	0,10			
VPL		–248	5.048	10.566
TIR		9,59%	17,86%	25,64%
Payback – anos		6,26	4,52	3,50

Para efeito de ilustração, ao longo deste capítulo, **usaremos a projeção esperada de fluxo de caixa do projeto**.

---

[6] Os cálculos serão aprendidos na próxima seção do capítulo.

Interpretação: com custo de capital de 10% e taxa máxima de *payback* de 5 anos, o projeto deve ser aceito. Nas respostas das questões e na resolução dos exercícios, os leitores poderão fazer comparações entre diversos projetos e diversas situações.

7.3 Valor presente líquido e outros métodos de avaliação

Segundo Brealey, Myers e Allen, "os acionistas de uma empresa, evidentemente, preferem ser ricos a ser pobres e, por esse motivo, querem que a empresa invista em todos os projetos que valham mais do que os seus custos. A diferença entre o valor de um projeto e o seu custo é o valor presente líquido (VPL)".[7]

Para efeito de tomada de decisão, neste tópico vamos considerar o fluxo de caixa do cenário esperado e o custo de capital de 10%.

Valor presente líquido (VPL)

Valor presente líquido é o montante encontrado subtraindo-se o valor do investimento inicial do projeto do valor presente das entradas de caixa descontadas pelo custo de capital da empresa.

O VPL considera o valor do dinheiro no tempo e, por isso, é um método sofisticado. É considerado um dos melhores métodos de avaliação de projetos, porque evidencia o valor que o projeto traz para que a empresa atinja seu objetivo de maximizar a riqueza dos acionistas.

Trata-se de um valor absoluto, que nem sempre é facilmente assimilado pelos acionistas, acostumados a pensar em termos de percentuais. Sua lógica é que, se o projeto está remunerando o capital e apresentando valor positivo, está agregando valor para a empresa.

		Pessimista	Esperada	Otimista
Custo de oportunidade	0,10			
VPL		−248	5.048	10.566
TIR		9,59%	17,86%	25,64%
Payback – anos		6,26	4,52	3,50

Ao aprovar esse projeto, a empresa terá um aumento da riqueza dos acionistas nesse valor – R$ 5.048.000,00.

---

[7] BREALEY, Richard A.; MYERS, Stewart C.; ALLEN, Franklin. *Princípios de finanças corporativas.* 10. ed. Porto Alegre: AMGH, 2013, cap. 5.

Critério de decisão

- Se VPL > 0, aceita-se o projeto.
- Se VPL < 0, rejeita-se o projeto.

Vantagens e desvantagens

Vantagens:

- O VPL considera o valor do dinheiro no tempo.
- Os VPLs dos projetos podem ser somados.
- As análises dependem apenas dos fluxos de caixa e do custo de capital.

Desvantagens:

- Depende da determinação do custo de capital.
- É um conceito mais difícil de assimilar do que uma taxa percentual.

Taxa interna de retorno (TIR)

Taxa interna de retorno é a taxa que iguala o valor presente das entradas ao valor presente das saídas, tornando o valor presente líquido igual a zero.

TIR é a taxa de rentabilidade esperada de um projeto de investimento. É dita interna porque diz respeito apenas ao fluxo de caixa do projeto, independentemente de qualquer taxa de mercado, por exemplo.

É a taxa de retorno anual composta que a empresa deverá obter se investir no projeto e receber as entradas previstas no fluxo de caixa.

Os métodos VPL e TIR utilizam quase os mesmos parâmetros para a indicação da viabilidade de projetos. No entanto, em algumas situações, pode haver divergências nos resultados apresentados.

Nos projetos independentes, os dois métodos levam às mesmas decisões de rejeitá-los ou aceitá-los. Nos projetos mutuamente excludentes e nos projetos com tempos de vida diferentes, os dois métodos podem levar a diferentes resultados dependendo das taxas utilizadas no cálculo do valor presente das entradas de caixa.

A divergência de resultados surge porque, pelo método do VPL, prevê-se que **as entradas anuais do projeto serão reinvestidas** pelo custo de capital (k) e, pelo método da taxa interna de retorno, serão reinvestidas pela própria TIR.

No caso da bicicleta Future 35, aceitamos o projeto, pois a TIR para o cenário esperado é de 17,86%, maior que o custo de capital, de 10%.

		Pessimista	Esperada	Otimista
Custo de oportunidade	0,10			
VPL		−248	5.048	10.566
TIR		9,59%	17,86%	25,64%
Payback – anos		6,26	4,52	3,50

Critério de decisão

- Se TIR > k, aceita-se o projeto.
- Se TIR < k, rejeita-se o projeto.

Vantagens e desvantagens

Vantagens:

- A TIR considera o valor do dinheiro no tempo.
- A TIR pode ser facilmente comparada com outras taxas de mercado.
- As análises dependem apenas dos fluxos de caixa e do custo de capital.

Desvantagens:

- Depende da determinação do custo de capital.
- Pressupõe que as entradas de caixa intermediárias do projeto serão reinvestidas à mesma TIR, o que muitas vezes é inviável por parte da empresa.

Taxa interna de retorno modificada (TIRM)

A taxa interna de retorno modificada é a taxa de desconto que iguala o valor presente das entradas ao valor presente das saídas, sendo todas as entradas levadas para o último ano do fluxo, pelo custo de capital.

Para corrigir a o problema de reinvestimento dos fluxos de caixa pela própria TIR e não pelo custo de capital, criou-se este método. Utilizando-se de tal artifício, elimina-se a possibilidade de projetos serem aceitos pelo VPL e rejeitados pela TIR, e vice-versa. As Tabelas 7.7 e 7.8 mostram os resultados do procedimento.

Tabela 7.7 Valores presentes levados a valores futuros para calcular a TIRM Bicicleta Future 35

Anos	Valor no Fluxo de caixa	Valor futuro
0	−14.000.000	
1	3.100.000	7.309.638
2	3.100.000	6.645.125
3	3.100.000	6.041.023
4	3.100.000	5.491.839
5	3.100.000	4.992.581
6	3.100.000	4.538.710
7	3.100.000	4.126.100
8	3.100.000	3.751.000
9	3.100.000	3.410.000
10	3.100.000	3.100.000
Soma		49.406.016

Tabela 7.8 Valores presentes levados a valores futuros para calcular a TIRM

Anos	Valor no Fluxo de caixa
0	–14.000.000
1	0
2	0
3	0
4	0
5	0
6	0
7	0
8	0
9	0
10	49.406.016

A TIRM de 13,44% é maior que o custo de capital de 10%, então deve-se aceitar o projeto.

Critério de decisão

- Se TIRM > k, aceita-se o projeto.
- Se TIRM < k, rejeita-se o projeto.

Vantagens e desvantagens

Vantagens:

- A TIRM considera o valor do dinheiro no tempo.
- A TIRM pode ser facilmente comparada com outras taxas de mercado.
- A TIRM corrige o problema da TIR de considerar o reinvestimento das entradas pela TIR, pois ela corrige todos os valores para o futuro considerando o custo de capital – k.

Desvantagem:

- Depende da determinação do custo de capital.

Payback

Payback é o prazo necessário para que a empresa recupere o investimento inicial, calculado a partir das entradas de caixa.

Esse método calcula quanto tempo será necessário para que as entradas de caixa líquidas do projeto igualem o valor do investimento inicial realizado. Se as entradas de caixa forem uniformes (anuidades), o período pode ser encontrado dividindo o investimento inicial pela entrada de caixa anual. Se as entradas de caixa forem de valores diferentes, elas devem ser acumuladas até o investimento inicial ter sido recuperado.

Quanto maior for o período de tempo para recuperar o investimento, maior será o grau de incerteza e menor a liquidez do projeto. O *payback* não costuma ser utilizado para comparar projetos, mas para aceitá-los ou rejeitá-los. Sua grande falha é desconsiderar o valor do dinheiro no tempo.

O *payback* é amplamente usado por grandes empresas para avaliar pequenos projetos e por pequenas e médias empresas para avaliar a maioria dos projetos. É muito popular por sua simplicidade de cálculo e apelo intuitivo. E também porque considera fluxos de caixa e não lucros.

Por avaliar quão rapidamente a empresa recupera seus investimentos, o método faz considerações implícitas sobre o momento da geração do fluxo de caixa e do valor do dinheiro no tempo. Como ele pode ser visto como uma medida de exposição de risco, muitas empresas usam-no como um critério de decisão ou como um método complementar a outros métodos de avaliação.

Projetos que recuperam o capital investido mais cedo podem, eventualmente, ser considerados mais atraentes, visto que todas as receitas obtidas além desse período podem ser consideradas aumento de valor para a empresa.

Apesar de suas restrições, o *payback* é usado normalmente quando o risco de um investimento é muito alto e os investidores têm interesse em recuperar rapidamente o capital.

Utilizando os dados da Tabela 7.6, encontramos:

		Pessimista	Esperada	Otimista
Custo de oportunidade	0,10			
VPL		−248	5.048	10.566
TIR		9,59%	17,86%	25,64%
Payback – anos		6,26	4,52	3,50

Critério de decisão

- Se *payback* < *payback* aceitável, aceita-se o projeto.
- Se *payback* > *payback* aceitável, rejeita-se o projeto.

Esse parâmetro aceitável é estabelecido subjetivamente com base em diversos fatores, incluindo o tipo de projeto (expansão, substituição, renovação) e o risco percebido do projeto.

O cálculo do *payback* é muito simples e fornece ao administrador uma visão rápida sobre o risco e a liquidez do projeto. O *payback* pode ser pensado em anos ou em meses, dependendo do montante a ser investido, e normalmente é considerado juntamente com dois outros métodos de avaliação: o valor presente líquido (VPL) e a taxa interna de retorno (TIR), que já vimos antes.

Vantagens e desvantagens

Vantagens:

- É importante para análise de projetos com alto grau de risco e projetos com vida limitada. Em épocas de crise financeira e instabilidade econômica, pode aumentar a segurança nos negócios.
- É um método para separar projetos que merecem ou não ser mais profundamente avaliados pelos métodos que usam o fluxo de caixa descontado.
- É o método mais indicado para *startups* e pequenas empresas, pois o tempo e o esforço utilizados para fazer análises econômicas mais sofisticadas não fazem sentido para projetos menores.
- Pode ser utilizado tanto por empreendedores iniciando um negócio quanto por gestores que querem implementar uma ideia e precisam saber o tempo de retorno do investimento.

Desvantagens:

- O *payback* aceitável é um número subjetivo.
- Falha ao não considerar o valor do dinheiro no tempo.
- Não considera os fluxos de caixa que ocorrem depois do período de recuperação.
- Tende a propor o abandono de projetos valiosos de longa duração, projetos que podem criar valor para a empresa após o *payback*.

Payback descontado

É o prazo necessário para que a empresa recupere o investimento inicial, calculado a partir das entradas de caixa, descontadas pelo custo de capital.

Descontando os fluxos de entrada, corrige-se uma das falhas desse método, de não considerar o valor do dinheiro no tempo. Para a bicicleta Future 35, descontamos os valores das entradas de caixa a uma taxa de 10% e preparamos os dados da Tabela 7.9.

Tabela 7.9 Fluxo de caixa líquido descontado – Bicicleta Future 35

Anos	Fluxo de caixa líquido	Fluxo de caixa líquido descontado	Saldos
0	−14.000	−14.000	−14.000
1	3.100	2.818	11.182
2	3.100	2.562	8.620
3	3.100	2.329	6.291
4	3.100	2.117	2.117
5	3.100	1.925	2.249
6	3.100	1.750	499
7	3.100	1.591	
8	3.100	1.446	
9	3.100	1.315	
10	3.100	1.195	

O *payback* descontado será de 6,314 anos. Ou seja, 6 anos completos mais 0,314 parte do sétimo ano (499/1.591).

Critério de decisão

- Se *payback* descontado < *payback* descontado aceitável, aceita-se o projeto.
- Se *payback* descontado > *payback* aceitável descontado, rejeita-se o projeto.

Vantagens e desvantagens

São praticamente as mesmas do *payback*, com a diferença de que considera o valor do dinheiro no tempo.

Índice de rentabilidade

Indica quantas vezes as entradas de caixa descontadas ao custo de capital superam o investimento inicial do projeto. Sua fórmula de cálculo é:

$$IR = \frac{\text{Valor presente das entradas}}{\text{Valor presente das saídas}}$$

Valor presente das entradas é o fluxo do total de entradas trazido a valor presente.

Valor presente das saídas é o valor presente do investimento inicial, considerando todos os investimentos ao longo da vida do projeto.

Para a bicicleta Future 35, com k = 10%, teríamos:

$$IR = \frac{19.048.158,03}{14.000.000} = 1,36 \text{ vez}$$

Critério de decisão

- O IR precisa ser maior que 1 e, na comparação entre projetos, o que apresentar maior índice deve ser o escolhido.

Vantagens e desvantagens

São praticamente as mesmas do valor presente líquido. A diferença é que o IR trabalha com valores relativos e o VPL, com valores absolutos.

7.4 Seleção da carteira de projetos

Vamos mostrar, nesta seção, uma forma utilizada pelas empresas para selecionar os projetos para seu orçamento de capital, usando a TIR.

Empresa Alfa

Considere que a Alfa tem os seguintes projetos: A, B, C, D, E, F e G, para preparar seu orçamento de capital. Para isso, avaliou os vários projetos e preparou os dados da Tabela 7.10. Os valores individuais dos projetos, suas TIRs, os investimentos individuais e acumulados e o custo de capital médio ponderado para cada faixa de investimentos são apresentados na Tabela 7.10.

Tabela 7.10 Oportunidades de investimentos, custo de capital, TIR, investimentos e investimentos acumulados

Projeto	CMPC	TIR	Investimento	Invs. acumulados
C	13,71%	25%	700.000,00	700.000,00
D	13,71%	23%	400.000,00	1.100.000,00
B	13,71%	22%	200.000,00	1.300.000,00
F	14,34%	19%	600.000,00	1.900.000,00
E	14,34%	17%	500.000,00	2.400.000,00
A	15,94%	15%	400.000,00	2.800.000,00
G	15,94%	14%	500.000,00	3.300.000,00

A Tabela 7.11 apresenta a forma utilizada para cálculo do custo de capital para cada uma das faixas de necessidades de recursos financeiros, mostrando cada umas das diferentes fontes de capital, pesos, custos, custos ponderados e custo médio ponderado de capital.

Podemos verificar que, para financiamento até R$ 1.500.000,00, o custo médio ponderado de capital é 13,71%. Entre R$ 1.500.001 e R$ 2.500.000,00, é de 14,34% e acima de R$ 2.500.000,00 é de 15,94%. Como sabemos, à medida que a empresa aumenta seu endividamento, acaba incorrendo em maiores taxas de juros e mesmo a captação de capital próprio torna-se mais cara.

Tabela 7.11 Custo de capital por faixa de financiamento

Faixa do novo financiamento	Fonte de capital	Peso	Custo	Custo	CMPC
$ 0 a $ 1.500.000,00	Capital de terceiro	30%	5,67%	1,70%	13,71%
	Ações preferenciais	10%	6,03%	0,60%	
	Ações ordinárias	60%	19%	11,40%	
$ 1.500.000,00 a $ 2.500.000,00	Capital de terceiro	30%	8%	2,34%	14,34%
	Ações preferenciais	10%	6,03%	0,60%	
	Ações ordinárias	60%	19%	11,40%	
$ 2.500.000,00 ou mais	Capital de terceiro	30%	8%	2,34%	15,94%
	Ações preferenciais	10%	6,03%	0,60%	
	Ações ordinárias	60%	22%	13%	

Com base nessas informações, é possível verificar quais projetos devem ser aceitáveis – C, D, B, F e E; e quais devem ser rejeitados – A e G. Esta solução pode ser ilustrada por meio do gráfico da Figura 7.5. Este exercício serve para relacionar o orçamento de capital com os recursos financeiros disponíveis e a serem captados para financiá-lo.

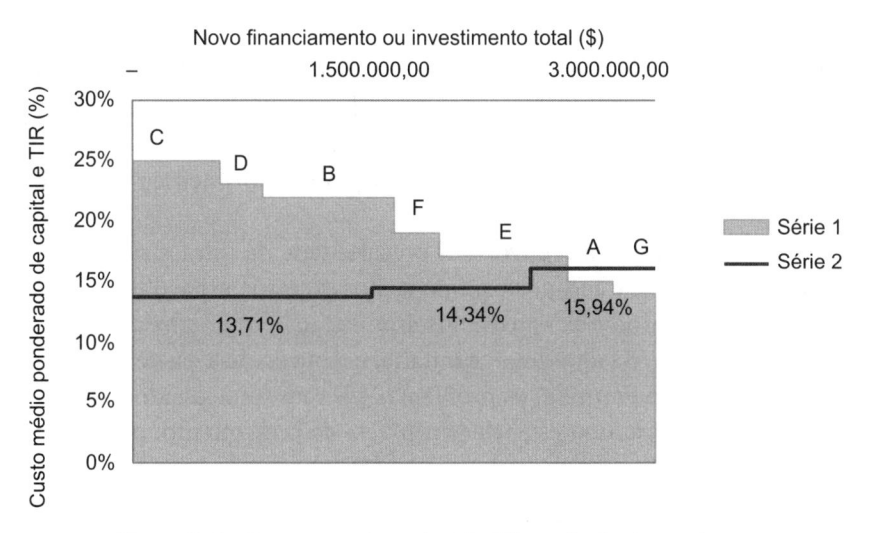

Figura 7.5 Orçamento de capital da Alfa – seleção dos projetos.

Como vimos, o orçamento de capital requer atenção de toda a administração financeira, seja para elaborar estudos de viabilidade dos projetos, seja para captar recursos dos bancos e de lançamento de títulos e ações no mercado de capital.

Não será tratado aqui neste livro, mas recomendamos que aqueles que quiserem se aprofundar na área estudem as opções reais. Irreversibilidade, incerteza e possibilidade de adiamento são três características importantes das decisões de investimento. Na prática, as decisões dos investidores levam em conta cada uma delas e as suas interações. Como a abordagem de opções é uma tentativa de modelar teoricamente as decisões dos investidores, o seu melhor entendimento requer, antes de tudo, uma análise mais cuidadosa dessas características.

7.5 Considerações finais

A empresa poderá se deparar com vários problemas que dificultam a análise e a implantação de projetos no Brasil. O levantamento de 2019 do estudo Doing Business, do Banco Mundial, aponta esses resultados:

> O Brasil ocupa hoje [2019] a 124ª posição no ranking Doing Business, relatório anual do Banco Mundial que avalia o ambiente de negócios em 190 países, divulgado na noite desta quarta-feira. A pontuação brasileira, que era de 58,6 no ano passado, subiu para 59,1, ou seja, avançou meio ponto percentual. O ganho reflete principalmente a melhora no registro de propriedades no país.[8]

O estudo compara o Brasil com os outros países do Brics – Rússia (28º), China (31º), Índia (63º), África do Sul (84º). Na América Latina, diz o estudo, o cenário é semelhante: países como Chile (59º) e Uruguai (101º) também estão à frente do Brasil no *ranking*. Já a vizinha Argentina registrou resultado pior, ocupando a 126ª posição.

Ao todo, os seguintes aspectos são analisados pelo Banco Mundial: facilidade de abrir um negócio, de lidar com permissões de construção e pedidos de ligação de energia, o registro de propriedades, obtenção de crédito, proteção a investidores minoritários, pagamento de impostos, negociação transfronteiriça e resolução de insolvência de empresas.

A nosso ver, os problemas envolvem precariedade da infraestrutura de transportes – estradas, portos e aeroportos, com custos excessivos que diminuem a competitividade de seus produtos –; aspectos ambientais e inúmeros alvarás a serem obtidos; complexidade e a alta carga tributária; e a burocracia, entre outros fatores.

Na visão interna da empresa, os problemas a serem solucionados têm início na definição das premissas, que estabelecem níveis de crescimento, participação no

---

[8] Disponível em: https://www.institutomillenium.org.br/entre-190-paises-brasil-ocupa-124a-posicao-em-ranking-que-avalia-facilidade-de-fazer-negocios/. Acesso em: 14 jan. 2022.

mercado, comportamento da demanda, taxas de inflação, taxas cambiais, políticas salariais, e assim por diante.

O planejamento estratégico da empresa, a definição dos métodos de análise das propostas e as condições de aceitação, enfim, todos os fatores que têm influência decisiva nos resultados esperados dos projetos são importantes.

É comum haver demanda maior por recursos para os investimentos do que por recursos disponíveis. Por outro lado, é preciso determinação para cortar investimentos que não agreguem valor.

Na análise e no enquadramento das propostas de investimento, além da utilização dos métodos escolhidos pela empresa, há uma questão crucial no processo: a confiabilidade dos dados utilizados na composição das propostas, desde a definição da demanda, passando pelos valores a serem investidos, até os custos e resultados financeiros, incluindo aqui a viabilidade de financiamento.

Uma vez aprovadas as propostas viáveis, é determinada a implantação dos projetos. Começa então a fase do acompanhamento e controle. Evitar desvios físico-financeiros na implantação é fundamental para que os projetos entreguem valores esperados. E isso depende muito da capacidade empresarial, da gestão.

QUESTÕES EXERCÍCIOS

Questões

1. Conceitue orçamento de capital e explique por que as decisões de investimento de capital são estratégicas para as empresas.
2. Quais são as questões complexas que envolvem a decisão de aprovar ou rejeitar um projeto? Dê exemplos.
3. Quais são os principais motivos para realizar investimentos de capital? Procure na internet e dê exemplos.
4. Discorra sobre *timing* do projeto.
5. Cite e discorra sobre três perguntas importantes na tomada de decisão de investimentos de capital.
6. Considerando os balanços da Petrobras e da Magazine Luíza, como você analisaria o orçamento de capital dessas empresas? Quais são as diferenças fundamentais? Atualize os valores para hoje.
7. Atualize e discuta o orçamento de capital da Petrobras.
8. Diferencie e dê exemplos de projetos independentes, dependentes e mutuamente exclusivos.
9. Conceitue e comente fluxo de caixa livre.

10. Quais são os métodos de avaliação que consideram o valor do dinheiro no tempo? Fale sobre *payback* descontado. Dê exemplos.

11. Descreva as vantagens e as desvantagens de uso dos métodos valor presente líquido e índice de rentabilidade.

12. Descreva as vantagens e as desvantagens de uso dos métodos taxa interna de retorno e taxa interna de retorno modificada.

Exercícios

1. Calcule o VPL e a TIR dos projetos A e B, sendo o custo de capital 9% ao ano. Qual você aceitaria?

Anos	Fluxos de caixa em R$ 1.000,00	
	Projeto A	Projeto B
0	−320.000	−500.000
1	100.000	150.000
2	100.000	150.000
3	100.000	150.000
4	100.000	150.000
5	30.000	100.000

2. Encontre a TIR dos projetos C e D. O custo de capital é de 8% ao ano. Qual você aceitaria?

Anos	Fluxos de caixa em R$ 1.000,00	
	Projeto C	Projeto D
0	−150.000	−150.000
1	40.000	30.000
2	45.000	45.000
3	45.000	45.000
4	45.000	50.000
5	30.000	50.000

3. Utilizando o VPL e a TIR e sabendo que o custo de capital é 8,5% ao ano, qual projeto você escolheria: E ou F?

| | Fluxos de caixa em R$ 1.000,00 ||
Anos	Projeto E	Projeto F
0	−200.000	−200.000
1	50.000	60.000
2	75.000	70.000
3	75.000	70.000
4	75.000	70.000
5	35.000	40.000

4. Utilizando os métodos VPL, TIR e *payback*, e sabendo que o custo de capital é 7% ao ano e o *payback* aceitável é 4 anos, qual projeto você aceitaria: G ou H? Por quê?

| | Fluxos de caixa em R$ 1.000,00 ||
Anos	Projeto G	Projeto H
0	−210.000	−260.000
1	60.000	70.000
2	60.000	80.000
3	60.000	80.000
4	60.000	80.000
5	40.000	40.000

5. Utilizando o *payback* e o *payback* descontado, sabendo que o custo de capital é 8% ao ano e o *payback* aceitável para qualquer dos métodos é 4 anos, qual projeto você aceitaria: I ou J?

| | Fluxos de caixa em R$ 1.000,00 ||
Anos	Projeto I	Projeto J
0	−150.000	−150.000
1	50.000	30.000
2	50.000	45.000
3	45.000	45.000
4	45.000	50.000
5	30.000	50.000

6. Suponhamos que você precise escolher entre duas máquinas, K e L. Elas têm a mesma capacidade, embora concepções diferentes, e executam as mesmas funções. Com base nos fluxos de caixa a seguir, e utilizando os métodos VPL, TIR e índice de rentabilidade, qual projeto você escolheria, sabendo que o custo de capital da empresa é de 9%?

Anos	Fluxos de caixa em R$ 1.000,00	
	Máquina K	Máquina L
0	−1.200.000	−1.800.000
1	300.000	350.000
2	390.000	600.000
3	390.000	600.000
4	390.000	600.000
5	100.000	250.000

7. A empresa Bach avalia os projetos M e N. Utilizando-se dos métodos VPL, TIR e TIR modificada e sabendo que o custo de capital é 7,5% e o *payback* descontado é 3 anos, qual projeto você escolheria? Por quê?

Anos	Fluxos de caixa em R$ 1.000,00	
	Projeto M	Projeto N
0	−4.750.000	−6.250.000
1	800.000	1.200.000
2	1.500.000	2.000.000
3	1.500.000	2.000.000
4	1.500.000	2.000.000
5	750.000	700.000

8. A empresa Beethoven avalia dois projetos, O e P. O diretor financeiro pede que você os avalie utilizando os métodos VPL, TIR, TIR modificada, *payback*, *payback* descontado e índice de rentabilidade. Sabendo que o custo de capital da empresa é 9,5% e a taxa de *payback* para qualquer dos dois métodos é de 3 anos, prepare uma tabela resumindo os resultados. Qual projeto você recomendaria e por quê?

	Fluxos de caixa em R$ 1.000,00	
Anos	Projeto O	Projeto P
0	−7.500.000	−8.250.000
1	1.900.000	2.300.000
2	1.900.000	2.300.000
3	1.900.000	2.300.000
4	1.900.000	2.300.000
5	2.500.000	2.300.000

9. A empresa Brahms avalia os projetos Q e R. Utilizando os métodos VPL, TIR, TIR modificada, *payback*, *payback* descontado e índice de rentabilidade e sabendo que o custo de capital é 10% e a taxa de *payback* para qualquer dos dois métodos é 3 anos, prepare uma tabela resumindo os resultados. Qual projeto você indicaria e por quê?

	Fluxos de caixa em R$ 1.000,00	
Anos	Projeto Q	Projeto R
0	−200.000.000	−250.000.000
1	50.000.000	70.000.000
2	60.000.000	80.000.000
3	60.000.000	80.000.000
4	60.000.000	80.000.000
5	50.000.000	10.000.000

10. A empresa Vivaldi está avaliando dois projetos, S e T. O diretor financeiro pede que você os avalie utilizando os métodos VPL, TIR, TIR modificada, *payback*, *payback* descontado e índice de rentabilidade. Sabendo que o custo de capital da empresa é 11% e a taxa de *payback* para qualquer dos dois métodos é de 3 anos, prepare uma tabela resumindo os resultados e diga qual projeto você indicaria e por quê.

	Fluxos de caixa em R$ 1.000,00	
Anos	Projeto S	Projeto T
0	−125.000	−210.000
1	30.000	45.000
2	50.000	60.000
3	50.000	80.000
4	50.000	90.000
5	30.000	60.000

SUGESTÕES DE CONSULTA

Livros

BREALEY, Richard A.; MYERS, Stewart C.; ALLEN, Franklin. *Princípios de finanças corporativas*. 10. ed. Porto Alegre: AMGH, 2013.

GITMAN, Lawrence J. *Princípios de administração financeira*. 14. ed. São Paulo: Pearson Prentice Hall, 2016.

LEMES JÚNIOR, Antônio B.; RIGO, Claudio; CHEROBIM, Ana Paula. *Administração financeira*: princípios, práticas e casos brasileiros. 4. ed. Rio de Janeiro: Elsevier, 2016.

ROSS, Stephen A.; WESTERFIELD, Randolph; JORDAN, Bradford D. *Administração financeira*. 10. ed. Porto Alegre: AMGH, 2015.

SOUZA, Paula de; SCHNORRENBERGER, Darci; LUNKES, Rogério João. Capital budgeting practices prevailing on international literature. *Innovar*, Bogotá, v. 26, n. 60, abr./jun. 2016.

Sites

http://g1.globo.com/economia/noticia/2012/08/conheca-os-cinco-viloes-do-crescimento-do-brasil.html

http://www.brasileconomico.ig.com.br/noticias/baixo-investimento-trava-crescimento-do-brasil_114840.html

https://dicionariodaeconomia.blogspot.com/2016/02/o-que-e-capital-intensivo.html

https://vejasp.abril.com.br/blog/memoria/tecnologias-obsoletas/

https://www.institutomillenium.org.br/entre-190-paises-brasil-ocupa-124a-posicao-em-ranking-que-avalia-facilidade-de-fazer-negocios/

8 MERCADO FINANCEIRO

INTRODUÇÃO

As atividades econômicas das empresas não podem prescindir de recursos financeiros. Desde o fluxo diário de dinheiro – estudado no Capítulo 4, Capital de Giro – até a captação de recursos para investimentos – estudada no Capítulo 7, Orçamento de Capital – Decisão de Investimentos, elas demandam dinheiro, operações de financiamento, alternativas de investimentos de curto e longo prazos. Enfim, demandam intermediação financeira.

No mundo dos negócios, alguns participantes precisam de recursos para viabilizar seus negócios no curto prazo e realizar investimentos de longo prazo; são chamados de **agentes deficitários** e buscam financiamentos.

Por outro lado, existem participantes dos negócios com recursos sobrando, decorrentes de poupança prévia, geração de lucros, vendas de ativos e outras formas de geração de recursos, chamados de **agentes superavitários**. Esses procuram boas alternativas de investimento.

As pessoas físicas também usam recursos nas compras do dia a dia, precisam de crédito para aquisição de bens e serviços mais dispendiosos e financiamento de bens de maior valor – por exemplo, sua casa. Quando precisam de recursos, pessoas e famílias também são agentes deficitários. Mas as famílias guardam recursos para o futuro, poupam por conta de momentos de infortúnio ou, ainda, visando uma velhice tranquila do ponto de vista financeiro. Buscam, então, boas alternativas de investimento e se somam aos agentes superavitários.

Em princípio, esses agentes poderiam trocar os recursos entre si diretamente, sem a interferência de outros agentes. A complexidade das operações financeiras em relação a prazos, custos administrativos, taxas de juros e, especialmente, administração do risco acabam por exigir intermediários para viabilizar o fluxo de recursos dos agentes superavitários para os agentes deficitários. Daí ocorre a intermediação financeira.

Surge então o mercado financeiro (MF), conceituado como a reunião das atividades necessárias para os recursos fluírem entre os agentes superavitários e deficitários de forma regular, segura e com remuneração adequada às partes envolvidas. Esse conceito é amplo porque engloba toda a diversidade de operações, prazos, agentes e produtos financeiros. Uma das maneiras para se avaliar a relevância da intermediação e do crédito é acompanhar o montante de crédito concedido no país, que, em outubro de 2021, atingiu 53,2% do total do Produto Interno Bruto (PIB).[1]

Para a intermediação financeira ocorrer de forma organizada, assegurando aos agentes a regularidade das operações e das instituições envolvidas, existem órgãos de normatização e de fiscalização que, em conjunto, estabelecem o Sistema Financeiro Nacional (SFN).

As operações realizadas são consubstanciadas em contratos com as mais variadas características, conhecidos como **títulos** ou **papéis** do MF. Quando esses papéis envolvem captações públicas de recursos, são chamados **valores mobiliários**.

Quando um agente superavitário busca oportunidades para aplicar dinheiro, pode estar à procura de investimentos reais (imóveis, empresas, máquinas, equipamentos, direitos de marca) ou investimentos financeiros (papéis do mercado). Esses são produtos de **aplicação**.

Os produtos de **captação** surgem quando um agente deficitário busca recursos, com diversos objetivos, entre os quais: cobrir diferenças de caixa no curto prazo, formar estoques de matéria-prima, financiar a aquisição de máquinas e equipamentos, expandir capital por meio da emissão de ações.

Naturalmente, quando um agente deficitário busca recursos e, por exemplo, emite debêntures, algum ou muitos agentes superavitários precisam estar interessados nesse papel e comprá-lo. Portanto, muitas vezes, o que é produto de captação para o agente deficitário é um produto de aplicação para o agente superavitário. Por exemplo, a emissão de Certificados de Depósitos Bancários (CDBs) é um produto de captação para os bancos, que recolhem recursos de seus clientes mediante o pagamento de uma taxa de juros, e um produto de aplicação para os agentes superavitários, que emprestam recursos ao banco com o objetivo de receber o principal acrescido de juros em data posterior, previamente acordada.

Faz parte da regulação do Sistema Financeiro Nacional (SFN) estabelecer os parâmetros para emissão e negociação de papéis. Produtos financeiros mais complexos, e por vezes mais arriscados, não podem ser adquiridos por investidores de menor porte, como é o caso de alguns Fundos de Investimentos em Direitos

---

[1] Essas informações podem ser atualizadas em: www.bacen.gov.br: Início > Estatísticas > Séries temporais > Indicadores econômicos: operações de crédito do sistema financeiro > percentual do PIB. Tabelas 20539 e 4382. Os *sites* citados neste capítulo foram acessados em dezembro de 2021. Caso ocorram alterações nas estruturas das páginas, a forma de acesso pode mudar ou, ainda, determinadas informações podem não estar mais disponíveis.

Creditórios (FIDCs). Para emitir ações e comercializá-las em bolsa de valores, as empresas são fiscalizadas pela Comissão de Valores Mobiliários (CVM). Tais agentes, produtos e instituições são objeto de estudo deste capítulo.

8.1 Sistema Financeiro Nacional (SFN)

É o conjunto de instituições, públicas e privadas, responsáveis pela intermediação de recursos no mercado financeiro brasileiro. Os aspectos fundamentais estão pautados na Constituição Federal e, portanto, são de difícil modificação. Aspectos estruturais, como a área de atuação de cada um dos membros, normalmente são alterados por meio de leis, discutidas e aprovadas no Congresso Nacional. Os aspectos operacionais relacionados a volume de operação, controle do nível de risco, maior ou menor interferência do governo na liquidez do sistema podem ser alterados por resoluções e instruções normativas e dependem da orientação mais liberal ou intervencionista do governo.

O SFN é dividido em três grupos de instituições:

- **Normativas**: estabelecem regras e diretrizes para o bom funcionamento do mercado; usualmente, com vistas a mitigar riscos e manter a neutralidade dos agentes.
- **Fiscalizadoras**: atuam para as atividades de intermediação ocorrerem dentro das normas estabelecidas.
- **Operadoras**: instituições que de fato operam ativamente no mercado, realizam a intermediação.

Existem recomendações internacionais para supervisão das atividades financeiras, em especial relacionadas aos riscos de mercado, de crédito e operacionais. Vários países com expressão econômica mundial, entre eles o Brasil, procuram seguir esses padrões. O mais conhecido deles é o Acordo de Basileia.[2]

No Brasil, o Sistema Financeiro Nacional é todo interligado, sendo fácil perceber a estrutura regulatória para instituições financeiras, empresas e pessoas físicas. A Figura 8.1 apresenta a estrutura do sistema, os órgãos reguladores, fiscalizadores e os intermediários e pode ser consultada em tempo real no *site* do Banco Central do Brasil. A consulta a essas informações limita a atuação de falsos intermediários financeiros e a contratação de produtos financeiros inidôneos.

---

[2] O Comitê de Supervisão Bancária de Basileia (BCBS – *Basel Committee on Banking Supervision*) é uma organização que congrega autoridades de supervisão bancária, visando fortalecer a solidez dos sistemas financeiros. Suas decisões são ratificadas por mais de 100 países.

Composição e segmentos do Sistema Financeiro Nacional

	Moeda, crédito, capitais e câmbio		Seguros privados	Previdência fechada
Órgãos normativos	**CMN** Conselho Monetário Nacional		**CNSP** Conselho Nacional de Seguros Privados	**CNPC** Conselho Nacional de Previdência Complementar
Supervisores	**BCB** Banco Central do Brasil	**CVM** Comissão de Valores Mobiliários	**Susep** Superintendência de Seguros Privados	**Previc** Superintendência Nacional de Previdência Complementar
Operadores	Bancos e caixas econômicas; Administradoras de consórcios; Cooperativas de crédito; Corretoras e distribuidoras*; Instituições de pagamento**; Demais instituições não bancárias	Bolsa de valores; Bolsa de mercadorias e futuros	Seguradoras e Resseguradores; Entidades abertas de previdência; Sociedades de capitalização	Entidades fechadas de previdência complementar (fundos de pensão)

* Dependendo de suas atividades, corretoras e distribuidoras também são fiscalizadas pela CVM.
** As Instituições de pagamento não compõem o SFN, mas são reguladas e fiscalizadas pelo BCB, conforme diretrizes estabelecidas pelo CMN.

Fonte: https://www.bcb.gov.br/estabilidadefinanceira/sfn. Acesso em: 15 dez. 2021.

Figura 8.1 Sistema Financeiro Nacional.

8.1.1 Atribuições dos órgãos reguladores

O **Conselho Monetário Nacional (CMN)** é o órgão máximo do Sistema Financeiro Nacional. Sua função é estabelecer as diretrizes da política econômica do país e garantir a estabilidade inflacionária. Para isso, controla a emissão de papel-moeda na economia; estabelece o nível de liquidez, por meio da taxa de depósitos compulsórios, taxa de redesconto e taxa de juros básica da economia, a taxa Selic. O CMN é composto por personalidades do poder executivo, representantes dos órgãos mais relacionados à atividade econômica. Em dezembro de 2021, faziam parte do CMN: o ministro da Economia (presidente do Conselho), o presidente do Banco Central e o secretário especial do Tesouro e do Orçamento do Ministério da Economia.

O **Banco Central do Brasil (BC)** é responsável por assegurar a estabilidade do poder de compra da moeda e um sistema financeiro sólido e eficiente. Para isso, conduz a política monetária do Brasil, buscando a estabilidade do valor da moeda.

A Figura 8.2 apresenta as metas de inflação estabelecidas para o BC no período de 2010-2021 e as efetivamente realizadas, acompanhadas pelo Índice de Preços ao Consumidor Amplo (IPCA), medido mensalmente pelo Instituto Brasileiro de Geografia e Estatística (IBGE).

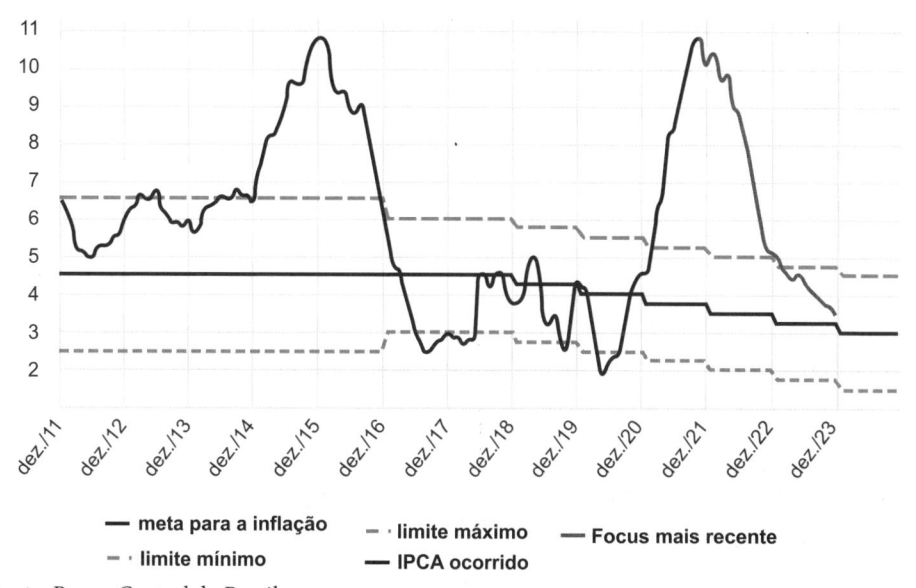

Fonte: Banco Central do Brasil.

Figura 8.2 IPCA e meta para a inflação.

A Figura 8.3 mostra a evolução da meta para a taxa Selic, que estabelece a taxa de juros básica do país.

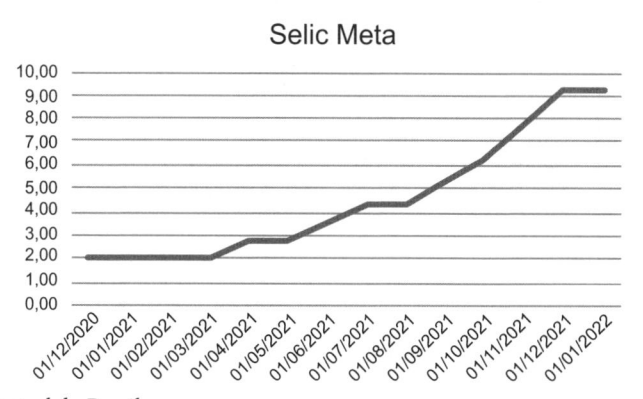

Fonte: Banco Central do Brasil.

Figura 8.3 Meta Selic (taxa básica de juros no Brasil).

A **Comissão de Valores Mobiliários (CVM)** foi criada em 7 de dezembro de 1976 pela Lei nº 6.385/76, com o objetivo de fiscalizar, normatizar, disciplinar e desenvolver o mercado de valores mobiliários no Brasil. A CVM é uma entidade autárquica em regime especial, vinculada ao Ministério da Economia, com personalidade jurídica e patrimônio próprios, dotada de autoridade administrativa independente, ausência de subordinação hierárquica, mandato fixo e estabilidade de seus dirigentes, e autonomia financeira e orçamentária.

Os demais órgãos reguladores do SFN são o Conselho Nacional de Seguros Privados (CNSP) e o Conselho Nacional de Previdência Complementar (CNPC). Este é responsável pela supervisão dos Planos de Previdência Fechada, conhecidos por Fundos de Pensão. O CNSP regulamenta as seguradoras, e o CNPC regulamenta os planos de previdência aberta e as sociedades de capitalização.

8.1.2 Instituições operadoras

A Figura 8.4 apresenta os principais tipos de bancos que atuam no país, sendo que os bancos múltiplos se caracterizam por atuar nas quatro modalidades.

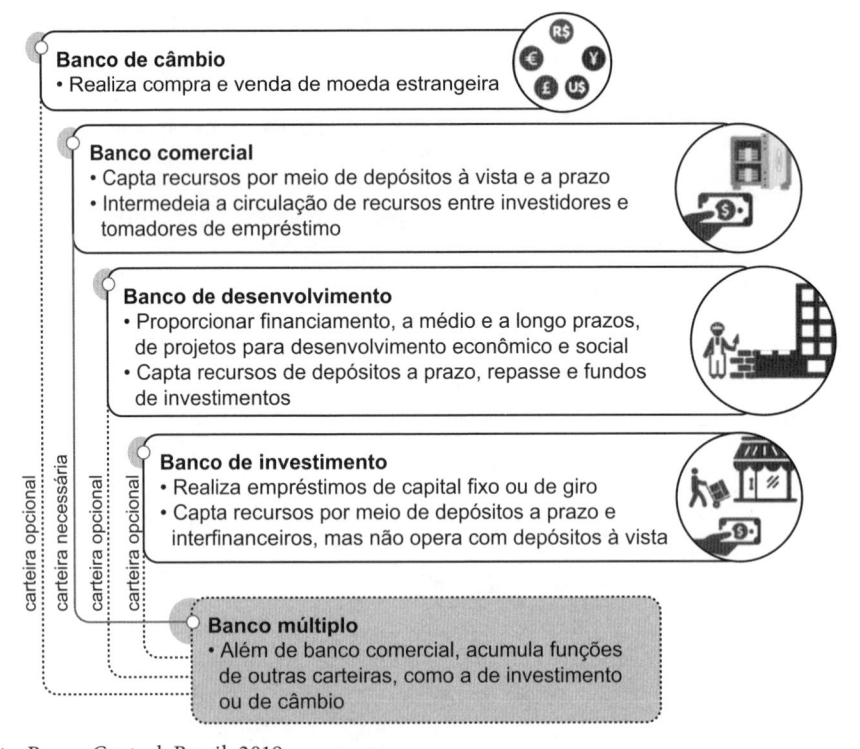

Banco de câmbio
- Realiza compra e venda de moeda estrangeira

Banco comercial
- Capta recursos por meio de depósitos à vista e a prazo
- Intermedeia a circulação de recursos entre investidores e tomadores de empréstimo

Banco de desenvolvimento
- Proporcionar financiamento, a médio e a longo prazos, de projetos para desenvolvimento econômico e social
- Capta recursos de depósitos a prazo, repasse e fundos de investimentos

Banco de investimento
- Realiza empréstimos de capital fixo ou de giro
- Capta recursos por meio de depósitos a prazo e interfinanceiros, mas não opera com depósitos à vista

Banco múltiplo
- Além de banco comercial, acumula funções de outras carteiras, como a de investimento ou de câmbio

Fonte: Banco Central, Brasil, 2019.

Figura 8.4 Tipos de banco.

Banco: por definição do BC, é uma instituição que atua intermediando a relação entre "poupadores" – indivíduos que depositam valores monetários em contas de depósito – e demais pessoas (físicas ou jurídicas) que precisam de empréstimos. Bancos, portanto, são instituições que recebem e garantem determinado valor ao cliente que o deposita, e empresta esse mesmo valor a juros, por meio de uma operação casada. A forma de instituição e operação dos bancos se alterou amplamente ao longo de sua existência, de forma que houve vários desdobramentos a partir dessa definição básica inicial. Instituição financeira, por sua vez, de forma mais ampla, faz o intermédio entre cliente e um produto financeiro – seja ele qual for.

Bancos comerciais: são instituições que prestam os serviços supracitados, podendo realizar empréstimos e operações de crédito, emissão de meios de pagamento, cobranças, transferências, recebimento de impostos, custódia de valores e serviços de câmbio – também são conhecidos como bancos de varejo e podem atender seus clientes de forma física ou digital.

Bancos de investimento: têm um rol de atividades diferentes das do banco comercial. Sua função principal reside em intermediar a relação de investimento entre clientes e empresas, podendo, portanto, efetuar a disponibilização de sistemas para compra e venda de ações, garantindo a segurança da operação com as bolsas de valores. Essa classe de banco não oferece conta-corrente, o que a diferencia dos bancos de varejo – sua forma de captação de recursos se dá mediante depósitos de longo prazo em forma de investimentos, como CDB, RDB ou CDI. Em redação dada pela Resolução 2.624 do BC, consta a definição que bancos de investimento são "instituições financeiras de natureza privada, especializadas em operações de participação societária de caráter temporário, de financiamento da atividade produtiva para suprimento de capital fixo e de giro e de administração de recursos de terceiros", podendo também comprar e vender metais preciosos no mercado físico, quaisquer títulos e valores mobiliários nos mercados financeiros, operar em bolsas de mercadorias e futuros e modalidades de concessão de crédito para financiamento de capital de giro, além de coordenar processos de reorganização e reestruturação de sociedades mediante prestação de serviços de consultoria.

Bancos de desenvolvimento: são instituições financeiras públicas que atuam de forma a oferecer desenvolvimento econômico à sociedade. No Brasil, a principal instituição desse tipo é o Banco Nacional de Desenvolvimento Econômico e Social (BNDES). A maior parte de seus recursos vêm dos fundos FAT, PIS-Pasep e de repasses do Tesouro Nacional. Pode também emitir debêntures e fazer captações no exterior. O BNDES oferece diferentes linhas de financiamento e, no passado, também participou como acionista de grandes empresas.

Banco de câmbio: sua autorização de funcionamento foi dada pela Resolução 3.426/2006. Estabelece principalmente as atribuições de compra e venda de moeda estrangeira, transferência de recursos, financiamento de importação e exportação, adiantamento de contratos de câmbio e outras operações de serviço. Os bancos de câmbio podem captar recursos por meio de repasses interbancários, depósitos interfinanceiros e recursos captados no exterior.

Banco múltiplo: o banco múltiplo reúne as funções de banco comercial, de investimento, de câmbio e de desenvolvimento – sendo considerado, por parte da entidade de supervisão, banco múltiplo quando contiver pelo menos duas licenças distintas. O banco múltiplo oferece ampla gama de produtos, desde o serviço de conta-corrente, diversos tipos de crédito com alienação ou não de bens, investimentos, emissão de debêntures e títulos de dívida, até seguros e fundos de investimento. Os "cinco grandes" bancos brasileiros são múltiplos.

Cooperativa de crédito e banco cooperativo: cooperativa de crédito é uma instituição financeira que visa fornecer seus serviços exclusivamente aos indivíduos ou empresas que se associam à cooperativa. A cooperativa de crédito oferece serviços muito semelhantes aos do banco de varejo, contudo, essa organização não visa lucro e os associados a ela partilham do resultado proveniente de suas operações – seja ele positivo ou não. A autorização para funcionamento dessa classe de instituição financeira foi dada pela Lei nº 5.764/1971.

O banco cooperativo, por sua vez, conforme Resolução 2.788/2000 do CMN, permite o estabelecimento de um banco administrado por cooperativas de crédito, possibilitando ampliar a atuação da cooperativa.

Banco digital: o banco digital existe totalmente *on-line*. Sem atendimento presencial, usa novas tecnologias de informação e sistemas, pode oferecer maior dinamismo do que bancos tradicionais no atendimento dos serviços bancários mais básicos. Usualmente originados de *fintechs*, o processo de abertura de conta, movimentações, empréstimos, investimentos é todo feito via internet, e em sua maioria estes bancos não cobram taxas (devido aos custos reduzidos da operação digital).

O Quadro 8.1 apresenta as dez maiores instituições financeiras do Brasil, ranqueadas por ativos, em junho de 2020. Essa tabela pode ser atualizada em https://www3.bcb.gov.br/ifdata/#, nos *links* Tipo de instituição, Conglomerados financeiros e Instituições independentes. Perceba a concentração de ativos e números de agência em apenas cinco bancos.

Quadro 8.1 Maiores instituições financeiras do Brasil por ativos – junho 2020

Instituição financeira	Ativo total	Carteira de crédito classificada	Lucro líquido	Número de agências	Número de Postos de Atendimento
Itaú	1.973.726.134	767.540.695	5.949.323	2.901	958
BB	1.960.241.747	745.401.380	4.610.051	3.987	719
Caixa Econômica Federal	1.485.073.307	842.332.982	2.810.005	3.375	895
Bradesco	1.471.643.155	580.194.074	6.751.728	3.111	1.388

(continua)

(continuação)

Instituição financeira	Ativo total	Carteira de crédito classificada	Lucro líquido	Número de agências	Número de Postos de Atendimento
Santander	989.212.960	449.327.369	4.271.260	2.606	1.953
BNDES	755.679.545	271.051.609	11.254.526	5	0
BTG Pactual	395.158.744	95.564.036	1.431.454	39	0
Safra	238.568.560	101.729.739	593.053	120	4
Citibank	137.495.907	25.476.698	320.767	57	8
Votorantim	120.563.579	64.997.347	370.134	9	29

Fonte: https://www3.bcb.gov.br/ifdata/#. Acesso em: 15 dez. 2021.

Corretora de valores: é uma instituição financeira destinada a intermediar operações em mercados regulamentados de valores mobiliários, como compra e venda de ações, títulos de renda fixa e cotas de fundos de investimento. As corretoras são chamadas tecnicamente de "sociedades corretoras de títulos e valores mobiliários (CTVMs)". Por meio delas, as pessoas físicas conseguem ter acesso, por exemplo, à bolsa de valores e ao **Tesouro Direto**, plataforma *on-line* de negociação de títulos públicos. Também podem oferecer outros serviços, como custódia de **ações** e títulos, organização e administração de fundos e clubes de investimento e a disponibilização de informações de análise de investimentos. De acordo com o Banco Central, uma corretora de investimentos pode:

- operar em bolsas de valores;
- subscrever emissões de títulos e valores mobiliários no mercado;
- comprar e vender títulos e valores mobiliários por conta própria e de terceiros;
- administrar carteiras e custodiar títulos e valores mobiliários;
- exercer funções de agente fiduciário;
- organizar e administrar fundos e clubes de investimento;
- emitir certificados de depósito de ações;
- intermediar operações de câmbio;
- praticar operações no mercado de câmbio;
- praticar determinadas operações de conta margem;
- realizar operações compromissadas;
- praticar operações de compra e venda de metais preciosos, no mercado físico, por conta própria e de terceiros;
- operar em bolsas de mercadorias e futuros por conta própria e de terceiros.

8.1.3 Outras instituições financeiras

Diferentes instituições oferecem serviços e produtos financeiros mais específicos de forma tradicional ou utilizando intenso aporte de tecnologia da informação (TI), como as *fintechs*, Sociedades de Crédito, Financiamento e Investimento; Sociedades de Crédito Direto; Sociedades de Empréstimos entre Pessoas; Sociedades de Crédito Imobiliário; Companhias Hipotecárias; Associações de Poupança e Empréstimo; Sociedades de Crédito ao Microempreendedor; correspondentes bancários.

Fintechs

Fintechs são empresas de tecnologia que atuam no ramo financeiro, criando formas de explorar e inovar em produtos e serviços comumente ofertados por bancos. As *fintechs* podem ser: de crédito, de pagamento, de câmbio, de investimento, de gestão financeira e de negociação de dívidas. Todas essas categorias, porém, estão sujeitas à aprovação do BC para poderem atuar, conforme redações dadas pelas Resoluções 4.656 e 4.657. Os dois tipos já regulamentados são as "Sociedade de Crédito Direto" (SCD) e a "Sociedade de Empréstimo entre Pessoas" (SEP).

Exemplos de *fintechs*

Nubank: hoje já com licença de atuação como banco, iniciou atividades em 2013, fornecendo meio de pagamento (cartão de crédito) com um diferencial interessante ao cliente: não eram cobradas taxas de anuidade do cartão. Sua principal fonte de captação de recursos, por não cobrar taxas, era a parcela das compras que a Mastercard repassava ao banco, bem como os juros de parcelamento de faturas.

Guiabolso: criada em 2012 por três amigos que apresentaram a ideia a investidores até conseguirem um aporte financeiro. O Guiabolso é um aplicativo que consolida o extrato da conta bancária do usuário, oferecendo uma forma mais inteligente e rápida de controle de finanças pessoais. A base de clientes cresceu exponencialmente e recebeu, até o ano de 2017, 215 milhões de reais em investimento, além de ter mais de três milhões de usuários. O aplicativo monetiza sua operação mediante publicidade de produtos financeiros, oferecendo alternativas mais baratas – se o cliente está utilizando o cheque especial, por exemplo, o aplicativo oferece opções de empréstimos com taxa mais baixa do que a que está sendo paga no cheque especial. Pode-se dizer que o Guiabolso é uma plataforma de *open banking*, oferecendo produtos financeiros de várias instituições.

8.1.4 Principais departamentos de um banco múltiplo

Os bancos tradicionais são chamados de bancos incumbentes; os mais modernos, formados desde o início em plataformas de TI, são bancos digitais, por exemplo Agibank, Original e C6.

Os grandes bancos, Bradesco, Banco do Brasil, Itaú, se estruturam em diferentes áreas ou departamentos para desenvolver suas diferentes atividades.

Área de negócios

Áreas de negócios são o *front office*, as áreas de interação com o cliente e, consequentemente, as áreas com maior potencial para gerar receita para o banco. Nos grandes bancos, estão em sua maioria estruturadas em:

- Varejo: oferece a estrutura para pessoa física e micro e pequenas empresas. Estabelece táticas de venda, interage diretamente com o cliente, oferece suporte de contratação de produtos e serviços bancários e é responsável por prover o pós-venda ao cliente.
- *Corporate/global business management*: estrutura voltada ao atendimento de médias e grandes empresas, incluindo multinacionais. Nesse segmento, o foco se dá em oferecer estrutura de conta-salário, capital de giro, cobranças e intermédio da empresa com o MF. Quando a empresa cliente atua em diversos mercados, os serviços bancários incluem a contratação de derivativos como travas cambiais e *swaps*.
- *Private*: a estrutura de *private banking* é voltada a clientes de alta renda, com atendimento exclusivo e diferenciado. Os bancos costumam oferecer cobertura global de serviços, independentemente de onde o cliente esteja. Usualmente, esses clientes tem contas em diversos países do mundo, inclusive em "paraísos fiscais"; isso pode representar maior risco reputacional para as instituições financeiras no Brasil.

Crédito

Essa área avalia a capacidade de determinado cliente para captar recursos. Portanto, é responsável por desenvolver modelos de análise de empresas, estabelecendo notas de crédito, utilizadas como parâmetro para volume de crédito a ser concedido e taxas de juros praticadas. A área de crédito, em alguns bancos, também é responsável por providências para melhorar o cadastro do cliente e, portanto, aumentar a assertividade da nota atribuída.

A nota atribuída ao cliente é frequentemente chamada de *score* e definirá a capacidade de um cliente de pagar ou não o crédito assumido.

A Lei Geral de Proteção dos Dados (LGPD) traz às empresas e aos bancos imposições em relação a uso e liberação dos dados dos clientes. Desde dados cadastrais até volume de crédito contratado e inadimplência são informações valiosas para o sistema financeiro. Normalmente, os "*bureaus* de crédito" trabalham essas informações e criam produtos informacionais relacionados. Por exemplo: Serasa Experian, Boa Vista, SPC Brasil, Transunion e Quod – esse último, criado pelos cinco maiores bancos do Brasil: Bradesco, Itaú, Caixa Econômica, Banco do Brasil e Santander.

Investimentos

O ato de investir pode ser definido como a aplicação de um valor financeiro com intuito de receber compensação futura por tal aplicação. Para viabilizar o investimento, a instituição financeira intermedia o interesse do agente superavitário, com prazo de investimento de mais longo prazo, e o agente deficitário, no caso a empresa com oportunidades de investimento. A área de investimentos estrutura a oferta dos produtos e é responsável por orquestrar a execução dos investimentos. É também responsável por gerir os montantes, fundos e estabelecer as melhores estratégias para atrair clientes. Essa área engloba, além disso, os processos de *valuation* para fusões e aquisições.

Contadoria

A área de contadoria é responsável por fazer os registros contábeis de bancos. Uma instituição bancária possui milhares, (em alguns casos, milhões) de transações diariamente – todas essas que precisam ser conciliadas e lançadas em contas adequadas, de acordo com as normas vigentes de contabilidade – geralmente, sob adequação ao Common Reporting Standard (CRS). O CRS foi um padrão de normas de contabilidade estabelecidas em conjunto com o US Foreign Tax Compliance Act (Facta) pelos Estados Unidos, com o intuito de evitar evasão fiscal, tendo sido adotado, também, por outros 109 países e sendo, portanto, o padrão de contabilidade mais aceito globalmente.

Finanças/tesouraria

Coração de todo *back office*, a tesouraria de uma instituição financeira (em alguns casos chamada de departamento de finanças ou financeiro). É responsável por garantir lastro para as operações de crédito, emissões de papéis e investimentos a serem realizados por essa instituição. A tesouraria efetua a operação de fechamento de caixa diariamente, garantindo o equilíbrio de débitos e créditos e o controle dos depósitos compulsórios.

Controladoria

Essa área é ligada à contadoria, utiliza as demonstrações financeiras e relatórios auxiliares para monitorar as atividades e identificar pontos de melhoria. Elabora e analisa a forma como os indicadores financeiros e contábeis podem ser utilizados para melhorar a condição financeira e maximizar o valor da empresa. A controladoria também pode propor novos indicadores e prover suporte ao processo decisório.

Risco

Risco é a possibilidade de que um evento possa ocorrer – podendo afetar positiva ou negativamente o resultado da instituição. A área responsável por riscos, usualmente, segue os parâmetros dos órgãos reguladores, os quais seguem os princípios do Comitê da Basileia.

Compliance

Segundo o Conselho Administrativo de Defesa Econômica (Cade), *compliance* é um conjunto de medidas internas que permite prevenir ou minimizar os riscos de violação às leis decorrentes de atividade praticada por um agente econômico e de qualquer um de seus sócios ou colaboradores.[3]

A crescente preocupação da sociedade quanto à forma de atuação de instituições financeiras forçou estas organizações a criarem mecanismos de adequação às leis e prevenção de perdas operacionais decorrentes de sanções administrativas. O *framework* de *compliance* é uma estrutura de controles que pode ser dividida em dois setores: *compliance* de crime financeiro e regulatório.

Seguros

Bancos múltiplos têm áreas dedicadas à comercialização de seguros de vários tipos, sendo seguros de saúde e veículos os principais produtos a serem elencados. Essas áreas, por vezes, são constituídas em empresas destacadas da *holding*, dada a natureza e a quantidade de funcionários necessárias para seu adequado funcionamento.

Jurídico

Área responsável por recepcionar processos e interações judiciais, preparando defesa para os processos recebidos e defendendo, também, a instituição financeira perante o mercado. Esse departamento também é responsável por mover processos que convenham à instituição em caso de necessidade.

8.2 Sistema financeiro internacional

É formado por um conjunto de acordos jurídicos, instituições e agentes econômicos formais e informais que, em conjunto, facilitam os fluxos internacionais de capital financeiro para fins de investimento e financiamento da atividade econômica. Desde sua criação no final do século XIX, durante a primeira onda moderna de internacionalização, sua evolução é marcada pelo estabelecimento de bancos centrais, tratados multilaterais e organizações intergovernamentais visando melhorar a transparência, a regulamentação e a eficácia dos mercados internacionais.

São organizações multilaterais de crédito:

- International Monetary Fund – IMF (Fundo Monetário Internacional – FMI).

---

[3] Conselho Administrativo de Defesa Econômica. *Guia para programas de* compliance. 2016, p. 9. Disponível em: https://cdn.cade.gov.br/Portal/centrais-de-conteudo/publicacoes/guias-do-cade/guia-compliance-versao-oficial.pdf. Acesso em: 15 dez. 2021.

- World Bank – WB (Banco Mundial, ou Banco Internacional para Reconstrução e Desenvolvimento – Bird).
- International Finance Corporation – IFC.
- Interamerican Development Bank – IDB (Banco Interamericano de Desenvolvimento – BID).

As empresas atuam no mercado internacional de diversas formas: exportação e importação; contratação de empréstimos e financiamentos, emitindo papéis em mercados de outros países, realizando *joint ventures* ou associações com empresas estrangeiras; realizando investimentos diretos no exterior e investimentos especulativos no mercado financeiro de outros países.

O Quadro 8.2 apresenta os maiores bancos do mundo, a partir do critério de tamanho do ativo.

Quadro 8.2 Dez maiores bancos do mundo em 2019 – por ativos

Bancos	Ativos
1. ICBC, China	US$ 338 bilhões
2. China Construction Bank, China	US$ 287 bilhões
3. Banco Agrícola da China, China	US$ 243 bilhões
4. Banco da China, China	US$ 230 bilhões
5. JPMorgan Chase, EUA	US$ 209 bilhões
6. Bank of America, EUA	US$ 189 bilhões
7. Wells Fargo, EUA	US$ 168 bilhões
8. Citigroup, EUA	US$ 158 bilhões
9. HSBC Holdings, Reino Unido	US$ 147 bilhões
10. Mitsubishi UFJ, Japão	US$ 146 bilhões

Fonte: https://br.financas.yahoo.com/noticias/maiores-banco-mundo-070010339.html.

Bolsas de valores no mundo

Entre os movimentos financeiros mais visíveis do mercado internacional estão as movimentações das bolsas de valores ao redor do mundo. O Quadro 8.3 apresenta as principais bolsas do mundo em maio de 2020. A Bolsa Balcão Brasil (B3) é a maior da América Latina e tem grande importância no fluxo de recursos para capitalização das empresas brasileiras.

Quadro 8.3 Principais bolsas de valores no mundo – Valor de mercado em dólar dos ativos negociados – Dezembro 2021

	Dec.
Total Equity Market – Market Capital	124.099.925,54
NYSE	27.686.923,54
Nasdaq – US	24.557.073,95
Shanghai Stock Exchange	8.154.689,12
Euronext	7.333.653,44
Japan Exchange Group	6.544.303,49
Shenzhen Stock Exchange	6.219.831,22
Hong Kong Exchanges and Clearing	5.434.177,12
LSE Group London Stock Exchang	3.799.459,24
National Stock Exchange of India	3.548.018,47
TMX Group	3.264.137,36
Saudi Exchange (Tadawul)	2.671.331,01
Nasdaq Nordic and Baltics	2.557.375,66
Deutsche Boerse AG	2.503.045,83
SIX Swiss Exchange	2.327.707,01
Korea Exchange	2.218.658,14
Taiwan Stock Exchange	2.029.131,45
ASX Australian Securities Exchange	1.887.400,79
Tehran Stock Exchange	1.260.732,89
Johannesburg Stock Exchange	1.143.003,42
Moscow Exchange	841.850,11
B3 – Brasil Bolsa Balcão	815.876,70
BME Spanish Exchanges	775.649,63

Fonte: https://statistics.world-exchanges.org/PredefinedReport.

8.3 Mercado financeiro

O mercado financeiro (MF) engloba todas as formas de intermediação de recursos financeiros. Tem por objetivo canalizar recursos dos agentes superavitários para os agentes deficitários, de acordo com as necessidades de prazos, riscos, montantes e tipos de agentes.

O fluxo de recursos ocorre no MF, mas transcende a fronteira financeira porque passa a irrigar o sistema econômico com recursos que permitem a troca de bens e serviços entre produtores, comerciantes e consumidores. Para compreender essas fronteiras, é necessário distinguir o sistema econômico do sistema financeiro.

Economia está relacionada à escassez de recursos, mão de obra, matéria-prima, capital e tecnologia, que não são suficientes para suprir todas as necessidades dos agentes econômicos, pois estas são ilimitadas. Mercado financeiro está relacionado ao fluxo de recursos financeiros e mercado de capitais se relaciona ao fluxo de recursos para capitalizar as empresas e é feito por meio de bancos de investimento, corretoras e bolsas de valores. Desde o mercantilismo, os aspectos financeiros das trocas econômicas procuram criar vida própria, transcendendo as funções de troca da moeda para atingir objetivos de precaução e especulação.

É exatamente a especulação, facilitada no século XXI pelo aporte de tecnologia da informação, que adensa o sistema financeiro, o qual, por vezes, pode causar a falsa impressão de que as finanças são um fim em si mesmo. Por exemplo, as especulações em bolsas de valores e com operações de derivativos, muitas vezes, sofrem alterações apenas em função de boatos.

O anúncio da descoberta de novas reservas de petróleo leva ao aumento de preço das ações das empresas de petróleo, mas simultaneamente pode acarretar queda do preço das *commodities* no futuro. Quando o governo estabelece uma taxa de juros menor para os títulos da dívida pública, caem quase todas as taxas de juros dos produtos financeiros no presente, e os contratos futuros de taxa de juros também sofrem variações.

Algum fundamento da atividade econômica, normalmente, respalda reações dos diversos mercados que compõem o MF. No entanto, muitas vezes, as reações são exageradas, reforçando a falsa impressão de que finanças são mais amplas que economia. A seguir, descrevemos algumas modalidades do MF.

Para melhor compreender o MF, é possível reunir as operações sob diversas óticas. O Quadro 8.4 apresenta uma classificação dos mercados que pertencem ao MF conforme os prazos das operações.

Quadro 8.4 Classificação dos mercados

Mercado	Descrição	Exemplos
Mercado monetário	Curtíssimo prazo – trocas diárias de recursos.	Bancos e governos trocam títulos públicos.
Mercado de crédito	Curto prazo – aplicações para recursos excedentes de caixa e captações para faltas temporárias de recursos.	Notas promissórias, uso do limite do cheque especial, cadernetas de poupança, desconto de duplicatas.[4]
Mercado de capitais	Longo prazo – recursos para investimentos; estabelece a estrutura de capital das empresas.	Linhas de financiamento público e privado, debêntures e ações.

(continua)

---

[4] O Capítulo 4 apresenta alguns dos produtos e operações financeiras que viabilizam o mercado de crédito.

(continuação)

Mercado	Descrição	Exemplos
Mercado de câmbio	Curto e longo prazos – viabiliza as trocas de moedas entre diferentes países.	Compra e venda de dólar, euro, ienes, reais e outras moedas. Operações de *hedge* cambial.
Mercado futuro e a termo	Curto e longo prazos – permite a negociação no presente de trocas a serem realizadas no futuro. Permite a negociação hoje de elementos a serem trocados em data posterior.	Contratos futuros de *commodities*, moedas, taxa de juros.
Mercado de opções e derivativos	Viabiliza o encontro de agentes com apostas diferentes sobre o comportamento futuro de determinados ativos. Os contratos de opções têm seu valor originado na variação de preços de outros ativos, por isso, são chamados de derivativos. Paga-se hoje pelo direito de comprar ou vender algo no futuro. Oferece a possibilidade de garantir hoje o direito de comprar ou vender algo no futuro.	Opção de venda de ações. Opção de compra de moedas.

Para a intermediação financeira ocorrer de forma organizada, assegurando aos agentes a regularidade das operações e das instituições envolvidas, existem órgãos de normatização e de fiscalização que, em conjunto, estabelecem o SFN.

As operações realizadas são consubstanciadas em contratos com as mais variadas características, conhecidos como títulos ou papéis do MF. O nome correto é valores mobiliários.

Quando um agente superavitário busca oportunidades para aplicar dinheiro, pode estar à procura de investimentos reais (imóveis, empresas, máquinas, equipamentos, direitos de marca) ou investimentos financeiros (papéis do mercado). Esses são produtos de **aplicação**.

Os produtos de **captação** surgem quando um agente deficitário busca recursos com diversos objetivos entre os quais cobrir diferenças de caixa no curto prazo, formar estoques de matéria-prima, financiar a aquisição de máquinas e equipamentos, expandir capital por meio da emissão de ações.

Naturalmente, quando um agente deficitário busca recursos e, por exemplo, emite debêntures, algum ou muitos agentes superavitários precisam estar interessados nesse papel e comprá-lo. Portanto, muitas vezes, o que é produto de captação para o agente deficitário é um produto de aplicação para o agente superavitário. Por exemplo, a emissão de Certificados de Depósitos Bancários (CDB) é um produto de captação para os bancos, que recolhem recursos de seus clientes mediante o pagamento de uma taxa de juros, e um produto de aplicação para os agentes superavitários, que emprestam recursos ao banco com o objetivo de receberem o principal acrescido de juros em data posterior, previamente acordada.

Faz parte da regulação do SFN estabelecer os parâmetros para emissão e negociação de papéis. Produtos financeiros mais complexos, e por vezes mais arriscados, não podem ser adquiridos por investidores de menor porte, como é o caso de alguns FIDCs. Para emitir ações e comercializá-las em bolsa de valores, as empresas são fiscalizadas pela CVM. Esses agentes, produtos e instituições são objeto de estudo deste capítulo.

O MF engloba todas as formas de intermediação de recursos financeiros. Tem por objetivo canalizar recursos dos agentes superavitários para os agentes deficitários, de acordo com as necessidades de prazos, riscos, montantes e tipos de agentes.

O fluxo de recursos ocorre em diferentes mercados que pertencem ao MF, mas transcendem a fronteira financeira porque passam a irrigar o sistema econômico com recursos que permitem a troca de bens e serviços entre produtores, comerciantes e consumidores. Para compreender essas fronteiras, é necessário distinguir o sistema econômico do sistema financeiro.

A seguir, explicamos cada um dos mercados que compõem o MF, conforme a classificação apresentada no Quadro 8.4.

8.4 Mercado monetário

É o mercado de dinheiro, aquele que dá fluidez aos pagamentos e recebimentos diários. As empresas e as famílias são usuárias desse mercado porque compram, vendem e recebem pagamentos todos os dias. Em tempos de alta inflação, até 1995, no Brasil, era comum a todos os agentes econômicos operar no mercado monetário fazendo aplicações de curtíssimo prazo em mercado aberto ou *open market*. Essa prática, felizmente, acabou no país com o fim da inflação descontrolada em 1995.

Hoje, os bancos e instituições financeiras operam no *open market* trocando recursos de um dia para outro, de forma a manter o equilíbrio entre débitos e créditos diários. Essas operações são realizadas entre os bancos por meio da troca de Certificados de Depósito Interfinanceiro (CDIs). As instituições que precisam de recursos emitem CDIs para captar o montante correspondente a sua falta de caixa, e aquelas com recursos temporariamente excedentes compram esses papéis. As trocas são feitas mediante o pagamento de taxa de juros, cuja média do dia é conhecida por taxa DI.

> **Sistema de Pagamentos Brasileiro (SPB)**
>
> O SPB permite a realização de trocas de recursos entre os agentes do mercado financeiro de forma segura, ágil e à luz da legislação. Caracteriza-se por um conjunto de normas, procedimentos, recursos de TI que viabilizam a movimentação financeira entre pessoas, empresas, instituições financeiras, governo e agentes no exterior. Todas as transações financeiras com uso de cheque, cartão de débito, cartão de crédito ou transferência eletrônica disponível (TED) envolvem o SPB.
>
> Desde 2002, essas transações ocorrem em tempo real, entre outras providências, para aumentar a segurança da intermediação financeira e, conferem a disponibilidade de recursos em conta-corrente antes de realizar qualquer troca de recurso. Dessa forma, caso uma instituição financeira não tenha os recursos disponíveis para uma transferência de maior monta em determinado momento do dia, todas as outras transações ficam "travadas" até que se viabilizem recursos para a operação.

O principal participante do mercado monetário é o governo. Por meio da compra e venda de papéis públicos de emissão do Banco Central, ele garante a liquidez do sistema financeiro. O conceito de liquidez está relacionado não apenas à fluidez de recursos para os pagamentos, mas também às questões inflacionárias. Conforme a Escola Monetarista, caso existam muitos recursos disponíveis para pagamento, os preços tendem a subir; ao contrário, se a liquidez do sistema é baixa, a disponibilidade de recursos para pagamentos é menor e, portanto, os preços tendem a cair.[5] O quadro a seguir procura mostrar as formas de que o Banco Central dispõe para controlar essa liquidez, ou seja, os instrumentos de política monetária.

> **A lei da oferta e da procura e os instrumentos de política monetária**
>
> Quando a política monetária[6] estabelece padrões contracionistas, ou seja, quando quer diminuir a quantidade de moeda no sistema, o BC vende papéis no mercado, retirando dinheiro de circulação. Os preços tendem a cair, diminuindo a pressão da inflação de demanda. No entanto, para aumentar a liquidez do sistema, o governo compra os títulos de emissão do BC e injeta recursos financeiros no mercado. Essas operações são realizadas ao longo do dia, no mercado aberto (*open market*). Outros instrumentos para diminuir a liquidez do sistema e, por consequência, diminuir as pressões inflacionárias decorrentes do excesso de dinheiro circulando no mercado são: aumento dos **depósitos compulsórios**, parte dos recursos captados pelos bancos, que deve ficar depositada no BC, e maior rigor no **redesconto bancário**,

---

[5] Para aprofundar o tema, consulte a equação de Fischer nos manuais de economia.

[6] Política monetária faz parte do conjunto de políticas econômicas de que o governo dispõe para regular o sistema econômico. Para obter uma breve visão das políticas econômicas e dos instrumentos de política monetária, sugere-se a leitura do segundo capítulo de LEMES JÚNIOR, Antônio B.; RIGO, Claudio; CHEROBIM, Ana Paula. *Administração financeira*: princípios, práticas e casos brasileiros. 4. ed. Rio de Janeiro: Elsevier, 2016.

> forma de o governo ajudar bancos com problemas de liquidez e que se constitui no empréstimo de recursos do BC ao banco em dificuldades, mediante caução de títulos ainda não vencidos, em poder desse banco. O aumento da taxa básica de juros, taxa Selic, também é um poderoso instrumento para reduzir a liquidez do sistema e, portanto, controlar a inflação por meio da elevação do custo do crédito.

8.5 Mercado de crédito

Esse é, por excelência, o mercado de curto e médio prazos. Viabiliza as vendas a prazo do comércio porque permite à indústria e ao comércio conceder crédito a seus clientes e obter crédito com as instituições financeiras. O quarto capítulo, Capital de Giro, apresenta a intermediação financeira de curto prazo, os produtos e as operações financeiras relacionadas ao mercado de crédito no âmbito empresarial. As instituições financeiras atuam no mercado de crédito como intermediárias, oferecendo os produtos financeiros já mencionados, mas também estabelecem trocas de recursos entre si e com o Banco Central, de forma a dar fluidez aos recursos disponíveis e manter a estabilidade do sistema.

O financiamento de veículos é um exemplo importante do mercado de crédito no Brasil. Em outubro de 2021, o financiamento de veículos representava 3,35% do PIB brasileiro e 9% do crédito total com recursos livres, conforme estatísticas do Banco Central.[7]

8.6 Mercado de capitais

É o mercado que viabiliza as trocas de recursos de longo prazo, canaliza os recursos dos agentes superavitários que visam formar poupança para o futuro, com vistas à aposentadoria, a projetos de longo prazo e à formação de riqueza, para repassar aos agentes deficitários que possuem projetos de longa maturação: empreendimentos industriais, comerciais e de serviços, como grandes plantas industriais, exploração de plataformas de petróleo, construções de infraestrutura (linhas de transmissão de energia, rodovias e ferrovias, redes de fibra ótica) ou, ainda, *shopping centers*, complexos de lazer e outras obras de longa duração.

Nos países em que não há pessoas e instituições com hábitos de poupança de longo prazo, muitas vezes, o governo assume o papel de principal financiador, porquanto não há formação de poupança interna suficiente para fomentar o investimento necessário ao crescimento do país. Esse é o caso do Brasil, onde o BNDES é o principal provedor de recursos de longo prazo para investimentos.

---

[7] Estatísticas BCB, tabela 20581.

A intermediação financeira de longo prazo ocorre pela troca de recursos, formalizada em produtos e contratos financeiros que podem ser classificados em renda fixa ou renda variável.

A renda fixa se caracteriza por estabelecer em contrato o prazo de vencimento, taxa de juros combinada (pré ou pós-fixada) e garantias, e o rendimento da operação é conhecido previamente. Mesmo quando o papel remunera as taxas de juros pós-fixadas, essas se constituem em uma remuneração vinculada a algum indexador. Sabe-se previamente qual o parâmetro de remuneração. No Brasil, são comuns os títulos pós-fixados que remuneram a determinada taxa de juros acrescida da variação de um indicador de inflação ou de taxa de juros.

Os produtos de renda variável caracterizam-se pela alta volatilidade do ganho. Não há prazo de vencimento, taxas de juros ou garantias previamente estabelecidas. O ganho vem do rendimento decorrente da distribuição de lucro, quando houver, ou da venda dos papéis em mercado.

Independentemente do tipo de rendimento, a taxas fixas ou variáveis, todas as emissões que serão distribuídas aos investidores em geral são registradas na CVM. As emissões de ações, debêntures, letras financeiras, notas promissórias, cotas de FIDC/FIC-FIDC/FIDC-NP, cotas de FIP/FIC-FIP, Certificado Audiovisual, Certificado de Depósito de Ações, Certificado de Recebíveis Imobiliários, cotas de Funcine, cotas de Fundo Imobiliário, cotas de outros fundos e Título de Investimento Coletivo, enfim, todas as emissões de papéis podem ser consultadas no *site* www.cvm.gov.br, Registro de Ofertas Públicas > Ofertas Registradas-Dispensadas > Selecionar ano > clicar no valor da emissão para ver todas as emissões do referido papel.

Essas operações só estão dispensadas de registro quando realizadas na forma de esforços restritos, ou seja, os papéis não serão vendidos abertamente a todos os agentes interessados, mas ofertados para um pequeno grupo de investidores previamente consultados.

Após o lançamento, essas operações passam a ser registradas, e os títulos custodiados (guardados) em câmaras de liquidação e custódia. No Brasil, existem a Selic, o Sistema de Transferência de Reservas (STR) e as estruturas de custódia da B3 S.A.

Quadro 8.5 Sistemas de compensação e custódia no Brasil

Sistema de Transferência de Reservas (STR): sistema de transferência de fundos. Sob responsabilidade do Banco Central.

Sistema Especial de Liquidação e Custódia (Selic): operado pelo Banco Central, faz a guarda de títulos públicos de emissão do BC e do Tesouro Nacional.

Sistemas de Liquidação e Custódia da B3 S.A.: no Brasil, as negociações de papéis em mercado aberto são feitas nas plataformas da B3 e depois registradas nas centrais de *clearing* e de custódia. O sistema é peculiar, porquanto a antiga Câmara Brasileira de Liquidação e Custódia (CBLC) foi adquirida pela então BM&FBovespa em 2008. Além disso, em 2017, mantendo

---

(continua)

(continuação)

> o monopólio de negociação em bolsas de valores no Brasil, a BM&FBovespa adquiriu a a Cetip S.A., outra central de liquidação e custódia. Foi então formada a B3, atual bolsa de valores e central de liquidação e custódia. A nova empresa manteve o objetivo de facilitar as negociações, por meio do desenvolvimento e da implantação de plataformas de negociação, e promover a custódia, ou seja, os registros das titularidades, prazos de vencimento, valor de face e demais características dos títulos de renda fixa públicos e privados. Cabe lembrar: a Cetip S.A. tentou se constituir como bolsa de valores concorrente da BM&FBovespa; mas questões de escala de negócios a fizeram sucumbir à fusão.[8]

8.6.1 Renda fixa

Apresentamos, a seguir, os principais produtos e operações de renda fixa. Existem diversos e sempre são criados ou recriados outros, porém, as características são as mesmas: prazo de vencimento definido, taxa de juros combinada e garantias.

Financiamento: são operações financeiras em que os recursos são liberados com destinação específica; por exemplo, financiamento de determinada máquina. Há que ocorrer a comprovação do uso do recurso para o fim especificado em contrato. O ativo financiado usualmente fica dado em garantia da operação. Ainda no exemplo da máquina, caso o tomador do recurso não honre o pagamento das parcelas, o bem poderá ser executado para pagar o agente financeiro. Diz-se que o bem fica "alienado ao agente financeiro". Os financiamentos têm prazo de vencimento, com datas especificadas para o pagamento das parcelas, taxas de juros estabelecidas e garantias.

Empréstimos: são similares aos financiamentos, porém, o uso do recurso é livre. Basta o tomador do recurso pagar periodicamente as prestações do empréstimo, que incorporam juros e amortização do principal. As formas de amortização foram estudadas no Capítulo 3.

Debêntures: títulos de dívida emitidos por empresas. São valores mobiliários, com prazo de vencimento, taxa de juros estabelecida e agente fiduciário. Como usualmente são lançadas com o auxílio de um banco de investimento ou outro tipo de instituição financeira, podem ser confundidas com títulos bancários. Isso não é verdade. Os juros e o principal das debêntures são pagos pela empresa emissora, e as renegociações também dependem de aprovação do conselho superior da empresa. Existem dois tipos de debêntures:

- Debêntures simples: papéis emitidos com características de renda fixa que, no vencimento, deverão ser pagos integralmente, quitados ou renegociados.
- Debêntures conversíveis em ação: são papéis emitidos com características de renda fixa, porém, no vencimento, podem ser pagos integralmente, quitados, ou convertidos em ações da companhia. O credor torna-se acionista.

---

[8] Para se manter atualizado quanto às estruturas do SPB, acesse o *site* do Banco Central, nos *links* Estabilidade Financeira, SPB, Infraestrutura do mercado financeiro. Para se aprofundar na estrutura da B3 S.A., acesse www.b3.com.br/, Produtos e serviços.

A emissão de debêntures pode ser privada, exclusiva para investidores específicos; nesse caso, é uma emissão de esforços restritos. Pode também ser realizada no mercado de renda fixa, oferecida a todos os agentes superavitários.

O mercado secundário de debêntures é ainda incipiente no Brasil, ou seja, a comercialização de debêntures já emitidas e ainda não vencidas pode ocorrer no mercado de balcão ou fazer parte das negociações no mercado de renda fixa oferecido pela B3 S.A.

O Sistema Nacional de Debêntures organiza a emissão desses papéis. Para obter informações de volume, tipos e características das emissões de debêntures e outros valores mobiliários, títulos de dívida emitidos por bancos e outras instituições financeiras, acesse www.debentures.com.br.

Letras financeiras: semelhantes às debêntures, são títulos de dívida emitidos por bancos e outras instituições financeiras. O período mínimo de emissão é de 24 meses, sendo vedado o resgate antecipado. Ou seja, o emissor não pode propor a recompra integral dos papéis antes do vencimento ou a quitação antecipada desses títulos de dívida. As emissões públicas podem ser adquiridas por qualquer investidor, porém, o valor unitário mínimo de R$ 300.000,00 limita a participação de investidores individuais. Esses papéis podem ser negociados antes do vencimento em mercado de balcão ou no mercado organizado de balcão da B3.

Certificado de recebíveis imobiliários (CRI): são títulos de renda fixa, criados no Brasil pela Lei nº 9.514/1997. Emitidos por companhias securitizadoras, só podem ser adquiridos por investidores qualificados. Caracteriza-se por reunir direitos de créditos futuros relacionados a imóveis. Os mais usuais têm lastro em rendimentos provenientes de imóveis, geralmente aluguéis com contrato de longo prazo (operações de *built to suit*)[9] ou em operações de compra e venda de imóveis, com alienação fiduciária (o imóvel fica dado em garantia da operação de financiamento).

Certificados de Recebíveis do Agronegócio (CRA): são títulos de renda fixa lastreados em recebíveis do agronegócio. Podem ser operações entre produtores rurais, empresas agrícolas ou cooperativas com base em atividades de produção agropecuária. Tal como nos CRIs, os direitos de recebimento são cedidos a uma empresa chamada de securitizadora, que irá emitir o CRA.

CRIs e CRAs são títulos de renda fixa porque apresentam prazo de vencimento, remuneram a taxa de juros pré ou pós-fixada e têm garantia (os papéis cedidos). Para conhecer os CRIs e os CRAs listados na B3, acesse o *site* www.b3.com.br/pt e siga o caminho: Home > Mercados > Renda Fixa > Títulos Privados > CRI ou CRA.

---

[9] *Built to suit*: imóveis construídos por uma incorporadora, sob medida para atender às necessidades de uma empresa ou instituição financeira; é alugado para ela com contrato de longo prazo.

Mercado de renda fixa: as trocas dos produtos de renda fixa ocorrem entre os agentes, com a intermediação de bancos comerciais, financeiras, corretoras e bancos de investimento. Existem vários outros papéis; apresentamos aqui apenas os mais usuais.

O mercado primário desses títulos não é formalizado, ou seja, as emissões podem ocorrer em plataforma consolidada como B3, por exemplo, mas isso não é mandatório. O mercado secundário dos títulos de renda fixa é incipiente no Brasil. A negociação dos papéis já emitidos pode ocorrer entre os agentes, com a intermediação de corretoras, ou em ambientes formalizados.

A B3 S.A. oferece uma plataforma de negociação para títulos de renda fixa. Para conhecer o mercado de renda fixa da B3, identificar os produtos negociados e as formas de operação, acesse http://www.b3.com.br/pt_br/produtos-e-servicos/negociacao/renda-fixa/.

8.6.2 Renda variável

O investimento em ações

As ações despertam interesse de investidores e de empresas em fase de crescimento. As taxas de juros mais baixas praticadas no Brasil a partir de 2018 levaram os investidores a migrar da renda fixa para a renda variável, em busca de maior retorno. Aliadas a essa demanda, as perspectivas de crescimento econômico e estabilidade institucional despertaram interesse das empresas por captar recursos por meio da emissão de ações. Portanto, abrimos seção específica neste capítulo para apresentarmos os princípios essenciais do investimento em ações.

Ação: é a menor parcela do capital de uma empresa. Ao comprar uma ação, você se torna sócio da companhia e espera obter retornos por meio de seu crescimento bem como pelo rendimento proporcionado. O retorno se dá recebendo parte dos lucros ou vendendo o papel após sua valorização, enquanto perdas podem ocorrer em caso de desvalorização das ações das empresas.

Antes de investir em ações, é importante entender o que elas são. Elas representam **pequenos pedaços** de uma empresa. Ao investir em uma ação, você está **comprando uma parcela do capital social** de uma companhia com capital aberto. Você acaba se tornando sócio dela: se a empresa se valorizar, você ganha mais. Esse investimento oferece um **potencial maior de perdas** e ganhos, pois se trata da chamada renda variável. Ao investir em renda variável, você não consegue projetar o seu rendimento no momento do investimento. Por isso, a sugestão, principalmente para investidores iniciantes, é investir em ações apenas no **longo prazo**, período superior a cinco anos, dedicando uma pequena parte do seu portfólio, como algo em torno de 5 a 10%, priorizando fundos de ações e índices como o Ibovespa.

As ações podem ser de dois tipos:

- **Ações ordinárias (ON):** os acionistas têm direito a voto nas assembleias; elegem e destituem o conselho de administração e a diretoria executiva; decidem

o destino dos lucros; aprovam as demonstrações financeiras; alteram o estatuto social; autorizam emissões de debêntures e aumentos do capital social.
- **Ações preferenciais (PN)**: os acionistas não têm direito a voto, mas têm preferência na distribuição de dividendos e no reembolso do capital no caso de dissolução da sociedade.

Negociação das ações

A negociação das ações ocorre em dois mercados:

Mercado primário: é onde ocorre a primeira negociação do papel, quando a empresa ou a instituição financeira emite novas ações, ou seja, faz a oferta pública inicial de ações (*Initial Public Offer* – IPO), normalmente em um leilão especial da bolsa de valores e nos lançamentos de novas ações pela empresa.

Novas ações trazem dinheiro novo para a empresa, sob a forma de recursos próprios, usualmente com o objetivo de implementar novos investimentos ou reestruturar passivos.

Mercado secundário: é onde se dá a negociação das ações entre os acionistas, sem ocorrer fluxo de recursos da empresa. Pode ocorrer no mercado de balcão ou em bolsa de valores.

Em ações, como em títulos de renda variável, o investidor não sabe qual a remuneração que poderá obter. Os prazos e os riscos dependem das características de cada ativo adquirido, da carteira de ações ou dos fundos escolhidos, pois eles vão trazer rendimentos e riscos diferentes.

Para a maioria dos investidores em ações e ativos de renda variável, há expectativa de retornos mais elevados, porém, há maior risco associado a isso.

Ganho de capital: ocorre quando se vende uma ação por preço maior que o adquirido. Para realizar esse ganho, é necessário deixar de ser proprietário daquelas ações. Caso a ação se valorize no mercado, mas NÃO seja vendida, há um aumento do patrimônio do investidor. No entanto, se a ação desvaloriza-se, diminuindo o valor de mercado, enquanto o investidor não vende essa ação, não ocorre prejuízo.

EXEMPLO

Compra de 100 ações VVAR3 – por R$ 7,49 em 13/11/2019.
Vende as 100 ações por R$ 14,60 em 12/6/2020.
Ganho de capital (bruto) = R$ 7,11 por ação.
Taxa de retorno de 95%.
Caso essas ações tivessem sido vendidas em 17/3/2020, quando o preço de venda estava a R$ 5,80, o investidor teria perdido R$ 2,69 por ação.

Rendimentos: são os recebimentos decorrentes da posse da ação, em outras palavras, rendimentos do acionista:

- **Dividendos**: é a parcela dos lucros distribuída aos acionistas. No Brasil, a legislação obriga que, no mínimo, 25% dos lucros sejam distribuídos aos acionistas.
- **Juros sobre capital próprio (JSCP)**: fazem parte da parcela dos lucros distribuída aos acionistas, com a diferença de que a empresa pode abater o montante pago como despesa financeira, reduzindo a base de cálculo do imposto de renda (IR), o lucro líquido antes do IR. Esse tipo de remuneração de ação só ocorre no Brasil.
- **Bonificações**: quando a empresa vai aumentar o capital, ou seja, emitir novas ações, pode compensar os antigos acionistas distribuindo novas ações em proporção ao número de ações que já possuía. Eventualmente, essa bonificação pode ser em dinheiro.
- **Bônus de subscrição**: são títulos negociáveis entregues aos acionistas que lhes dão o direito de comprar novas ações da empresa a preço inferior ao do mercado. Podem ser utilizados pelo acionista ou vendidos.
- **Desdobramentos ou *splits***: as ações são negociadas em bolsa pelo seu valor de mercado, em lotes padrão, usualmente 100 ações. Quando o valor de mercado sobe bastante, o valor do lote padrão de negociação fica muito alto e pode inibir negócios. A empresa pode, então, "dividir" as ações existentes reduzindo o valor unitário da ação, sem diminuir o valor de mercado da companhia. Essa operação é feita mediante a troca das ações antigas de maior valor por ações novas de menor valor unitário, porém em maior quantidade.

Negociações com ações

- Para negociar com ações, é necessário cadastrar-se em uma corretora a fim de obter acesso aos sistemas de negociação. Depois, deve-se estudar o mercado e decidir que ações serão negociadas e em que montante as ordens de compra e venda podem ser dadas presencialmente, por telefone, por correio eletrônico ou por meio da plataforma de negociação (*homebroker*).
- **Tipos de ordem de compra e de venda:**
    - Ordem a mercado: especifica o ativo e a quantidade total a ser comprada ou vendida. Não especifica o preço do ativo, portanto, a ordem será executada assim que o ativo estiver disponível para compra ou venda, qualquer que seja o preço de mercado no momento da realização da operação. Não é possível realizar essa ordem via *homebroker*, apenas via contato direto com a corretora.
    - Ordem administrada: especifica o ativo, o preço e a quantidade total a ser comprada ou vendida. Será realizada quando aparecer interessado em comprar o ativo pelo preço especificado ou maior, ou em vender o ativo pelo preço especificado ou menor.

- Ordem on *stop* ou *stop loss*: especifica o ativo, a quantidade total a ser vendida a partir do momento em que o preço atingir um nível inferior ao atual. O investidor utiliza esse tipo de ordem para limitar suas perdas. Estabelece um percentual máximo de perda e/ou calcula qual é a maior queda de preço suportável. Caso o preço da ação caia até esse limite inferior, a ordem de venda será executada.
- *Start* de compra: especifica o ativo, a quantidade total a ser comprada quando o preço do ativo atingir determinado limite superior. Utilizada por analistas gráficos que acreditam que, se o preço da ação ultrapassar determinado patamar, a elevação subsequente de preço será interessante.
- Ordem casada: especifica um ativo para ser comprado e outro para ser vendido. A ordem só será executada se houver interessados nas duas operações simultaneamente.
- Ordem de financiamento: especifica o ativo, o preço e a quantidade total a ser comprada ou vendida de um valor mobiliário ou direito em determinado mercado e, simultaneamente, estabelece a venda ou a compra desse mesmo ativo no mesmo ou em outro mercado, com prazo de vencimento diferente.

Considere a carteira do Quadro 8.6 para descrever as ordens de compra e venda necessárias para realizar as intenções descritas.

Quadro 8.6 Carteira de ações

COD.	Empresa	Quant.	Cotação 02/05/20x1	Valor investido	Cotação 16/06/20x1	Valor Atual	Ganho/perda $	Ganho/perda %
BBSE3	Banco do Brasil Seguridade	1.000	26,67	26.670,00	32,74	32.740,00	6.070,00	22,8%
ITUB4	Banco Itaú S.A.	800	37,50	30.000,00	34,06	27.248,00	−2.752,00	−9,2%
PCAR4	Cia. Pão de Açúcar	440	106,00	46.640,00	107,65	47.366,00	726,00	1,6%
PETR3	Petrobras S.A.	1.000	16,22	16.220,00	17,63	17.630,00	1.410,00	8,7%
PETR4	Petrobras S.A.	600	17,60	10.560,00	18,84	11.304,00	744,00	7,0%
UGPA3	Ultrapar S.A.	800	55,91	44.728,00	52,68	42.144,00	−2.584,00	−5,8%
VALE3	Vale S.A.	200	30,20	6.040,00	28,42	5.684,00	−356,00	−5,9%
VALE4	Vale S.A.	700	27,35	19.145,00	25,47	17.829,00	−1.316,00	−6,9%
Carteira				200.003,00		201.945,00	1.942,00	1,0%

a) Realizar o maior ganho de capital da carteira.

Venda a mercado de BBSE3 ou venda BBSE3 a $ 32,74

b) Perder no máximo 10% com ações de banco.

Stop loss ITUB4 a R$ 33,75 ou *stop loss* ITUB4 a R$ 33,74

c) Aumentar o investimento em ações sem direito a voto da Petrobras, caso o preço ultrapasse a barreira de R$ 19,00.
Start de compra ou *start gain* 200 PETR4 19,00

d) Desfazer imediatamente sua posição em ações do setor supermercadista.
Venda a mercado PCAR4

Análise de investimentos em ações[10]

Para investir em ações, escolher quais comprar e vender, em que momento e a que preço, é necessário estar disposto a correr riscos, estudar o mercado acionário e as empresas nas quais investir. Existem duas grandes escolas de análise de ações: a análise técnica e a análise fundamentalista.

- Análise técnica ou gráfica: parte do princípio de que o comportamento dos preços em mercados incorpora todas as informações disponíveis sobre o ambiente – macro e microeconomia – e sobre a empresa. Dessa forma, basta estudar os históricos de preços, com as movimentações registradas em gráficos, para tomar as decisões de compra e venda de ações. Para isso, foram desenvolvidos vários tipos de gráficos e vários indicadores dos preços, usualmente baseados em princípios estatísticos.

- Análise fundamentalista: parte da compreensão de variáveis internas e externas à empresa para decidir a compra e a venda das ações. Variáveis externas são incorporadas às análises por meio de análises qualitativas das notícias de jornais, revistas e analistas que acompanham o desempenho da empresa e por meio de variáveis macroeconômicas como PIB, inflação, desemprego e outros índices setoriais. As variáveis internas advêm de características da empresa identificadas no mercado, por meio do uso de múltiplos, e na contabilidade, por meio da análise dos demonstrativos econômico-financeiros.

Bolsas de valores: é o espaço de negociação de títulos mobiliários autorizado a operar pela CVM. Pode estar constituído na forma de empresa de sociedade por ações ou como associação civil. Ainda que existam locais físicos e alguns poucos permaneçam oferecendo a apregoação com a presença física dos representantes das corretoras para realizar as compras e vendas, essa prática está em extinção. Os pregões de compra e venda de ações ocorrem, hoje, majoritariamente em ambiente virtual, por meio de troca eletrônica de dados. As bolsas oferecem plataformas de negociação, as quais estão ligadas às corretoras de valores e às câmaras de compensação. Por esse serviço de intermediação, são cobrados custos de emolumentos, liquidação e registros.

---

[10] A venda de cursos sobre investimentos tem proliferado no país. Se quiser continuar o estudo de investimentos em ações, sugere-se a realização de cursos gratuitos oferecidos por corretoras e bolsa de valores de forma presencial ou pela internet.

A estrutura do Sistema Financeiro Nacional permite a existência de várias bolsas, mas o investimento em TI, a escala de negócios e a facilidade de se estar registrado em um único espaço de negociação acabam por favorecer a existência de uma única bolsa de valores em cada país. Esse é o caso do Brasil.

B3 S.A.: é uma companhia constituída em 2008 na forma de sociedade por ações a partir da fusão da Bolsa de Valores de São Paulo S.A. com a Bolsa de Mercadorias e Futuros S.A. Ambas originadas da desmutualização das associações civis sem fins lucrativos, que, em 2007, transformaram-se em empresas de capital aberto, transformando as participações das corretoras membro em ações e, posteriormente, lançando novas ações em bolsa. Em março de 2017, a então BM&FBovespa incorporou a Cetip, empresa prestadora de serviços de custódia no mercado de balcão organizado, transformando-se em B3. Em 2020, as ações da B3 são negociadas nela mesma e representam aproximadamente 6,08% da carteira do Ibovespa.

Governança corporativa na bolsa de valores: as empresas com ações em bolsa podem ser classificadas conforme seu nível de transparência e atendimento às boas práticas corporativas em relação ao acionista e outras partes relacionadas. Na B3, essa classificação corresponde aos segmentos especiais de listagem, que exigem mais informações e características de constituição acima do requerido pela Lei de Sociedades Anônimas e suas atualizações. São níveis de governança corporativa: Novo Mercado, Nível I, Nível II e BovespaMais. As características das empresas listadas em cada um deles podem ser encontradas em: http://www.b3.com.br/regulação/estrutura normativa/regulamentos e manuais/listagem.

Espera-se que empresas listadas nos maiores níveis de governança deem mais garantias a seus acionistas e, portanto, tenham maior valor de mercado.

Índices das bolsas de valores: o comportamento dos preços das ações pode variar a cada negociação no pregão. Fatos internos relacionados ao desempenho da companhia, divulgação de resultados, alterações de comando e fatos externos, como notícias econômicas, divulgação de resultados do setor, variações nos mercados de outros países, alterações políticas e boatos interferem no humor dos investidores e em sua percepção de valor das empresas. Essa variação de preço pode ser identificada individualmente no preço de cada ação e, para grupos específicos de ações com características semelhantes, nos índices de ações.

Um índice representa a medida sistemática da variação de alguma unidade quantificável. Um índice de preço de ações representa a variação, medida de forma sistemática, do preço de um conjunto de ações em determinado período. No caso dos índices da B3, o cálculo é realizado em tempo real, ou seja, a cada negociação com as ações que compõem cada índice, o cálculo é refeito e um novo índice é divulgado.

O Ibovespa[11] é o índice mais relevante porque é utilizado como um parâmetro do mercado. É calculado a partir da variação dos preços das ações que fazem parte da carteira do índice, composta a cada quadrimestre das ações que participaram de 80% das negociações. O índice muda a cada instante, a carteira do índice muda a cada quatro meses. A metodologia de cálculo desse e de todos os outros índices calculados pela B3 pode ser encontrada em: www.b3.com.br/, clicando-se em Mercados > Ações > Índices > Índice Bovespa.

Mercados de negociação da B3 S.A.: como uma empresa que visa lucro, a B3 transcende suas operações de mercado à vista de ações e mercado futuro de mercadorias e oferece ampla gama de serviços de negociação dos mais diferentes papéis. Além disso, as plataformas de negociação também podem ser utilizadas para viabilizar outros leilões não relacionados a títulos e valores mobiliários, como os leilões de energia ou de créditos de carbono. Os diferentes mercados podem ser encontrados em: www.b3.com.br, no *link* Mercados.

O tema bolsa de valores é extenso e pode confundir-se, no Brasil, com o estudo da B3. Para finalizar a apresentação sem, contudo, esgotar o tema, é necessário destacar mais uma diferença conceitual do mercado.

Mercado primário: é onde ocorre a primeira negociação do papel, quando a empresa ou a instituição financeira emite os títulos de dívida (debêntures ou letras financeiras) ou emite títulos de propriedade (novas ações).

Oferta pública inicial de ações (*initial public offer* – IPO): ocorre no mercado primário, normalmente em um leilão especial da bolsa de valores. É quando a empresa abre capital pela primeira vez. Pode ser uma oferta primária, em que apenas novas ações são levadas a leilão; uma oferta secundária, quando ações de antigos sócios são leiloadas; ou uma oferta mista, em que há novas ações sendo negociadas e antigos acionistas se desfazem de parte da sua participação acionária na empresa.

As venda de novas ações trazem dinheiro novo para a empresa, caracterizam captação de recursos próprios, usualmente, com o objetivo de obter recursos para novos investimentos ou reestruturação de passivos.

Mercado secundário: é a negociação das ações entre os acionistas, sem ocorrer fluxo de recursos de/ou para a empresa. Pode ocorrer no mercado de balcão ou em bolsa de valores.

---

[11] O Ibovespa manteve a mesma metodologia de cálculo entre 2 de janeiro de 1968 e 30 de dezembro de 2013. A partir de 2 de janeiro de 2014, a carteira do índice passou a ser calculada com alterações.

> Uma expressão que pode gerar certa confusão é *emissão secundária de ações*. Quando a empresa abre capital em bolsa de valores e negocia ações que já existiam em poder dos acionistas controladores, trata-se de uma emissão secundária.
>
> Quando a empresa já é listada em bolsa e faz uma nova emissão de ações, depois do IPO, e traz novos recursos financeiros para a empresa, também acontece emissão secundária.

Custos das operações com ações: uma operação com ações incorre em custos operacionais; portanto, para calcular o ganho efetivo com as negociações com ações, é necessário estabelecer o fluxo de caixa do papel durante o período em que esteve sob a propriedade do investidor.

O investimento em ações pode ser acompanhado por meio da elaboração do fluxo de caixa do investimento. Acompanhe o exemplo.

O investidor quer aplicar R$ 10.000,00 em ações da empresa JBPR3. Em 1º de dezembro de 20x1, a ação está valendo R$ 15,50 e é comercializada em lotes de 100. Ao se dar a ordem de compra, ocorrerá uma saída de caixa no segundo dia útil. A B3 está operando em D+2. É possível comprar seis lotes de 100 ações. Vamos desconsiderar a compra de ações no mercado fracionário. Os custos operacionais são: B3, 0,03248% sobre o total da operação; R$ 10,00 de corretagem por operação de compra e de venda (cobrados pela corretora); e R$ 15,00 de custódia, cobrados todos os meses pela corretora, enquanto as ações estiverem na carteira do investidor. Os proventos a serem pagos estão no quadro a seguir: tipo de provento, quando foi decidido, data em que as ações ficam "ex-dividendos" e ex-capital próprio e data provável de pagamentos. Essas datas são importantes porque, conforme o dia da compra e da venda, as ações recebem ou não os proventos.

Tipo de proventos	Deliberado	Negócios até	Valor	Pagamento
JSCP	14/06/20x1	25/06/20x1	0,02	13/07/20x1
Dividendos	12/04/20x1	23/04/20x1	0,072	21/05/20x1
JSCP	05/03/20x1	15/03/20x1	0,02	11/04/20x1
JSCP	14/12/20x0	22/12/20x0	0,09	26/01/20x1

O fluxo de caixa a seguir representa as saídas de caixa para investimento e pagamento das corretagens e taxas de custódia, as entradas de caixa do recebimento de proventos e a receita da venda das ações.

Valor Financeiro	10.000,00
Cotação de compra	15,50
Cotação de venda	20,00
Quantidade de ações	645,16129
Ações em lotes de 100	600

Custos corretagem corretora	15,00
Custódia corretora	10,00
Custos B3	0,03248%

Data	Cotação	Descrição	Crédito	Débito	Saldo
01/12/20x0	R$ 15,50	Compra da ação			–
03/12/20x0		Pagamento da compra		9.300,00	-9.300,00
03/12/20x0		Corretagem B3		3,02	-9.303,02
03/12/20x0		Corretagem corretora		15,00	-9.318,02
01/01/20x1		Custódia corretora		10,00	-9.328,02
26/01/20x1	R$ 0,09	Pagamento JSCP	54,00		-9.274,02
01/02/20x1		Custódia corretora		10,00	-9.284,02
01/03/20x1		Custódia corretora		10,00	-9.294,02
01/04/20x1		Custódia corretora		10,00	-9.304,02
11/04/20x1	R$ 0,02	Pagamento JSCP	12,00		-9.292,02
01/05/20x1		Custódia corretora		10,00	-9.302,02
21/05/20x1	R$ 0,07	Pagamento de dividendo	43,21		-9.258,81
01/06/20x1		Custódia corretora		10,00	-9.268,81
01/07/20x1		Custódia corretora		10,00	-9.278,81
13/07/20x1	R$ 0,02	Pagamento JSCP	12,00		-9.266,81
01/08/20x1		Custódia corretora		10,00	-9.276,81
27/08/20x1		Venda das ações			-9.276,81
30/08/20x1		Recebimento da venda	12.000,00		2.723,19
30/08/20x1		Corretagem B3		3,90	2.719,29
30/08/20x1		Corretagem corretora		15,00	2.704,29

O resultado bruto da operação de compra e venda é R$ 3.000,00. Ao incluírem-se os custos de corretagem e custódia e as entradas de proventos, o resultado líquido é R$ 2.704,29. Cabe destacar:

- Os custos de corretagem acontecem na compra e na venda.
- Movimentações até R$ 20.000,00 não são tributadas em bolsa, como forma de incentivar o pequeno investidor.
- O desembolso para pagamento e o crédito da venda das ações ocorrem dois dias úteis depois da ordem de compra e venda. A B3 opera em D+2.
- Os custos da B3 são iguais para qualquer investidor na compra e na venda em mercado normal (operações *day trade* e clubes de investimento pagam taxas menores).

- Os custos de corretagem e de custódia diferem de uma corretora para outra. Quem opera com frequência deve procurar taxas menores.
- Mesmo se houver prejuízo, ou seja, vender por preço menor do que comprou, os custos da B3 e da corretora serão cobrados.

8.6.3 Fundos de investimento

É a reunião de recursos financeiros para serem aplicados em um conjunto de papéis do mercado, formando uma carteira de investimentos com características previamente definidas. O objetivo é proporcionar rentabilidade aos participantes do fundo a partir da somatória da rentabilidade de cada um dos papéis que compõem o fundo.

Destaca-se item específico para esse produto financeiro em razão da sua relevância para a formação de poupança de longo prazo e da diversidade de fundos existentes. Em outubro de 2020, existiam 21.575 fundos registrados na Associação Brasileira das Entidades dos Mercados Financeiro e de Capitais (Anbima).[12] Os fundos recebem diferentes classificações, sendo as principais as do Banco Central do Brasil e da Anbima.

O administrador do fundo propõe uma carteira de investimentos e compra papéis no mercado, de acordo com os parâmetros dessa carteira. O recurso financeiro utilizado para a aquisição desses papéis provém de investidores que, ao aplicarem no fundo, compram cotas de investimento desse fundo. Se os papéis que compõem o fundo valorizam-se no mercado, o fundo aumenta de valor e as cotas, por consequência, também valorizam-se. Quando os papéis que compõem a carteira do fundo recebem remuneração, tais como juros, dividendos, juros sobre capital próprio, bonificações e outros rendimentos, a receita obtida é utilizada para comprar mais papéis para o fundo, aumentando seu patrimônio.

Um fundo de investimento tem personalidade jurídica própria, ou seja, um CNPJ. Essa característica dá independência ao fundo. O melhor exemplo dessa independência é o fato de, em caso de falência do administrador, os papéis que compõem a carteira de investimento do fundo não responderem pelas perdas. Outro administrador é nomeado e os cotistas não perdem o montante aplicado. No entanto, caso alguns emissores de papéis adquiridos pelo fundo venham a ter problemas de liquidez e solvência, o gestor não responde pelos riscos incorridos, se a administração do fundo é transparente. Outra característica importante é o fato de o Fundo Garantidor de Crédito (FGC) não cobrir as perdas dos fundos de investimento, exceto no caso de os fundos aplicarem em papéis que são garantidos pelo FGC.

---

[12] Para atualizar essa e outras informações sobre fundos, acesse: https://www.anbima.com.br/pt_br/informar/estatisticas/fundos-de-investimento/fi-consolidado-historico.htm.

Por exemplo, um fundo de renda fixa aplica parte de seus recursos em CDBs de determinado banco e debêntures emitidas por uma empresa. O banco emissor do CDB sofre intervenção e vem a falir, o FGC cobre o valor investido nos CDBs até o limite de R$ 250.000,00 por CPF. Caso a empresa emissora das debêntures não pague os juros prometidos no prazo registrado na emissão, o fundo pode acionar juridicamente a empresa emissora e o agente fiduciário, mas esse montante não será coberto pelo FGC.[13]

Existem diferentes classificações dos fundos de investimento, sempre tendo por base a composição da carteira do fundo. A Anbima classifica da seguinte forma:

- **Renda fixa**: aplica em papéis de renda fixa – títulos públicos, CDBs, debêntures, letras financeiras e outros papéis com prazo de vencimento, taxa de juros e garantias preestabelecidos.
- **Ações**: aplica prioritariamente em ações; papéis de renda variável.
- **Multimercado**: aplica em papéis de mais de um mercado – por exemplo, papéis de renda fixa, ações e outros.
- **Cambial**: aplica prioritariamente em papéis vinculados a moedas estrangeiras.
- **Previdência**: fundos de previdência visam à reunião de recursos para o futuro.
- *Exchange trade funds* **(ETF)**: são fundos de investimento cujas cotas são negociadas em bolsas de valores. Considerados um papel de renda variável, porque seu valor varia em tempo real na bolsa. Mas o fundo pode ter em carteira papéis de renda fixa e renda variável.
- **Fundos de investimento em direitos creditórios (FIDC)**: aplicam em títulos de crédito de empresas. Podem ser considerados uma antecipação de recebíveis. A empresa com duplicatas a receber ou parcelas de vendas a prazo em carnês ou qualquer outra forma de recebimento futuro registrado "vende" esse crédito para o fundo. O gestor monta uma carteira e transforma esse patrimônio de "direitos" em cotas a serem comercializadas.
- **Fundo de investimento em participações (FIP)**: reunião de recursos para aplicar em diferentes empresas, usualmente com grande potencial de crescimento. As *startups*, usualmente, recebem investimentos de FIP. A lógica desses fundos é diferente da do investimento tradicional. O fundo aplica em diversas empresas, por exemplo 10 *startups*. Espera a valorização de todas, mas tem consciência de que algumas irão valorizar muito, outras terão valorização média e algumas poderão até encerrar atividades. O importante é o retorno total do fundo.

---

[13] Informações detalhadas e atualizadas sobre o Fundo Garantidor de Crédito podem ser obtidas em: www.fgc.org.br.

- **Fundo de investimento imobiliário(FII)**: aplica em imóveis comerciais prontos ou em projetos imobiliários. A expectativa de ganho está na valorização dos imóveis e no fluxo de caixa decorrente do aluguel das unidades.
- *Offshore*: são fundos destinados a aplicar recursos no exterior. Devem seguir a regulação de cada país onde os investimentos ocorrem. Quando as cotas são vendidas no Brasil, devem também seguir a legislação e as normas brasileiras.

Elementos de um fundo de investimento

Prospecto: é o documento que reúne todas as informações de política de investimento do fundo, rentabilidade alvo, perfil da carteira de investimentos. É uma síntese do contrato social registrado em cartório.

Lâmina: é o documento resumido que apresenta algumas características básicas do fundo, entre elas a rentabilidade histórica do fundo e o valor das cotas.

Administrador: é a instituição financeira que organiza a oferta do fundo, cria a pessoa jurídica titular do fundo, responde aos órgãos de fiscalização sobre a política de investimento e, entre outras funções, calcula diariamente o valor da cota do fundo.

Gestor: é a pessoa física ou jurídica que faz as aplicações e os resgates dos papéis do fundo seguindo os parâmetros estabelecidos no prospecto. Deve ser registrada na CVM.

Custodiante: empresa autorizada pelo BC para guardar os títulos da carteira do fundo. Essa guarda não é mais de papéis físicos, mas de registros informacionais, em que constam os números dos papéis, prazos, datas e valores escriturais pertencentes ao CNPJ do fundo. Quando um papel é vendido, a titularidade desse papel é transferida para outro CNPJ ou CPF; transferência sob responsabilidade das centrais de custódia, mencionadas no Quadro 8.5.

Cotista: é o investidor que aplica recursos no fundo; o montante é convertido em cotas (pequena fração da carteira). A vantagem é poder aplicar em vários papéis simultaneamente. Além de contar com a seleção de carteira mais técnica por parte do gestor, aumenta as possibilidades de diversificação, porquanto individualmente o investidor não teria capital suficiente para adquirir grande variedade de papéis.

Patrimônio: é o montante de recursos aplicado em papéis da carteira de investimentos do fundo. O valor do patrimônio é calculado diariamente pelo administrador, de acordo com o valor de mercado de cada um dos papéis do fundo. Esse cálculo pode ser feito de duas maneiras:

- Patrimônio pelo valor de fechamento: considera o valor da cota a partir do valor dos papéis na hora do fechamento do mercado, ao final do dia.

Ou seja, os valores aplicados e resgatados no dia só se transformarão em cotas ao final do dia.

- Patrimônio pelo valor de abertura: o valor das cotas é calculado a partir do valor dos papéis da carteira no início do dia. Dessa forma, ao dar uma ordem de compra ou venda, o investidor já sabe o número de cotas correspondentes a essa operação.

Taxa de administração: é um pequeno percentual, entre 0,2% e 6%, do patrimônio do fundo, que é retirado do montante total e transferido ao administrador, como forma de remunerar os serviços prestados na administração do fundo.

Atenção: normalmente, são cobradas taxas mais altas do pequeno investidor. Conforme o percentual, é melhor escolher outra aplicação financeira que resulte em ganho líquido maior após as cobranças das taxas e do IR.

Taxa de *performance*: é um percentual cobrado sobre a rentabilidade do fundo quando ela ultrapassa determinado patamar, previamente estabelecido no prospecto do fundo.

As cotas são formadas por frações do fundo, que incorporam pequena parcela de cada um dos papéis da carteira. Quanto mais arriscados os papéis que compõem o fundo, mas arriscado o fundo.

Fundos de previdência

Visam reunir recursos e obter rendimentos com vistas a complementar a aposentadoria de seus participantes. Podem ser divididos em:

- **Fundos de previdência fechados ou fundos de pensão**

Fazem parte dos fundos de investimento, com a especificidade de serem fechados para aplicação exclusiva de determinados grupos de investidores. Usualmente, são formados por uma empresa ou associação profissional para complementar a aposentadoria pública de seus funcionários e/ou associados. Em alguns casos, as empresas e os funcionários contribuem com recursos ao fundo ao longo da vida produtiva dos funcionários, que, ao se aposentarem, passam a receber mensalmente uma complementação da sua aposentadoria. Muitos fundos pagam pensão ao cônjuge e aos filhos depois do falecimento do contribuinte, desde que isso tenha sido previamente especificado no prospecto do fundo.

- **Fundos de previdência abertos**

São organizados por instituições financeiras e oferecidos ao público em geral. A formação de poupança decorre exclusivamente de aportes de recursos dos cotistas (não há contribuição da empresa/associação). Portanto, o cotista precisa fazer maiores aportes para desfrutar, no futuro, de rendimento semelhante ao atual. Diferem quanto à forma de tributação:

- Plano gerador de benefícios livres (PGBL): as contribuições vão se somando ao principal, e o IR sobre o total do fundo incide quando forem realizados saques no fundo, ou seja, quando todo o recurso for sacado ou começarem os saques periódicos para complementação da aposentadoria. Os aportes realizados podem ser descontados do IR anual a ser pago pelo cotista até o limite de 12% de sua renda.
- Vida gerador de benefícios livres (VGBL): difere do PGBL porque o imposto de renda incide periodicamente sobre os rendimentos do fundo, e o aporte não pode ser descontado da base de cálculo do IR anual do cotista. Esse tipo de previdência é interessante para quem declara o IR pessoa física anual no formulário simplificado.

Os fundos de previdência, além de proverem recursos para o futuro de seus cotistas, constituem-se em importante fonte de recursos de longo prazo para investimentos. O horizonte de investimento do fundo é longo, facilita, portanto, o aporte em investimentos de longa maturação. O Quadro 8.7 apresenta o valor aplicado nos maiores fundos de previdência no Brasil, em setembro de 2020.

Quadro 8.7 Fundos de previdência no Brasil

BENEFÍCIO DEFINIDO

	Nome do plano	EFPC	Investimentos (R$ mil)
1	PLANO DE BENEFÍCIOS 1	PREVI	182.627.912
2	REG/REPLAN	FUNCEF	52.752.618
3	PPSP	PETROS	43.226.022
4	PLANO DE BENEFÍCIO DEFINIDO	REAL GRANDEZA	15.379.548
5	PLANO BÁSICO DE BENEFÍCIOS	FAPES	13.287.220
6	PLANO V	BANESPREV	13.266.889
7	PLANO DE BENEFÍCIOS DA SISTEL	SISTEL	12.102.705
8	PLANO PETROS DO SIST. PETROBRAS	PETROS	11.393.352
9	PLANO DE BENEFÍCIO DEFINIDO	VALIA	10.447.049
10	PSAP/ELETROPAULO	VIVEST	10.238.295
11	PLANO DE APOSENTADORIA	FUNDAÇÃO ITAÚ UNIBANCO	8.163.933
12	PLANO BANESPREV II	BANESPREV	8.153.327
13	PSAP/CESP B1	VIVEST	6.183.613
14	PLANO A	FORLUZ	6.045.342
15	PLANO UNIFICADO DE BENEFÍCIO	FUNDAÇÃO COPEL	5.992.655

(continua)

(continuação)

CONTRIBUIÇÃO DEFINIDA

	Nome do plano	EFPC	Investimentos (R$ mil)
1	PLANO ITAUBANCO CD	FUNDAÇÃO ITAÚ UNIBANCO	10.424.773
2	PLANO DE BENEFÍCIOS VISÃO	VISÃO PREV	5.599.539
3	PLANO CD DA IBM BRASIL	FUNDAÇÃO IBM	4.587.250
4	PLANO PREV. DO SIST. UNICRED	QUANTA - PREVIDÊNCIA	3.511.705
5	PLANO DE BENEFÍCIOS VEXTY	VEXTY	3.436.203
6	PLANO DE BENEFÍCIOS EMBRAER	EMBRAER PREV	3.335.991
7	PLANO DE BENEFÍCIOS CEEEPREV	ELETROCEEE	3.261.702
8	PLANO DE CONTRIBUIÇÃO DEFINIDA	GERDAU PREVIDÊNCIA	3.241.029
9	PLANO DE BENEFÍCIOS 01-B	PREVINORTE	3.024.734
10	PLANO EXECUTIVO FEDERAL	FUNPRESP-EXE	2.823.624
11	PAI-CD	FUNDAÇÃO ITAÚSA	2.821.844
12	PLANO UNILEVERPREV	UNILEVERPREV	2.672.272
13	PLANO VIVA DE PREV. E PECÚLIO	FUNDAÇÃO VIVA DE PREVIDÊNCIA	2.512.682
14	PLANO CD PREVDOW	PREVDOW	2.273.211
15	PLANO DE CONTRIBUIÇÃO DEFINIDA	ELETROS	2.024.605

Fonte: ABRAPP. *Consolidado estatístico*: setembro 2020. Disponível em: http://www.abrapp.org.br/Paginas/consolidadoestatistico.aspx. Acesso em: 15 dez. 2020. Para atualizar essa informação, acesse: www.abrapp.org.br/consolidado-estatistico/.

Fundos de investimento em cotas de outros fundos

Existem muitos fundos, em especial aqueles direcionados a pequenos investidores, que não investem diretamente nos papéis e títulos do mercado, mas compram cotas de outros fundos.

8.7 Mercado de câmbio

É o ambiente em que se trocam moedas de outros países por moeda nacional. Essa troca pode ocorrer em papel-moeda quando turistas brasileiros compram dólar, euro ou outras moedas estrangeiras, entregando reais para pagamento; ou utilizam cartões de débito e crédito internacional. Essa troca pode servir para remeter recursos a pessoas no exterior ou para que brasileiros no exterior possam remeter recursos a seus familiares no Brasil. Tais operações envolvendo pessoas físicas podem ser feitas em bancos, correios, corretoras ou correspondentes credenciados.

Com o objetivo de pagar compromissos das empresas no exterior, decorrentes de pagamento de importação, empréstimos contratados em moeda estrangeira ou ainda para remeter lucros, utilizam-se remessas bancárias (*swift*). A movimentação de recursos em operações cambiais é apenas limitada por exigências legais relacionadas ao que se pode contratar no exterior ou não, ou, ainda, quanto à origem do dinheiro.

> Em outubro de 2019, o Banco Central mandou o Projeto de Lei nº 5.387/2019 para a Câmara dos Deputados relacionado a capitais brasileiros no exterior. Entre outras modificações, o PL permite a criação de contas em moeda estrangeira, por pessoas físicas, no Brasil. Em 8 de dezembro de 2021, o projeto foi aprovado. Com isso, as operações cambiais ficam mais simples e até 2023 pessoas físicas poderão ter contas em dólar no Brasil. Atualmente, alguns bancos oferecem operação de contas multimoedas, de forma legal, porque intermedeiam recursos entre duas instituições diferentes que pertencem ao mesmo grupo, um no Brasil e outro no exterior.

Os recebimentos do exterior estão relacionados a recursos remetidos por expatriados para o Brasil; por unidades de empresas brasileiras localizadas no exterior para suas unidades locais, ou unidades de empresas estrangeiras para filiais no Brasil; pagamentos de exportações brasileiras; pagamentos de juros e amortizações por empresas que contrataram empréstimos no Brasil; e, ainda, troca de recursos entre instituições financeiras.

Os contratos comuns no mercado de câmbio para empresas importadoras e exportadoras são:

- Contrato de adiantamento de câmbio (ACC): operação financeira de curto prazo em que a empresa que já realizou uma exportação e tem valor monetário em moedas estrangeiras a receber utiliza a documentação comprobatória da operação de comércio exterior e o crédito em moeda estrangeira correspondente para receber, de forma antecipada, o valor em reais.
- Contrato de adiantamento de exportação (ACE): semelhantemente ao ACC, existe um contrato de exportação, mas, nesse caso, a operação ainda não foi realizada, ou seja, ainda não existe o *Bill of Lading* (BL) da mercadoria a ser exportada.

O impacto das variações cambiais pode ser significativo para o sistema financeiro e o sistema econômico. O saldo positivo do balanço de pagamentos forma as reservas cambiais do país. Em junho de 2020, essas reservas eram USD$ 388.014.000,00.[14] Quando o país exporta mais e recebe capitais do exterior, esse montante aumenta.

---

[14] Para atualizar esse valor, consulte www.bcb.gov.br, clicando em Estatísticas e Tabela 13621.

8.8 Mercado futuro, a termo, *swaps* e opções (derivativos)

É a reunião dos negócios com derivativos. Desenvolve, organiza e operacionaliza um mercado de derivativos livre e transparente para proporcionar aos agentes econômicos a oportunidade de efetuar operações de *hedging* (proteção) ante flutuações de preço de *commodities* agropecuárias, índices, taxas de juros, moedas e metais, bem como de todo e qualquer instrumento ou variável macroeconômica cuja incerteza de preço no futuro possa influenciar negativamente suas atividades. As negociações ocorrem em bolsas de mercadorias e futuros, que possuem autonomia financeira, patrimonial e administrativa e são fiscalizadas pela Comissão de Valores Mobiliários. No Brasil, existe um único espaço de negociação formalizado: a B3.

Entende-se por derivativo todo contrato cujo valor está relacionado à variação de preço de outro ativo. Por exemplo: derivativos agropecuários são contratos cuja variação de preço depende do comportamento de preço de algum produto agropecuário – soja, milho, sorgo, algodão ou outros. Derivativos financeiros são contratos cuja variação de preço está relacionada à variação de dólar, euro, taxa de juros.

Mercado futuro: no mercado futuro, são negociados contratos comprometendo as partes a realizar a operação de compra e venda, em data futura, de certa quantidade de um bem, a determinado preço. O bem pode ser uma mercadoria ou ativo financeiro. Os contratos são padronizados e ajustados às necessidades das partes, e as variações de preços são ajustadas diariamente. Os contratos futuros podem ser liquidados antecipadamente e são sempre negociados em bolsas.

Mercado a termo: no mercado a termo, as negociações são menos formais, não ocorrem necessariamente em bolsa, porém não podem ser negociadas antes do vencimento.

Swaps: o mercado de *swaps* é semelhante ao mercado a termo. São negociadas trocas (*swaps*) de rentabilidades. Um contrato de *swap* é um acordo, entre duas partes, que estabelece a troca de fluxo de caixa tendo como base a comparação da rentabilidade entre dois bens. Por exemplo: *swap* de dólar × taxa prefixada. Se, no vencimento do contrato, a valorização do dólar for inferior à taxa prefixada negociada entre as partes, receberá a diferença a parte que comprou taxa prefixada e vendeu dólar. Se a rentabilidade do dólar for superior à taxa prefixada, receberá a diferença a parte que comprou dólar e vendeu taxa prefixada.

Mercado de opções: as opções são também formas de derivativos. Negocia-se hoje o direito de comprar ou vender um ativo em data futura. Os contratos são padronizados e negociados em bolsas. A principal diferença entre os contratos futuro e a termo e os contratos de opção é que o comprador de um contrato de opções tem o direito, não a obrigação, de comprar ou vender o ativo; as opções dão grande flexibilidade ao titular da opção. O vendedor da opção de compra ou venda é obrigado a honrar a opção.

8.9 Outros produtos financeiros

Da tradicional caderneta de poupança aos contemporâneos criptoativos, diferentes produtos e serviços financeiros estão permanentemente sendo criados. A seguir, destacamos alguns:

Caderneta de poupança: não é um valor mobiliário e não faz parte do mercado de capitais. Porém, é a aplicação financeira mais tradicional no Brasil; portanto, precisa figurar entre as oportunidades de investimento. Em 12 de janeiro de 1861, decreto de Dom Pedro II afirmava:

> A Caixa Econômica estabelecida na cidade do Rio de Janeiro [...] tem por fim receber, a juro anual de 6%, as pequenas economias das classes menos abastadas e de assegurar, sob garantia do Governo Imperial, a fiel restituição do que pertencer a cada contribuinte, quando este o reclamar [...].

Entre março de 1991 e 3 de maio de 2012, pagou 0,5% ao mês de juros, mais a variação da taxa referencial (TR) de juros. Em épocas de juros altos, essa remuneração era praticamente desprezada pelos investidores, porque qualquer fundo de investimento oferecia remuneração melhor. Com a queda nas taxas de juros, as aplicações em poupança passaram a concorrer com as aplicações em fundos de investimentos conservadores, compostos, principalmente, por títulos públicos. O governo Dilma Rousseff, sob o argumento de viabilizar a queda da taxa de juros básica da economia, alterou as regras da caderneta de poupança em abril de 2012. Os depósitos realizados até 3 de maio de 2012 permanecem remunerados a 0,5% ao mês mais a variação da TR, e os depósitos realizados depois dessa data passaram a ser remunerados conforme o cálculo a seguir:

- Taxa Selic acima de 8,5% ao ano = menor saldo do mês × (0,5% + variação da TR).
- Taxa Selic igual ou inferior a 8,5% ao ano = menor saldo do mês × (0,7 × Taxa Selic anual, mensalizada + variação da TR).

Os recursos captados em cadernetas de poupança são prioritariamente destinados ao financiamento habitacional. Os grandes diferenciais dessa aplicação são: o saldo e os rendimentos das aplicações são isentos de imposto de renda, quando o titular da conta é pessoa física. Não existem taxas adicionais cobradas pelos bancos e caixas econômicas. A operação é extremamente simples, os saques e depósitos podem ser feitos em qualquer dia; para receber remuneração, o valor deve permanecer ao menos 30 dias aplicado.

Criptoativos: o uso de tecnologia de informação para criar moedas e outros valores monetários gerou diversos produtos financeiros virtuais, chamados de criptoativos. Conforme Chen,[15] existem dois tipos principais: a **criptomoeda** *coin* (ou moeda

---

[15] CHEN, Y. Blockchain tokens and the potential democratization of entrepreneurship and innovation. *Business Horizons*, v. 61, n. 4, p. 567-575, 2018.

virtual), tal qual o *bitcoin*, e o *litcoin*, e a **criptomoeda *token***, comumente gerada por *initial coin offering* (ICO), usada como meio de captar fundos com recebíveis de caixa, à semelhança de uma oferta de ações. Uma moeda funciona apenas como meio de troca, enquanto um *token* oferece outros benefícios ao seu proprietário, como acesso a serviços ou produtos, fluxos de dividendos, poder de voto e outros direitos.

As moedas digitais e outras diferentes formas de criptoativos estão em fase de estudo por autoridades monetárias no mundo todo. No Brasil, não é diferente. Em 28 de novembro de 2019, foi lançado no Brasil o Sandbox Regulatório. Caracterizada como "ambiente controlado de testes para inovações financeiras e de pagamento", essa estrutura permite testar inovações financeiras, entre elas os criptoativos e as ICOs, em ambiente regulatório do BC.

Sob o ponto de vista fiscal, a Receita Federal do Brasil (RFB) publicou a Instrução Normativa (IN) nº 1.888, em 3 de maio de 2019, regulamentando a prestação de informações relativas às operações realizadas com criptoativos.

Títulos de investimento coletivo – *crodwfunding*: mais conhecidos por seu nome em inglês (*crowdfunding*), os títulos de investimento coletivo constituem uma alternativa de financiamento para novos empreendimentos, usualmente apoiados em plataformas digitais. Projetos com fins lucrativos, culturais ou sociais solicitam recursos financeiros de muitos indivíduos, muitas vezes em troca de futuros produtos ou ações. Podem ser classificados em dois grandes grupos: o ***crowdfunding* de financiamento coletivo**, voltado ao apoio de pessoas e projetos menores, e o ***equity crowdfunding***, para grandes investimentos, regulamentado pela CVM no Brasil.

No *crowdfunding* de financiamento coletivo, se o objetivo é obter resultado financeiro, o investidor analisa os projetos apresentados nas plataformas virtuais, escolhe alguns e, ao aportar recursos, torna-se credor do projeto. Ao longo dos meses seguintes recebe juros e a devolução do principal.

Já o *crowdfunding* de investimento ou *equity crowdfunding* é a captação de recursos por meio de oferta pública de distribuição de valores mobiliários dispensada de registro, realizada por emissores considerados sociedades empresárias de pequeno porte e distribuída exclusivamente por meio de plataforma eletrônica de investimento participativo. O investimento tem características de renda variável e pode ser bem diversificado. O investidor torna-se sócio. É possível investir valores baixos (R$ 500,00 ou R$ 1.000,00), por isso a diversificação é facilitada.

QUESTÕES E EXERCÍCIOS

1. Acesse o *site* da CVM e pesquise quanto foi emitido de cada um dos valores mobiliários neste ano.

    Para exemplo, seguem na Figura 8.5 as emissões até 15 de dezembro de 2020. O acesso se dá por: www.cvm.gov.br > Informações de regulados > Ofertas públicas > Ofertas de distribuição > Ofertas registradas ou dispensadas.

TIPO DE OFERTA	PRIMÁRIAS		SECUNDÁRIAS		TOTAL	
	Nº de registros	Volume em R$	Nº de registros	Volume em R$	Nº de registros	Volume em R$
Ações	24	25.789.677.122,20	21	47.236.594.784,69	45	73.026.271.906,89
Certificado de Depósito de Ações	0	0,00	1	87.300.000,00	1	87.300.000,00
Certificados de Recebíveis Imobiliários	6	2.646.344.000,00	0	0,00	6	2.646.344.000,00
Debêntures	3	3.275.868.000,00	0	0,00	3	3.275.868.000,00
Quotas de FIDC / FIC-FIDC / FIDC-NP	5	4.761.656.036,01	0	0,00	5	4.761.656.036,01
Quotas de FIP / FIC-FIP	13	8.534.812.426,34	1	852.493.928,40	14	9.387.306.354,74
Quotas de fundo imobiliário	70	23.096.376.968,84	2	310.969.720,00	72	23.407.346.688,84
Título de investimento coletivo	5	811.665.359,88	0	0,00	5	811.665.359,88
TOTAL	126	68.916.399.913,27	25	48.487.358.433,09	151	117.403.758.346,36

Ofertas primárias e secundárias registradas na CVM em 2020
Posição em terça-feira, 15 de dezembro de 2020

Figura 8.5 Registro eletrônico de emissões de valores mobiliários.

2. Explique o Sistema Financeiro Nacional do Brasil. Acesse o *site* do BC e verifique se houve alguma inclusão de novos agentes ou alteração na estrutura de regulação e fiscalização.

3. Acesse o *site* http://www.bussoladoinvestidor.com.br e relacione as principais bolsas de valores do mundo, atualmente, por capitalização de mercado e número de empresas listadas.

4. Explique os tipos de mercado que caracterizam o MF.

5. Explique as principais diferenças entre produtos de renda fixa e de renda variável. Cite exemplos.

6. Elabore o fluxo de caixa de um investimento em ação, a partir das informações a seguir:
   a) Aquisição de 1.000 ações da empresa WXWS3 em 1º de abril de 2018, pelo valor de R$ 12,00 a ação.

b) Custo de corretagem de R$ 5,00 (esse custo envolve os custos da B3 e da corretora) para a compra e para a venda.
c) Custos de custódia no valor de R$ 10,00 pelo total das ações da carteira, cobrados sempre no dia 4 de cada de mês.
d) Pagamento de R$ 0,50 de dividendo por ação em 4 de junho de 2018 (o anúncio foi feito em 2 de maio, as ações ficaram ex-dividendos em 4 de maio).
e) Anúncio de pagamento de juros sobre capital próprio em 1º de junho, para pagamento em 1º de julho. Valor de R$ 0,20 por ação.
f) Venda do total de ações por R$ 18,00 cada, no dia 10 de agosto de 2018.

6.1 Qual o ganho de capital, nessa operação? Em reais.

6.2 Qual o resultado líquido em reais ao final do período? Desconsidere valor do dinheiro no tempo.

7. Considere a carteira de ações a seguir para especificar detalhadamente as ordens necessárias:

Carteira									Atualizar a cada 1 minuto?	
Ativo		Dia compra	Hora compra	Qtde	***Valor compra	Valor atual	*Total compra	*Total anual	*Lucro ou prejuízo	%
BBAS3	BRASIL ON	13/03/2018	11:06:03	200	43,42	29,55	8.684,00	5.910,00	-2.774,00	-31,94
FIBR3	FIBRIA ON	13/03/2018	10:56:02	200	68,77	77,60	13.754,00	15.520,00	1.766,00	12,84
GGBR4	GERDAU PN	13/03/2018	11:15:02	600	16,55	15,97	9.930,00	9.582,00	-348,00	-3,50
ITUB4	ITAUUNIBANCO PN	13/03/2018	10:45:04	200	52,73	43,00	10.546,00	8.600,00	-1.946,00	-18,45
KLBN11	KLABIN AS	13/03/2018	10:52:01	600	19,06	21,99	11.436,00	13.194,00	1.758,00	15,37
LAME4	LOJAS AMERIC PN	13/03/2018	11:15:02	300	17,13	15,25	5.139,00	4.575,00	-564,00	-10,97
PETR4	PETROBRAS PN	13/03/2018	12:02:01	400	22,34	19,20	8.936,00	7.680,00	-1.256,00	-14,06

7.1 Que tipo de ordem e qual o valor para que o investidor perca no máximo 20% de seu investimento nas únicas ações preferenciais do setor bancário que compõem a carteira?

7.2 Descreva a ordem que deve ser dada, para o investidor aumentar em 200 ações sua aplicação na ação que apresentou maior valorização desde a data de aquisição até hoje. O investidor acredita que a valorização será persistente caso a ação valorize mais 0,15 centavos (linha de resistência).

7.3 Caso o investidor resolva realizar ganhos imediatamente, que tipo de ordem deve ser dada? Para qual(is) ação(ões)?

7.4 O investidor está desistindo de aplicar em ações de bancos públicos. Quer acabar com a participação dessa(s) empresa(s) em sua carteira imediatamente. Qual tipo de ordem deve ser dada e para qual(is) ação(ões)?

8. Explique e cite exemplos de criptoativos.

SUGESTÕES DE CONSULTA

CHEN, Y. Blockchain tokens and the potential democratization of entrepreneurship and innovation. *Business Horizons*, v. 61, n. 4, p. 567-575, 2018.

CVM – Comissão de Valores Mobiliários. *Mercado de valores mobiliários brasileiro*. 4. ed. Rio de Janeiro, 2019. Livro digital gratuito – TOP – Programa de Treinamento de Professores.

FORTUNA, Eduardo. *Mercado financeiro*: produtos e serviços. 22. ed. Rio de Janeiro: Qualitymak, 2020.

LASKAVSKI, Mileny. *Inovação financiando inovações*: estudo da fonte de financiamento. Initial Coin Offering. 2020. Dissertação (Mestrado) – Programa de Pós-graduação em Administração da Universidade Federal do Paraná, 2020.

LEMES JÚNIOR, Antônio B.; RIGO, Claudio; CHEROBIM, Ana Paula. *Administração financeira*: princípios, práticas e casos brasileiros. 4. ed. Rio de Janeiro: Elsevier, 2016.

MANKIW, N. Gregory. *Introdução à economia*. 8. ed. São Paulo: Cengage, 2019.

SKRUCH, Guilherme Wuaden. *Funcionamento dos bancos*. 2019. Trabalho de conclusão de curso (Bacharelado em Administração) – Departamento Acadêmico de Gestão e Economia, Universidade Tecnológica Federal do Paraná, 2019.

Sites
https://br.financas.yahoo.com
www.b3.com.br
www.bacen.gov.br
www.cvm.gov.br
www.debentures.com.br
www.fgc.org.br

9 DECISÃO DE FINANCIAMENTO

INTRODUÇÃO

Uma das funções do administrador financeiro é decidir sobre financiamentos. Como abordado no Capítulo 7, o administrador financeiro toma decisão de investimento e, para tal, precisa encontrar fontes de financiamento que viabilizem os projetos. Neste capítulo, será tratada a decisão de financiamento, abrangendo as taxas de juros no Brasil, custo de capital e estrutura de capital, fontes de financiamento de longo prazo e operações estruturadas de financiamento. É possível compreender como essas duas decisões estão totalmente vinculadas e que não há como aprovar projetos se não houver custo de capital menor que a taxa interna de retorno esperada do projeto.

Na decisão de financiamento, o objetivo é encontrar as melhores fontes de financiamento, de modo a maximizar a riqueza dos proprietários. A decisão de investimento é a que mais agrega valor à empresa. No entanto, a empresa necessita de boas linhas de financiamento nos bancos e de investidores dispostos a aplicar em seus projetos. O acesso a grandes volumes de recursos financeiros e ao mercado de capitais viabiliza projetos estratégicos.

A aceitação de bons projetos é muito importante para a empresa tornar-se lucrativa e se desenvolver. A rejeição de projetos, por falta de recursos financeiros, com prazos e rentabilidade adequados, pode, todavia, diminuir sua capacidade de competir no mercado. É fundamental, portanto, que a empresa tenha sempre bons projetos e boas fontes de financiamento.

Este capítulo foi desenvolvido para auxiliar a estimativa de captação de recursos gerados externamente, o estabelecimento do custo de capital das diferentes fontes de financiamento, avaliação da estrutura de capital e da alavancagem financeira, as operações financeiras estruturadas e conhecimento de algumas práticas brasileiras de gestão financeira.

9.1 Importância de financiamento[1]

A decisão de financiamento influencia todas as decisões de investimento da empresa. Más decisões de financiamento levarão a empresa a trabalhar com alto custo de capital, com prazos de vencimento inadequados e com riscos indesejáveis. Com frequência, a empresa defronta-se com decisões de investimento e financiamento. Sendo assim, o domínio dos conceitos e das técnicas que cercam essas decisões torna-se absolutamente necessário. Neste capítulo, vamos nos concentrar na decisão de financiamento e nas respostas às seguintes questões:

1. Como estimar o montante de recursos próprios ou de terceiros que a empresa precisa para financiar seu crescimento?
2. Quais fontes de financiamento de longo prazo utilizar?
3. Qual o custo de capital dessas fontes de financiamento?
4. Qual é a melhor composição de dívidas e ações?
5. Quando e como utilizar operações financeiras estruturadas?
6. Como valorizar as ações e debêntures emitidas pela empresa?

Por muito tempo, os títulos do governo brasileiro foram seguros e renderam bem mais que a inflação, proporcionando retornos maiores que aqueles obtidos nas operações empresariais. Nos últimos anos, as taxas básicas de juros vêm caindo, facilitando a captação de recursos para projetos empresariais.

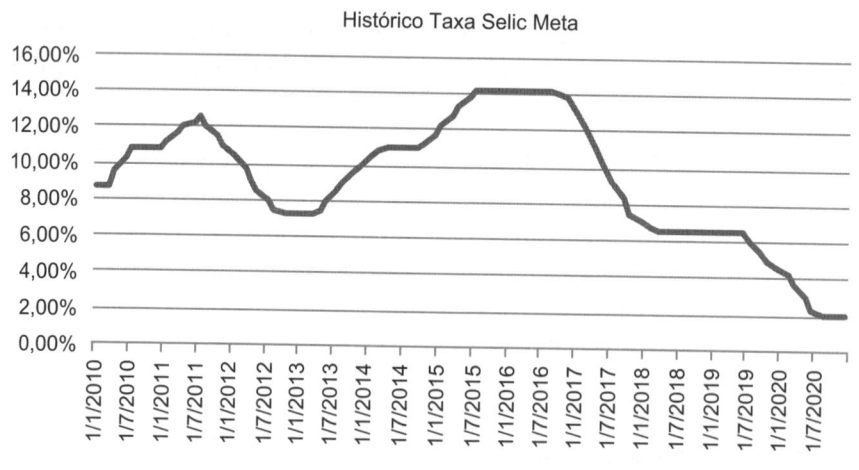

Figura 9.1 Os juros no Brasil.

---

[1] No decorrer deste capítulo, utilizaremos os termos *dívida*, para capital de terceiros, e *ações*, para capital próprio.

A Figura 9.1 evidencia os resultados conseguidos pelo governo em reduzir a taxa básica de juros (Selic). No período de setembro de 2011 a setembro de 2012, a taxa caiu de 11% para 7,25% ao ano. Esse cenário de taxas de juros menores tornou o ambiente econômico mais favorável à viabilidade dos projetos. No entanto, a falta de mudanças estruturais fez a taxa recrudescer entre 2015 e 2017. A partir de meados de 2017, a taxa volta a cair. Em dezembro de 2020, tínhamos a menor taxa Selic, como mostra a Figura 9.2.

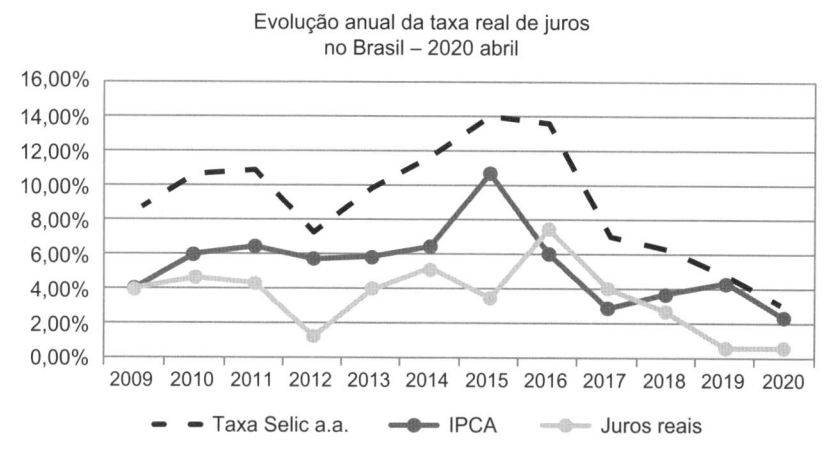

Figura 9.2 Taxa real de juros no Brasil.[2]

O Quadro 9.1 apresenta as taxas de juros reais praticadas por 40 países, em fevereiro de 2020. O Brasil ocupava, na ocasião, a nona posição. A dificuldade é que essas são as taxas pagas pelo governo brasileiro na colocação de seus títulos, não as taxas de juros praticadas pelos bancos para as empresas. Para financiamento de projetos, com raras exceções, taxas próximas a essa são obtidas apenas no Banco Nacional de Desenvolvimento Econômico e Social (BNDES).

A principal causa das altas taxas de juros cobradas pelos bancos brasileiros é o *spread* – diferença entre a taxa que os bancos pagam para captar recursos e a taxa que cobram ao emprestá-los. O Banco Central do Brasil (BC) apresentou estudo sobre a evolução dos *spreads* no Brasil, conforme se pode observar nas Tabelas 9.1 e 9.2.

Fica clara a necessidade de se reduzir cada um dos fatores. Também a grande concentração do sistema bancário brasileiro é um problema, já que cinco dos 137 bancos no país respondem por cerca de dois terços dos ativos bancários.

---

[2] Elaborado a partir de dados obtidos em: https://www.bcb.gov.br/controleinflacao/historicotaxasjuros.

Quadro 9.1 Taxas de juros reais no mundo

Projeção das taxas de juros atuais, descontada a inflação projetada para os próximos 12 meses (ex ante)											
Ranking	País	Ex ante	Ranking	País	Ex ante	Ranking	País	Ex ante	Ranking	País	Ex ante
1	Indonésia	3,11%	11	Suíça	-0,11%	21	Dinamarca	-0,49%	31	Holanda	-0,98%
2	Malásia	2,68%	12	Grécia	-0,14%	22	Israel	-0,53%	32	Alemanha	-0,98%
3	Tailândia	2,03%	13	Canadá	-0,19%	23	Austrália	-0,55%	33	Áustria	-1,28%
4	Argentina	2,00%	14	Espanha	-0,19%	24	Coreia do Sul	-0,67%	34	Chile	-1,50%
5	México	1,74%	15	Índia	-0,22%	25	França	-0,69%	35	Hungria	-2,71%
6	Rússia	1,32%	16	Turquia	-0,22%	26	Hong Kong	-0,69%	36	Rep. Tcheca	-2,23%
7	Cingapura	0,78%	17	Itália	-0,29%	27	Brasil	-0,78%	37	Reino Unido	-2,56%
8	Colômbia	0,77%	18	Suécia	-0,37%	28	Bélgica	-0,79%	38	Polônia	-2,72%
9	Japão	0,03%	19	Portugal	-0,39%	29	África do Sul	-0,82%	39	Estados Unidos	-2,73%
10	Filipinas	-0,07%	20	Nova Zelândia	-0,48%	30	China	-0,92%	40	Taiwan	-3,00%

Média geral -0,40

Fonte: Publicação da Infinity Asset Managemente, devidamente autorizada, em sua página https://infinityasset.com.br/.

Tabela 9.1 *Spreads* bancários no Brasil

Decomposição do *spread* do Indicador de Custo do Crédito (ICC)				
				Em pontos percentuais
Discriminação	2016	2017	2018	Média
1. Inadimplência	4,85	4,93	4,19	4,66
2. Despesas administrativas	3,28	3,50	3,52	3,43
3. Tributos e Fundo Garantidor de Créditos	2,51	2,52	2,70	2,58
4. Margem financeira do ICC	1,72	1,80	2,08	1,87
Spread do ICC (1 + 2 + 3 + 4)	12,36	12,75	12,49	12,53

Fonte: BANCO CENTRAL DO BRASIL. Relatório de Economia Bancária, 2018.

Tabela 9.2 *Spreads* bancários no Brasil

Decomposição do *spread* do Indicador de Custo do Crédito (ICC)				
				Em proporção percentual do *spread*
Discriminação	2016	2017	2018	Média
1. Inadimplência	39,24	38,67	33,55	37,15
2. Despesas administrativas	26,54	27,45	28,18	27,39
3. Tributos e Fundo Garantidor de Créditos	20,31	19,76	21,62	20,56
4. Margem financeira do ICC	13,92	14,12	16,65	14,90
Spread do ICC (1 + 2 + 3 + 4)	100,00	100,00	100,00	100,00

Fonte: BANCO CENTRAL DO BRASIL. Relatório de Economia Bancária, 2018.

As empresas que desejam crescer precisam financiar novos investimentos em ativos permanentes e em capital de giro. Para a maior parte delas, a principal fonte de recursos financeiros é a geração de caixa de suas operações, os lucros retidos. Quando os lucros retidos são insuficientes para manter ativos e financiar novos projetos, a empresa busca fontes externas por meio de *dívidas* ou *ações*. Externamente, as fontes de financiamento são o BNDES, captações no mercado internacional, debêntures, ações e operações estruturadas.

Serão utilizados os seguintes termos: *dívidas* para financiamentos bancários; debêntures e *ações* para ações existentes e lançamento de novas ações, preferenciais ou ordinárias.

Custo das *dívidas* refere-se a custo de capital de terceiros, e custo de *ações* refere-se a custo de capital próprio. Normalmente, fontes externas são usadas para financiar novos projetos, porém podem ser usadas também para reestruturação de dívidas ou recompra de ações.

A Administração Financeira, como ciência, desenvolveu teorias sobre custo de capital e estrutura de capital, tendo sido seus pioneiros Franco Modigliani e Merton Miller.[3] Algumas dessas teorias fundamentam este capítulo.

9.2 Estimando quanto a empresa precisa para financiar seu crescimento

Para se estimar o montante de recursos externos que a empresa precisará nos próximos anos, é fundamental:

- Determinar o orçamento de capital para o período.
- Determinar quanto irá gerar de recursos internos para o período.

À medida que a empresa cresce, a necessidade de recursos aumenta. Serão necessários mais recursos para o capital de giro e para investimentos em expansão de projetos atuais e em novos projetos:

Necessidade de recursos = Acréscimo de capital de giro + Acréscimo no ativo permanente

em que *acréscimo de capital de giro* representa o aumento de dinheiro a ser mantido na empresa, o aumento em contas a receber e em estoques, e *acréscimo no ativo permanente* representa o acréscimo em novas despesas de capital (*capital expediture*) e aquisições, menos o resultado de venda de ativos permanentes existentes.

A necessidade de recursos externos será determinada pela diferença entre necessidade de recursos e a geração interna de recursos. A geração interna de recursos é obtida pela soma dos lucros retidos e de despesas que não envolvem saídas de caixa, quais sejam: depreciação, exaustão e amortização.[4]

> *Geração interna de recursos = Lucros retidos + Despesas de depreciação, exaustão e amortização*

Dessa forma, podemos obter a necessidade de recursos externos:

> *Necessidade de recursos externos = Necessidade de recursos – Geração interna de recursos*

(9.1)

A seguir, é apresentado um exemplo de aplicação da Equação 9.1.

A empresa ABC Alimentos projetou, no final de outubro de 20x0, a demonstração de resultados do exercício de 20x1 e calculou as origens e aplicações de recursos do ano.

---

[3] Autores do primeiro estudo teórico sobre custo de capital e estrutura de capital.
[4] Essas despesas foram apresentadas e discutidas no Capítulo 2.

Pode-se observar que o capital próprio para financiar a empresa em 20x1 será obtido pela soma dos lucros retidos de R$ 212.845 com as depreciações de R$ 800.000 (R$ 750.000 + 50.000), totalizando R$ 1.012.845.

Quadro 9.2 Demonstração de resultados do exercício – 20x1

ABC Alimentos	20x1
Demonstração de resultados	
RECEITA LÍQUIDA	59.000.000
Custo dos produtos vendidos	54.800.000
Custo de depreciação	750.000
LUCRO BRUTO	3.450.000
DESPESAS OPERACIONAIS	3.050.000
Administrativas e gerais	1.700.000
Com vendas	3.150.000
Resultado financeiro líquido	–1.850.000
Despesas de depreciação	50.000
RESULTADO ANTES IR E CS	400.000
IR e Contribuição Social do período	140.000
RESULTADO APÓS IR E CS	260.000
Dividendos	47.155
LUCROS RETIDOS	212.845

Quadro 9.3 Origens e aplicações de recursos da ABC Alimentos – 20x1

Aplicações de recursos	Dezembro de 20x1	
Caixa		1.310.710
Capital de giro necessário		1.982.804
Imobilizado líquido		1.134.870
* valor bruto	1.622.864	
* depreciação	487.994	
Total das aplicações		**4.428.384**
Origens dos recursos		
Dívida de curto prazo		1.200.000
Dívida de longo prazo		2.215.539
Capital próprio		1.012.845
Total das origens		**4.428.384**

O restante será obtido por meio de recursos externos. Utilizando as políticas de administração de capital de giro, observadas no Capítulo 4, os administradores da ABC Alimentos desejam manter um caixa, ao final de 20x1, de R$ 1.310.710. O capital de giro líquido da empresa foi estimado em função das aplicações em contas a receber, estoques e despesas pagas antecipadamente, menos fornecedores e despesas provisionadas. As aplicações em imobilizado são determinadas utilizando o orçamento de capital.

Ágio é a diferença paga a maior ao preço original por um ativo financeiro.

Ativo financeiro é o direito proveniente de passivo emitido por agente econômico do mercado.

Beta (β) é uma medida estatística que reflete o risco de um ativo financeiro em relação ao risco de carteira do mercado. No Brasil, compara-se a evolução da cotação de um ativo financeiro com a evolução do índice Bovespa.

Beta alavancado é uma medida que reflete o risco total da empresa – tanto o risco de negócio como o risco financeiro.

Capital é o conjunto de recursos financeiros utilizados para financiar os ativos de longo prazo da empresa, na produção de bens e serviços.

Capital financeiro é o conjunto de meios financeiros de que uma unidade produtiva pode dispor, incluindo ações e dívidas.

Capital asset pricing model (CAPM), ou modelo de precificação de ativos financeiros, estabelece que o retorno de um ativo financeiro é igual ao retorno de um ativo financeiro livre de risco mais um prêmio de risco.

Carteira de investimentos é o conjunto de ativos financeiros mantido por um investidor.

Custo de ações preferenciais (k_{ap}) é a taxa de remuneração exigida pelos proprietários das ações preferenciais.

Custo de capital (k) é a taxa de remuneração mínima a ser exigida nas propostas de investimento de capital para manter o valor da empresa.

Custo da dívida (k_t) é a taxa de remuneração paga aos detentores da dívida, considerando-se a dedução do imposto de renda (IR).[5]

Custo de capital próprio (k_p) é a taxa de remuneração exigida pelos proprietários de ações ordinárias.

Custo de lucros retidos (k_{lr}) é a taxa de remuneração exigida pelos proprietários das ações ordinárias. Por se tratar de geração interna de recursos, não abrange custos de corretagem.

---

[5] É como se tivéssemos um custo aparente da dívida que, descontado da taxa de IR, apresentasse o custo efetivo da dívida.

Custo de novas ações (k_{na}) é o custo de captação por meio de ações, obtida de geração externa de recursos, ajustado aos pagamentos de corretagem e eventuais ágios ou deságios.

Custo médio ponderado de capital (CMPC ou *weighted average cost of capital* – WACC) (k_{mp}) é a taxa de remuneração mínima exigida sobre o capital. Calculada a partir dos custos de capital próprio e de terceiros.

Deságio é a diferença paga a menor ao preço original por um ativo financeiro.

Dividendo é a parcela do lucro distribuída ao acionista.

Juro sobre o capital próprio é a parcela do lucro distribuída ao acionista, com benefício fiscal de poder ser abatida do imposto de renda da empresa.

Prêmio de risco é o valor pago como remuneração de um ativo financeiro, acima de uma taxa livre de risco.

Retorno de mercado (R) é a taxa de retorno obtida pelo mercado.

Retorno do investimento é a taxa de rentabilidade do investimento.

Retorno livre de risco (R_f) é a taxa de retorno obtida de um título considerado livre de risco. Nos Estados Unidos, um título do governo americano. No Brasil, a taxa do Certificado de Depósito Interbancário (CDI).

Risco é a probabilidade de ganhar ou perder.

Taxa livre de risco é o rendimento pago por um ativo financeiro considerado sem risco.

9.3 Custo de capital e estrutura de capital

Custo de capital é a taxa de remuneração mínima exigida pelos acionistas e pelos credores para financiar uma empresa. É a taxa mínima de atratividade a ser adotada em suas decisões de investimento, sendo determinante na criação ou destruição de valor. É o padrão financeiro a ser utilizado nas estratégias de financiamento da empresa.

A empresa financia-se, conforme visto anteriormente, com dois tipos de recursos: ações e dívidas. Esses recursos têm custos específicos. O custo de capital da empresa deve ser uma média ponderada desses custos.

A teoria financeira evidencia que o risco assumido pelos acionistas é maior em razão de dois argumentos fundamentais: (a) eles são os últimos a receber dividendos e restituição de seu capital no caso de falência da empresa; (b) eles incorrem no risco da variância dos retornos esperados, que podem se tornar muito menores que o esperado. Outros argumentos para que o custo da dívida seja menor são: os credores normalmente conseguem garantias reais para seus financiamentos e, ainda, esse custo é considerado despesa dedutível do IR, pois acarreta redução do lucro.

O custo de capital da empresa é a média ponderada de todos os custos de financiamento, conhecido como custo médio ponderado de capital (CMPC).

O custo de capital é o padrão financeiro para todas as decisões de investimento da empresa e é utilizado em todas as análises de viabilidade econômica de projetos, sendo calculado sempre com base nas **necessidades futuras de capital**.

9.3.1 A Lógica do CMPC

Como a empresa não utiliza apenas capital próprio, ou apenas capital de terceiros, seu custo de capital deve refletir o custo médio ponderado das várias fontes de financiamento. O custo das ações e das dívidas será baseado nos retornos exigidos pelos bancos, debenturistas e acionistas.

Para se chegar ao CPMC, é necessário obter o custo de cada uma das fontes de financiamento e sua participação percentual no total financiado. O cálculo do custo da dívida é mais simples de realizar porque os contratos de financiamento explicitam as informações necessárias para isso. Já o custo das ações é mais complexo, pois envolve valores implícitos, ou seja, depende do estabelecimento de premissas que dificilmente ocorrerão na prática empresarial. Determinar com precisão as taxas de crescimento dos dividendos, o beta das ações, a taxa livre de risco etc. é extremamente complexo.

De qualquer modo, as técnicas hoje existentes possibilitam uma tomada de decisão de financiamento muito mais adequada. Para que isso ocorra, as empresas buscam manter suas dívidas e ações em proporções ideais, a fim de assegurar uma estrutura ótima de capital que maximize a riqueza dos acionistas.

Como os mercados não são perfeitos e os agentes têm aversão ao risco, eles acabam cobrando um prêmio para assumir risco. Surge então a seguinte questão: **Qual o prêmio que um agente cobraria para adquirir um ativo financeiro de risco?**

A seguir, são apresentados alguns conceitos relevantes para o cálculo do custo de capital e efetuam-se os cálculos para diferentes fontes de financiamento.

Premissas relevantes para o cálculo do custo de capital

- Em decisões de orçamento de capital, deve-se considerar o **custo futuro** das diversas fontes que financiarão os novos projetos. O custo de capital passado é irrelevante.
- O custo de capital deve ser calculado após o IR no caso de dívida e, após o IR, também, no caso de ações, quando se pagam juros sobre o capital próprio. Em ambos os casos, os juros constituem despesas que diminuem o lucro e, consequentemente, o imposto de renda a ser pago.
- O custo de capital deve refletir todos eventuais ágios, deságios, custos de corretagem, entre outros fatores.
- O custo de capital deve refletir os riscos operacionais e financeiros advindos da aprovação dos novos projetos.

9.3.2 Custo da dívida – k_t

O custo da dívida representa o custo específico de uma fonte de financiamento de longo prazo, que pode ser um financiamento do BNDES ou de debêntures.

$$k_t = Juros\,(1 - IR)\,/\,Dívida$$

em que:
k_t = Custo da dívida
IR = Imposto de renda (alíquota em percentual)[6]
Dívida = Empréstimos e financiamentos de longo prazo

EXEMPLO 9.1

A Siderúrgica Alfa prevê financiamento de um novo projeto com o BNDES, por meio do agente financeiro Bradesco, no valor de R$ 10.000.000,00. Os juros contratuais com o BNDES preveem taxa de juros de longo prazo + *spread* básico + comissão de agente. A taxa de juros de longo prazo (TJLP) mensal é de 0,4583%, o *spread* básico é de 0,083% ao mês e a comissão de agente é de 0,1652% ao mês. A taxa de IR prevista para a empresa é de 34%. Qual é seu custo da dívida?[7]

$kt = ((0,4583\% + 0,083\% + 0,1652\%) \times (1 - 0,34)) \times 10.000.000\,/\,10.000.000\,\therefore$
$kt = (0,7065\% \times 0,66) \times 10.000.000\,/\,10.000.000\,\therefore$
$k_t = 0,4663\% \times 10.000.000\,/\,10.000.000\,\therefore$
$k_t = 0,4663\%$ a. m. ou $(((1,004663)^{12}) - 1) \times 100 = 5,74\%$ ao ano.

EXEMPLO 9.2

A Siderúrgica Alfa S.A. colocará no mercado mil debêntures, com valor de face de R$ 5.000,00 cada, por meio do Itaú. O banco já sinalizou que, como a empresa não tem muita tradição no mercado de capitais, deverá sofrer um deságio de 3% sobre o valor de face que cobrará pelo serviço. As debêntures da Alfa oferecem

---

[6] Há que se atentar para aquelas empresas que não têm esse benefício, por serem tributadas pelo lucro presumido ou, ainda, estarem operando com prejuízo há longo tempo.

[7] O BNDES trabalha atualmente com a taxa de longo prazo (TLP), no entanto, contratos antigos são baseados na antiga TJLP.

remuneração anual de DI + 2%. A taxa de depósito interbancária esperada é de 7,25% ao ano. A taxa de IR é de 34%. Qual é o custo das debêntures?

Valor de face = 5.000,00
Deságio de 3% = 150,00
Valor Líquido = 4.850,00
Remuneração % = 7,25 + 2,00 = 9,25
Imposto de renda = 0,34
Remuneração = 0,0725 + 0,0200 = 0,0925
Remuneração = 5.000,00 × 0,0925 = 462,50
Remuneração = 462,50 / (5.000,00 − 150,00) = 0,95361
Imposto de renda = 0,34 × 0,95361 = 0,032423

Custo da debênture = 0,095361 − 0,032423 = **0,062938**

9.3.3 Custo de capital próprio (ações ordinárias) − k_{ao} [8]

Primeiro, assume-se que as empresas esperam ganhar de suas ações atuais ou novas as mesmas taxas de retorno, por meio de dividendos ou juros sobre capital próprio. Se as empresas não tiverem projetos que possam garantir essa taxa de retorno, elas devem distribuir os lucros a seus acionistas.

a. Modelo de Gordon[9]

Com o *crash* da bolsa de Nova York em 1929, houve preocupação crescente em se desenvolverem, na academia americana, fórmulas que considerassem o valor teórico das ações. Os estudos partiam da suposição de que o acionista estaria disposto a pagar por uma ação, segundo sua expectativa de dividendos a receber no futuro, e uma taxa de crescimento esperada nesses dividendos, que, no mínimo, repetisse o comportamento dos últimos anos. Baseado nessa lógica, Myron Gordon inovou e incluiu, em sua fórmula, uma taxa de crescimento dos dividendos, conforme demonstrado a seguir.

$$P_o = (D_1 / k_{ao}) - c \qquad (9.2)$$

em que:
 k_{ao} = custo de ações ordinárias

---

[8] Procure, nos *sites* indicados ao final do capítulo ou em outros de sua preferência, material didático sobre os modelos de Gordon e Shapiro e CAPM.

[9] Essa abordagem não considera os fatores de risco do mercado.

D_1 = dividendo esperado no ano 1
P_o = preço atual da ação
c = taxa esperada de crescimento dos dividendos

Para calcular o custo de capital da ação, basta isolar k_{ao} e, assim, obtemos:

$$k_{ao} = (D_1 / P_o) + c$$

EXEMPLO 9.3

A Siderúrgica Alfa fará uma captação de R$ 10.000.000,00 em ações ordinárias, por meio do Banco do Brasil, em dezembro de 20x1. O valor da ação SIAL4 atual é de R$ 27,10 (20/11/20x1), e espera-se que, com os custos de corretagem, entrarão líquidos para a empresa R$ 25,74. A Alfa espera pagar dividendos, D_1, de R$ 1,60 ao final do próximo ano (20x2), e sua taxa de crescimento esperada é de 6,18% ao ano, conforme detalhado na Tabela 9.3.

Tabela 9.3 Taxa de crescimento dos dividendos

Anos	Dividendos pagos R$	Crescimento %
20x0	1,0757	
20x1	1,1234	4,4343
20x2	1,208	7,5307
20x3	1,245	3,0629
20x4	1,37	10,0402
20x5	1,45	5,8394
Soma		30,9075
	(Taxa média de crescimento)	6,1815

Qual é o custo de capital da ação ordinária?
Ao substituirmos na fórmula, temos:

$$k_{ao} = (D_1/P_o) + c$$
k_{ao} = (R$ 1,60/R$ 25,74) + 0,061815 = 0,06216 + 0,06815 = 0,13031 ou 13,03%

Assim, é possível estimar o custo da ação ordinária em 13,03%.

b. Modelo de precificação de ativos financeiros (*capital asset pricing model* – CAPM)

O CAPM foi desenvolvido pelos professores Harry Markowitz e William Sharpe, ganhadores do Prêmio Nobel de Economia em 1990. Esse modelo parte do princípio que as ações ordinárias estão sujeitas a dois riscos: o risco diversificável (empresa) e o risco não diversificável (economia como um todo), e ambos atingem as empresas. O risco diversificável pode ser administrado (reduzido ou eliminado), e o risco não diversificável, ao contrário, deve ser absorvido pela empresa. Para se eliminar o risco, Markowitz e Sharpe defendiam a existência de cerca de 15 títulos de empresas diferentes na composição da carteira de investimentos.

Esses autores desenvolveram o conceito do coeficiente β (beta), um indicador que mede a correlação entre o movimento do retorno das ações da empresa e o movimento do retorno do mercado (no Brasil, toma-se o retorno do índice Bovespa). Eles defenderam que uma forma de diversificar é incluir ações com diferentes betas na carteira de ações. Um beta igual a 1,3, por exemplo, significa que, se o mercado variar 10% para mais ou para menos, o retorno da empresa variará 13% para mais ou para menos.

O coeficiente β é obtido utilizando uma análise de regressão, tomando-se os comportamentos históricos da ação e do mercado.

EXEMPLO 9.4

A Siderúrgica Alfa deseja calcular o custo de capital das ações ordinárias utilizando o CAPM. Seu coeficiente beta é 1,6, a taxa livre de risco é 7,25% e o retorno do mercado para 20x0 está sinalizando 12,3%. Qual é o custo de capital da ação ordinária?

A fórmula para se calcular o custo das ações ordinárias pelo CAPM é:

$$k_{ao} = \{R_f + (\beta \times (R_m - R_f))\} \quad (9.3)$$

em que:
k_{ao} = custo das ações ordinárias
R_f = taxa livre de risco
β (beta) = grau de correlação entre a variação do retorno do ativo e a variação do retorno do mercado
R_m = retorno do mercado

Ao substituirmos na fórmula, obtemos:

$k_{ao} = 7,25\% + \{1,6 \times (12,3\% - 7,25\%)\} \therefore k_{ao} = 7,25\% + (8,080\%) \therefore 15,33\%$.

c. Modelo de rendimento de títulos livre de risco + prêmio de risco

Trata-se de um modelo simples e subjetivo, mas muito usado na prática empresarial.

$$k_{ao} = R_f + \text{Prêmio de risco} \tag{9.4}$$

EXEMPLO 9.5

A Siderúrgica Alfa deseja calcular o custo de capital das ações ordinárias utilizando o modelo do rendimento de título livre de risco + prêmio de risco. O título livre de risco paga 3,25% ao ano, e o prêmio de risco esperado é de 3% ao ano. Qual é o custo de capital da ação ordinária?

Ao substituir na fórmula, obtemos:

$$k_{ao} = 3{,}25\% + 3\% \therefore k_{ao} = 3{,}25\% + 3\% \therefore 6{,}25\%.$$

Para estimar o custo de capital da ação ordinária, a empresa poderá optar por um dos três modelos ou, ainda, tirar uma média aritmética dos custos encontrados.

9.3.4 Custo médio ponderado de capital – k_{mp} (weighted average cost of capital – WACC)

Como se verificou, é normal que cada empresa tenha a estrutura de capital que melhor lhe convenha. Logo, cada empresa terá um custo de capital próprio. O cálculo do WACC é dado pela fórmula:

$$\textit{Custo médio ponderado de capital (CMPC)} = w_1 \times k_t + w_2 \times k_p$$

em que:
w_1 = participação percentual de dívidas
k_t = custo de capital de dívidas
w_2 = participação percentual de ações
k_p = custo de ações

EXEMPLO 9.6

A Siderúrgica Alfa tem a seguinte estrutura de capital: dívida R$ 10.000.000,00 e ações ordinárias 10.000.000,00. Sabendo-se que o custo da dívida, k_d, é 5,74%, e o custo das ações ordinárias, k_{ao}, é 15,33%, teríamos:

$$k_{mp} = w_1 \times k_d + w_2 \times k_{ao}$$

R => k_{mp} = 0,50 × 0,0574 + 0,50 × 0,1533 ∴ 0,10535 ou 10,535%.

EXEMPLO 9.7

A Construtora Coral tem uma estrutura de capital com 40% de dívidas e 60% de ações. O custo da dívida, após o IR, é de 7,5%, e o custo de ações é de 12,5%. Qual é o custo de capital da empresa?

R => k_{mp} = 0,40 × 0,075 + 0,60 × 0,125 ∴ 0,01050 ∴ 10,50%.

Observa-se que cada empresa tem suas fontes de financiamento, com seus custos específicos. Cabe-lhe buscar sempre a estrutura de capital que minimize seu custo de capital e assegure a maximização da riqueza do acionista.

Estrutura de capital e alavancagem financeira

a. Estrutura de capital[10]

É a combinação das diferentes fontes de financiamento de longo prazo que financia a empresa. Ela pode minimizar seu custo de capital por meio de uma boa combinação de suas fontes de financiamento e, com isso, aprovar maior número de projetos.

A estrutura de capital considera apenas as ações *e as dívidas de longo prazo*. Esse conceito é importante, pois desconsidera os recursos advindos de passivos circulantes, que atendem suas necessidades financeiras sazonais. O estudo da estrutura de capital está estreitamente relacionado com o estudo do custo de capital. A questão fundamental é:

> *Pode a empresa afetar seu custo de capital, quer favorável ou desfavoravelmente, ao variar a composição das fontes de financiamento?*

A Figura 9.3 apresenta dois tipos de estrutura de capital: a primeira, conservadora, tem grande participação de ações, evidenciando uma posição segura para

---

[10] Estrutura financeira considera todo o passivo: passivo circulante, passivo não circulante e patrimônio líquido. Estrutura de capital considera apenas os recursos de longo prazo: passivo não circulante e patrimônio líquido.

seus financiadores; a segunda, mais arrojada, utiliza-se fortemente de dívida para alavancar seus negócios.

Estrutura de capital

Tipo 1 – Conservadora

Capital de terceiros	300.000	30%
Capital próprio	700.000	70%
Total	1.000.000	

Estrutura de capital mais conservadora

Tipo 2 – Arrojada

Capital de terceiros	700.000	70%
Capital próprio	300.000	30%
Total	1.000.000	

Estrutura de capital mais arrojada

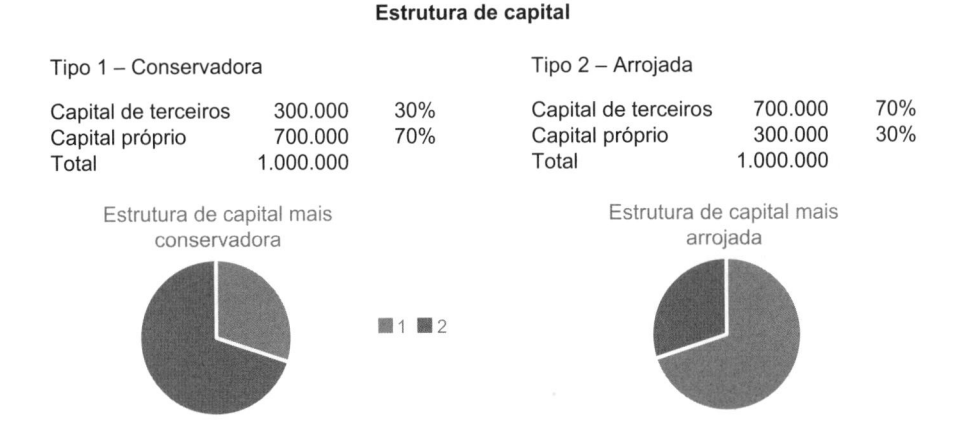

Figura 9.3 Tipos de estrutura de capital.

As empresas devem buscar uma composição ótima de capital que as leve ao menor custo de capital e obtenção do seu maior valor de mercado.

Pode-se verificar que o risco financeiro aumenta à medida que a empresa se endivida e, sendo assim, os agentes cobram um prêmio maior para investir na empresa. Isso ocorre tanto para ações como para dívidas.

Além dos pontos observados na simulação apresentada na Tabela 9.3, a decisão sobre estrutura de capital deve considerar alguns aspectos relevantes (ver também a Figura 9.4):

1. **Risco do negócio**: quanto maior o risco do negócio, menor deve ser o endividamento.
2. **Risco financeiro**: existem empresas mais conservadoras e outras mais agressivas em assumir dívidas. Isso vai determinar suas decisões sobre assumir riscos financeiros.
3. **Tributação**: a vantagem tributária varia em função do tipo de empresa e sua carga tributária. Por exemplo, uma empresa sob o regime simples não terá os benefícios da dedução do IR.
4. **Política financeira da empresa**: em função do acesso às fontes de financiamento, das condições econômicas e de uma série de outros fatores, a empresa poderá optar por determinada estrutura de capital.

Tabela 9.3 Estrutura de capital

Estrutura de capital			Lajir $	Juros $	LLDIR $	LPA $	Custo de capital			Nº ações	Valor $
Cto $	CP $	CT $					k_t	k_p	k		
100.000	90.000	10.000	22.000	680	14.071	0,090	0,068	0,150	0,142	90.000	99.233
100.000	85.000	15.000	22.000	1.035	13.837	0,091	0,069	0,151	0,139	85.000	99.761
100.000	80.000	20.000	22.000	1.400	13.596	0,094	0,070	0,152	0,136	80.000	100.265
100.000	75.000	25.000	22.000	1.803	13.330	0,178	0,072	0,153	0,133	75.000	100.398
100.000	70.000	30.000	22.000	2.160	13.094	0,187	0,072	0,155	**0,130**	70.000	**100.649**
100.000	65.000	35.000	22.000	2.590	12.811	0,197	0,074	0,160	0,130	65.000	98.619
100.000	60.000	40.000	22.000	3.120	12.461	0,208	0,078	0,165	0,130	60.000	95.705
100.000	55.000	45.000	22.000	3.690	12.085	0,220	0,082	0,172	0,132	55.000	91.898
100.000	50.000	50.000	22.000	4.300	11.682	0,234	0,086	0,179	0,133	50.000	88.166
100.000	45.000	55.000	22.000	4.950	11.253	0,250	0,090	0,190	0,135	45.000	83.356
100.000	40.000	60.000	22.000	5.640	10.798	0,270	0,094	0,203	0,138	40.000	78.471

Cto $ — Capital total (capital próprio e capital de terceiros)
CP $ — Capital próprio em reais
CT $ — Capital de terceiros em reais
Lajir $ — Lucro antes de juros e IR em reais
Juros $ — Juros em reais
LLDIR $ — Lucro líquido após juros e IR (34%) em reais
LPA $ — Lucro por ação em reais
k_t — Custo de capital de terceiros
k_p — Custo de capital próprio
k — Custo de capital da empresa
Nº ações — Número de ações
Valor $ — Valor da empresa em reais

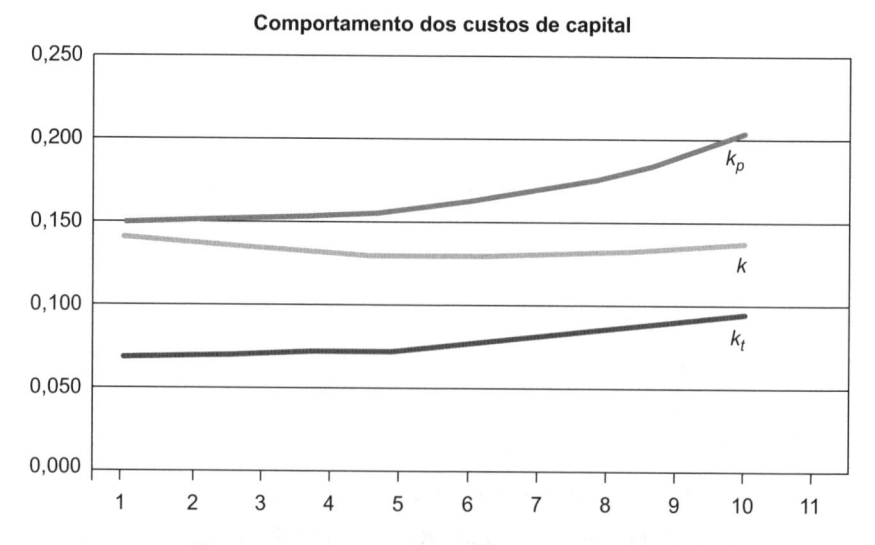

Figura 9.4 Comportamento dos custos de capital.

Alavancagem financeira

É a capacidade de a empresa maximizar o lucro líquido por ação por meio da obtenção de financiamento com juros e encargos fixos. Pode-se verificar também pela relação entre ações e dívida.

Tabela 9.4 Alavancagem financeira

	Variação Lajir	−10%		10%
Lajir		1.800.000	2.000.000	2.200.000
(−) Juros		600.000	600.000	600.000
(=) Lucro disponível antes do IR		1.200.000	1.400.000	1.600.000
(−) IR	32%	384.000	448.000	512.000
(=) Lucro disponível aos acionistas		816.000	952.000	1.088.000
	Variação LPA	−14,29%		14,29%

GAF = Variação % no LPA / Variação percentual no Lajir
GAF = 14,29% / 10% = 1,429 vez

Como se pode observar, pela existência de custos financeiros fixos advindos da tomada de financiamento de longo prazo a um custo fixo, em razão de uma variação no Lajir, o lucro disponível para os acionistas irá variar para mais ou para menos. Isso significa que, em uma situação de expansão dos negócios, ter financiamentos de longo prazo a custo fixo alavanca os lucros dos acionistas.

9.4 Fontes de financiamento de longo prazo

Os financiamentos de longo prazo no Brasil são feitos majoritariamente na forma de créditos direcionados,[11] sob a liderança de três grandes bancos públicos federais: BNDES – crédito para projetos de investimentos das empresas; Caixa – Financiamentos habitacionais e de saneamento público; e Banco do Brasil – crédito rural.

9.4.1 BNDES

O Brasil é um dos países nos quais praticamente todo o crédito de longo prazo é ofertado por um único banco, o BNDES. Desde sua fundação, ele se destaca no apoio à agricultura, indústria, infraestrutura, comércio e serviços oferecendo condições especiais para micro, pequenas, médias e grandes empresas.

O apoio do BNDES ocorre por meio de financiamentos a projetos de investimentos, aquisição de equipamentos e exportação de bens e serviços. Além disso, o

---

[11] Créditos direcionados são aqueles destinados a determinados setores ou atividades, realizados com recursos regulados em lei ou normativo.

banco atua no fortalecimento da estrutura de capital das empresas privadas e destina recursos não reembolsáveis a projetos que contribuam para o desenvolvimento social, cultural e tecnológico.

O BNDES investe em empreendimentos de organizações e pessoas físicas segundo critérios que priorizam o desenvolvimento com inclusão social, criação de emprego e renda e geração de divisas.

Quem pode solicitar o financiamento

Empresas privadas, de qualquer porte, sediadas no Brasil, associações e fundações, empresário individual que exerça atividade produtiva e esteja inscrito no Registro Público de Empresas Mercantis e no Cadastro Nacional de Pessoas Jurídicas (CNPJ), pessoas físicas (microempreendedor, produtor rural e caminhoneiro), administração pública, direta e indireta; e empresas sediadas no exterior, com a condição de que o acionista com maior capital votante e que exerça influência dominante sobre as atividades nelas desempenhadas, conforme juízo a ser feito pelo BNDES, seja: pessoa jurídica controlada, direta ou indiretamente, por pessoa física ou grupo de pessoas físicas, domiciliadas e residentes no Brasil; ou pessoa jurídica controlada por pessoa jurídica de direito público interno.

Formas de apoio

- Operação direta: realizada diretamente com o BNDES ou por meio de mandatário.
- Operação indireta: realizada por meio de *instituição financeira credenciada* ou por meio do uso do *cartão BNDES*.
- Operação mista: combina a forma direta com a forma indireta não automática.

Como funciona

Os pedidos de financiamento do BNDES passam por cinco grandes fases: consulta prévia, perspectiva, enquadramento, análise e contratação.

Condições financeiras

Cada mecanismo de financiamento possui condições financeiras próprias.

Produtos

São os seguintes os produtos oferecidos pelo BNDES para financiamento:

- BNDES Finem: financiamentos a projetos de investimento de valor superior a R$ 10 milhões.

- BNDES Automático: financiamento a projetos de investimento de valor até R$ 20 milhões, caso o cliente seja micro, pequena, média ou média-grande empresa, ou até R$ 10 milhões, se o cliente for uma grande empresa.
- BNDES Finame Agrícola: financiamentos para produção e aquisição de máquinas e equipamentos novos, destinados ao setor agropecuário.
- BNDES Finame *Leasing*: financiamento de aquisição isolada de máquinas e equipamentos novos, de fabricação nacional, destinados a operações de arrendamento mercantil.
- BNDES Exim: financiamentos destinados tanto à produção e exportação de bens e serviços quanto à sua comercialização no exterior.
- BNDES Limite de Crédito: crédito rotativo para o apoio a empresas ou grupos econômicos já clientes do BNDES e com baixo risco de crédito.
- BNDES Empréstimo-Ponte: financiamento a projeto, concedido em casos específicos, para agilizar a realização de investimentos por meio da concessão de recursos no período de estruturação da operação de longo prazo.
- BNDES *Project finance*: engenharia financeira suportada contratualmente pelo fluxo de caixa de um projeto, servindo como garantia os ativos e recebíveis desse mesmo empreendimento.
- BNDES Fianças e Avais: prestação de fianças e avais com o objetivo de diminuir o nível de participação nos projetos. Utilizado, preferencialmente, quando a combinação de formas alternativas de *funding* permitir a viabilização de operações de grande porte.
- Cartão BNDES: crédito rotativo pré-aprovado, destinado a micro, pequenas e médias empresas e usado para a aquisição de bens e insumos.

Fluxo e prazos para tramitação de operações

Todos os pedidos de financiamento ao BNDES passam por um fluxo interno, com etapas e prazos definidos. Ao longo do processo, o banco avalia a solicitação e leva em consideração, entre outros aspectos, a capacidade da empresa de executar o projeto, a classificação de risco do proponente e o atendimento às normas ambientais.

Composição do custo financeiro

Operações diretas = Custo financeiro + Remuneração do BNDES + Taxa de risco de crédito

Operações indiretas = Custo financeiro + Remuneração do BNDES + Taxa de intermediação financeira + Remuneração da instituição financeira credenciada

A composição do custo financeiro inclui um ou mais dos seguintes índices:

- Taxa de longo prazo (TLP).
- Taxa de juros de longo prazo (TJLP).

- Cesta: variação do dólar norte-americano ou variação da unidade monetária BNDES (UMBNDES), acrescidos os encargos da cesta de moedas.
- Libor + sobretaxa fixa acrescida da variação do dólar norte-americano.
- Índice Nacional de Preços ao Consumidor Amplo (IPCA) acrescido de encargos.

O custo dos recursos do BNDES tem origem nas fontes (FAT, Bird, BID etc.), em que são captados os recursos que dão lastro para a sua operação. No custo de captação, além da taxa, incidem também as variações de moedas/encargos, que são repassadas em suas operações de financiamento.

Observação: o custo financeiro será composto por taxas de uma cesta para operações com empresas, cujo controle seja exercido, direta ou indiretamente, **por pessoa física ou jurídica domiciliada no exterior**, destinadas a investimentos em setores de atividades econômicas não enumeradas pelo Decreto 2.233, de 23 de maio de 1997.

9.4.2 Financiamentos de renda variável – ações

Os financiamentos de longo prazo podem ser feitos por meio de capital próprio, sob a forma de financiamentos de renda variável, pelo lançamento de ações.

Por que a bolsa de valores não se desenvolve vigorosamente no Brasil? Por que o número de empresas não cresce? Por que as empresas brasileiras têm grandes dificuldades para contar com essa modalidade de financiamento?

É possível que seja por causa da baixa remuneração e da baixa distribuição de dividendos. Pode ser por conta da grande concentração da bolsa brasileira em setores de *commodities* (25%) e bancários (13%), por exemplo. Essa concentração faz com que crises internacionais nesses setores afetem significativamente o desempenho da bolsa brasileira. A baixa liquidez das ações pode ser outro fator importante para o não desenvolvimento da bolsa brasileira.

Todas essas possíveis explicações afetam as empresas brasileiras em sua opção de captar recursos para seus projetos de crescimento por meio de ações, tornando-se, portanto, fatores limitantes de sua expansão. Até recentemente, uma das principais explicações era a alta remuneração dos títulos de governo (considerados livres de risco), que concorriam com as ações (títulos de risco).

Recomenda-se que os leitores se aprofundem no tema mercado de capitais lendo o Capítulo 8 e pesquisando nas fontes e nos *sites* lá indicados.

9.4.3 Financiamentos de renda fixa – debêntures

Debênture é um valor mobiliário emitido pelas sociedades anônimas, representativo de uma fração de empréstimo com origem em um contrato de mútuo pactuado entre a companhia emissora e os compradores (debenturistas representados pelo agente fiduciário) e que confere a esses o direito de crédito contra a primeira, nas condições constantes na escritura de emissão e no certificado.

As debêntures representam um mecanismo eficiente de captação de recursos, oferecendo a seus usuários várias possibilidades de engenharia financeira. Tais características têm garantido a esses títulos, geralmente com perfil de longo prazo, a condição de valor mobiliário mais utilizado no âmbito do mercado financeiro.

A captação de recursos no mercado de capitais, por meio de debêntures, pode ser feita por sociedades anônimas, de capital fechado ou aberto. Porém, somente as de capital aberto podem efetuar emissões públicas de debêntures.

As escrituras públicas são os documentos mais importantes das emissões de debêntures. Nelas, estão descritas todas as características do título: valor nominal; indexador pelo qual o valor é atualizado; prazo; forma de cálculo; rentabilidade proposta pelo emissor; fluxo de pagamento; e condições que devem ser obedecidas pela companhia emissora ao longo da vida útil do ativo.

Definido na data de emissão, o valor nominal das debêntures é atualizado ao longo da existência do título, de acordo com as características previamente estabelecidas na escritura de emissão, resultando no chamado preço unitário (PU) da curva ou PU histórico. Os negócios realizados com debêntures no mercado secundário podem ser diferentes do seu preço na curva em razão das condições de mercado e liquidez, dando origem aos preços de negociação. Além disso, por determinação do Banco Central, os investidores institucionais são obrigados a utilizar a marcação a mercado.[12]

Nos casos em que há baixa liquidez do ativo, como ocorre com as debêntures, a ausência de preços de negociação é suprida pelos preços sintéticos de projetos de precificação, como os desenvolvidos pela Associação Nacional das Instituições do Mercado Financeiro (Andima). A divulgação em tempo real dos preços praticados no mercado secundário, assim como de preços de referência, tem sido crescentemente utilizada no mercado internacional como forma de aumentar a transparência dos negócios realizados com debêntures, incentivando a participação de número maior de investidores.

Vantagens de se emitirem debêntures

São benefícios oferecidos pela emissão de debêntures:

- **Flexibilidade**: a emissão de debêntures pode ser planejada sob medida para atender às necessidades de cada empreendimento. Flexibilidade nos prazos,

---

[12] Marcação a mercado é a atualização, normalmente diária, do preço de um ativo ou da cota de um fundo de investimento. Isso explica a variação diária nos preços das cotas dos fundos.

garantias e condições da emissão permitem adequar os pagamentos de juros e amortizações às características do projeto e à disponibilidade de recursos da companhia.

- **Redução de custos**: por ser um título de longo prazo, a debênture costuma apresentar custos de captação proporcionalmente menores, em especial relacionados a empréstimos bancários de curto prazo. Outra vantagem para as empresas é que os pagamentos de juros são deduzidos como despesas financeiras, ao contrário dos dividendos, que não são dedutíveis na apuração do resultado anual da empresa. Além disso, a emissão de debêntures permite a captação de recursos de longo prazo sem alterar o controle acionário da companhia, a menos que haja cláusula de conversão em ações.
- **Atratividade**: ao definirem as características da emissão, as empresas podem incluir cláusulas que tornem a debênture mais atrativa para os compradores, como participação nos lucros, conversibilidade, repactuações. Dessa forma, ampliam a demanda pelo título e reduzem seus custos de captação.

Quadro 9.5 Algumas operações com debêntures

Empresas	Vencimento	Remuneração
Azul	dez./23	116,9% DI
BM&F Bovespa	maio/29	108,2% DI
Paranaguá Saneamento	set./25	DI+3%
Coelce	dez./24	IPCA+6,0013%
Furnas	nov./29	IPCA+4,08%
Movida	jun./24	DI+2,05%
Skysites	nov./24	DI+6%

Em 2021 foram realizadas no Brasil seis emissões de debêntures, captando três milhões de reais. Em 2020, apenas três captações. Em 2019, ano de maior prosperidade e estabilidade econômica, foram realizadas dez operações, captando o total de R$ 14.672.912,00.[13]

As ofertas com esforços restritos acontecem com mais frequência e maiores volumes. A Instrução CVM 476 viabiliza essas emissões porque simplifica o processo de captação de recursos quando a oferta é feita para até, no máximo, 75 investidores qualificados.

---

[13] Comissão de Valores Mobiliários. Ofertas registradas/dispensadas na CVM. Disponível em: http://sistemas.cvm.gov.br/?ofertasdist. Acesso em: 17 dez. 2021.

Debêntures incentivadas

Desde junho de 2011, está em vigor a Lei nº 12.431, que alterou a legislação do Imposto de Renda e deu incentivo a um título de renda fixa apelidado de debêntures de infraestrutura, ou debêntures incentivadas. Esses papéis rendem juros atrelados à correção monetária por índice de preços como as debêntures tradicionais. A diferença é o incentivo fiscal para os investidores estrangeiros e pessoas físicas em troca da permanência na aplicação por um prazo mais longo. Os investidores pessoas físicas, não residentes no Brasil, ganharam alíquota zero de IR sobre o rendimento dos títulos privados de longo prazo e alíquota de 15% se forem pessoas jurídicas. O governo também zerou a alíquota do Imposto sobre Operações Financeiras (IOF) no câmbio para não residentes.

No fim de 2012, os mesmos benefícios tributários foram estendidos às cotas de fundos de investimentos em direitos creditórios (FIDC), fundos de debêntures incentivadas e fundos de investimentos em participação em infraestrutura (FIP-IE). No fundo de debêntures, a condição para ganhar o benefício tributário é de que a carteira tenha no mínimo 67% dos recursos aplicados em debêntures incentivadas nos dois primeiros anos e pelo menos 85% nos anos restantes.

Quadro 9.6 Algumas operações com debêntures incentivadas

Empresas	Volume (R$ milhões)	Remuneração	Vencimento
Transmissora Aliança Energia Elétrica	300	IPCA + 4,77%	dez./2044
Eren Dracena Participações S.A.	280	IPCA + 4,70%	set./2037
Furnas Centrais Elétricas	800	IPCA + 4,08%	nov./2029
Viarondon Concessionária de Rodov.	700	IPCA + 6,0013%	dez./2034

Fonte: Publicado no Boletim Informativo de Debêntures Incentivadas – Ministério da Economia, fev. 2020.

9.5 Operações estruturadas de financiamento

9.5.1 Private equity

Fundos de investimento de capital privado, ou *private equity funds*, são fundos constituídos entre investidores e gestores, oferecidos no mercado por meio de colocação privada.

Companhias tipicamente receptoras desse tipo de investimento ainda não estão no estágio de acesso ao mercado público de capitais, tendo composição acionária normalmente em estrutura fechada.

São fundos fechados que compram participações minoritárias em empresas privadas, não podendo investir em companhias de capital aberto. Por essa razão, as empresas interessadas em receber esses investimentos devem abrir o capital ou fazer a chamada abertura técnica "registro na CVM e emissão de ações que são compradas pelos fundos".

Os objetivos dos fundos de capital de risco são: capitalizar a companhia, definir uma estratégia de crescimento, valorizar as ações e vender essa participação com lucro elevado. O horizonte dessa aplicação varia de três a oito anos.

Portanto, seu foco está em maximizar o ganho de longo prazo por meio da aquisição de participações acionárias não disponíveis nos mercados organizados. Normalmente, suas expectativas estão direcionadas a obter taxas internas de retorno superiores a 20% ao ano.

As aquisições são realizadas em processos de privatização ou em negociações diretas. Seus investimentos são feitos em companhias não listadas em bolsas ou em posições acionárias de controle sujeitas a acordos de acionistas. Os recursos são aportados pelos investidores apenas no momento da aquisição da participação acionária.

Normalmente, as empresas que recebem os aportes já estão consolidadas e possuem faturamento na casa das dezenas ou centenas de milhões de reais. O objetivo do aporte de recursos é dar impulso financeiro à companhia a fim de que ela se prepare para abrir capital na bolsa de valores, por exemplo.

Principais modalidades

O investimento via *private equity fund* pode se apresentar nas seguintes formas:

- Aquisição alavancada (*leveraged buyout*): refere-se à compra de todas ou da maioria das ações de uma empresa ou de uma unidade de negócios usando patrimônio de um grupo pequeno de investidores, em combinação com uma quantidade significativa de dívida. Os alvos de aquisições alavancadas são, tipicamente, empresas maduras que geram forte fluxo de caixa operacional.
- Capital de crescimento (*growth capital*): refere-se a participações societárias minoritárias em empresas maduras que necessitam de capital para ampliar ou reestruturar as operações, financiar uma aquisição ou entrar em um novo mercado, sem uma mudança de controle da companhia.
- Capital mezanino (*mezzanine capital*): refere-se a um investimento em dívida subordinada ou ações preferenciais de uma empresa, sem assumir o controle de voto da empresa. Muitas vezes, esses títulos são vinculados a *warrants* ou a direitos de conversão em ações ordinárias.
- Capital de risco (*venture capital*): refere-se a investimentos de capital em empresas privadas iniciantes para financiar lançamento, desenvolvimento precoce ou expansão de um negócio.

Embora *private equity* inclua esses quatro tipos de modalidades, é mais comum ser utilizado para aquisições alavancadas. Capital de risco, capital de crescimento e capital mezanino são considerados estratégias de investimento separadamente, embora algumas grandes empresas de *private equity* participem em todas as quatro áreas de investimento. Este capítulo se concentra em atividades, principalmente, de aquisições alavancadas.

As empresas de investimentos que atuam em aquisições alavancadas são chamadas *private equity*. Essas empresas também são denominadas empresas de aquisição ou patrocinadores financeiros. O termo *patrocinador financeiro* vem do papel desempenhado por uma empresa de capital privado como "padrinho", ou provedor de capital em uma aquisição alavancada, bem como orquestrador de todos os aspectos da transação da aquisição alavancada, incluindo a negociação do preço de compra, fornecendo assistência como banco de investimento e assegurando o financiamento para concluir a compra.

As melhores empresas-alvo, geralmente, têm as seguintes características:

- Gestão motivada e competente.
- Fluxo de caixa robusto e estável.
- Balanço alavancável.
- Despesas de capital baixas.
- Qualidade.
- Imobilizado improdutivo e possibilidade de cortar custos.

Fusões e aquisições também estão na pauta das *private equities*, que têm como estratégia comprar participações em empresas de médio porte com dificuldades financeiras; porém, em mercados avaliados pelos profissionais das empresas como promissores ou rentáveis, podem-se tomar as rédeas da administração do negócio colocando seus especialistas e, depois de um ou dois anos, vender sua participação na empresa, então sanada. Casos de *private equity* no Brasil: América Latina Logística, Anhanguera Educacional, Bematech, Companhia Providência, SCU Cardsystem, Droga Raia, Gafisa, Gol Linhas Aéreas, Localiza, Lupatech, Marcopolo, Odontoprev, Natura.

9.5.2 *Project finance*

Project finance ou financiamento de projetos é uma operação financeira estruturada que permite dividir o risco entre o empreendedor e o financiador, que serão remunerados pelo fluxo de caixa do empreendimento.

É uma operação extremamente útil na implantação e expansão dos negócios que exigem elevados investimentos. Sua grande vantagem é a ruptura da abordagem tradicional centrada na empresa que busca financiamento para a implantação de um projeto e a adoção de um conceito mais amplo, o do empreendimento com vários participantes. Caracteriza-se como uma parceria de negócios em risco e retorno.

É essencial que a garantia do financiamento seja assegurada pelo fluxo de caixa do projeto, seus ativos, recebíveis e contratos, além de ficar claramente demonstrada a viabilidade econômica e financeira do projeto para garantir seu retorno, pois o empreendimento deve ser sua própria garantia, além de ser capaz de convencer os financiadores de que independe da condição financeira individual dos agentes envolvidos, já que os investidores estão mais preocupados com o fluxo de caixa do empreendimento.

Em muitos casos, o *project finance* é efetivado por uma empresa de propósito específico – *Special purpose company* (SPC) –, criada para atender ao projeto com a finalidade de isolar o empreendimento dos demais ativos do empreendedor, reduzindo dessa forma o risco de seus acionistas. A SPC faz o controle do fluxo de caixa por meio de instrumentos financeiros específicos, tais como uma *escrow account* (conta de custódia), ou seja, os ativos do empreendimento, os contratos e o fluxo de caixa, durante todo o projeto, ficam desvinculados das empresas participantes. Como instrumento de controle adicional, há os acordos operacionais conjuntos (*joint operating agreements*), que definem as regras e os perfis de todos os envolvidos no projeto, ajudando a minimizar os riscos.

A preparação de um contrato de *project finance* é demorada porque deve ser feita sob medida, caso a caso. Além disso, os contratos têm de estar em conformidade com a legislação em vigor, tanto no país do empreendedor quanto no país dos financiadores.

Para viabilizar um contrato de *project finance*, é necessário montar um seguro garantia, que não deve se limitar ao *big bond* (seguro do licitante) nem ao *performance bond* (seguro do executante), mas incluir outras modalidades, como a garantia de adiantamento de recursos e a garantia de retenção de recursos (percentual do valor do contrato a ser pago no final). A alternativa do seguro garantia das seguradoras tem menor custo que a carta fiança dos bancos.

O *project finance* é muito importante sob o ponto de vista operacional, pois envolve vários parceiros, diversificando a origem dos recursos alocados ao projeto e proporcionando condições para um retorno mais seguro dos créditos concedidos. Por ser muito cara, a estrutura de um contrato de *project finance* só se viabiliza para projetos de valor elevado, com o envolvimento de um sindicato de bancos ou organismos multilaterais de crédito.

Em toda operação de *project finance* existe a figura do *sponsor* ou *project developer* (líder do projeto). Do arranjo contratual podem participar os governos, agências multilaterais de crédito (BID, IFC etc.), agências de crédito de exportação (Eximbank, Coface etc.), bancos de desenvolvimento (BNDES, BNB etc.), bancos públicos e privados, fundos de pensão, seguradoras, demais instituições financeiras, além de entidades não financeiras, tais como empresas de engenharia e de projetos, consultores financeiros e jurídicos, fornecedores, clientes e operadores.

As operações de *acquisition finance*, ou financiamento para compra de empresas, é uma modalidade de *project finance* utilizada quando uma empresa deseja adquirir outra ou então montar um grande projeto, mas não deseja pressionar financeiramente suas operações normais com o crédito utilizado para a aquisição. O objetivo é que a empresa adquirida liquide o financiamento obtido com o fluxo de dividendos futuros.

Alguns exemplos de *project finance*, muito conhecidos pelo seu sucesso, são: o túnel sob a baía de Sydney, o túnel entre a Inglaterra e a França, as aquisições das companhias telefônicas no Brasil. Outros casos: Usina Hidrelétrica de Machadinho, Usina Hidrelétrica de Serra da Mesa, Usina Hidrelétrica Itá, Usina Hidrelétrica Porto Primavera, Rodovia Dutra, Ponte Rio-Niterói, Campos Petrolíferos Marlim.

9.6 Práticas de financiamento no Brasil

As práticas de financiamento de longo prazo no Brasil estão sendo determinadas principalmente em função das políticas públicas de implantação de grandes projetos de infraestrutura, da crescente participação do BNDES como indutor do processo de desenvolvimento e dos financiamentos a custos menores que o do mercado e com prazo mais longo, além do próprio perfil dos investidores brasileiros, que relutam em adquirir ativos financeiros de longo prazo.

9.6.1 Governo indutor do processo de investimento e do modelo de financiamento

Investimentos em logística, construção de estádios, rodovias, metrôs, companhias de gás

Em agosto de 2012, o governo brasileiro lançou a etapa de rodovias e ferrovias do Programa de Investimentos em Logística: Ferrovias e Rodovias.[14] Trata-se de um programa de R$ 133 bilhões em obras de duplicação, melhorias e construção, sendo R$ 79,5 bilhões em 5 anos e R$ 53,5 bilhões em 20 a 25 anos.

Modelo de concessão – rodovias

Eram essas as condições definidoras do modelo:

- Investimentos concentrados nos primeiros cinco anos de concessão: duplicações, contornos, travessias e obras de arte.

---

[14] Este programa foi encerrado. Conheça as condições de apoio do BNDES ao Programa de Parcerias para Investimentos, programa vigente de concessões de infraestrutura do Governo Federal.

- Seleção do concessionário pela menor tarifa de pedágio.
- Tráfego urbano não seria pedagiado.
- Pedágio cobrado quando 10% das obras estivessem concluídas.

Exemplos de instrumentos de financiamento de longo prazo utilizados no Brasil

Empresas	Projetos	Instrumentos de Financiamento
Banco do Brasil	Expansão de crédito	Ações
Bradesco	Expansão de crédito	Ações
Raizen	Sistema logístico de etanol	*Project finance*
Cemig	UHE Baguaçu	*Project finance*
Eletrobras	Lote A de transmissão	*Project finance*
Ecovias	Investimento no negócio	Debêntures incentivadas
Itaú	Expansão de crédito	Ações
Klabin, Marfrig, Cyrela, Escelsa, Cemig, Vale, CVC	Investimento no negócio	Debêntures comuns
Petrobras	UTE Paracambi	*Project finance*
Previ	Aquisição de empresas	*Project equity*

Observa-se que os grandes projetos brasileiros estão sendo financiados direta ou indiretamente pelo BNDES, que atua com os diversos instrumentos: financiamento de máquinas, equipamentos e construções; lidera a modalidade de *project finance*, debêntures e *private equity*; e atua indiretamente no fortalecimento de alguns grandes grupos empresariais selecionados para se tornarem grandes *players* internacionais.

Para onde caminha o financiamento de longo prazo no Brasil?

A existência de alguns instrumentos alternativos de financiamento de longo prazo no Brasil, que não o BNDES, é uma perspectiva ainda pouco alentadora para os empresários, particularmente em decorrência da baixa taxa de poupança da população e de nosso perfil para aplicações de curto prazo.

A mudança desse perfil é demorada e pode levar gerações para mudar. Em razão disso, sempre que se pensa em criar alternativas para complementar o financiamento do BNDES, pensa-se nos fundos de pensão.

A ideia de se permitir o lançamento de debêntures incentivadas para infraestrutura é boa; no entanto, será preciso desenvolver, ao longo dos anos, uma cultura de investimento da população em ativos financeiros de longo prazo – 15, 20 anos.

Alguns projetos da área de energia, como as hidrelétricas de Santo Antônio e Jirau, que estão em construção no Rio Madeira, por exemplo, já estão considerando sua utilização. Parques eólicos e outros projetos do setor elétrico também avaliam a opção.

O BNDES tem encontrado dificuldades crescentes para conseguir financiar mais de 50-55% dos projetos, e estão sendo trabalhados mecanismos jurídicos de compartilhamento de garantias entre o financiamento do BNDES e as debêntures, visando à solidez das debêntures.

Sempre se espera que seja possível buscar investidores estrangeiros que ajudem a poupança nacional adquirindo ações e debêntures das empresas nacionais. Isso, porém, depende sempre da conjuntura internacional, dos fundamentos da economia brasileira, das perspectivas dos projetos nacionais e das taxas de juros praticadas no mercado internacional.

Do ponto de vista dos investidores em ativos financeiros, espera-se que os debenturistas, por exemplo, sejam mais bem remunerados e, do ponto de vista das empresas, que o custo seja menor.

QUESTÕES E EXERCÍCIOS

Questões

1. Conceitue decisão de financiamento e pesquise na internet exemplos de empresas que tiveram amplo sucesso empresarial baseado em utilização de fontes de financiamento do BNDES e do mercado de capitais.

2. Em sua opinião, por que os *spreads* do sistema bancário brasileiro, exceção BNDES, são tão altos? Compare-os com alguns *spreads* apresentados por outros países do Brics.

3. Por que as decisões de financiamento são tão importantes para a empresa? Quais fontes de financiamento utilizar em uma situação de compra de uma nova empresa? Dê exemplo.

4. Conceitue os termos *dívidas* e *ações* para o contexto do estudo de decisões de financiamento no Brasil.

5. Quais procedimentos devem ser utilizados para se estimar o montante de recursos externos a empresa precisará nos próximos anos? Apresente um exemplo numérico.

6. Conceitue capital, capital financeiro, custo de capital, custo das ações, custo da dívida, custo de ações preferenciais, custo de lucros retidos, custo de novas ações e custo médio ponderado de capital. E quais são os aspectos relevantes para o cálculo do custo de capital?

7. Conceitue estrutura de capital. Pode a empresa afetar seu custo de capital, quer favorável ou desfavoravelmente, ao variar a composição das fontes de financiamento? Quais são os fatores relevantes da decisão de estrutura de capital?

8. Por que a bolsa de valores não se desenvolve vigorosamente no Brasil? Por que o número de empresas não cresce?

9. Quais são as vantagens de se emitir debêntures? Procure exemplos de lançamentos de debêntures no Brasil e apresente.

10. O que são operações financeiras estruturadas? Quando e como utilizá-las? Conceitue *private equity*, aquisição alavancada e *project finance*.

Exercícios

1. A Construtora Ganimedes S.A. apresentou um projeto de financiamento para o BNDES, por meio do agente financeiro Bradesco, no valor de R$ 25.000.000,00. Os custos contratuais com o BNDES preveem taxa de juros longo prazo + *spread* básico + comissão de agente. A TLP mensal, para este exercício, é de 0,40741%, o *spread* básico é de 0,2060% ao mês e a comissão de agente é de 0,1241% ao mês. A taxa de IR prevista para a empresa é de 34%. Qual é o custo da dívida?

2. A Siderúrgica Amalteia S.A. estuda um novo projeto com financiamento do BNDES, por meio do agente financeiro Bradesco, no valor de R$ 10.000.000,00. Os custos contratuais com o BNDES preveem taxa de juros longo prazo + *spread* básico + comissão de agente. A TLP mensal, para este exercício, é de 0,4026%, o *spread* básico é de 0,2% ao mês e a comissão de agente é de 0,1371% ao mês. A taxa de IR prevista para a empresa é de 34%. Qual é o custo de capital a ser financiado?

3. A Adrasteia S.A. fará uma colocação no mercado de 1.000 debêntures com valor de face de R$ 10.000,00 cada, por meio do agente financeiro Itaú. O banco já sinalizou que suas debêntures deverão sofrer um deságio de 3% sobre o valor de face. As debêntures da Adrasteia oferecem remuneração anual de DI + 2,5%. A taxa de depósito interbancária esperada é de 3,00% ao ano. A taxa de IR é de 34%. Qual é o custo das debêntures?

4. A Siderúrgica Amalteia S.A. colocará no mercado 2.000 debêntures, com valor de face de R$ 5.000,00 cada, por meio do agente financeiro Itaú. As debêntures serão colocadas no mercado com deságio de 2,5% sobre o valor de face. As debêntures da Amalteia oferecem remuneração anual prevista de DI + 2%. A taxa de depósito interbancária esperada é de 3,00% ao ano. A taxa de IR é de 34%. Qual é o custo das debêntures?

5. A Autonoe S.A. fará uma captação de R$ 25.000.000,00 em ações ordinárias por meio do Banco do Brasil em janeiro de 20x5. O valor atual da ação da Autonoe S.A. é de R$ 30,69 (16.9.20x4), e a expectativa é que, com os custos de corretagem, entrarão líquidos para a empresa R$ 30,00. A Autonoe espera pagar dividendos, D1, de R$ 2,10 ao final do próximo ano (20x5). Os dividendos da Autonoe, nos últimos cinco anos, foram: 20x0 - R$ 1,56; 20x1 - R$ 1,57; 20x2 - R$ 1,72; 20x3 - R$ 1,85; e 20x4 - R$1,97. Qual será o custo de capital da ação ordinária? Calcule pelo modelo Gordon.

6. Calcule o custo de capital da ação ordinária do exercício anterior, calculado pelo modelo de precificação de ativos financeiros (CAPM), utilizando uma taxa livre de risco de 6%, retorno do mercado esperado de 13% e coeficiente beta de 1,5.

7. Calcule o custo de capital da ação ordinária do exercício 5, calculado pelo modelo de rendimento de títulos livres de risco mais prêmio de risco, utilizando um rendimento de títulos livres de risco de 6% e um prêmio de risco de 10%.

8. A Companhia Métis S.A. tem a seguinte estrutura de capital: dívida R$ 25.850.000,00 e ações ordinárias R$ 35.000.000,00. Sabendo que o custo de capital da dívida, kd, é 6,80% após o IR e o custo das ações ordinárias, kao, é 16,00%, calcule o custo médio e o ponderado de capital da empresa.

9. A Companhia Calique S.A. apresenta os seguintes valores de fontes de financiamento em sua estrutura de capital:
   - Debêntures – R$ 45.000.000,00 a um custo de capital, antes de IR, de 12% ao ano.
   - BNDES – RS 55.000.000,00 a um custo de capital, antes de IR, de 8,5% ao ano.
   - Ações ordinárias R$ 80.000.000,00, cujos dividendos correspondem a 20% ao ano.

10. Calcule o custo médio e o ponderado de capital da empresa.

11. Suponha que o valor de mercado da Química Elara seja R$ 1.000.000. A empresa não tem dívidas, e cada uma das ações é negociada a R$ 100,00. Suponha ainda que a empresa pretenda captar R$ 100.000 de empréstimos e usar essa quantia para pagar um dividendo de R$ 10,00 por ação aos acionistas. Os investimentos da empresa não serão alterados. Em razão disso, o valor das ações poderá variar de diversas formas. Qual será o valor da empresa após a reestruturação proposta? Considere os seguintes cenários possíveis: quedas de 6%, 12% e 18% no valor das ações. Qual será o ganho dos acionistas?

Nota: Utilizei nomes dos satélites de Júpiter para nominar as empresas dos exercícios.

SUGESTÕES DE CONSULTA

ASSOCIAÇÃO NACIONAL DAS INSTITUIÇÕES DO MERCADO FINANCEIRO. *Estudos especiais*: produtos de captação. Rio de Janeiro: Andima, 2008.

FISHER, I. *The theory of interest as determined by impatience to spend income and opportunity to invest it*. New York: Macmillan, 1930.

HAWAWINI, G.; VIALLET, C. *Finance for executives*: managing for value creation. Mason, Ohio: Cengage Learning, 2007.

MODIGLIANI, F.; MILLER, M. H. The cost of capital, corporation finance and the theory of investment. *American Economic Review*, v. 48, n. 3, p. 261-297, 1958.

MYERS, S. C. Capital structure. *Journal of Economic Perspectives*, v. 15, n. 2, p. 81-102, Spring 2001.

SAITO, R.; TERRA, P. R. S.; SILVA, A. C.; SILVEIRA, A. M. Apresentação: Fórum O Cinquentenário de Modigliani & Miller: reflexões sobre a teoria e prática das finanças no Brasil. *Revista de Administração de Empresas* (RAE), v. 48, p. 64-66, 2008.

Sites

http://ehis.ebscohost.com/ehost/detail?vid=7&hid=1&sid=bf962f78-8d03-49dc--8519-cef62016bfde%40sessionmgr15&bdata=Jmxhbmc9cHQtYnImc2l0ZT1laG-9zdC1saXZl#db=aph&AN=3666113
http://www.abvcap.com.br
http://www.bb.com.br
http://www.people.hbs.edu/besty/projfinportal/
www.andima.com.br
www.bcb.gov.br/?NOTASTEC
ww.cblc.com.br
www.cvm.gov.br
www.debentures.com.br
www.investopedia.com
www.portaldoinvestidor.gov.br
http://www.bndes.gov.br/SiteBNDES/bndes/bndes_pt/Institucional/Sala_de_Imprensa/Noticias/2012/energia/20120830_comgas.html

10 ANÁLISE DE NEGÓCIOS[1]

INTRODUÇÃO

Este capítulo apresenta as principais técnicas para analisar negócios. Visa auxiliar a tomada de decisões relacionadas ao início de determinado investimento, a análise dos resultados, cotejados às expectativas iniciais, e avaliar se os planos futuros do investimento trarão os resultados esperados. É especialmente relevante para os processos de avaliação, conhecido por *Valuation*, em fusões e aquisições.

A análise de negócios pode ser feita a partir de duas grandes linhas: tradicional e contemporânea. A primeira envolve a análise custo, volume e lucro, a elaboração e análise dos indicadores econômico financeiros e o Sistema DuPont. É mais apropriada para negócios consolidados, com histórico de vendas, custos e resultados. As técnicas de análise contemporânea envolvem a análise do EVA (*economic value added*), a geração de caixa das atividades para fins do negócio, o EBITDA (*earnings before income, taxes, depreciation and amortization*) e o uso de múltiplos. São técnicas mais apropriadas para negócios de maior porte ou negócios com grande potencial de crescimento, mas sem histórico de vendas, custos e resultados. Essas análises procuram avaliar o conjunto da empresa. As técnicas de avaliação de investimento, apresentadas no Capítulo 7, são apropriadas para a avaliação de projetos específicos.

10.1 Importância do ambiente de negócios

As técnicas de análise dos negócios baseiam-se em projeções relacionadas com o comportamento da economia nacional e internacional, o mercado, a disponibilidade

---

[1] Neste capítulo, utilizaremos nomes de técnicas em inglês, por serem consagradas no mercado e no meio acadêmico.

de mão de obra qualificada, insumos e matérias-primas, além de fontes de financiamento. Como é possível observar, são projeções suportadas por expectativas com alto nível de risco de não serem consumadas.

Risco é a possibilidade de variação no retorno. Usualmente associado à perda, à queda de demanda ou a fatos desfavoráveis, o risco pode, também, estar relacionado ao sucesso demasiado do produto ou serviço, decorrente do aumento da demanda, quando a atividade econômica está aquecida; ou, ainda, a demanda pelo produto ou serviço pode vir a ser muito acima do esperado, resultado de boas estratégias mercadológicas. Portanto, é necessário considerar a volatilidade temporal da economia e dos mercados, porque pode trazer alterações nas projeções originais das decisões do investimento.

A economia segue cursos de ciclos de prosperidade e de declínio, e, em ambas as situações, o investidor vê oportunidades de negócios, quer aproveitando a riqueza decorrente da prosperidade ou mesmo utilizando os períodos de crise para preparar a empresa para o novo ciclo de prosperidade. Gerencialmente, é necessário construir cenários considerando as diferentes variações possíveis.

10.2 Principais técnicas de avaliação

As técnicas de avaliação podem ser prospectivas ou reativas: estas se preocupam com o desempenho passado e aquelas, com os resultados esperados.

Sua aplicação compreende:

- Avaliação de desempenho.
- Avaliação de resultados futuros.

Na avaliação de desempenho, as técnicas são utilizadas para se saber se os resultados obtidos se enquadram nas expectativas de resultados do negócio já existente, proporcionando condições de ajustes necessários.

Na avaliação de resultados futuros, as técnicas podem oferecer ao analista informações sobre o desempenho futuro do negócio, resultados compatíveis ou não com as expectativas dos investidores.

É preciso ressaltar que as avaliações abordadas no terceiro capítulo (índices econômico-financeiros) e no sétimo capítulo (PRI, VPL, TIR e outras) utilizam as demonstrações financeiras e o fluxo de caixa do projeto que complementam as técnicas apresentadas neste capítulo. A escolha das técnicas depende da cultura da empresa e de seus administradores. Muitas empresas desenvolvem metodologias próprias para avaliar e medir seus resultados.

A seguir, são apresentadas as técnicas de análise de negócios:

- Análise das relações entre custo, volume e lucro.
- Sistema DuPont.

- EVA.[2]
- EBITDA.

Quando essas análises se baseiam em dados passados, usualmente extraídos das demonstrações financeiras e em dados de mercado, são análises de desempenho. A avaliação de resultados futuros pode utilizar as mesmas técnicas, mas os dados são projeções de fluxo de caixa, demonstrativos de resultados e balanço patrimonial projetados, perspectivas macroeconômicas e políticas.

10.2.1 Análise das relações entre custo, volume e lucro[3]

A análise das relações entre custo, volume e lucro – também chamada de análise do ponto de equilíbrio ou ponto de ruptura, ou, em inglês, *break even point* – utiliza projeções ou resultados obtidos dos lucros, custos, receitas e volume de produção. Seu propósito maior é indicar ao gestor as necessidades mínimas de produção e venda para que a empresa não tenha prejuízo.

Por meio da análise das relações entre custo, volume e lucro, é possível calcular os níveis de produção e venda, em unidades, para obter o ponto de equilíbrio operacional, o ponto de equilíbrio de caixa e o ponto de equilíbrio em moeda, que serão vistos a seguir.

> "Ponto de equilíbrio vem a ser a quantidade de produção e venda de bens ou serviços, cujos custos totais e receitas totais provindas dessa quantidade são iguais. Nesse ponto, há o equilíbrio, pois não há lucro nem prejuízo operacional."[4]

Para o cálculo do ponto de equilíbrio, são necessários os seguintes dados:

- Preço de venda unitário (PVu).
- Custo variável unitário (Cvu).
- Custo fixo (CF).
- Volume total de produção (VTP).

Ponto de equilíbrio operacional (PEO)

Estabelece a quantidade de produtos ou de prestação de serviços, em unidades, cuja venda gera receita suficiente para cobrir os custos de produção e/ou prestação de serviços.

---

[2] EVA é marca registrada de propriedade da Stern & Stewart. Neste capítulo, será utilizada a sigla EVA para valor econômico adicionado, sempre lembrando que, ao se mencionar EVA, deve-se usar a pronúncia inglesa.

[3] A análise do ponto de equilíbrio é tratada também no Capítulo 6, que discute a formação de preços.

[4] LEMES JÚNIOR, A. B.; RIGO, C.; CHEROBIM, A. P. *Administração financeira*: princípios, práticas e casos brasileiros. 4. ed. Rio de Janeiro: Elsevier, 2016. p. 74.

O cálculo é feito pela fórmula:

$$PEO = \frac{CF}{PVu - Cvu}$$

Se calculamos PVu – Cvu, obtemos a margem de contribuição unitária. Ou seja, quanto cada unidade consegue ajudar no pagamento dos custos fixos. Se usarmos a MCu, o ponto de equilíbrio pode ser calculado de outra forma:

$$PEO = \frac{CF}{\text{Margem de contribuição unitária}}$$

EXEMPLO

Cálculo do ponto de equilíbrio operacional de um produto único (para efeitos didáticos), utilizando os seguintes dados:

Preço de venda unitário (PVu) = R$ 100
Custo variável unitário (Cvu) = R$ 60
Custo fixo (CF) = R$ 50.000

Cálculo:

$$PEO = \frac{CF}{PVu - Cvu}$$

$$PEO = \frac{50.000}{100 - 60} = 1.250 \; unidades$$

Nas condições apresentadas, a empresa necessitará produzir e vender 1.250 unidades de seu produto para ter equilíbrio entre os custos e as receitas; sem auferir lucro.

Por meio de uma projeção da demonstração do resultado do exercício (DRE), pode-se constatar o equilíbrio:

Projeção da DRE

Receita de vendas	
1.250 unidades × R$ 100	R$ 125.000
Menos	
Custos fixos	(R$ 50.000)
Custos variáveis	
(1.250 unidades × R$ 60)	(R$ 75.000)
Lucro Operacional	R$ 0

A determinação do ponto de equilíbrio operacional com uso de gráfico é obtida com a inserção, no eixo das abscissas (eixo x), das quantidades produzidas e vendidas e, no eixo das ordenadas (eixo y), das variáveis de valor: receita, custos fixos e custos variáveis.

Como o custo fixo não se altera durante o período de produção, mantendo-se a escala escolhida como padrão, sua reta é paralela ao eixo das abscissas.

A receita e o custo variável crescem de modo uniforme: quanto maior o volume de venda, maior a receita (o preço unitário se mantém) e maior o custo variável total (não há economia de escala no custo unitário).

A partir do ponto de equilíbrio, as receitas são maiores do que o custo total.

EXEMPLO

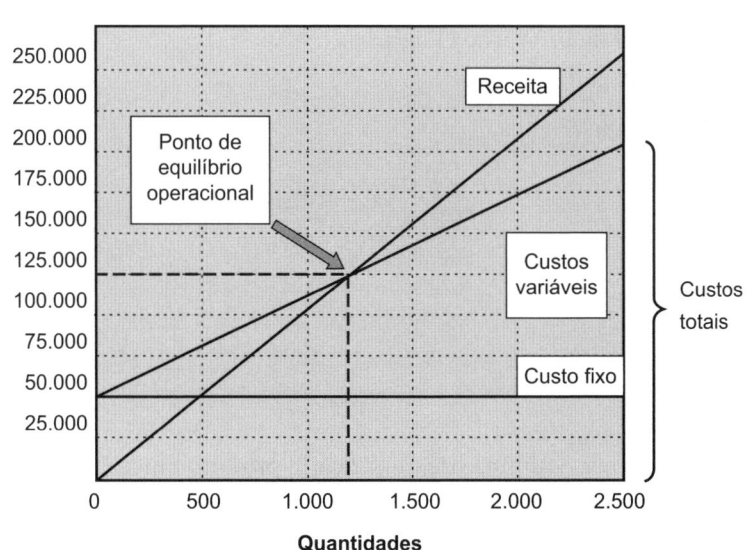

Figura 10.1 Ponto de equilíbrio.

No exemplo, para uma capacidade máxima de produção de 2.500 unidades, a empresa necessita produzir e vender 1.250 unidades, ou seja, 50% do total, com o propósito de atingir o limite de não ter prejuízo e iniciar a geração de lucro.

A grande virtude da análise do ponto de equilíbrio é justamente identificar a necessidade mínima de produção e venda para não ocorrer prejuízo. Quanto menor o ponto de equilíbrio, mais fácil a empresa absorver seus custos fixos e iniciar a geração de lucro. Em outras palavras, o ideal é a empresa atingir o ponto de equilíbrio o mais próximo possível do ponto zero do eixo das abscissas.

Ponto de equilíbrio de caixa (PECX)

O ponto de equilíbrio de caixa é calculado considerando apenas os gastos referentes a saídas e entradas de caixa. Diferente do cálculo do ponto de equilíbrio operacional, que utiliza dados contábeis de acordo com o princípio de competência, para o cálculo do ponto de equilíbrio de caixa são feitos ajustes a fim de aproximar os dados utilizados em regime de caixa, excluindo os valores referentes à depreciação e a outros custos que não representem saídas de caixa, denominados custos sem pagamento (por exemplo, exaustão). No Capítulo 2, foram apresentados o princípio de competência e o regime de caixa.

Os dados necessários para o cálculo são:

- Preço de venda unitário (PVu).
- Custo variável unitário (Cvu).
- Custo fixo (CF).
- Volume total de produção (VTP).
- Custo sem pagamento (CSP).

Cálculo pela fórmula:

$$PECX = \frac{CF - CSP}{PVu - Cvu}$$

EXEMPLO

Cálculo do ponto de equilíbrio de caixa de um produto único (para efeitos didáticos), utilizando os seguintes dados:

Preço de venda unitário (PVu) = 100,00
Custo variável unitário (Cvu) = 60,00
Custo fixo (CF) = 50.000,00
Custos sem pagamento (CSP) = 10.000,00

$$PECX = \frac{50.000 - 10.000}{100 - 60} = 1.000 \text{ unidades}$$

A quantidade mínima de produção e venda de mil unidades é necessária para a empresa equilibrar o caixa.

Cálculo com o uso de gráfico

O ponto de equilíbrio de caixa utiliza os mesmos conceitos do ponto de equilíbrio operacional, com os dados ajustados, como apresentado no gráfico da Figura 10.2.

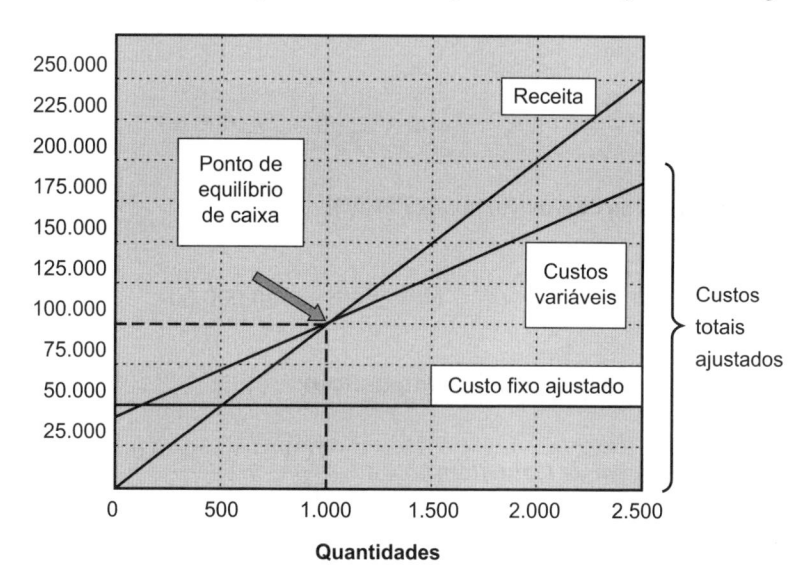

Figura 10.2 Gráfico do ponto de equilíbrio de caixa.

Ponto de equilíbrio em moeda

O ponto de equilíbrio em moeda permite conhecer o valor da receita de vendas suficiente para a cobertura dos custos operacionais, utilizando o conceito da margem de contribuição.

EXEMPLO

Cálculo do ponto de equilíbrio em moeda ou faturamento de um produto único (para efeitos didáticos), utilizando os seguintes dados:

Preço de venda unitário (PVu)	=	100
Custo variável unitário (Cvu)	=	60
Custo fixo (CF)	=	50.000
Capacidade total a produzir (N)	=	2.500

Para compreender o raciocínio, todos os cálculos são demonstrados a seguir:

Cálculo da receita total de vendas (RTV): a receita é a multiplicação da quantidade vendida pelo preço unitário. Nesse caso, consideramos vendida toda a capacidade de produção.

$$RTV = PVu \times N = 100 \times 2.500 = 250.000{,}00$$

Cálculo do total dos custos variáveis (TCV):

$$TCV = Cvu \times N = 60 \times 2.500 = 150.000{,}00$$

Cálculo do índice da margem de contribuição:

$$\text{Índice da Margem de Contribuição} = 1 - \frac{TCV}{RTV} = 1 - \frac{150.000}{250.000} = 0{,}40$$

A margem de contribuição representa quanto cada unidade vendida consegue contribuir para pagar os custos fixos.

Cálculo do lucro operacional igual a zero: para lucro zero, as receitas são iguais às despesas.

$$LO = P\left(1 - \frac{TCV}{RTV}\right) - CF$$

Cálculo do valor da produção para lucro operacional igual a zero (P):

$$P = \frac{CF}{\left(1 - \dfrac{TCV}{RTV}\right)} = \frac{50.000}{(0,40)} = R\$\ 125.000,00$$

De acordo com o resultado, a empresa precisa gerar R$ 125.000,00 de receitas para cobrir os custos fixos e variáveis da produção.

10.2.2 Sistema DuPont

O Sistema DuPont permite calcular a taxa de retorno sobre o ativo total (Trat) e a taxa de retorno sobre o patrimônio líquido (TRPL), a partir das duas demonstrações financeiras mais conhecidas: o balanço patrimonial e a demonstração de resultados do exercício. Esses são indicadores de resultado do total dos investimentos da empresa, seu ativo total, e do investimento atribuído aos proprietários, que é identificado pelo valor do patrimônio líquido.

A Trat é obtida pela multiplicação da margem líquida pelo giro do ativo total.[5]

$$\text{Taxa de retorno do ativo total} = \text{Margem líquida} \times \text{Giro do ativo total}$$

A margem líquida é indicador do lucro obtido sobre vendas, e o giro do ativo total é indicador da utilização dos ativos na realização de vendas, cujas fórmulas de cálculo são as seguintes:

$$\text{Margem líquida} = \frac{\text{Lucro líquido}}{\text{Vendas}}$$

$$\text{Giro do ativo total} = \frac{\text{Vendas}}{\text{Ativo total}}$$

Podemos então expressar:

$$TRAT = \frac{\text{Lucro líquido}}{\text{Vendas}} \times \frac{\text{Vendas}}{\text{Ativo total}} = \frac{\text{Lucro líquido}}{\text{Ativo total}}$$

A taxa de retorno sobre o patrimônio líquido resulta da multiplicação da taxa de retorno do ativo total pela relação passivo total / patrimônio líquido, que pode ser assim expressada:

---

[5] A forma de cálculo da margem líquida e do giro do ativo total é apresentada no Capítulo 2.

$$TRPL = \frac{Lucro\ líquido}{Ativo\ total} \times \frac{Passivo\ total}{Patrimônio\ líquido} = \frac{Lucro\ líquido}{Patrimônio\ líquido}$$

Na Figura 10.3, é possível visualizar os cálculos da TRAT e da TRPL. Dessa forma, percebe-se a evolução da análise, a partir de informações dos demonstrativos contábeis DRE e do balanço patrimonial até os indicadores de retorno.

Sistema DuPont

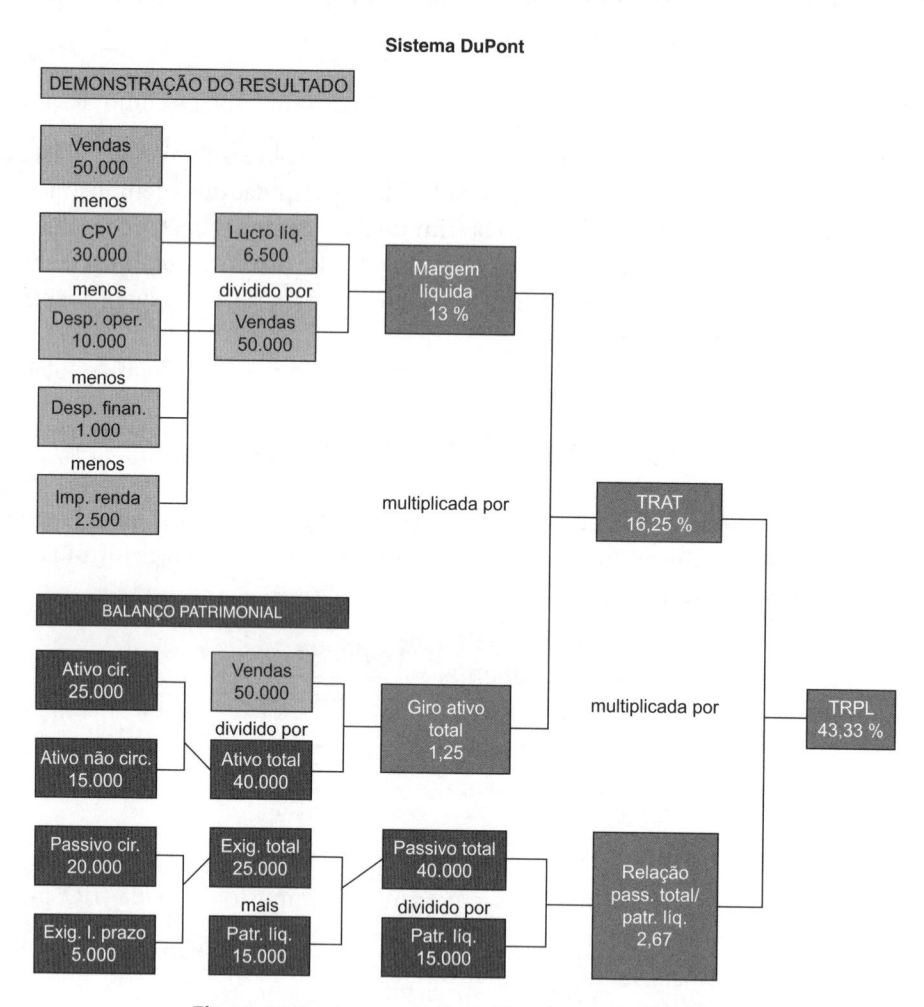

```
DEMONSTRAÇÃO DO RESULTADO

Vendas 50.000
  menos
CPV 30.000                Lucro líq. 6.500
  menos                   dividido por        Margem líquida 13 %
Desp. oper. 10.000        Vendas 50.000
  menos
Desp. finan. 1.000
  menos
Imp. renda 2.500                        multiplicada por     TRAT 16,25 %

BALANÇO PATRIMONIAL

Ativo cir. 25.000         Vendas 50.000
                          dividido por        Giro ativo total 1,25   multiplicada por   TRPL 43,33 %
Ativo não circ. 15.000    Ativo total 40.000

Passivo cir. 20.000       Exig. total 25.000   Passivo total 40.000
                          mais                 dividido por            Relação pass. total/ patr. liq. 2,67
Exig. l. prazo 5.000      Patr. liq. 15.000    Patr. liq. 15.000
```

Figura 10.3 Apresentação gráfica do Sistema DuPont.

10.2.3 EVA (economic value added ou valor econômico adicionado)

A análise de desempenho a partir das demonstrações financeiras considera as despesas administrativas e financeiras sob o regime de competência. Por exemplo, a depreciação é subtraída do lucro, mesmo sem representar saída de recursos do caixa da empresa. Quanto à remuneração dos acionistas, só é descontada a parcela distribuída na forma de dividendos ou de juros sobre capital próprio. Essas características inerentes ao regime contábil impedem a análise do desempenho operacional da empresa e impossibilitam considerar o efetivo custo do capital. Para avaliar o desempenho do negócio da empresa (*core business*), desconsiderando a estrutura financeira da empresa (como ela se financia), criou-se o EBITDA, apresentado na próxima seção. E, para avaliar o efetivo custo de financiamento da empresa, criou-se o EVA.

A técnica do EVA considera o custo do investimento dos sócios como despesa financeira. Dessa forma, além do custo do capital de terceiros, o custo do capital próprio é considerado. O resultado é simples: se o lucro obtido, após subtrair os custos dos capitais próprios e de terceiros, for positivo, pode-se considerar o investimento viável: o capital de terceiros e o capital próprio investido estão sendo remunerados. Em outras palavras, contribui para aumentar a riqueza dos proprietários. Porém, mesmo havendo lucro, se o cálculo do EVA apresentar resultado negativo, significa que o investimento não consegue remunerar adequadamente o capital próprio e necessita de ajustes para se tornar viável, pois não está contribuindo para aumentar a riqueza dos proprietários.

Os dados necessários para o cálculo do EVA são:

Lucro operacional: utiliza-se o valor do lucro operacional, deduzidos os respectivos impostos, pois o propósito é obter dados para análise da viabilidade do investimento; portanto, devem ser desprezados os dados que não contribuem positiva ou negativamente para a geração do lucro.

Investimento em análise: pode ser utilizado o valor do ativo operacional, devendo ser deduzidos os valores dos ativos que não participam da geração de receitas operacionais.

Custo médio ponderado do capital empregado: como a empresa pode utilizar capitais de diversas fontes, com diferentes custos, é preciso calcular a média ponderada dos custos desses capitais. No caso dos custos de capitais de terceiros, é feito o ajuste referente ao ganho obtido em termos de imposto de renda (IR), pois as despesas financeiras são dedutíveis para efeito de IR. Portanto, o custo efetivo das despesas financeiras é menor que o custo da planilha de financiamento. Veja a seguir o exemplo comparativo de duas empresas com o mesmo valor de ativo total, R$ 100.000.000,00: uma tem dívidas no montante de R$ 40.000.000,00 a um custo de R$ 2.000.000,00. A outra é exatamente igual, exceto por não ter endividamento; ou seja, seu patrimônio líquido é igual ao ativo total.[6]

---

6   Para efeito de simplificação didática, as empresas NÃO têm passivos circulantes.

Tabela 10.1 Incentivo tributário ao endividamento

	Demonstrativo do resultado do exercício (DRE)	
	Empresa com dívida	Empresa sem dívida
ITENS	R$	
	20x0	20x1
RECEITA BRUTA DE VENDAS	20.000.000	20.000.000
(–) Deduções da receita bruta	10.000	10.000
RECEITA LÍQUIDA	19.990.000	19.990.000
(–) CPV 45% do faturamento	9.000.000	9.000.000
LUCRO BRUTO	**10.990.000**	**10.990.000**
(–) Despesas administrativas e comerciais	1.800.000	1.800.000
(–) Despesas com pessoal	1.500.000	1.500.000
(–) Despesas financeiras	2.000.000	0
LUCRO OPERACIONAL	**5.690.000**	**7.690.000**
(+) Receitas não operacionais	500.000	500.000
(–) Despesas não operacionais	75.000	75.000
LUCRO ANTES DO IR e CSL	**6.115.000**	**8.115.000**
32%		
(–) Provisão IR e CSL 25%	1.956.800,00	2.596.800,00
LUCRO LÍQUIDO DO EXERCÍCIO	**4.158.200**	**5.518.200**
25%		
(–) Provisão de dividendos 25%	1.039.550	1.379.550
Economia de tributos	640.000,00	33%

O montante de lucro na empresa com dívida é menor. Isso acontece porque o montante pago de juros é subtraído da base de cálculo do imposto de renda sobre o lucro. Dessa forma, a taxa de retorno sobre o ativo total é menor, porque o ativo total é igual para as duas empresas.

No entanto, a TRPL é maior quando a empresa tem dívidas. Isso acontece porque parte do ativo é financiado com dívidas. Em outras palavras, os sócios precisam aportar menos capital na empresa, porque parte do ativo é financiada com capital de terceiros. Consequentemente, a taxa de retorno do capital investido é maior.

O EVA incorpora na análise o custo do capital próprio. A ideia é atribuir taxa de retorno ao dinheiro dos sócios investido na empresa, expresso contabilmente no patrimônio líquido. Para isso podem-se seguir dois caminhos:

- Descontar do lucro o custo médio ponderado de capital.

  EVA = Lucro operacional − CMPC × Investimento

  Se o valor resultante for positivo, o capital investido pelos sócios está tendo retorno positivo.

- Subtrair da taxa de retorno do investimento total o custo médio ponderado de capital.

  EVA = (Trit − CMPC) × Investimento

Pela fórmula, multiplica-se o resultado da diferença entre a taxa de retorno do investimento total e o custo médio e ponderado de capital pelo investimento. Se a Trit for menor que o CMPC, conclui-se que o EVA é negativo, pois o lucro obtido é insuficiente para cobrir o custo do capital.

10.2.4 EBITDA[7]

Essa é outra técnica para aproximar a análise das condições operacionais reais, distanciando-se das métricas contábeis. Existem custos e despesas sobre os quais os gestores têm pouca ou nenhuma ação, pois resultam de decisões em tempos passados, de difícil alteração no curto prazo. Por exemplo, todos os custos de depreciação e amortização, decorrentes da estrutura do ativo permanente. A estrutura de capital também não é de fácil alteração: os custos financeiros de estruturas muito alavancadas podem comprometer o resultado operacional da empresa. Em outras palavras, o endividamento excessivo exige pagamento de juros, necessariamente pagos com resultados operacionais. Há, ainda, as despesas com o imposto de renda e a contribuição social sobre o lucro líquido, referente às quais o nível de ação do gestor é muito reduzido.

Tais despesas são desconsideradas no cálculo do resultado ou EBITDA. A consequência da aplicação do indicador é que o EBITDA supera o lucro líquido. Essa métrica mostra os esforços dos gestores em melhorar resultados operacionais.

---

[7] EBITDA (em inglês, *earnings before interest, taxes, depreciation and amortization*) ou LAJIDA (lucro antes de juros, impostos, depreciação e amortização).

EXEMPLO

Comparação EBITDA × DRE

Descrição	DRE	EBITDA
Receita operacional líquida	100.000	100.000
Custo dos produtos vendidos (inclui despesas de depreciação de 5.000)	(45.000)	(40.000)
Lucro bruto	55.000	60.000
Despesas operacionais (incluindo despesas de depreciação de 1.500)	(15.000)	(13.500)
– Despesas com vendas	(10.000)	(10.000)
– Despesas gerais e administrativas (incluindo despesas de depreciação de 2.000)	(18.000)	(16.000)
Lucro operacional	12.000	20.500
Despesas financeiras	(3.000)	
Lucro antes do IR	9.000	20.500
IR	(2.900)	
Lucro líquido após IR	**6.100**	
EBITDA		**20.500**

No exemplo, os valores excluídos da DRE foram:

Custo dos produtos vendidos – depreciação	5.000
Despesas operacionais – depreciação	1.500
Despesas gerais e administrativas – depreciação	2.000
Despesas financeiras	3.000
Imposto de renda	2.900
Soma	**14.400**

A soma de R$ 14.400,00 representa gastos que os gestores da empresa têm pouca ou quase nenhuma possibilidade de ação para reduzir, no curto prazo.

O EBITDA pode ser utilizado em cálculos de indicadores financeiros no lugar do lucro líquido, tais como:

$$\text{Margem operacional} = \frac{EBITDA}{Vendas}$$

$$\text{Taxa de retorno do ativo operacional} = \frac{EBITDA}{Ativo\ operacional}$$

$$\text{Taxa de retorno do patrimônio líquido} = \frac{EBITDA}{Patrimônio\ líquido}$$

O EBITDA é utilizado para avaliar as perspectivas de crescimento da empresa a partir de seu negócio principal (*core business*). Em especial, quando a empresa está sendo avaliada para venda, o comprador pode separar a análise em atividade-fim (o negócio é rentável) e consequências da gestão passada: decisões equivocadas de investimento, aumento dos ativos; e/ou decisões equivocadas de financiamento do aumento da dívida.

10.3 Avaliação do negócio

A partir do conhecimento das principais técnicas de avaliação de investimentos, apresentadas na seção anterior, torna-se possível aos gestores a escolha de técnicas mais adequadas à disponibilidade de informações e confiança para o acompanhamento dos resultados obtidos pela empresa. Os resultados permitem estabelecer ações corretivas e/ou para manter bons resultados constatados.

A despeito da variedade de modelos de avaliação, todos seguem três abordagens básicas:

- Avaliação do fluxo de caixa futuro descontado.
- Avaliação relativa.
- Avaliação dos direitos contingentes.

O primeiro conjunto sempre visa identificar possibilidades de receitas e despesas ao longo do tempo e para projetar o lucro esperado. Esse fluxo é descontado a determinada taxa, a qual considera: custo do dinheiro, perspectiva inflacionária e riscos do projeto. Essas técnicas foram objeto de estudo do sétimo capítulo.

O segundo conjunto faz comparações com empresas e negócios semelhantes. Assemelha-se às técnicas de múltiplos apresentadas no oitavo capítulo.

A comparação com a teoria das opções é a linha de análise da terceira abordagem. Utiliza as técnicas de precificação de opções no mercado de derivativos; ou estabelece probabilidades de ocorrência de determinados cenários para ponderar os resultados do fluxo de caixa e construir árvores de decisão.

10.4 Benefícios fiscais e riscos empresariais

Risco é "*a possibilidade de prejuízo financeiro ou, mais formalmente, a variabilidade de retorno associado a determinado ativo*".[8]

Todo investimento está sujeito a risco, em maior ou menor grau. Em razão dessa variabilidade, os investimentos de maior risco devem proporcionar maiores

---

[8] LEMES JÚNIOR, A. B.; RIGO, C.; CHEROBIM, A. P. *Administração financeira*: princípios, práticas e casos brasileiros. 4. ed. Rio de Janeiro: Elsevier, 2016. p. 131.

retornos como prêmio pelo risco incorrido. No entanto, se o investimento é de menor risco, pode, consequentemente, ser viabilizado com taxa de retorno menor.

Tipos de risco	Risco do negócio, ou risco econômico
	Risco financeiro
	Risco país

Os riscos do negócio ou econômicos afetam as atividades da empresa e concorrentes. São riscos como retração de demanda, escassez de matéria-prima, concorrência de produtos importados, obsolescência tecnológica, por exemplo.

O risco financeiro está associado às variações das taxas de juros, positivas ou negativas, incidentes sobre os financiamentos da empresa. Taxas de juros altas podem inviabilizar um negócio, pois afetam tanto o lucro líquido como o fluxo de caixa do negócio.

O risco país está relacionado a decisões políticas e econômicas dos governos, no curto e no longo prazo. Por exemplo, no curto prazo, a imposição de dificuldades de importação, alterações tributárias, altos níveis inflacionários, imposição de dificuldades em remessa de lucros. No longo prazo, alterações nas legislações, alteração na liberdade econômica quando governos com características mais intervencionistas assumem o poder.

Nos âmbitos federal, estadual e municipal, são exemplos atos formais, leis, medidas provisórias, decretos, instruções normativas e atos declaratórios, emitidos ao longo do tempo, que regulamentam a utilização de benefícios fiscais, com o propósito principal de incentivar determinada causa considerada importante pelos governos.

Para gozar dos *benefícios fiscais* existentes, é preciso pesquisar detalhadamente a legislação específica em vigor, atividade a ser conduzida por profissionais especializados.

A atração de investimentos é parte da estratégia econômica de governantes. Prefeitos e governadores tentam atrair para suas regiões novos projetos de investimento de empresas, em especial grandes projetos absorvedores de mão de obra e projetos de alta tecnologia. Dessa forma, gestores podem negociar com os governos benefícios para a escolha de local de implantação do projeto – por exemplo, subsídios na aquisição ou mesmo recebimento em doação de terrenos, postergação de recolhimento de impostos e outros inúmeros mecanismos de incentivo.

No primeiro semestre de 2020, o risco político ficou evidente no Brasil. Governadores e prefeitos criaram restrições às atividades econômicas, com o argumento de aumentar o isolamento social para prevenir a propagação da Covid-19. Isso levou diversas empresas à falência, atrasou a expansão de novos negócios e criou ambiente de instabilidade jurídica nas relações entre empresas e indivíduos.

Nem mesmo decretos do governo federal estabelecendo as atividades essenciais facilitaram a flexibilização do isolamento. Além dos prejuízos econômicos, o aumento da interferência de governos regionais na liberdade econômica elevou o risco de qualquer negócio nessas regiões.

10.5 Alianças estratégicas

As alianças estratégicas têm por propósito a união de duas ou mais empresas, de forma a aproveitar suas vantagens competitivas, ampliando ou gerando novos negócios e aumentando a riqueza dos proprietários.

Exemplo didático de aliança é apresentado na Figura 10.4.

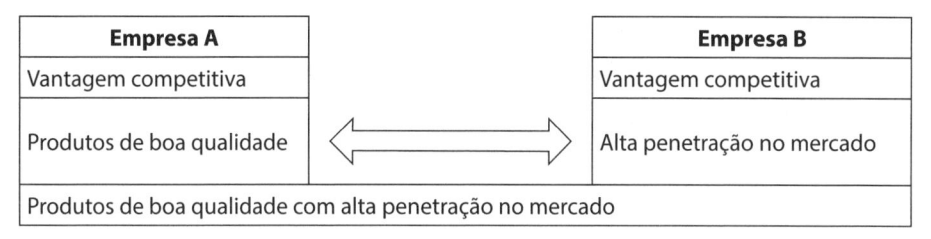

Empresa A		Empresa B
Vantagem competitiva		Vantagem competitiva
Produtos de boa qualidade	⇔	Alta penetração no mercado
Produtos de boa qualidade com alta penetração no mercado		

Figura 10.4 Exemplo de aliança.

As montadoras de veículos automotores utilizam intensamente as parcerias estratégicas, pois a maior parte das peças e componentes de um veículo é produzida por empresas parceiras. As montadoras deixaram de produzir as peças e componentes, e as empresas de autopeças têm mercado cativo para as peças e componentes produzidos.

A fusão e a aquisição de empresas do mesmo segmento de negócio também representam alianças de negócios. A análise do valor dessas empresas é conhecida por *valuation*.

Outra análise de negócio importante é a de empresas emergentes. Conhecidas por *startups*, são empresas inicialmente pequenas, com grande potencial de crescimento e, normalmente, com grande aporte de tecnologia. São criadas, normalmente, por empreendedores jovens, dinâmicos, cujo objetivo é criar a empresa, fortalecer o negócio e vendê-lo. Quando essas empresas atingem o valor de um bilhão de dólares antes de abrir capital em bolsa de valores, são chamadas de unicórnios. São exemplos de unicórnio no Brasil: IFood, 99, Nubank, Stone, PagSeguro. As três últimas são também conhecidas por *fintechs*, as *startups* do setor financeiro.

10.6 Observações finais

Este livro encerra com análise de negócios, porque esse tema contempla o conjunto de decisões financeiras estudadas ao longo dos capítulos. O tema é conhecido por seu termo em inglês *valuation*. O objetivo principal desta obra é trazer mais luz às decisões financeiras das empresas e das pessoas em sua trajetória profissional e na condução dos mais variados negócios. O mundo do trabalho impõe desafios a engenheiros, farmacêuticos, médicos, jornalistas, psicólogos, enfim, a quase todos os profissionais que, ao ascenderem na carreira, acabam por assumir funções gerenciais relacionadas à tomada de decisões financeiras. O tema finanças não se esgota aqui; porém, os principais tópicos em finanças empresariais foram abordados neste livro.

QUESTÕES E EXERCÍCIOS

Questões

1. Especifique as características da análise das relações entre custo, volume e lucro, os elementos informativos da análise e sua utilidade para o gestor/investidor.

2. Especifique as características do sistema DuPont, os elementos informativos do sistema e sua utilidade para o gestor/investidor.

3. Especifique as características do EVA, seus elementos informativos e sua utilidade para o gestor/investidor.

4. Especifique as características do EBITDA, seus elementos informativos e sua utilidade para o gestor/investidor.

5. Identifique pelo menos três empresas que operam na bolsa de valores que utilizem, no mínimo, duas das técnicas apresentadas neste capítulo. Faça um quadro comparativo dos resultados apresentados e teça suas considerações sobre eles.

Exercícios

1. Considere as seguintes características de um projeto para analisar sua viabilidade, por meio das relações entre custo, volume e lucro. Qual o ponto de equilíbrio operacional? Qual o ponto de equilíbrio de caixa?

Preço de venda unitário (PVu)	=	200
Custo variável unitário (Cvu)	=	150
Custo fixo (CF)	=	80.000
Custos sem pagamento (CSP)		20.000
Capacidade total a produzir (N)	=	5.000

2. Os gestores de determinada empresa estão analisando a viabilidade de um projeto com as seguintes características:
   Investimento em ativos = R$ 600.000
   Capital próprio (patrimônio líquido) = R$ 320.000
   Lucro líquido calculado = R$ 45.000

   Utilize o sistema DuPont e calcule as taxas de retorno do ativo total e do patrimônio líquido.

3. Calcule o EVA para uma empresa que apresenta as seguintes informações:
   Investimento = R$ 1.200.000,00
   Lucro operacional = R$ 200.000
   Custo médio e ponderado do capital = 14,1%

4. Calcule o EBITDA para empresa com a seguinte DRE:

Descrição	DRE
Receita operacional líquida	1.400.000
Custo dos produtos vendidos (inclui despesas de depreciação de 95.000)	(1.050.000)
Lucro bruto	350.000
Despesas operacionais (inclui despesas de depreciação de 20.000)	(100.000)
– Despesas com vendas	(40.000)
– Despesas gerais e administrativas (inclui despesas de depreciação de 12.000)	(80.000)
Lucro operacional	130.000
Despesas financeiras	(30.000)
Lucro antes do IR	100.000
Imposto de renda	(32.000)
Lucro líquido após IR	**68.000**

5. Considere a DRE da empresa Elos S.A.

	DRE 0
Receita operacional bruta	320.000,00
Deduções da receita bruta	(16.000,00)
Receita operacional líquida	**304.000,00**
Custo dos produtos vendidos	(58.000,00)
Lucro bruto	**246.000,00**
– Despesas com vendas	(10.000,00)
– Despesas gerais e administrativas	(12.000,00)
– Depreciação	(60.000,00)
Despesas operacionais	(48.000,00)
Lucro operacional	**198.000,00**
Despesas financeiras	(6.000,00)
Lucro antes do imposto de renda	**192.000,00**
Imposto de renda 32%	(61.440,00)
Lucro líquido após IR	**130.560,00**
Lajida	

a) Calcule o EBITDA, na situação atual.

b) Caso a empresa mude sua estrutura de ativos, vendendo o imóvel que serve de área de armazenagem, a depreciação diminuirá em 20%. Calcule o novo EBITDA.

c) Caso seja necessário contratar espaços de armazenagem ao custo adicional de aluguéis no valor de R$ 6.000,00, qual o novo EBITDA?

4. A partir das informações do exercício anterior da empresa Elos S.A., calcule o EVA. Considere o CMPC de 15%.

a) Investimento inicial = R$ 600.000

b) Redução do investimento, após venda do imóvel = R$ 480.000.

c) Investimento permanece = R$ 480.000, com custo de locação de R$ 6 mil.

SUGESTÕES DE CONSULTA

Livros

DAMODARAN, A. *The dark side of valuation*: valuing young, distressed, and complex businesses. 3. ed. Nova York: Pearson, 2018.

DAMODARAN, A. *Avaliação de investimentos*. 2. ed. Rio de Janeiro: Qualitymark, 2010.

COPELAND, T.; KOLLER, T.; MURRIN, J. *Avaliação de empresas – valuation*: calculando e gerenciando o valor das empresas. 3. ed. Pearson Education do Brasil, 2002.

LEMES JÚNIOR, A. B.; RIGO, C.; CHEROBIM, A. P. *Administração financeira*: princípios, práticas e casos brasileiros. 4. ed. Rio de Janeiro: Elsevier, 2016.

Site

http://pages.stern.nyu.edu/~adamodar/

ÍNDICE ALFABÉTICO

A

Ação(ões), 264, 274, 308
  ordinárias, 264
  preferenciais, 265
Adiantamento de recebíveis, 128, 129
  no cartão de crédito, 128
Administração financeira, 5, 9
  para as profissões, 15
Adquirente, 105
Agentes
  deficitários, 241
  superavitários, 241
Ágio, 294
Alavancagem financeira, 302, 305
Alianças estratégicas, 337
Alinhamento dos orçamentos ao
  planejamento estratégico, 163
Aluguel do prédio, 180
Ambiente de negócios, 321
Amortização, 42
Análise
  da carteira de cobrança da empresa, 117
  das relações entre custo, volume e
    lucro, 322
  de contas a pagar, 117
  de correlação, 150
  de custos, preços e ofertas dos
    concorrentes, 200
  de índices, 42
  de investimentos em ações 10, 268
  de negócios, 323
  de sensibilidade, 222
  do projeto, 218
  do setor, 150
  fundamentalista, 268
  técnica ou gráfica, 268
Aplicações da curva ABC, 117
Apuração das tendências de vendas, 149
Aquisição alavancada (*leveraged
  buyout*), 312
Área de negócios, 250
Atividades financeiras, 5
Ativo, 20
  financeiro, 294
  imobilizado líquido, 39
Atratividade, 310
Auditoria interna, 9
Autenticação, 106
Avaliação
  de desempenho, 217
  do negócio, 335

B

B3 S.A., 269
Balancetes intermediários, 28
Balanço patrimonial, 25
   projetado, 156
Banco(s), 247
   Central do Brasil, 245
   comerciais, 247
   cooperativo, 248
   de câmbio, 247
   de desenvolvimento, 247
   de investimento, 247
   digital, 248
   emissor do cartão, 105
   múltiplos, 248
Bandeira do cartão, 105
Benefícios fiscais e riscos empresariais, 335
Beta (β), 294
   alavancado, 294
BNDES, 305
   Automático, 307
   Empréstimo-Ponte, 307
   Exim, 307
   Fianças e Avais, 307
   Finame Agrícola, 307
   Finame *Leasing*, 307
   Finem, 307
   Limite de Crédito, 307
   Project finance, 307
Bolsas de valores, 268
   no mundo, 254
Bonificações, 266
Bônus de subscrição, 266

C

Cadastro de clientes, 104
Caderneta de poupança, 281
Caixa, 95
   nas empresas industriais e grandes prestadores de serviços, 97
Cálculo
   da receita total de vendas, 328
   do índice da margem de contribuição, 328
   do lucro operacional igual a zero, 328
   do total dos custos variáveis, 328
   do valor
      da produção para lucro operacional igual a zero, 329
      futuro de uma série de pagamentos uniformes, 82
      presente de uma série de pagamentos uniformes, 80
Cambial, 274
Capacidade, 103
Capital, 13, 103, 294
   asset pricing model (CAPM), 294
   circulante, 118, 125
      e ciclo operacional, 120
      líquido, 125
   de crescimento (*growth capital*), 312
   de giro, 95
      líquido (CGL), 44
   financeiro, 294
   mezanino (*mezzanine capital*), 312
Capital expenditures (Capex), 13
Capitalização
   composta, 74
   contínua, 82
   simples, 68
Captação, 242
Caráter, 103
Carnês de cobrança, 108
Cartão(ões), 105
   BNDES, 307
   como meio de pagamentos, 97
   de débito e de crédito, 105
   marca própria, 109
Carteira
   de ações, 267
   de investimentos, 294
Centro de custo, 176
Certificado(s)
   de recebíveis do agronegócio (CRA), 263

de recebíveis imobiliários (CRI), 263
Cheque(s)
　especial empresa, 130
　pré-datados, 109
Ciclo
　de caixa, 48, 123
　operacional, 48, 123
　　em finanças e em logística, 125
Cobertura
　de juros, 49
　de pagamentos fixos, 50
Cobrança bancária, 107
Código de Defesa do Consumidor, 104
Colateral, 103
Comissão de Valores Mobiliários, 246
Comitê de Normas Internacionais de
　Contabilidade, 24
Comparativo dos índices, 119
Compliance, 253
Componentes orçamentários, 149
Composição
　das taxas de juros, 69
　do custo financeiro, 307
Concorrência
　monopolística, 201
　perfeita, 201
Condições, 104
Conselho Monetário Nacional, 244
Contabilidade, 19
　básica, 62
Contadoria, 252
Contas
　a pagar, 109
　a receber, 102
Contrato de adiantamento de
　câmbio (ACC), 279
　exportação (ACE), 279
Controladoria, 5, 252
Controle orçamentário, 158
Cooperativa de crédito, 248
*Corporate/global business
　management*, 251

Corretora de valores, 249
Cotista, 275
Crédito, 251
　rotativo, 131
Criptoativos, 281
Critério
　da participação percentual dos gastos
　　com mão de obra direta, 181
　de rateio, 184
Críticas ao orçamento, 164
Crodwfunding, 282
　de financiamento coletivo, 282
Cuidados com contas a pagar, 110
Curva ABC, 114
Custeio, 200
　direto/variável, 176
　por absorção, 179
Custo(s), 20, 174, 182
　da dívida, 294, 297
　da venda perdida, 111
　das operações com ações, 271
　de ações preferenciais, 294
　de capital, 13, 294, 295
　　próprio, 294, 298
　de comprar, 112
　de lucros retidos, 294
　de manter, 111
　de novas ações, 295
　de produção, 184
　de repedido, 111
　diretos, 152, 175, 182, 183, 186
　do cliente perdido, 111
　dos produtos vendidos, 184
　fixos, 176
　indiretos, 152, 176, 182, 184
　　de fabricação rate, 181
　marginal, 199
　médio, 198
　　ponderado de capital, 295, 301
　　empregado, 331
　totais, 176
　unitário, 175, 184

variáveis, 176
Custodiante, 275

D
Debêntures, 262, 308, 309
  conversíveis em ação, 262
  incentivadas 20, 311
  simples, 262
Decisão(ões)
  de financiamento, 287
  de investimento de capital, 212
  financeiras, 4
Demanda, 197
Demonstração(ões)
    projetados, 154
  do fluxo de caixa, 31
  do resultado do exercício (DRE), 30
  do valor adicionado (DVA), 34
  dos lucros ou prejuízos acumulados (DLPA), 31
  financeiras, 24
Departamentalização, 176
Departamentos de um banco múltiplo, 250
Depósitos compulsórios, 259
Depreciação, 38, 39
  de máquinas, 180
Deságio, 295
Desaparecimento da diferenciação, 195
Desconto(s)
  de duplicatas, 129
  de quantidade, 194
  especiais, 194
  para revendedores, 194
  por utilização, 197
  sazonal, 194
Desdobramentos, 266
Desnatamento, 194
Despesas, 20, 174, 175, 182
  administrativas, comerciais e financeiras, 181
  de capital, 13
  diretas, 176
  fixas, 186

  indiretas, 176
  operacionais, 13
  variáveis, 186
Determinação
  da demanda 1, 196
  da taxa de desconto-custo de capital, 219
Dividendos, 13, 266, 295

E
EBITDA, 334
Eficiência operacional, 44
Elaboração
  do fluxo de caixa livre, 218
Elaboração e acompanhamento do fluxo de caixa, 131
Elasticidade, 197
Elementos de um fundo de investimento, 275
Embalagem, 180
Emissão de notas promissórias, 131
Empréstimos, 13, 262
Endividamento, 48
Energia elétrica, 180
Entradas de caixa, 160
Equação do balanço, 28
Equity crowdfunding, 282
Estabelecimento, 105
Estimativa de custos, 198
Estoques, 110
Estratégias de adequação de preços, 193
Estrutura de capital, 13, 295, 302
EVA (*economic value added*), 330
Exaustão, 41
Exchange trade funds (ETF), 274
Expansão, 212
Experiências da empresa, 200

F
Fechamento do caixa, 99
Finanças/tesouraria, 252
Financiamento(s), 13, 262, 288
  de capital de giro, 131
  de longo prazo, 315

de renda
fixa, 308
variável, 308
Fintechs, 250
Flexibilidade, 310
Fluxo
de caixa
livre, 218
parcial, 135
e prazos para tramitação de operações, 307
Fontes de financiamento
de curto prazo, 126
de longo prazo, 305
Forecast, 147
Formação de preços, 171, 185
Formas de cobrança, 108
Fundamentos de custos, 174
Fundo(s)
de investimento, 273
em direitos creditórios (FIDC), 274
em participações, 274
imobiliário (FII), 275
de previdência, 276
abertos, 276
fechados ou fundos de pensão, 276

G
Ganho de capital, 265
Gastos, 20, 174
que não envolvem saídas de caixa, 161
Gerenciamento
de contas a pagar, 109
de custos, 184
Gestão
contábil, 8
de caixa, 5
de crédito e contas a receber, 6
de custos, 8
de preços, 8
de risco, 7
financeira de estoques, 6
tributária, 8

Gestor, 275
Giro
de contas
a pagar (GCP), 47
a receber (GCR), 46
do ativo operacional, 44
dos estoques de produtos vendidos, 45
Governança corporativa na bolsa de valores, 269
Governo indutor do processo de investimento e do modelo de financiamento, 315
Guiabolso, 250

H
Hot money, 130

I
Idade média do estoque, 45, 123
Implantação e avaliação de desempenho, 217
Índice
de liquidez
corrente, 43
imediata, 43
seca, 43
de participação de terceiros, 49
de rentabilidade, 231
do passivo não circulante/patrimônio líquido, 49
preço/lucro, 53
valor de mercado/valor contábil, 54
Inferências preço-qualidade, 193
Inflação, 66
Initial public offer (IPO), 270
Instituições
financeiras, 249
operadoras, 246
Instrumentos de política monetária, 259
Integração da administração financeira com as outras áreas da empresa, 15
Intermediação financeira, 67
Investimento(s), 13, 251

de capital, 212
em ações, 264
em análise, 331

J
Jurídico, 253
Juro(s), 82
   do cheque especial, 71
   sobre capital próprio, 266, 295

L
Lâmina, 275
Lei da oferta e da procura, 259
Leilões
   eletrônicos, 203
   presenciais, 203
   reversos, 203
Letras financeiras, 263
Licenciado, 105
Liderança na qualidade, 196
Limite
   máximo de preço, 192
   mínimo de preço, 192
Linha do tempo, 219
Liquidez, 42
Lógica
   contábil, 60
   do CMPC, 296
Lote econômico de compra, 111
Lucratividade, 50
Lucro, 20
   operacional, 331
   por ação, 53

M
Mão de obra, 180
   direta, 181
Máquina de cartão, 105
Margem
   bruta, 50
   de contribuição, 178, 187
   de lucro, 186
   líquida, 51
   operacional, 51
Markup, 186, 202
   divisor, 186
   multiplicador, 186
Matemática financeira, 68
Matéria-prima, 180
Materiais de consumo, 180
Maximização
   de lucros atuais, 195
   de participação no mercado, 195
   do desnatamento do mercado, 196
Mercado, 53
   a termo, 280
   de câmbio, 257, 278
   de capitais, 256, 260
   de crédito, 256, 260
   de negociação da B3 S.A., 270
   de opções, 280
   e derivativos, 257
   de renda fixa, 264
   financeiro, 241, 255
   futuro, 280
   e a termo, 257
   monetário, 256, 258
   Pago, 98
   primário, 265, 270
   secundário, 265, 270
Métodos
   das partidas dobradas, 23
   de custeio, 176
Modelo(s)
   de concessão – rodovias, 315
   de financiamento, 315
   de Gordon, 298
   de precificação de ativos financeiros (CAPM), 300
   de rendimento de títulos livre de risco + prêmio de risco, 301
Monopólio, 201
Multimercado, 274
Mundo dos negócios, 12

N
Necessidade(s)
  futuras de capital, 296
  permanente de recursos de curto prazo, 126
  temporárias de recursos de curto prazo, 126
Negociação
  com ações, 266
  com as instituições financeiras, 127
  com bancos, 7
  com empresas coligadas, 127
  com fornecedores, 127
  das ações, 265
Nota fiscal-fatura, 107
Nubank, 250

O
Obrigatoriedade da divulgação das taxas efetivas, 83
Oferta pública inicial de ações, 270
Offshore, 275
Oligopólio, 201
Operacionalização de contas a pagar, 109
Operações
  de crédito de curto prazo, 130
  estruturadas de financiamento, 311
Operational expenditures (Opex), 13
Opinião da equipe de vendas, 149
Orçamento(s), 145
  base zero, 157
  de caixa, 148, 159
  de capital, 148, 211
  de custos indiretos de fabricação, 152
  de despesas
    de vendas e administrativas, 152
    financeiras, 153
  de mão de obra direta, 151
  de materiais diretos, 151
  de produção, 150
  de vendas, 149
  operacional, 145, 158
    características do, 147
  variável, 156
Ordem
  a mercado, 266
  casada, 267
  de financiamento, 267
  on stop ou *stop loss*, 267

P
Padrões de crédito, 103
Pagamentos, 20
PagSeguro, 98
Parecer
  do Conselho Fiscal, 37
  dos auditores independentes, 38
Participantes das operações de compra e venda com a utilização de cartões, 105
Passivo, 20
Patrimônio, 275
  pelo valor de abertura, 276
  pelo valor de fechamento, 275
Payback, 228
  descontado, 230
PayPal, 98
Percepção de preço, 191
Período médio
  de cobrança, 46, 121
  de pagamento, 47, 123
Perpetuidades, 90
Planejamento
  de lucros, 154
  e controle financeiro, 7
  empresarial, 144
  financeiro, 143
Plano
  de contas, 22
    contábil, 22
  gerador de benefícios livres (PGBL), 277
Política
  de crédito, 102
  de preço de penetração, 195
  financeira da empresa, 303
Ponto de equilíbrio, 187
  de caixa, 326

em moeda, 327
operacional, 323
Portador do cartão, 105
Práticas
　de financiamento no Brasil, 315
　de investimento de longo prazo, 214
Prazo de pagamento, 198
Precificação, 200
Preço(s)
　baseado
　　na concorrência, 203
　　no valor, 202
　　no valor percebido pelo cliente, 202
　coast insurance freight, 201
　com descontos, 194
　combo, 198
　como indicador de prestígio social, 193
　conceitos de, 172
　de equilíbrio, 189
　de produtos novos, 194
　de referência, 192
　de venda, 176
　do concorrente, 192
　do ponto de vista
　　do marketing, 190
　　financeiro, 187
　e alavancagem operacional, 202
　e ciclo do produto, 194
　em função da concorrência, 200
　free on board, 201
　futuro esperado, 193
　inicial baixo (penetração), 198
　justo, 192
　mínimo estabelecido para a venda, 192
　na fase de crescimento, 194
　na maturidade, 195
　nas empresas, 171
　no declínio, 195
　padrão, 192
　por localização, 201
　por segmento, 197
　promocionais, 193
　sazonais, 197
　usual com desconto, 193
Preço-alvo de retorno, 202
Prêmio de risco, 295
Prestações na capitalização composta, 78
Previdência, 274
Previsão, 160
Princípio da competência, 19, 21
Private, 251
　equity, 311
Processo
　de estabelecimento do preço, 195
　de investimento de capital, 218
　　dependentes, 218
　　independentes, 218
　　mutuamente excludentes, 218
Produção e vendas constantes ao longo do ano, 111
Produtos financeiros, 281
Programação, 160
Projeção
　de resultados, 154
　do orçamento de caixa, 159
Project finance, 313
Prospecto, 275
　do consumidor, 191

R
Rateio de custo, 176
Recebimento(s), 20, 106
　se transformam em disponibilidades, 96
Receitas, 20
Reconhecimento das limitações do projeto, 220
Redesconto bancário, 259
Redução
　de custos, 200, 310
　de preços de tabela, 198
Regime de caixa, 19, 21
　e princípio da competência, 96
Relatório do Conselho de Administração ou da Diretoria, 36

Renda
  fixa, 262, 274
  variável, 264
Rendimentos, 266
Renovação, 212
Resultados, 13
Retorno, 14
  de mercado, 295
  do investimento, 295
  livre de risco, 295
Risco, 14, 213, 252, 295, 322
  do negócio, 303
  financeiro, 303

S

Saídas de caixa, 160
Salários da supervisão, 180
Seguros, 253
Seleção
  da carteira de projetos, 232
  de um método de estabelecimento de preços, 202
  do objetivo da determinação do preço, 195
  do preço final, 203
Série de pagamentos uniformes, 79
Sistema(s)
  de amortização, 86
    constante (SAC), 87
  de cobrança, 104
  de custos, 176
  de fidelidade, 98
  de Liquidação e Custódia da B3 S.A., 261
  de Pagamentos Brasileiro, 259
  de pontos, 98
  de Transferência de Reservas (STR), 261
  DuPont, 329
  Especial de Liquidação e Custódia (Selic), 14, 261
  específicos para pagamentos pela internet, 98
  financeiro
    internacional, 253
    nacional, 243
  francês de amortização, 88
Sobrevivência, 195
Splits, 266
Start de compra, 267
Substituição, 212
Suprimento e/ou vendas sazonais e vendas aleatórias, 114
Swaps, 280

T

Tabela Price, 88
Tarefas financeiras da empresa, 5
Taxa(s)
  de administração, 276
  de juros, 83
    e capitalização, 82
    efetiva, 83
    na capitalização simples, 74
    nominal, 83
  de *performance*, 276
  de retorno sobre o
    ativo total, 52
    patrimônio líquido, 52
  equivalentes em capitalização
    composta, 84
    simples, 83
  interna de retorno, 226
    modificada, 227
  livre de risco, 295
  padrão de consumo, 151
  Selic, 14
    Meta, 14
    Over, 14
Técnicas de avaliação, 322
Teoria financeira, 4
Tesouro Direto, 249
Timing, 212
Tipos
  de custos e níveis de produção, 198
  de ordem de compra e de venda, 266
Títulos
  de investimento coletivo, 282

ou papéis do MF, 242
Tomada de decisão, 213, 220
Transação, 106
Treasury (tesouraria), 5
Tributação, 303

U
Último preço praticado, e não pago, 192

V
Valor(es), 14, 65
   bruto contábil, 38
   depreciável, amortizável e exaurível, 38
   do dinheiro no tempo (VDT), 15, 68
   econômico adicionado, 330
   líquido contábil, 38
   mobiliários, 242
   nominal total pago, 76
   presente líquido, 225
   residual, 38
Varejo, 251
Variáveis de prazos, 121
Vida
   gerador de benefícios livres (VGBL), 277
   útil econômica, 38

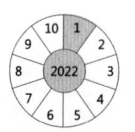